麗末鮮初 軍制改革研究

麗末鮮初 軍制改革研究

尹薰杓 著

혜안

머리말

본서는 고려 말부터 조선 초기에 걸쳐 추진되었던 군제개혁의 내용과 그 의의를 고찰한 필자의 박사학위논문『麗末鮮初 軍制改革의 推移』를 일부 수정하여 펴낸 것이다. 그 다루었던 시기나 체제의 짜임새가 결코 제목에 부합되지 못한 것이기에 그저 부끄러울 따름이다.

필자의 학창 시절은 암담함이 사회 구석 구석에 스며들어 모두들 지치고 힘든 삶을 영위하던 그런 때였다. 학교에서도 학생들의 방황은 멈출 줄 몰랐고 이는 예사스러운 일이 되어 버렸다. 그럴 적마다 선생님들께서 곧잘 들려준 이야기가 고난을 극복한 위인들이었다. 그 단골 중의 하나가 세종대왕이었고, 휴교령 속에서 시작한 대학 1학년 때는 절정에 달했다.

국방력을 강화하기 위한 제반 조치를 펼친 결과 영토확장에까지 성공했다는 세종의 업적에는 문치의 융성까지도 포함되었다. 늘상 어수룩한 필자는 그 점이 잘 이해되지 않았다. 특히 '총력안보'의 구호가 드높이 제창되던 시기라 선뜻 받아들이기 힘들었다.

그래서 세종이 군림했던 시대의 군사 문제에 관해 공부를 해 보기로 작정하고, 먼저 그 출발이라고 할 수 있는 무관의 등용문인 무과제도를 검토했다. 하지만 초라한 결과를 얻는 데 그쳤다. 선생님들은 제도로서의 무과는 살폈지만, 무엇 때문에 무과를 새로 설치하여 무관들을 선발한 것인지에 대한 구체적 지적이 부족하다고 하셨다.

이에 원점으로 돌아가서 문제를 풀어가기로 했다. 그 때 어렴풋하게

깨우친 것이 조선의 성립은 사회변동의 산물이며, 그 과정에서 생겨나
고 바뀐 제도나 장치들 역시 그에 따른 필연적인 결과물이었다는 사실
이다.

이에 군사력의 바탕을 이루는 군제를 단지 제도의 변천이 아닌 변동
의 징표로서 파악하고 검토하되, 그 바뀜의 배경에 초점을 맞추어 정
리해 보고자 했다. 이를 위해 가장 광범하면서도 동시에 집약적으로
접근할 수 있는 주제로서 개혁문제를 택해 다시 출발했다.

그 과정에서 먼저 군대는 중세사회의 한 부분이면서도 전체를 담아
내고 보여주는 축약도이며, 물리적 장치를 넘어서 민의 통제수단이기
도 하다는 주장에 유의하면서 체제 전반에 걸쳐 거세게 밀어닥친 변동
이 군사제도에서는 어떻게 구현되었는지를 사실적으로 검토해 보려고
하였다. 그리하여 이 시기의 군제개혁이 제도의 정비나 감독의 강화,
혹은 권력층의 정치형태 변화 등을 반영하는 차원에 머무르지 않고 기
저 문제를 해결할 수 있는 하나의 고리로서 대두되고 실천에 옮겨졌음
을 인식하고자 했다.

다음으로 왕조교체에 따른 국정 운영방식의 변모와 연결지으면서
군의 편성 및 통솔체계를 검토하고자 했다. 구체적으로 조선은 이미
그 초창기부터 법전을 편찬하고 그에 의거하여 국사를 처리하는 단계
로까지 발전하였고, 따지고 보면 문치도 여기에 기인한다. 군대의 조직
과 통솔 또한 그 전형적인 형태로 제시되는 것으로 여겨져, 이와 연관
해서 그 변화의 의미를 되새겨 보았다.

즉, 국가운영의 틀을 새롭게 구축하지 않으면 도저히 통치체제를 유
지할 수 없었고 사회혼란도 수습하기 어려웠던 시기에 제기되어 추진
되었던 군사제도에 대한 개혁에는 자연히 새로이 바뀐 국정 원리가 함
축되어 있을 것으로 파악했다. 따라서 이를 찾아내어 정리하는 작업은
곧 신왕조의 국정 질서가 만들어지는 과정을 분석하는 길이라고 이해
했다.

본서는 이러한 문제의식을 충분히 담아내어 정리하지는 못했다. 그

럼에도 불구하고 미숙한 채로 책을 펴내게 된 것은 일단 지금까지의 작업에 대해 중간점검을 해 보고, 앞으로 나가야 할 방향을 새롭게 모색해 보고자 하는 소박한 바램에서였다.

본서가 이 정도로나마 나올 수 있게 된 것은 여러 선생님, 선배님, 그리고 동료들의 도움 덕분이다. 특히 하현강 선생님께서는 사료에 매몰되기 쉬운 필자에게 전체 체계를 세워 성격을 달리하는 자료들을 해석할 수 있는 귀중한 가르침을 상세히 베풀어주셨다. 고 이종영 선생님께서는 역사를 보는 대국적인 시야를 기르도록 열성적인 훈도를 해주셨고, 김용섭 선생님께서는 역사를 구조적으로 이해하고 그 기본에 충실하도록 엄격한 지도를 해주셨다. 이희덕, 차문섭, 김준석 선생님께서는 논문심사에서 문제점들을 하나하나 자세히 지적해주셨다. 이 자리를 빌어 다시 한 번 감사드린다.

박경안, 오일순, 주용립 님을 비롯한 선배, 동료들의 가르침과 격려에도 감사드린다. 또한 필자의 연구는 이인재 교수를 비롯한 임용한, 김인호, 박진훈, 이정훈 등의 동료들과의 만남을 통해 이루어졌다고 해도 과언이 아니다. 필자가 집안 사정으로 공부하기 어려운 시절에는 손수 찾아와 함께 걱정할 정도로 따뜻한 사랑을 베풀어주었으나 아무런 보답도 하지 못해 안타까울 뿐이다.

아직까지 걱정 근심을 거두지 못하고 계시는 부모님과 집안 식구들에게도 감사의 마음을 전하며, 힘든 때에 책을 출판해준 오일주 사장님과 편집에 애를 써준 양상모·김태규·김현숙 님에게도 고마움을 표한다.

2000년 11월
필자 씀

차 례

10

서 론

麗末鮮初는 高麗에서 朝鮮으로의 왕조교체가 단행되고 지배계층이 재편되는 중세사회의 변동기였다. 안으로는 사회모순의 확대로 고려의 통치체제가 서서히 붕괴되면서 새로운 왕조국가가 수립되었다. 또한 밖으로는 元이 몰락하고 明이 등장함에 따라 그 여파로 국제질서가 크게 변화되었다.

이와 같은 변동기를 맞이하여 軍事問題를 처리한다는 것은 다른 무엇에 비할 수 없는 커다란 비중을 점하고 있다. 왜냐 하면 軍事力 자체가 권력과 밀접한 관계를 지닌 강력한 물리적 장치이며 체제유지의 수단이었고, 사회변동으로 말미암아 대내외적으로 위기감이 고조되고 있던 시점에서는 통치자들의 주된 관심사가 되지 않을 수 없었기 때문이다.

또한 軍制는 모든 지배계층의 이해관계가 집약되는 통치체제의 성격을 필두로 사회편제의 방식을 통한 農民支配의 문제에 이르기까지 두루 관련을 맺고 있었다. 다시 말해 軍制의 운영원리는 그 당시 土地制度, 身分制 및 役制, 나아가 權力構造 등과 매우 밀접하게 연관되어 있었다.

그런데 커다란 변동기를 맞이해서 軍制의 운영원리가 전시기에 비해 크게 변모하였다는 것은 곧 새로운 통치체제를 지향하는 움직임의 반영이기도 했다. 그러므로 단순히 제도의 변화에만 국한되어 전개되었던 것이 아니라 그 기초를 형성하고 있던 사회편제의 원리와 결부되어 구조적인 전환을 보이고 있는 점이 특징이다.

軍制 운영원리의 변모는 사회변동에 따른 통치체제의 전반적인 개편을 반영하는 한편, 역으로 그것을 추동해 가고 있었다. 그렇기 때문에 이 시기에는 軍制改革의 문제로 집약되어 표출되었으며, 또한 田制 등과 연관해서 체제개편에 관한 전반적인 내용을 담기도 했다. 따라서 이 시기에 시도된 군제개혁을 검토할 경우 제도 변화의 근본적인 요인 뿐만 아니라 그것이 통치체제의 개편에 끼친 영향이라든가, 그리고 그 역사적 의미가 무엇이었는지에 관해서도 파악이 가능하다. 특히 왕조 교체기를 맞이하여 당시 지배층들이 대내외에 걸친 위기상황을 체제 개편을 통해 어떤 식으로 극복하고, 수습해 갔는지의 문제를 고찰하는 데 있어서 필수적이다.

이처럼 軍制改革에 대한 연구는 여말선초의 시기에 전개되었던 새로운 통치체제의 확립 과정과 그 성격을 이해할 수 있는 핵심적인 문제라고 할 수 있다. 이러한 중요성으로 인해서 이 시기 軍制에 관해 많은 연구가 이루어졌다.[1] 이들의 성과로 현재 군사제도의 모습과 그 변화에 관해 대체적인 윤곽이 밝혀졌다고 볼 수 있다.

그 동안 이루어진 연구성과들을 살펴보면 크게 세 가지 경향으로 대별할 수 있다. 첫째 당시 軍制의 개편과 변화를 당해 사회의 편제원리, 그 중에서도 특히 軍役을 통한 對民收取와 관련지어 연구한 경향이다. 이것은 당시 兵種을 매개로 사회신분과 어떻게 결합되었는가에 대해서도 검토하여 신분제 사회에서 役이 갖고 있는 의미를 파악하는 데 중점을 두었다. 이 입론에 입각한 연구는 비교적 일찍부터 시작되었다.[2] 하지만 이후 이런 경향을 띤 연구가 비교적 드물게 이루어지다가

---

1) 高麗·朝鮮前期의 軍制에 관한 연구동향을 소개한 글로는 다음 논고들이 대표적이다. 金南奎, 1978, 「軍事制度」, 『韓國史論 2 - 高麗篇』; 閔賢九, 1982, 「韓國軍制史研究의 回顧와 展望 - 朝鮮前期를 中心으로」, 『史叢』 26 ; 吳宗祿, 1995, 「군사제도」, 『한국역사입문②』; 尹薰杓, 1997, 「高麗時代 軍制史 研究의 現況과 課題」, 『軍史』 34 ; 吳宗祿, 1998, 「朝鮮前期 軍事史 研究의 現況과 課題」, 『軍史』 36.

1970년대에 들어와서야 비슷한 문제의식에서 출발한 성과들이 나오기
시작했다.3) 그러나 앞서의 성과와 1970년대 이후의 그것은 사회구성을
바라보는 시각에 있어서 상이한 입장을 취하고 있기 때문에 상호간에
분명한 차이점이 존재한다.4) 그러나 이들의 성과로 말미암아 조선시대
의 사회신분이 軍役에 어떻게 투영되었으며, 거꾸로 이를 통해 사회편
제의 원리가 무엇이었는지를 대략적으로 알게 되었다.

두 번째의 경향은 고려시대부터 조선 초기에 이르는 軍制의 변천
모습과 정치적 의미를 실증적인 입장에서 상세히 밝힌 것들이다. 이
성과들로 인해 당시 군제의 전체적인 형태와 그 변화양상들에 대한 정
리가 가능해졌다. 아울러 제도적인 변화가 지닌 정치적 의미도 보다
분명해질 수 있었다.5)

세 번째의 경향은 고려말 조선 초기에 나타난 군제변화의 특질을 兵
農一致, 또는 軍民一致의 현상으로 보고서 皆兵制가 확립되어 가는

2) 金錫亨, 1941, 「李朝初期 國役編成의 基底」, 『震檀學報』 14.

3) 李載龒, 1967, 「朝鮮前期 遞兒職에 대한 考察」, 『歷史學報』 35·36(1984, 『朝鮮初期社會構造研究』에 재수록) ; 李載龒, 1970, 「朝鮮前期의 水軍」, 『韓國史研究』 5(1984, 『朝鮮初期社會構造研究』에 재수록) ; 李成茂, 1980, 「兩班과 軍役」, 『朝鮮初期兩班研究』 ; 李載龒, 1982, 「朝鮮初期의 翼軍」, 『崇田大論文集(人文科學篇)』(1984, 『朝鮮初期社會構造研究』에 재수록).

4) 이 차이는 주로 토지문제를 바라보는 시각에서 명확하게 나타나는바, 金錫亨의 경우는 당시의 토지제도 성격을 국유제의 입장에서 파악했으나, 李載龒과 李成茂는 사유제에 근거하여 입론을 전개하였다.

5) 車文燮, 1959·1960, 「鮮初의 甲士」, 『史叢』 4·5(1973, 『朝鮮時代軍制研究』에 재수록) ; 車文燮, 1964, 「鮮初의 內禁衛」, 『史學研究』 18(1973, 『朝鮮時代軍制研究』에 재수록) ; 車文燮, 1967, 「鮮初의 忠義·忠贊·忠順衛」, 『史學研究』 19(1973, 『朝鮮時代軍制研究』에 재수록) ; 車文燮, 1973, 『朝鮮時代軍制研究』 ; 車文燮, 1984, 「朝鮮前期의 國防體制」, 『東洋學』 14 ; 車文燮, 1994, 「군사조직」, 『한국사 23 - 조선 초기의 정치구조』 ; 車文燮, 1996, 「朝鮮前期의 中央軍制와 首都防衛」, 『朝鮮時代 軍事關係 研究』 ; 千寬宇, 1962, 「朝鮮初期 五衛의 形成」, 『歷史學報』 17·18合輯 ; 千寬宇, 1964, 「朝鮮初期 五衛의 兵種」, 『史學研究』 18 ; 千寬宇, 1964, 「五衛와 朝鮮初期의 國防體制」, 『李相佰博士華甲紀念論叢』(1979, 『近世朝鮮史研究』에 재수록).

과정으로 파악한 연구성과들이다. 이런 연구경향의 논자들은 그 역사
적 의미를 시대구분과 관련해서 평가를 내리기도 한다.[6] 그러나 이는
군제의 문제를 주로 권력구조의 변동과 관련시켜 정리한 성과[7]와 그
보다는 사회신분의 재편과의 연관을 중심으로 연구한 경향[8]으로 다시
나뉘고 있다.

이상의 연구성과로 인해 麗末鮮初期 軍制의 변화와 역사적 의의에
관해서는 상당량의 지식을 쌓을 수가 있었다. 특히 왕조교체라는 커다
란 정치적 격변을 맞이해서 구체적으로 변모되어 가는 모습이 확인되
었다. 그럼에도 불구하고 아직도 미진한 부분이 남아 있다. 그것은 군
역제와 군사조직을 유기적으로 파악하지 않으면 군사제도 자체의 내
용이 선명해지지 않으며 통치체제에 대한 올바른 이해가 어렵다고 천
명하고 있음에도 불구하고 여전히 정치구조 내지 사회신분이나 軍役
制 문제를 軍制와 연관시키지 않은 채 서로 분리, 고립해서 다루고 있
는 관계로 아직까지 많은 문제들이 해명되지 못하고 있다. 그러므로
麗末鮮初期 軍制問題의 구조적 파악을 위해서는 시각과 방법을 달리
하여 새롭게 접근해 볼 필요가 있다.

따라서 본서에서는 이 시기 군제에 나타난 변화상을 田制改革運動

---

6) 千寬宇, 李基白, 閔賢九, 韓永愚의 연구성과들이 이런 연구경향을 대표한다
   고 볼 수 있다.
7) 千寬宇, 1958, 「閑人考」, 『社會科學』 2(1979, 『近世朝鮮史硏究』에 재수록) ;
   千寬宇, 1964, 「五衛와 朝鮮初期의 國防體制」, 『李相佰博士華甲紀念論叢』
   (1979, 『近世朝鮮史硏究』에 재수록) ; 李基白, 1969, 「高麗 別武班考」, 『金載
   元博士回甲紀念論叢』(1990, 『高麗貴族社會의 形成』에 재수록) ; 李基白,
   1969, 「高麗末期의 翼軍」, 『李弘稙博士回甲紀念韓國史學論叢』(1990, 『高麗
   貴族社會의 形成』에 재수록) ; 李基白, 1977, 「韓國의 傳統社會와 兵制」,
   『韓國學報』 6(1979, 『韓國史學의 方向』에 재수록) ; 閔賢九, 1983, 「高麗後期
   의 軍制」, 『高麗軍制史』 ; 閔賢九, 1968, 「近世朝鮮前期 軍事制度의 成立」,
   『韓國軍制史 - 近世朝鮮前期篇』(1983, 『朝鮮初期의 軍事制度와 政治』에 재
   수록).
8) 韓永愚, 1969, 「麗末鮮初의 閑良과 그 地位」, 『韓國史硏究』 4(1983, 『朝鮮前
   期社會經濟硏究』에 재수록).

이라든가, 사회신분의 재편, 役制運營方式의 改定, 그리고 권력구조의 개편 등과 관련해서 검토해 보고자 한다. 그렇게 해야만 사회변동에 대응하면서 체제개편작업의 일환으로 추진된 군제개혁의 문제가 비로소 그 구조적인 모습을 드러내며 역사적 의미를 분명히 해줄 것이기 때문이다. 이를 위해 주로 고려말 조선 초기에 제기되었거나 추진된 軍制改革案들의 내용 및 그 성격을 중점적으로 분석하고자 한다. 개혁안에는 제도적인 측면과 함께 관련된 모든 사항이 한꺼번에 망라되어 있어서 당시 문제를 구조적으로 파악하는 데에는 매우 유용하다.

그런데 실제로 개혁을 추진하는 과정에서는 여러 가지 방안이 제출되어 어떤 것은 실행에 옮겨지지 못한 채 폐기되어 버리기도 하고, 막상 옮겨지기는 했으나 대폭적인 수정을 거쳐 본래의 것과는 성격이 크게 달라진 것도 있다. 따라서 모든 개혁안이 고스란히 실천에 옮겨진 것은 아니다. 그러나 본서에서는 설사 도중에 중단되었거나 제대로 실행되지 못했던 것도 검토의 대상으로 삼았다. 왜냐 하면 개혁안으로 제기되었다는 것 자체가 이미 당시 커다란 사회문제로 대두되었다는 사실을 전제로 하고 있기 때문이다.

동시에 軍制改革은 모든 사회계층의 이해관계가 달려 있는 관계로 어떤 형태로든 추진 과정에서 진통이 수반되기 마련이다. 그러므로 도중에 중단되었거나 실행되지 못한 것은 그 안에 매우 심각한 요인이 자리잡고 있었기 때문이다. 그리고 상당한 성과를 올린 것도 역시 마찬가지로 복잡한 과정을 거쳤을 것이다. 따라서 양자를 대비시켜 검토할 때 비로소 당해 시기의 군제개혁이 지니고 있던 특성과 역사적 의의를 좀더 선명하게 이해할 수 있을 것이다. 어느 한쪽 면만을 대상으로 고찰해서 이해한다는 것은 큰 한계가 있을 수밖에 없다. 그러므로 본서에서는 일정한 성과를 거둔 것과 설사 그렇지 못했던 것일지라도 후세에 영향을 미친 것은 함께 다루어 이 시기 군제개혁의 특징을 파악해 보려고 한다.

그러나 개혁안이라고 하는 것은 대개 당시 매우 중요하게 여기고 크게 문제가 되고 있던 부분을 주로 다루는 경향이 강하다. 따라서 모든 것이 그 안에 망라된 것은 아니다. 따라서 자연히 당시 가장 중요하게 생각되고, 또 큰 문제를 안고 있다고 여겨졌던 것에 초점을 둘 수밖에 없다. 특히 宿衛軍 組織과 船軍이 그것이다. 전자는 권력기구와 가장 밀접한 관계를 유지하고 있기 때문에 그 변동에 민감하게 대응하면서 변모하였다. 후자는 이 시기 가장 극적인 변화를 겪었던 것이며, 동시에 농민지배의 수단으로 크게 활용되었던 것이기도 하다. 따라서 宿衛軍 조직과 船軍의 개혁에 관한 문제를 집중적으로 검토한다면 군제변화의 의미뿐만 아니라 이 시기에 재편되는 통치체제의 성격과 농민지배방식의 특성을 파악하는 데도 도움이 될 것이다.

그런데 그 대상 시기를 고려의 軍制가 크게 동요하고 그에 관한 대책이 마련되기 시작한 고려 말기로부터 15세기 초반의 조선왕조의 太宗年間을 그 하한선으로 삼았다. 우선 군제개혁에 관한 논의가 활발하게 이루어지고 적극적으로 실천에 옮겨지던 시대의 상황을 주목하게 되는데, 그것이 곧 고려 말기다. 그리고 조선왕조의 성립을 거쳐 태종 연간에 이르는 기간의 군제개혁 과정에서 고려적인 운영원리가 점차 사라지고 조선적인 것의 원형이 만들어졌으며, 이것이 그 뒤 『經國大典』의 편찬과 더불어 조선의 軍制 確立에 크게 기여했다고 보고 있다. 이 같은 입장에서 태종 연간을 하한선으로 설정했다.

그러므로 이 시기 군제개혁에 관한 검토는 고려, 조선 양 국가의 군제운영의 원리를 이해하는 데 유용할 뿐만 아니라 중세의 軍制가 사회변동에 대응하면서 어떤 식으로 발전해 나갔는가를 파악하는 데에도 매우 긴요하다. 이상과 같은 문제의식을 가지고 다음과 같은 순서로 정리했다.

먼저 제1장에서는 이 시기의 정치사회적 문제와 관련지어 軍制改革案이 제기되는 배경을 살펴보려 한다. 이 문제를 특히 고려군제의 운영원리가 변모해 나가는 요인에 초점을 맞추어 정리하고자 한다. 1절에서는 '田無役主' 현상이 확산되면서 軍役制가 동요되는 과정을 살펴

보았다. 전시과와 연계해 군인을 배출하는 田地와 氏族을 고정시킨 것을 기저로 수립된 고려 군역제의 운영원리가 말기에 들어오면서 '田無役主' 현상의 확산으로 붕괴되어 가는 과정을 다루고자 했다. 이어서 2절에서는 宿衛機構의 濫設과 指揮統率體系의 혼란을 취급했다. 당시 고려는 元의 간섭과 附元勢力의 발호에 대응하고 왕권을 안정시키기 위해서 元의 怯薛制를 수용해 다수의 宿衛機構를 설립했다. 이로 인해 야기된 군의 지휘통솔체계의 혼란과 기구 운용에 필요한 재원 조달 과정에서 발생한 각종 사회문제들을 중점적으로 검토했다. 끝으로 3절에서는 募軍方式이 변모되면서 결과적으로 無軍 상태가 초래하게 되어 中外의 군사조직이 사실상 虛疎化되는 과정을 別抄軍·萬戶府制와 船軍을 중심으로 살펴보았다. 결국 사회변동으로 인해 종전의 운영원리가 제 기능을 발휘하지 못하게 되자 군대가 허소화될 수밖에 없었던 상황을 고찰해 보고자 한다.

　다음으로 제2장에서는 본격적으로 시도된 여러 군제개혁의 내용과 그 단계적 특성을 분석해 보고자 한다. 우선 1절에서는 고려 말기에 들어와 비로소 군제개혁을 추진한 忠宣王의 방안에 대해서 검토하고, 이어서 反元政治의 전개와 더불어 田民辨正事業의 시행 등 일련의 체제개혁을 행한 공민왕대의 군제개혁을 다루고자 한다. 끝으로 고려정부로서는 최후의 개혁작업이라고 할 수 있는 우왕대의 군제개편을 고찰해 보고자 한다. 대내외에 걸쳐 위기감이 고조됨에 따라 군사력을 강화하지 않으면 국가의 존립이 위태로워진다는 인식이 팽배해지면서 마침내 군제개혁을 실천에 옮겼다. 하지만 兵權의 장악이 곧 권력문제와 직결되기 때문에 개혁의 방향이나 성격, 그리고 주도권을 놓고 지배층 내부의 갈등이 심했다. 그러므로 군제개혁은 상황의 변화에 따라 몇 단계를 거치면서 진행되었고, 그 때마다 성격상의 차이점이 발견된다. 2절에서는 威化島回軍 이후에 변화된 정국 하에서 추진된 급진개혁파 사대부들의 정책과 그 성격을 검토하고자 한다. 급진개혁파들은 고려사회가 처한 대내외적인 모순을 현 체제로서는 해결할 수 없다는 전제 하에서 새로운 체제개혁을 지향했다. 이에 수반하여 군제개혁 역시도 같은 원리 및 구조의 지향 속에서 추진되었을 것으로 예상되며 그 과정에서 서서히 새로운 운영원리가 확립되어 갔을 것이다. 이상과 같이 각 단계별로 군제개혁의 특성을 파악해 보고 그것이 후대에 미친 영향이나 연관성도 찾아보고자 한다.

제3장에서는 조선왕조 성립 초기 군제개혁의 추이를 조명해 보고자 한다. 이 시기 군제개혁은 새 왕조가 세워진 이후 추진된 체제개편의 일환으로 단행되었기 때문에 고려 말기의 그것과 일정한 연속성과 단계성을 지녔을 것으로 여겨진다. 먼저 1절에서는 義興三軍府의 설치와 府衛制 개혁을, 2절에서는 三軍府의 개편과 宿衛軍制의 변경을 다루었다. 이는 태조대에서 태종대에 이르는 宿衛軍 조직의 개편문제를 중점적으로 파악한 것이다. 이 문제는 단순히 군사조직의 개편만이 아니라 당시 군제편성의 원리가 변화하는 모습을 가장 잘 반영하는 것이기도 하다. 이는 사회편제 및 국가체제의 운영원리와도 관련성을 지녔으며, 태조대 鄭道傳이 주도해서 추진했던 방향과 태종대의 그것이 달랐을 것으로 상정된다. 3절은 여말선초에 새롭게 독립된 兵種으로 성장했던 船軍의 문제를 다루었다. 陸軍과 성격을 달리하는 船軍에게도 당시 군제 운영원리의 변화가 동일하게 적용되었는지를 검토할 필요가 있기 때문이다. 이를 통해 군사조직 전체를 관통하는 원리가 확립되었는지의 여부를 확인할 수 있을 것으로 기대된다. 그리고 船軍問題는 軍役의 편제원리와 곧바로 연결되면서 그 특징을 가장 잘 반영하는 것이기도 하다. 따라서 이를 추적하면 조선 초기 군역편제의 원리가 지니는 특징을 보다 확실하게 파악할 수 있을 것으로 예상된다.

이상과 같이 여말선초 軍制改革의 추이를 파악해 보면, 새로운 軍制運營의 원리가 체제 개편작업과 결부되어 서서히 형성되고 있음을 확인할 수 있을 것이다. 그리고 이 원리가 이후 조선의 군제를 확립하는 데 있어서 매우 중요한 역할을 수행하는 것으로 전망할 수 있을 것이다.

제1장 高麗末期 軍制改革論 대두의
사회적 배경

1. '田無役主' 현상의 확산과 軍役制의 동요

고려사회는 말기, 특히 14세기에 이르게 되면 사회경제적인 모순이
극도에 달하고 있었다. 民의 대규모 流亡이 잇따르고, 지배층 간 갈등
의 첨예화로 정치불안이 고조되는 가운데 장기간 元의 간섭으로 사회
각 분야에 걸쳐 여러 가지 문제들이 속출했다. 軍制 역시 예외가 아니
었다.

이 시기 군제의 문제점으로 우선 지적할 수 있는 것이 이탈자들이
크게 늘어나면서 조직이 虛疎化되었다는 점과 私兵化가 진전되었다는
점이다.[1] 군사조직의 허소화와 사병화는 궁극적으로 고려 말기 사회변

---

[1] 왕권이 크게 위축당해 항상 신변의 위협을 느끼면서 지내야 했던 毅宗代에
   이르게 되면 府兵, 즉 정규 숙위군이 아예 闕庭에 駐屯하게 되고 勇力이 있
   는 자를 별도로 뽑아 內巡檢이라 이르면서 항상 巡警하게 했다(河炫綱,
   1988,「高麗 毅宗代의 性格」,『韓國中世史研究』). 국왕이 스스로의 안위를
   걱정할 만큼 상황이 심각해지자 內巡檢이라는 특별 경호대를 만들어서 호위
   를 강화했다. 그러므로 內巡檢이 비록 公兵이기는 하지만 기존의 군사지휘체
   계에 의해 통솔되기보다는 아마도 왕의 特命에 의해 움직였을 가능성이 매우
   높다. 이는 혼란된 정치상황에서는 부득이했을 것이나 군제 운영에서는 여러
   가지 변화를 초래하는 요인이 되기도 했다. 특히 정치계라든가 사회불안이
   한층 고조된 武人政權 하에서 집정자들이 私兵을 양성하는 일이 많았는데,
   그 역시 毅宗代의 그것을 따르는 경향이 강했다. 또한 무인정권이 붕괴되고

동으로 인해 군제의 운영원리가 크게 변화되어 초래된 결과라고 할 수 있다. 본래 고려군제의 특질은 田柴科의 收租地分給制와 직접적으로 연계되어 있다.[2] 그런데 元의 간섭기, 특히 14세기에 이르러 이 수조지분급제가 마비되고 '田無役主' 현상이 확산되었다. '田無役主'란 田에 役主, 다시 말해 국가의 역을 부담해야 하는 사람이 없어졌다는 의미로 전시과와 연계되어 구축되었던 役制의 운영이 마비상태에 빠졌음을 지적한 것이다.[3] 이는 良民·賦役의 私民·私役化로 발전되면서 문제가 한층 더 심각해졌다. 동시에 公私田에 걸쳐 토지겸병이 확

말기에 이르러서도 私兵化는 좀처럼 해소되지 않았다.

2) 高麗軍制의 특질, 그 중에서도 특히 京軍의 성격에 관해서는 현재까지 연구자들 사이에서 많은 논란이 거듭되고 있는 관계로 확실한 결론을 내리지 못하고 있다. 다만 그 방향은 크게 세 계열로 나뉘어지고 있다고 할 수 있다. 먼저 軍班氏族 출신들로 구성된 전문적인 군인이라는 '軍班制論'(李基白, 1968, 『高麗兵制史研究』)과 番上農民軍이라는 '府兵制論'(姜晉哲, 1963, 「고려초기의 軍人田」, 『淑明女子大學校論文集』3), 그리고 어느 한 요소로만 이루어진 것이 아니라 두 가지 요소를 모두 포함하고 있다는 이른바 '二元的 構成論'(張東翼, 1986, 「高麗前期의 選軍」, 『高麗史의 諸問題』; 洪元基, 1998, 『高麗前期 軍制研究』, 연세대 박사학위논문; 鄭景鉉, 1992, 『高麗前期 二軍六衛制研究』, 서울대 박사학위논문; 吳英善, 1992, 「고려전기 군인층의 구성과 圍宿軍의 성격」, 『韓國史論』 28, 서울대) 등이 그것이다. 여기에 최근에 府兵은 병농일치적인 번상농민병이 아니라, 中郎將 이하의 武官으로 보아야 하며, 따라서 경군은 무관인 부병과 府衛制로 운영되는 번상농민병으로 구분되어 있다는 주장도 제기되었다(金鍾洙, 1999, 「高麗·朝鮮初期의 府兵」, 『歷史敎育』 69). 이렇듯 '二元的 構成論'은 연구자마다 조직의 편성 원리라든가 방식, 내용 등을 달리 파악하고 있어서 그 견해가 하나로 통일된 것은 아니다. 다시 말해 '二元的 構成論'이라고 해서 연구자 모두가 동일한 입장을 취하고 있는 것이 아니다. 따라서 고려군제의 특질을 밝히는 작업은 아직까지 확실한 결론에 이르지 못하고 있다고 할 수 있다. 그리고 이는 고려 전기 사회의 성격을 규정짓는 문제와도 연관이 있기 때문에 단기간 내에 해결될 수 있는 성질의 것도 아니다. 다만 본서에서는 지금까지 나온 연구성과들 중에서 서로 공통되거나 의견이 합치된 것을 중심으로 해서 고려군제의 특질을 다시 한 번 검토하되, 특히 고려 말에 들어와 변화되어 가는 모습에 초점을 맞추었다. 이는 다른 각도에서 그 특질을 밝혀 보는 작업이기도 하다.

3) 朴京安, 1996, 『高麗後期 土地制度研究』, 100~106쪽.

대되었고, 이로 인해 토지를 탈점당한 군인들이 점차적으로 늘어났다. 이로 말미암아 수입원을 잃고 생활고를 견디지 못한 군인들이 대거 조직에서 이탈하게 되었다.

군인들이 토지를 탈점당했다는 것은 단순히 경제기반의 상실로 役을 감당할 수 없게 되었다는 것에서 끝나는 문제가 아니었다. 그것은 '전무역주' 현상의 확산과 더불어 군역제의 기본적인 운영체계를 동요시키는 요인으로 작용했다. 그 결과 그에 기반해서 구축되었던 군사조직도 허소화되었다. 이하 이 점에 대해 상세히 검토하고자 한다.

원래 田柴科에 의거하여 분급된 군인전은 표면상으로는 군인에게 준 것처럼 보이나 실질적으로는 군인과 그의 자손·친척 등으로 구성된 軍戶에게 지급된 것이다.[4]

> 判하기를, "군인으로서 늙고 신병이 있는 자는 그 자손이나 친족으로 하여금 그 대신 복무할 것을 허락하며, 자손이나 친족이 없는 자는 나이가 만 70이 될 때까지 監門衛에 소속시키고, 70 이후에는 단지 口分田만을 지급하고 나머지 토지들은 회수하며, 海軍에 이르러서도 역시 이러한 예에 의거해서 실시한다"라고 하였다.[5]

위 사료를 통해 陸·海軍을 막론하고 연로해지거나 신병이 있는 경우 원칙적으로 자손·친족이 그를 대신했음을 알 수 있다. 이 때 군인전이 함께 상속되었음은 물론이다. 곧 役과 더불어 土地도 군인의 자손에게 승계되었다. 이 원칙은 매우 확고해서 심지어 적에게 항복한 軍將의 田地에 대해서도 적용될 정도였다.

> 判하기를, "죽음을 두려워하여 적에게 항복한 軍將의 토지는 친아

---

4) 李基白, 1968,『高麗兵制史硏究』, 148쪽.

5)『高麗史』卷78, 食貨志1, 田制 田柴科, 文宗 23年 10月, 中冊, 711쪽, "軍人年老身病者 許令子孫親族代之 無子孫親族者 年滿七十 閑屬監門衛 七十後 只給口分田五結 收餘田 至於海軍 亦依此例".

들에게 連立하는 것을 허락하지 말고, 그 친척으로서 역을 감당할 만한 자를 택하여 주되, 諸衛軍에 充補하라"고 하였다.[6]

즉 죽음을 두려워하여 적에게 항복한 軍將[7]의 전지를 친자 대신에 친척 중에서 役을 감당할 만한 자에게 지급해서 군에 보충하라는 것이다. 그런데 辛亥(현종 2)·戊午(현종 9) 연간에 제정된 '行師之令'에 따르면, 적에게 투항한 자는 사형에 처하고 그의 집은 籍沒하며 처자식은 종으로 삼도록 되어 있었다.[8] 따라서 죽는 것이 두려워 적에게 투항한 軍將의 친자식은 종이 되어야 하기 때문에 당연히 田丁連立이 불가능했다. 그럼에도 불구하고 위의 判을 통해 연립시키지 말라고 지시했던 것은 특별한 이유가 있었을 것이다. 그것은 군인이 설사 죄를 지었다고 하더라도 그의 자손이 전정을 연립하고 役을 승계받는 데에는 지장이 없었다. 다만 위에 나온 判에서 언급했던 것과 같이 극히 중대한 범죄를 저질러 처자식이 종으로 떨어지는 처벌을 받았을 경우에만 친자식의 연립을 불허하되, 친척 중에서 적당한 자를 택해서 대신하게 했음을 말한다. 그러므로 군역을 부담하는 田丁과 氏族은 어떤 경우에도 움직이지 못하게 했다. 즉 철저하게 고정시켰다. 그리고 이를 위해 따로 帳籍이 마련되었다. 그것이 곧 軍班氏族에 관한 장적이었다고 생각된다.[9] 여기에는 군인 당사자뿐만 아니라 그의 씨족관계, 특히

---

6) 『高麗史』卷78, 食貨志1, 田制, 田柴科, 文宗 34年 3月, 中冊, 71쪽, "諸畏死降敵軍將田 勿許親子連立 擇給親戚堪役者 諸衛軍充補".

7) 軍將을 군인으로 해석할 수 있느냐 하는 것에 대해서는 異見이 있을 수 있다. 그러나 連立이라는 용어를 사용한 점이나 특히 諸衛에 充補했다는 사실로 보건대 軍將을 將校로만 국한해서 해석할 필요가 없다고 생각된다. 따라서 軍將田에는 軍人田도 포함되어 있으며, 오히려 그것이 주류를 이루었을 것으로 생각된다.

8) 『高麗史』卷85, 刑法志2, 軍律, 睿宗 1年 1月, 中冊, 871쪽, "伏見辛亥·戊午年閒 顯廟行師之令曰 …… 或言降於敵者 或陣而不能拒俾敵衝突者 皆斬 其投降於敵者 籍其家 孥其妻子".

9) 『高麗史』卷81, 兵志1, 兵制, 文宗 18年 閏5月, 中冊, 779쪽, "兵部奏 軍班氏

자손, 친족에 관한 사항이 함께 기록되었을 것으로 추정된다.[10] 이 역시 사전에 軍役과 田丁에 대한 승계관계를 분명히 하기 위해 만든 장치라고 생각된다. 이렇게 해서 의무적으로 군역을 부담해야 하는 씨족이 군인전과 함께 고정되었다.

그러나 모든 군인들이 田丁連立에 해당되는 것은 아니었다. 군인 내에서도 상당한 편차가 존재했다.[11] 특히 役軍으로 불린 一品軍을 수조지를 분급받은 군인과 비교하면 그 차이가 분명해진다.

舊制에 諸州의 一品軍은 나누어 二番으로 삼고 가을에 當하여 交遞하며 이들로 하여금 循環케 하였는데, 近來에 營造로 인하여 합해서 役使하다가 이에 이르러 나눈 것이다.[12]

위 기사로 보아 일품군은 정기적으로 국가에 노력을 제공하는 군대였음을 알 수 있다. 그런데 일품군은 수조지를 분급받지 못했다. 따라서 필요한 경비나 생계비 따위를 자신의 경리에 의존해서 조달해야 했다. 이런 사실은 다음의 기사를 통해서 어느 정도 짐작할 수 있다.

詔하기를, "여러 주현의 군사로서 성을 쌓은 자, 水軍으로서 군량을 운반한 자들에게 금년 田租의 반을 면제해 주라"고 하였다.[13]

이 詔는 妙淸의 亂을 평정한 직후에 발표된 것이다. 즉 난이 일어나자 동원되어 성을 쌓은 여러 주현병과 군량을 운반했던 수군에게 수고의 대가로 그 해 田租의 半을 감해주었던 것이다. 여기서 여러 주현병

族成籍旣久 蠹損朽爛 由此軍額不明 請依舊式 改成帳籍 從之".

10) 李基白, 1968, 『高麗兵制史研究』, 107~109쪽.

11) 이에 관해서는 李基白, 1968, 『高麗兵制史研究』, 270~282쪽을 참조할 것.

12) 『高麗史』卷83, 兵志3, 工役軍, 明宗 21年 8月, 中冊, 831쪽, "舊制 諸州一品軍 分爲二番 當秋而遞 使之循環 比緣營造 合而役之 至是分焉".

13) 『高麗史』卷80, 食貨志3, 賑恤, 恩免之制, 仁宗 14年 5月, 中冊, 762쪽, "詔 諸州縣兵築城者 水軍轉輸軍餉者 賜今年田租之半".

이 일품군이라고 단정할 수는 없으나, 전투보다도 축성의 노역에 종사했다는 것으로 보아 아마도 일품군이 주류를 이루었거나 그에 준하는 군대였다고 할 수 있다. 그리고 전조의 반을 감해주었다는 것으로 보아 수조권을 분급받은 토지는 분명히 아니었다.

또한 전조의 반을 감해주었던 것은 난을 평정한 뒤에 인심 무마의 차원에서 내린 恩免이었다. 그러므로 평상시에는 노역에도 복무하고, 전조도 전액을 납부해야 했다. 따라서 위 기사에 나오는 주현병들은 일정 기간 군역을 부담하는 동시에 所耕田 수입의 일부를 전조로 국가에 납부해야만 했다. 결국 그들이 경영하는 토지는 군역을 부담한다고 해서 면조가 될 수 있는 것은 아니었다. 곧 이들의 군역은 勞役이었으며, 군인이라기보다는 오히려 役夫에 가까운 존재였다.

특히 전조를 수취하는 것이 아니라 도리어 납부해야 했다. 이러한 점에서 수조지를 분급받은 군인들에 비해 사회적 지위가 낮았음을 알 수 있다. 그러므로 비록 같은 군인이라 하더라도 그 내부에서 편차는 대단히 컸다. 그것은 특히 군역부담자와 연계된 토지의 성격에서 기인하며 또한 그에 의거해서 지탱되었다.

이와 같이 군역제의 운영원리가 軍役을 부담하는 田丁과 氏族을 고정시키는 것을 전제로 해서 구축되었기 때문에 사회변동, 특히 토지제도의 변화는 그 기본원리에 영향을 줄 수밖에 없었다. 이러한 경향은 무신정권의 수립 이후 급격히 나타나기 시작했다. 즉 사회경제적인 여건의 변화로 인해 수조지분급제와 그에 기반해서 구축된 역제의 운영이 마비상태에 빠져 버렸다. 이에 토지겸병이 확대되면서 군인전에 대한 탈점이 크게 늘어났고 더불어 조직에서 이탈하는 군인도 급속도로 증가했다. 그에 관해서는 다음의 기사가 주목된다.

先王의 제도에 의하면, 토지는 公田을 제외하고 臣民들에게 차등 있게 분급하였는데, 在位者들이 탐오하여 公田과 私田을 탈취해서 차지하여 한 집이 가진 기름진 땅이 여러 州郡에 걸치게 되었습니다.

그 결과 국가의 조세 수입이 줄어들고 軍士들이 缺하게 되었습니
다.14)

위 기사는 明宗 26년(1196)에 崔忠獻이 올린 封事十條의 일부다. 이
에 따르면, 토지겸병이 확대되면서 국가의 조세 수입의 감소와 함께
軍士가 缺하게 되었음을 알 수 있다.15) 따라서 軍士의 수가 감소하게
된 궁극적인 원인이 토지의 겸병에 있다고 할 수 있다. 토지를 빼앗긴
군인들이 생계를 유지할 수 없어 군역에서 도피하게 되었다는 의식이
무신정권의 최고 집권자들로부터도 제기되기 시작하였다.

그러므로 정치적인 변란을 이용하여 집권한 세력들은 군인들의 지
지를 얻기 위해서라도 일시적으로 탈점된 토지를 회수해서 본래의 주
인에게 되돌려주는 형태로 문제를 해결해 보고자 시도하기도 했다.16)
하지만 그런 방식으로 문제를 해결한다는 것이 그렇게 간단하지만은
않았다. 특히 收租地分給制가 어떤 형태로든 기능하고 있고 그와 연계
되어 役을 부담하는 田丁과 氏族을 고정시켜 둔 체제 하에서는 탈점
된 토지를 몰수해서 本主에게 되돌려주는 일이 간단치 않았다. 왜냐
하면 설사 군인전이 권세가에게 탈점당했다고 해도 그 지목이 곧바로
변경되는 것은 아니었기 때문이다. 지목의 변경은 그와 연계된 역을
완전히 다른 것으로 바꾸는 일이기도 했는데, 그렇게 한다는 것은 사
실상 대단히 어려웠다. 따라서 탈점이 종종 一田에 대해 田主가 여러
명이 되는 결과를 낳게도 했다.17) 그렇게 되면 本主를 확인하는 것 자

---

14) 『高麗史』 卷129, 列傳, 崔忠獻, 下冊, 791쪽, "先王制土田 除公田外 其賜臣
　　民各有差 在位者貪鄙 奪公私田 兼有之 一家膏沃 彌州跨郡 使邦賦削而軍
　　士缺".
15) 『高麗史』 卷129, 列傳, 崔忠獻, 下冊, 791쪽.
16) 崔忠獻의 封事十條가 바로 이에 해당한다.
17) 『高麗史』 卷78, 食貨志1, 田制, 田柴科, 明宗 18年 3月, 中冊, 711~712쪽,
　　"凡州縣 各有京外兩班軍人家田永業田 乃有姦黠吏民 欲托權要 妄稱閑地
　　記付其家 有權勢者 又稱爲我家田 要取公牒 卽遣使喚 通書屬托 其州員僚
　　不避干請 差人徵取 一田之徵 乃至二三 民不堪苦 赴訴無處 冤岔衝天 災沴

체가 매우 어려워져 마침내 田訟과 그에 따른 복잡한 절차까지 필요하
게 된다. 그러므로 겸병된 토지를 회수해서 본주에게 되돌려준다는 것
이 구호로서는 설득력이 있으나 실천은 매우 힘들게 되었다.

더군다나 군인전을 유지하고 있던 군인들마저 심각한 어려움에 봉
착해 있었다. 즉 군인전에서 나오는 수확물은 養戶를 통해 군인에게
운송되어 양식 등으로 사용되어야 했다. 하지만 이 관계 일을 맡아서
처리했던 州縣官들이 이전부터 宮院·朝家田과 같은 것에 대해서만
주의를 기울였고, 군인전은 매우 소홀하게 취급했다. 그 결과 식량 등
을 제때에 공급받지 못한 군인들이 견디다 못해 飢寒으로 逃散하는
일이 많았다.18) 특히 토지겸병이 확산되면서 一田에 田主가 여러 명이
되어 이중삼중으로 전조를 수취당하는 사태가 벌어지는 상황에서 養
戶들로 하여금 군인에게 輸粮시킨다는 것은 거의 불가능했을 것이다.
이미 전부터 軍人田의 경영은 여러 가지 난관에 부딪히고 있었는데,
거기에 토지탈점과 그로 인해 파생된 여러 문제들이 겹치자 사태가 한
층 더 심각해졌다.

그러므로 군인전이 명목상 존재하고 있었으나 실제로 이를 분급받
고 근무하는 군인은 거의 없는 상황이 초래되었다. 다음 기사는 그와
같은 사정을 잘 보여주고 있다.

군대로 말하자면, 모두 각기 받는 分田이 있으니, 지금 어디에 간들
隊伍가 차지 않겠는가? 그런데 반드시 田地가 있는 곳으로 흩어 보
내 놓고 만약 有司가 살펴 돌아오게 하면, 홀로 飢寒하여 구원받지

閑作 禍源在此". 위 사료는 권세자가 주현의 吏民과 결탁해서 州縣官의 묵
인 하에 京外 兩班·軍人들의 家田·永業田을 奪占하는 상황을 잘 보여주
고 있다. 그러나 군인의 영업전은 이미 오래 전부터 중앙에서 정해 놓은 것이
었다. 따라서 員僚·吏民이 權勢家들과 결탁하여 閑地라고 妄稱한다고 해서
지목이 변경되는 것은 아니었다. 그렇기 때문에 여전히 군인전으로서 수취가
계속될 수밖에 없었다. 그로 말미암아 二重三重의 田租收取가 이루어졌던
것이다.
18) 『高麗史』卷79, 食貨志2, 農桑, 睿宗 3年 2月, 中冊, 734~735쪽.

못한 자만이 이른다. 役이 고되고 먹을 것이 떨어지면 후환을 생각하
지 않고 遞還하는 자가 많다.[19)

위 기사는 李奎報가 高宗 21년(1234)에 출제했던 禮部試의 策問이
다. 여기서 이규보는 당시 토지를 분급받은 군인들이 근무하지 않은
채 자신의 땅이 있던 소재지에 머물러 있으면서, 담당 관리가 소집령
을 내리면 가난하고 후원자가 없는 인물들만 이에 응했다가 役이 고되
고 먹을 것이 떨어지면 후환을 두려워하지 않고 遞還하는 경우가 많다
는 것을 지적하고 있다.

군인들이 후환을 두려워하지 않고 遞還하는 까닭은 무엇인가? 첫째
로 식량이 떨어져 굶어죽는 것을 기다리기보다는 차라리 경작지가 있
는 곳으로 돌아가 만약의 사태에 대비하겠다는 의도가 있었던 것으로
짐작된다. 둘째로 養戶의 輸粮 따위가 제대로 이루어지지 못하는 등
허점투성이었던 국가의 관리체계에 대한 반발심에서 비롯되었다고도
생각할 수 있다. 탈점 등으로 인해 田租收取가 원활하게 이루어지지
않아 養戶의 輸粮이 제대로 이루어지지 못하는 상황에서 飢寒에 떨며
근무할 수 없다는 것이 군인들의 입장이었던 모양이다. 셋째로 소집에
응했던 飢寒에 떨며 후원자가 없는 군인들이란 아마도 군인전을 제대
로 받지 못했거나 황폐화된 쓸모없는 땅을 보유한 사람들이었을 것이
다. 그러므로 처벌받아 田丁을 몰수당하더라도 지금의 처지와 비교해
볼 때 크게 달라질 것이 없었다. 그렇기 때문에 후환을 두려워하지 않
고 遞還할 수가 있었다. 즉 군인전은 있으나 이를 받고서도 실제로 근
무하는 군인은 보이지 않는 형편이었다.

그런데 문제는 아예 소집에조차 응하지 않는 군인들이 있었다는 사
실이다. 이들에 대해서는 보다 가혹하게 처벌해야 하나 후원세력이 든

─────────────

19)『東國李相國文集後集』卷11, 同前策問, 次望不行/『高麗名賢集』1冊, 556~
    557쪽, "以軍隊言之 皆各有所受分田 今忽安往而隊伍之不充也 必散歸其田
    所在 若有司考而逼還 則獨飢寒無援者至焉 顧役苦食乏 則不慮後患 遞還者
    衆矣".

든하기 때문에 막상 시행이 어려웠다. 따라서 소집에 응한 가난한 사람들은 처벌하고 응하지 않은 군인들은 그대로 방치한다는 것은 형편상 맞지 않고, 만약 강행할 경우 반발만 사게 될 것이었다. 결국 담당 관리들은 양자 모두를 처벌하기가 매우 곤란했을 것이다.

이에 이규보는 후원자가 든든한 사람은 아예 소집에도 응하지 않고 후원자 없는 가난한 군인들마저 곧바로 遞還되어 버림으로써 마침내 '近年已來 軍隊僅虛而不實'[20]해졌다는 평가를 내렸다. 그런데 허소화되고 부실해진 군사조직을 재건하기 위해서는 무엇보다 든든한 후원자를 믿고 소집에 응하지 않은 군인들을 처벌하고 그의 군인전을 몰수해서 選軍을 통해 充補해야 할 것이지만, 당시의 사회분위기 속에서는 시행하기 어려웠다. 그러므로 문제가 해결될 전망은 점점 어두워져 갔다.

결국 13세기의 최말에 이르게 되면 사태가 매우 심각해져서 수조지 분급제 및 그와 연계되어 구축된 역제의 운영이 거의 마비될 지경에 이르게 되었다. 그에 관해서는 다음 기사들이 주목된다.

　가-1) 田無役主 亡丁多矣 民無恒心 逃戶衆矣 凡有貢賦 仍令遺民
　　　　當之 此所以日益彫弊也 宜令賜給田 隨其多少 納其貢賦[21]

　가-2) 一 先王制定內外田丁 各隨職役 平均分給 以資民生 又支國
　　　　用 邇來豪猾之徒 托稱遠陳 標以山川 冒受賜牌 爲己之有
　　　　不納公租 田野雖闢 國貢歲減 …… 宜令諸道按廉及守令 窮
　　　　詰還主 如無主者 其給內外軍閑人 立戶充役[22]

사료 가-1은 충렬왕 22년(1296) 5월에 올린 中贊 洪子藩의 소위 '便民十八事' 중의 하나이고 사료 가-2는 충렬왕 24년(1298) 1월의 이른

20) 『東國李相國文集後集』 卷11, 同前策問, 次望不行/『高麗名賢集』 1冊, 556쪽.
21) 『高麗史』 卷78, 食貨志1, 田制, 貢賦, 忠烈王 22年 5月, 中冊, 729쪽.
22) 『高麗史』 卷78, 食貨志1, 田制, 經理, 忠烈王 24年 1月, 中冊, 707쪽.

바 '忠宣王卽位下敎' 가운데 하나이다. 양자 모두 사회 여러 분야에 걸쳐 문제점들을 지적하고 그에 대한 개선방안을 제시한 것들이다.

그런데 사료 가-1에서 田에 役主가 없고 亡丁이 많다는 것은 役制를 제대로 운영할 수 없게 된 사실을 말하는 것이며, 民이 恒心을 갖지 못하고 도망간 戶가 많다는 것은 결국 수취체제의 전반에 걸쳐 문제가 생겼다는 의미로 이해하는 견해가 있다.[23] 그러나 사료 가-1의 내용만 갖고 그렇게 이해한다는 것은 다소 무리가 있는 것처럼 보인다. 즉 亡丁과 逃戶가 많이 발생했던 관계로 결국 遺民들만 貢賦를 부담하게 되어 날로 凋弊해졌다. 따라서 이런 폐해를 제거하기 위해 앞으로는 그 동안 免租 특혜를 받았던 賜給田에 대해서도 貢賦를 징수하자고 제의했던 것이다. 그러므로 표면상으로는 役制라든가 수취체제 문제의 전반을 다룬 것처럼 보이지 않는다. 하지만 사료 가-2의 내용을 가지고 이를 보완해서 검토할 경우, 비로소 사료 가-1의 내용이 역제라든가 수취체제 전반의 문제와도 깊은 관련이 있음을 알게 된다.

사료 가-2를 볼 때, 職役을 부담하는 조건으로 平均分給되었던 內外田丁이 豪猾之徒에 의해서 冒受賜牌될 수 있었던 것은 遠陳이라고 托稱했기 때문이다. 그런데 遠陳이라고 托稱했던 것이 순전히 공문서의 위조에서 비롯되었다고 할 수는 없다. 그것은 오히려 사료 가-1에 나오는 '田無役主 亡丁多矣 民無恒心 逃戶衆矣'와 밀접하게 관련되었을 것이다. 즉, 田丁으로 남아 있게 되면 계속해서 무거운 職役을 부담해야 하는데, 담당 관리 및 豪猾之徒들과 결탁해서 遠陳이라고 托稱하여 賜給田으로 바뀔 경우에는 免租의 특혜를 누릴 수 있게 된다. 그렇게 되면 職役을 부담하지 않아도 상관이 없었다.

특히 軍役과 같이 다른 역에 비해 무거운 부담을 져야 했던 사람들은 고의든 타의든 亡丁과 逃戶가 되어 田丁을 '田無役主'의 遠陳으로 만들어 權勢家의 賜給田化하는 편이 훨씬 더 유리했다. 따라서 군역을 부담했던 田丁의 경우 초창기에 賜給田으로 전환되었을 확률이 높

23) 朴京安, 1996, 『高麗後期 土地制度研究』, 101~106쪽.

고, 그로 말미암아 군인들의 조직 이탈도 가속화되었을 것이다. 그것은 비슷한 시기에 하급지휘관인 校尉·隊正들이 苦役을 지고 있었다는 사실에서도 확인된다.24) 즉 종래 군인들이 담당했던 기능까지도 아울러 겸해서 맡았기 때문에 부담이 배가되면서 고역이 되었다고 판단된다. 이는 그 휘하의 군인 수가 매우 적어졌기 때문에 어쩔 수 없이 그렇게 된 것이다.25)

물론 군인의 지위가 낮았기 때문에 권세가에게 토지를 점탈당하는 일이 적지 않게 발생했고, 이로 인해 어쩔 수 없이 이탈하는 사람들도 많았을 것이다.26) 그러나 보다 더 궁극적인 요인을 찾아보면, 軍役을 부담하던 田丁과 氏族을 고정시켰던 체제가 사회경제적인 여건의 변화로 말미암아 더 이상 효율적으로 운영되지 못하고 오히려 문제만 양산하고 있었다는 사실이다. 다시 말해 軍役을 고정적으로 부담해야 했던 田丁과 氏族 주변에 매우 유리한 조건에서 역을 질 수 있는 것들이 새로이 출현했다면 아마도 기존의 체제는 크게 동요되었을 것이 틀림없다. 이를테면 권세가의 賜給田도 그 중의 하나였을 것이다. 賜給田의 경우 제도적인 장치가 완비되어 있었던 것도 아니고 자의성이 강했지만 어떻든 免租의 특혜를 누리고 있었기 때문에 군역과 같은 무거운 부담을 지는 것보다는 유리한 면이 많았을 것이다.

한편 亡丁과 逃戶들이 모두 권세가의 賜給田으로 들어간 것은 아니었다. 특히 사료 가-2에서 '田野雖闢 國貢歲減'했다는 사실이 매우 주

---

24) 『高麗史』 卷78, 食貨志1, 田制, 祿科田, 元宗 13年 1月, 中冊, 714쪽, "議 以品祿減少 分給文武官京畿田有差 以近地給校尉隊正 盖爲苦役也".

25) 權寧國, 1995, 『高麗後期 軍事制度硏究』, 서울대 박사학위논문, 38~39쪽. 이미 국초부터 丁人, 즉 軍人이 闕하게 되면 伍尉(校尉)·隊正 들로 하여금 그의 역할을 대신하게 했다. 즉 "凡扈駕內外力役 無不爲之 比經禍亂 丁人多闕 丁人所謂賤役 使祿官六十代之 因此領役艱苦 爭相求避 伍尉隊正等未能當之"(『高麗史』 卷81, 兵志1, 兵制, 靖宗 11年 5月, 中冊, 777쪽)가 그것이다. 그러므로 교위·대정 들이 고역을 지고 있었다는 것은 그 휘하에 군인들이 闕했던 상황과 밀접하게 관련이 있었을 것이다.

26) 지금까지 나온 대부분의 연구성과들은 이 점을 크게 주목하고 있다.

목된다. 몽골과 강화를 맺은 이후 개간사업이 활발하게 진행되어,[27] 마침내 '今郡縣田野盡闢'하기에 이르렀다.[28] 그런데 鄭道傳에 따르면, 고려에서는 백성이 所耕하는 경우에는 스스로 개간해서 점유하는 것을 허락하며 官에서는 간섭하지 않았다고 한다. 그렇기 때문에 자연히 力多者들은 개간하는 땅이 넓고, 勢强者들은 점유하는 땅이 많아질 수밖에 없었다고 했다.[29] 이는 정도전이 조선 개창 직후에 쓴 것이라 적어도 고려 말기의 상황만큼은 확실히 보여주고 있다고 생각한다. 따라서 고려에서는 民의 所耕을 전제로 한 개간이 무한정으로 허용되었다. 그러므로 軍役을 필두로 해서 무거운 직역을 부담해야 했던 內外田丁에 관여된 인물들은 고의든 타의든 亡丁·逃戶가 되어 개간에 참여했을 가능성이 매우 높았다. 그렇게 해서 자연스럽게 고역에서 벗어나고자 했던 것이다. 결국 收租地分給制와 연관해서 군역을 부담하던 田丁과 氏族을 고정시키는 것을 전제로 운영되었던 체제는 사회경제적인 여건의 변화로 서서히 동요되기 시작했다.

公民의 대폭적인 감소는 결국 군역동원 대상자들을 크게 줄어들게 했다. 따라서 남아 있는 사람들을 대상으로 해서 이전에 비해 역을 더 무겁게 부과할 수밖에 없었을 것이고, 이는 다시 민의 몰락과 유망으로 이어지면서 군역제의 운영을 더욱 더 혼란에 빠뜨렸다. 심지어 良民·賦役의 私民·私役化로 인해 양인들이 모두 권세가에 편입되어 官役을 제공하지 않자 양반노비들로 하여금 양민의 역을 대신하게 했다.[30]

27) 고려 후기의 개간사업에 관해서는 다음의 논고들을 참조할 것. 李景植, 1983, 「高麗末期의 私田問題」, 『東方學志』 40 ; 朴京安, 1985, 「高麗後期의 陳田開墾과 賜田」, 『學林』 7 ; 이평래, 1991, 「고려후기 수리시설의 확충과 수전개발」, 『역사와 현실』 5 ; 李宗峯, 1992, 「高麗後期 勸農政策과 土地開墾」, 『釜大史學』 15·16合輯 ; 안병우, 1994, 「고려후기 농업생산력의 발달과 농장」, 『14세기 고려의 정치와 사회』 ; 위은숙, 1998, 『高麗後期 農業經濟硏究』.
28) 『高麗史節要』 卷23, 忠宣王 2年 11月, 599쪽.
29) 『朝鮮經國典』 上, 賦典, 經理, "而民之所耕 則聽其自墾自占 而官不之治 力多者墾之廣 勢强者占之多".

14세기의 중반에 들어서게 되면 마침내 개간이 불가능하다고 여겨지는 곳까지도 어느 정도 경작되기에 이르렀다. 반면에 수조지분급제와 연관되어 구축되었던 역제는 마비상태에 빠져 버렸다.

　우리 나라가 元나라를 섬겨 中外에 아무 걱정이 없어 閭閻이 즐비하고 길에 행인이 조밀하여 백성은 날로 불고 들은 날로 개간되니 못쓸 땅이 화하여 무논이 되고 숲은 개간되어 화전을 이루니 어찌 백성이 많다고 하지 않겠는가. 그럼에도 名田을 받고서 賦役을 제공하는 이가 백에 두서넛도 되지 않는다.31)

위 기사는 李齊賢이 공민왕 2년(1353)에 출제한 策問의 한 부분이다.32) 李齊賢에 따르면, 元나라와 화약을 맺은 이후 개간이 꾸준하게 진척되어서 드디어 염분이 많은 땅을 논으로 만들고 초목이 아주 무성했던 숲지대라 할지라도 화전의 방식을 이용해서 개간이 이룩되었을 정도였다. 그렇게 힘든 곳까지도 개간이 된 만큼 경작지가 크게 늘고 산물이 풍부해지면서 인구도 증가했고 유통도 활발해졌다. 그럼에도 불구하고 名田을 받고 賦役을 제공하는 사람은 크게 줄어서 오히려 극소수가 되었다는 사실은 이미 수조지분급제와 이를 기저로 해서 운영되던 役制가 마비상태에 빠졌다는 것을 말해준다. 그와 같은 사정은 군역제도 예외가 아니었을 것이다.

그렇다고 군인전이 완전히 사라진 것도 아니었다. 결국 이것이 가뜩이나 혼란에 빠진 군역제의 운용을 한층 더 심각하게 만드는 요인으로 작용하면서 개선의 전망을 어둡게 했다. 軍人의 田丁이 건재했던 것은

---

30)『高麗史』卷85, 刑法志2, 奴婢, 忠烈王 24年 1月, 中冊, 878쪽, "敎曰 …… 一兩班奴婢 以其主役各別 自古未有公役雜斂 今良人盡人勢家 不供官役 反以兩班奴婢 代爲良民之役 今後一禁".

31)『益齋亂藁』卷9下, 策問/『高麗名賢集』2冊, 332~333쪽, "國家服事皇元 中外無虞 閭閻櫛比 行路如織 民日以殷 野日以闢 化斥鹵以水耕 刊薈蔚以火耘 豈非庶矣乎 而受名田供賦役者 百無二三焉".

32) 閔賢九, 1981, 「益齋 李齊賢의 政治活動」,『震檀學報』51, 235쪽.

다음의 기사들에서 확인된다.

　가-3) 明年改鷹揚軍大護軍 又明年(忠肅王 14 : 인용자 註) 爲選軍
　　　　別監 授田有法 人便之[33]

　가-4) 乙未(恭愍王 4 : 인용자 註)秋 以中顯大夫監察執義直寶文閣
　　　　召至 選軍以田 其法舊矣 命公爲其都監使 一人受田 有子孫
　　　　子孫傳之 無則他人代受 有罪當收其田 則人人皆欲得 於是
　　　　雜然矣 公曰是爭民施奪也 可乎 於是與其當得者 一人而止
　　　　訟稍簡矣[34]

　위 기사들에 의해, 이른바 '選軍給田'이 계속해서 시행되고, 군인전
이 여전히 존속하고 있음이 확인된다.[35] 따라서 李齊賢의 책문 내용과
는 상호 모순되고 있다. 그렇다고 李齊賢의 서술이 잘못되었다거나 군
역을 제외한 다른 役의 운영 실태만을 기술했다고 보기도 어렵다.

　그런데 공민왕 1년(1352)에 李穡이 제출한 상서문에는 '諸衛之職 爲
膏粱所占 又且無軍'[36]이라고 해서 諸衛의 武班職에 종사하는 자들은
있었으나 군인은 없었다고 했다. 그렇다면 이 시기에는 選軍給田이 武
班職者에게만 시행되었다고 보아야 할 것이나, 이것은 수조지 분급제
의 근본취지에서 어긋나는 것이어서 상정하기 힘들다. 결국 군인전은
여전히 존속하고 있으나, 실제로 名田을 받고서 근무하는 군인은 없는
상태였다. 이것은 高宗 21년에 이규보가 출제했던 禮部試의 책문 내
용, 즉 전지를 받고서도 隊伍에 합류하지 않은 채 田地가 소재한 지역
에 머물러 있다가, 소집령이 하달될 경우에는 후원자 없는 군인들만

33)『牧隱文藁』卷16, 重大匡玄福君權公(諱廉)墓誌銘幷序/『高麗名賢集』3冊,
　　936쪽.
34)『牧隱文藁』卷15, 高麗國大匡完山君謚文眞公(諱宰)墓誌銘幷序/『高麗名
　　賢集』3冊, 926쪽.
35) 오일순, 1993,「高麗時代의 役制構造와 雜色役」,『國史館論叢』46, 62쪽.
36)『高麗史』卷115, 列傳, 李穡, 下冊, 524쪽.

응했다가 혼자서 飢寒을 견디지 못해 遞還해 버리고, 든든한 후원자가
있는 軍人들은 처음부터 아예 소집에 응하지 않는 상황이 그 이후에도
계속되었다는 사실을 확인시켜 주는 것이다.[37]

결과적으로 고려말, 특히 14세기에 오면 군인전을 보유하고 있던 군
인들은 대체로 든든한 후원자를 가진 사람들뿐이었다. 그렇기 때문에
이들은 소집령에 응하지 않고 근무하지 않아도 아무 상관이 없었다.
이렇게 해서 마침내 '無軍'의 상태에 도달하고 말았던 것이다. 이런 상
황에서 고려왕조 최말기에 이르면 趙浚이 표현했던 대로 한 번도 軍門
을 밟아 보지 않은 자가 가만히 집에 앉아서 땅에서 나오는 수입을 챙
기는 상황이 초래될 수밖에 없었다.[38] 반면에 후원자가 없는 군인들은
일찌감치 군인전을 상실, 몰락하게 되었다. 그러므로 비록 軍人田 및
田丁連立이 계속해서 존재했다고 하더라도, '田無役主 亡丁多矣'의 현
상이 확산되면서 결국 군역제는 동요되고 군사조직은 허소화되었다.

경작지가 늘어나고 인구가 증가되었음에도 불구하고 收租地分給制
와 그에 기초한 役制가 전면적으로 동요하게 되었던 것은 제도 자체의
결함이라든가 운영하는 과정에서 발생한 여러 문제가 직접적인 원인
으로 작용했을 것이지만, 수조지분급제와 관련해서 역을 부담하던 田
丁과 氏族의 고정을 전제로 구축되었던 체제를 사회경제적인 여건의
변화로 더 이상 유지하기 어렵게 된 점이 근본적인 요인이었을 것이
다. 이런 배경 하에서 야기된 군역제의 동요로 인해 마침내 군사조직
이 허소화되고 말았다. 그런데 그것을 한층 더 촉진시킨 것이 元의 정
치적 간섭 이후 숙위기구의 남설 및 이와 관련해서 심각해진 지휘통솔
체계의 혼란상이었다.

---

37) 『東國李相國文集後集』卷11, 同前策問, 次望不行/『高麗名賢集』1冊, 556~
557쪽.
38) 『高麗史』卷78, 食貨志1, 田制, 田柴科, 禑王 14年 7月, 大司憲趙浚等上書,
中冊, 716쪽, "以祖宗至公分授之田 爲一家父子之所私 不一出門而仕朝行
不一奉足而踏軍門 錦衣玉食 坐享其利 蔑視公侯".

2. 宿衛機構의 濫設과 지휘통솔체계의 혼란

몽골과의 전쟁이 끝나면서 고려의 정계에 커다란 변화가 일어났다. 무인정권이 붕괴되고 왕정이 복고되었으며, 元의 정치적 간섭을 받기 시작했다. 이를 계기로 해서 정계의 주도세력이 교체되었던 것은 물론 대대적인 체제 개편작업이 잇따라 시행되었다. 우선 충렬왕 1년부터 元의 官號와 같거나 유사한 것들이 바뀌었고 이어서 관제도 단계적으로 개편되었다.[39] 군제 역시 크게 변했다. 공양왕 1년 12월에 올린 憲司의 上疏에 따르면,

元나라를 섬기기 시작한 뒤로부터 태평한 날이 오래 계속되다 보니 文武의 관료들이 모두 안일해져 禁衛에 사람이 없게 되었다[40]

고 한다. 위 기사의 내용이 군제가 변모되어 갔던 당시 상황을 정확하게 묘사한 것이라고 볼 수는 없겠으나, 적어도 원간섭기 이후 많은 변화가 일어났음을 확인시켜 준다. 그리고 그 변화가 조직의 허소화를 한층 더 확대시키는 방향으로 나아갔음도 보여준다. 이 상황을 좀더 상세하게 묘사한 것이 鄭道傳이 저술한『經濟文鑑』의 衛兵條 記事이다.

충렬왕이 元을 섬긴 이래로, 매양 중국 조정의 宦寺・婦女, 그리고

---

39) 원간섭기에 이루어진 관제개편에 관해서는 다음의 연구들이 참조된다. 李起男, 1971,「忠宣王의 改革과 詞林院의 設置」,『歷史學報』52 ; 朴鍾進, 1983,「忠宣王代의 財政改革策과 그 性格」,『韓國史論』9, 서울대 ; 朴宰佑, 1993,「高麗 忠宣王代 政治運營과 政治勢力 動向」,『韓國史論』29, 서울대 ; 이익주, 1994,「충선왕 즉위년(1298) 관제개편의 성격」,『14세기 고려의 정치와 사회』.
40)『高麗史』卷81, 兵志1, 兵制, 恭讓王 1年 12月, 中冊, 791쪽, "自事元以來 昇平日久 文恬武嬉 禁衛無人".

사신으로 오는 자들의 청탁으로 인하여 관작이 넘쳤는데, 청탁된 사
람들이 모두 府衛의 관직에 제수되면 세력을 믿고 교만하여 제멋대
로 행하면서 宿衛를 하려고 들지 않았으니, 이로부터 府衛의 법도가
무너지기 시작하였습니다. 무릇 숙위의 직무를 받은 자가 나라의 녹
봉만을 徒食하면서 할 일을 하지 않으니, 마침내 나라를 잃기에 이르
렀습니다.41)

이와 같은 정도전의 주장과 앞서 서술했던 憲司의 상소는 모두 고
려말 급진개혁파 사대부들의 기본 입장을 대변하고 있기 때문에 府衛
法이 붕괴한 원인을 언급하는 데 있어서 그 영향을 완전히 무시할 수
는 없다. 다시 말해 원래 元에 대한 사대를 비판하는 입장에 서 있었던
사람들이었기 때문에 자연히 그 점이 서술에 반영되었을 것으로 추정
된다. 그러나 충렬왕대 이후 정치상의 커다란 변화에 의해 군제도 변
모될 수밖에 없었던 것은 분명하다. 물론 그것이 元의 간섭을 받으면
서 곧바로 일어났음을 의미하는 것은 아니었다.

기본적으로 부위법이 붕괴될 수밖에 없었던 근본 원인은 수조지분
급제 및 그와 연계되어 있던 군역제가 일련의 사회경제적인 여건의 변
동으로 크게 동요된 데서 찾아야 한다. 하지만 정치 운영방식의 변동
으로 인해 인사제도를 비롯한 군사조직의 운영체계에 여러 가지 변화
가 일어났고 마침내 이것이 발전하여 '禁衛無人'하는 상황에 이르게
되었다고 할 수 있다. 여기서 이 점을 좀더 분명히 해 두고자 한다.

무인정권의 종식과 왕정복고가 元의 후원을 얻어 가능했기 때문에
초창기에는 원에 대한 의존도가 대단히 컸다. 이에 元의 황실과 혼인
관계를 맺어 위상을 공고히 하는 동시에42) 元軍을 宮禁의 숙위에 투
입해 달라고 요구하기도 했다.43) 다른 한편으로는 국왕의 측근세력을

---

41) 『經濟文鑑』 下, 衛兵, "自忠烈王事原(元의 잘못 : 인용자 註)以來 每因中朝
宦寺婦女奉使者之請 官爵泛濫 皆以所託之人 除府衛職 恃勢驕蹇 莫肯宿衛
由是府衛法始壞 凡受宿衛之職者 徒食天祿 不事其事 遂至失國".
42) 周采赫, 1989,「몽골 - 고려사 연구의 재검토」,『國史館論叢』8, 25~42쪽.

육성하기 위한 노력을 경주했다.44) 그 때 1차 제휴대상으로 삼았던 것이 권세가였다. 빠른 시간 안에 왕실을 안정시키기 위해서는 勢家와 제휴하는 것이 효과적이었기 때문이다. 그리고 그 방식으로는 勢家의 자제들을 숙위군 조직에 배치시키는 편이 효과적이라고 생각했다. 이에 충렬왕은 元의 숙위조직인 怯薛制를 도입해서 숙위군을 강화하려고 했는데 그것이 곧 忽赤였다.45) 忽赤는 元에서부터 국왕을 시종했던 의관자제 출신의 禿魯花들로 구성되었다.46) 그러므로 忽赤에 속한 인원들은 元이나 勢家들과 연결되었다. 따라서 그들이 고려왕의 호위를 담당한다는 것은 크게 문제가 될 리 없었고 오히려 권장되었다고 할 수 있다. 즉 忽赤에 관해서는 고려왕과 원, 그리고 권세가의 이해관계가 일치했으며, 忽赤의 설립에 따른 방해는 없었다. 따라서 忽赤는 그 뒤 급속하게 성장했다.

한편 怯薛制가 점차 확대되면서 忽赤 이외에 迂達赤, 速古赤, 阿加赤, 波吾赤, 詔羅赤, 八加赤 등이 조직되었다. 이들이 구체적으로 어떠한 기능을 수행했는지는 분명치 않으나 대개 국왕의 좌우에서 여러 가지 시중을 드는 番士였을 가능성이 높다.47) 그 중에서 迂達赤는 숙위병으로서 군사적인 기능을 지니고 있었던 것으로 어느 정도 확인되고

---

43)『高麗史』卷27, 世家, 元宗 13年 11月, 上冊, 556쪽.

44) 李益柱, 1988,「高麗 忠烈王代의 政治狀況과 政治勢力의 性格」,『韓國史論』18, 서울대, 165~168쪽.

45) 忽赤에 관해서는 다음의 논고를 참조할 것. 內藤雋輔, 1961,「高麗兵制管見」,『朝鮮史研究』; 宋寅州, 1991,「元壓制下 高麗王朝의 軍事組織과 그 性格」,『歷史敎育論集』16 ; 權寧國, 1994,「원 간섭기 고려군제의 변화」,『14세기 고려의 정치와 사회』.

46)『高麗史』卷82, 兵志2, 宿衛, 元宗 15年 8月, 中冊, 794쪽, "忠烈王卽位 以衣冠子弟 嘗從王爲禿魯花者 分番宿衛 號曰忽赤".

47) 迂達赤는 왕의 측근에서 호위하는 숙위병의 일종, 速古赤는 왕의 의복을 관장하고, 阿加赤는 거처를 관장하고, 波吾赤는 여행을 관장하고, 詔羅赤는 服役者·下僕을 의미하고, 八加赤는 管軍的·管城의 의미를 지니고 있다는 견해도 있으나 확정된 것은 아니다(內藤雋輔, 1961,「高麗兵制管見」,『朝鮮史研究』).

있으며, 나머지 역시 대체로 기본 임무 이외에 숙위군 역할을 동시에
수행했던 것으로 이해된다.[48) 따라서 이전과 달리 近侍機構가 숙위의
임무를 겸했다.[49) 이는 元制의 수용에 따른 결과인 동시에 왕정복고
이후 전개된 정치상황이 직접적인 배경이 되었다.

또한 매의 사육과 사냥을 관장했던 鷹坊에 속해 있던 인원을 時波
赤라고 부르는데,[50) 이들도 忽赤와 더불어 숙위를 담당했다.

> 忽赤·鷹坊의 三品以下官들로 하여금 弓箭을 패용하고 輪次로 入
> 直하게 했다.[51)

위 기사를 통해 鷹坊員들이 숙위군사를 겸하고 있었다는 사실을 알
수 있다. 본래 元나라에 매를 제공하고 고려왕들의 매사냥을 위한 사
냥매를 조달하기 위해서 1274년 9월 충렬왕이 즉위한 다음 달에 鷹坊
이 설치되었다.[52) 그리고 충렬왕 9년 7월에 정식으로 鷹坊都監이 설립
되고 더불어 관직자들도 함께 두어졌다.[53) 도감의 설립은 기본적으로

---

48) 이에 관해서는 다음 사료들을 통해 그러한 추정이 가능하다고 생각된다. 『高
麗史』卷81, 兵志1, 兵制, 忠惠王 後5年 5月, 中冊, 783쪽, "罷內乘鷹坊 會入
仕自七品以下九品以上 分屬忽只四番 隊正散職 分屬詔羅赤八加赤巡軍四
番";『高麗史』卷81, 兵志1, 兵制, 恭愍王 7年 5月, 中冊, 784쪽, "倭焚喬桐
京城戒嚴 發忽只四番各十五人 忠勇衛左右前三番各十人 赴喬桐 又發忠勇
衛三番各三十人 阿加赤三番各十人 波吾赤三番各十人 忠勇衛三番各十五
人 譯語各五人 赴阻江赤口朽石等處".

49) 權寧國, 1995, 『高麗後期軍事制度研究』, 서울대 박사학위논문, 55쪽.

50) 『高麗史』卷77, 百官志2, 諸司都監各色, 中冊, 693쪽, "鷹坊 其養飼者 名日
時波赤 定四品去官".

51) 『高麗史』卷82, 兵志2, 宿衛, 忠烈王 13年 閏2月, 中冊, 794쪽, "令忽赤鷹坊
三品以下 佩弓箭 輪次入直".

52) 李仁在, 2000, 「高麗後期 鷹坊의 設置와 運營」, 『韓國史의 構造와 展開』.

53) 『高麗史』卷29, 世家, 忠烈王 9年 7月 戊午, 上冊, 609~610쪽, "置鷹坊都監
以金周鼎爲使 元卿·朴義爲副使". 위 기사에는 단지 鷹坊都監使와 副使의
임명기사만 수록되어 있을 뿐이다. 그리고 충렬왕 34년에 충선왕이 鷹坊都監
의 관직을 처음으로 정했던 것처럼 기술하고 있다(『高麗史』卷77, 百官志2,

諸道의 鷹坊들을 전부 관할하기 위함이나,54) 이 때 都監 소속의 三品
以下者들은 忽赤와 더불어 교대로 입직해서 숙위 근무를 수행했다.55)
물론 時波赤들도 함께 입직했을 것이다. 결국 응방도감에 속해 있던
관직자 및 時波赤도 넓은 의미에서 근시기구에 해당한다고 보고 숙위
근무를 겸했다.56)

忽赤, 鷹坊과 성격이 다르기는 하지만 때때로 함께 행동하는 것으로
巡軍이 있었다. 巡軍은 達魯花赤에 의해 몽골의 제도를 본떠 만든 것
으로, 충렬왕 4년 4월 이전에57) 야간의 치안유지를 위해 설치되었
다.58) 그러나 외적이 쳐들어오면서 忽赤, 諸領府兵과 함께 출동하기도
했다.59) 특히 충렬왕 19년 이후부터는 內僚들이 巡軍指揮를 겸하게
됨으로써 사실상 고려왕의 직속기관이 되었다.60) 초창기에는 達魯花

諸司都監各色, 中冊, 693쪽, "鷹坊 忠烈王九年 置鷹坊都監 三十四年 忠宣
定鷹坊使二人從三品 副使二人從四品 判官二人從五品 錄事二人權務"). 그
러나 응방도감을 설치하고서 使와 副使만 임명했다는 것은 납득하기 어렵다.
그리고 충렬왕 13년 윤2월에 忽赤와 함께 三品以下官으로 하여금 弓箭을 패
용하고 輪次로 入直하라는 지시를 내리는 것으로 보아 이미 使와 副使 이외
의 관직도 설치되어 있었음을 알 수 있다. 만약 使와 副使만 있었다면 入直
하라는 지시가 내려질 이유가 없었을 것이다. 그러므로 응방도감이 설립되면
서 관직도 함께 두어졌던 것으로 생각된다.

54) 內藤雋輔, 1961,「高麗時代の鷹坊について」,『朝鮮史研究』; 朴洪培, 1986,
「高麗 鷹坊의 弊政」,『慶州史學』5.

55) '鷹坊四番' '大殿忽赤三番' '世子府忽赤三番'(『高麗史』卷79, 食貨志2, 科斂,
忠烈王 15年 3月, 中冊, 744~745쪽)의 기록으로 미루어 보아 교대로 入直했
음을 알 수 있다.

56) 李仁在, 2000,「高麗後期 鷹坊의 設置와 運營」,『韓國史의 構造와 展開』,
486쪽.

57)『高麗史節要』卷20, 忠烈王 4年 4月, 517쪽, "縣之村落 分屬元成殿及貞和院
將軍房忽赤巡軍 唯金所一村在耳".

58)『高麗史』卷28, 世家, 忠烈王 4年 7月, 上冊, 583쪽, "時 達魯花赤 依蒙古制
置巡馬所 每夜巡行 禁人夜作".

59)『高麗史』卷29, 世家, 忠烈王 6年 5月, 上冊, 593쪽, "又選忽赤巡馬諸領府等
二百人 分守于慶尙全羅道倭賊". 위 사료에 보이는 巡馬는 곧 巡軍을 가리
킨다(韓沽劤, 1961,「麗末鮮初 巡軍研究」,『震檀學報』22, 26쪽).

赤를 통해 元의 영향력이 강하게 작용했었으나, 內僚들이 지휘를 겸하
게 됨으로써 巡軍에 대해 고려왕이 직접 간섭할 수 있게 되었고, 긴급
한 일이 벌어질 경우 忽赤・鷹坊과 하나로 합쳐지기도 했다.

> 東賊이 침략해 온다는 소식을 듣고 諸君・宰樞들이 회의하여 忽
> 只・鷹坊・巡馬를 모두 하나로 통합하였다.[61]

위에서 東賊이란 乃顔의 餘黨인 哈丹의 무리를 말한다.[62] 그들이
쳐들어온다는 소식이 전해지자 忽只・鷹坊・巡馬를 하나로 합쳤다는
것은 숙위군과 그에 준하는 기구의 인원들을 하나로 묶어 수도의 방위
력을 강화시키려는 것이었다. 이는 동시에 巡馬, 즉 巡軍[63]이 비록 忽
只・鷹坊과 임무나 역할을 달리하기는 하지만 상황에 따라서는 곧바
로 숙위기구로 전환될 수 있었음을 보여주는 사례이기도 하다.[64]
  원의 제도를 수용해서 설치된 기구들에만 국한되어 近侍가 숙위의
임무를 겸했던 것은 아니다. 기존의 근시기구도 비슷한 길을 걸었다.

> 內侍・茶房・司楯・司衣・司彛 등의 成衆阿幕은 宿衛近侍의 임
> 무에 대비하는 것이다.[65]

위의 기사에 보이는 內侍 이하의 기구들은 본래 宮官으로 近侍의

---

60) 『高麗史』卷30, 世家, 忠烈王 19年 6月 丙戌, 上冊, 631쪽.
61) 『高麗史』卷81, 兵志1, 兵制, 忠烈王 16年 1月, 中冊, 783쪽, "聞東賊來 諸君
   宰樞會議 忽只鷹坊巡馬 皆合爲一".
62) 李基白, 1969, 『高麗史 兵志 譯註』, 95쪽.
63) 韓㳓劤, 1961, 「麗末鮮初 巡軍硏究」, 『震檀學報』22, 26쪽.
64) 이와 반대로 宿衛를 담당하던 忽赤가 巡綽에 동원되는 경우도 있었다(『高麗
   史』卷82, 兵志2, 宿衛, 忠肅王 12年 5月, 中冊, 795쪽, "命巡軍・忽赤等 別
   行巡綽 禁街衢閑雜人").
65) 『高麗史』卷75, 選擧志3, 銓注, 成衆官選補之法, 恭讓王 3年 4月, 中冊, 651
   쪽.

역할을 담당하고 있었으나 원의 간섭을 받기 시작하면서부터 점차로 숙위 임무도 겸하게 되었다.66) 결국 원의 제도를 수용한 것이든 기존의 기구이든 근시와 숙위를 겸하게 되었다. 그 결과 숙위와 근시의 구분이 모호해지면서 숙위 조직이나 그 운영상에 상당한 변화가 일어났다.

먼저 忽赤와 近侍를 겸한 숙위기구는 二軍六衛와 상관이 없었다. 오히려 숙위기구가 확대되자 二軍六衛는 점차 위축되기 시작했다. 그것은 공양왕 1년 12월에 제출된 憲司上疏에 의해 확인된다.

이에 近侍·忠勇에 護軍 이하의 관리들을 배치하여 호위의 임무를 대신하게 하고 녹을 주니 여기서 祖宗의 八衛制는 모두 허설화되었습니다. …… 원하옵건대 近侍는 左右衛에, 司門은 監門衛, 司楯은 備巡衛, 忠勇은 神虎衛에 합치고 나머지의 각 愛馬는 종류에 따라 諸衛에 합치도록 하십시오.67)

여기에서의 近侍는 忽赤를 가리킨다.68) 그런데 忽赤 이하 근시를 겸한 숙위기구를 二軍六衛에 병합시키라고 건의했다는 것은 원래 양자가 분명히 구분되어 있었음을 반증해주고 있다. 그리고 이들은 二軍六衛와 달리 兵部의 후신이었던 軍簿司로부터 군정과 관련해서 어떤 지시도 받지 않았다. 나아가 성격이 다른 鷹坊·巡軍 등은 더 말할 나위도 없을 것이다. 그러므로 이들에 대한 통제는 군의 정식 지휘계통에 의해서 이루어지지 않았다고 생각된다. 본래 숙위군이라도 반드시 군의 지휘체계를 통해 통솔되는 것이 원칙이었다. 그러나 숙위와 근시

---

66) 韓永愚, 1983, 「朝鮮初期의 上級胥吏와 그 地位」, 『朝鮮初期社會經濟硏究』, 319~320쪽.

67) 『高麗史』 卷81, 兵志1, 兵制, 恭讓王 1年 12月, 中冊, 791쪽, "乃於近侍忠勇 皆設護軍以下等官 以代禁衛之任 而祿之 於是祖宗八衛之制 皆爲虛設 …… 伏願 倂近侍於左右衛 司門於監門衛 司楯於備巡衛 忠勇於神虎衛 其餘各愛 馬 以類倂於諸衛".

68) 李基白, 1969, 『高麗史 兵志 譯註』, 159쪽.

의 구분이 모호해지고 軍簿司에 의한 통제가 제대로 이루어지지 않는 상황에서는 더 이상 그런 식의 운영은 되지 않았다. 결국 이들 때문에 지휘통솔체계 상에 커다란 변화가 발생했고 그 결과 일원적인 통제가 불가능해졌다.

忽赤를 비롯하여[69] 근시를 겸한 숙위기구가 늘어나면서 지휘통솔체계만 달라진 것이 아니었다. 숙위군에 대한 경제적인 대우, 그리고 재정운영체계도 변모했다. 원래 숙위군의 운영비용은 왕실재정에서 충당하는 것이 원칙이었다.[70] 그러나 忽赤가 새로이 설치되고 근시가 숙위를 겸하는 등 숙위기구가 마구 늘어나자 종전처럼 왕실재정만으로는 감당하기 어렵게 되었다. 다른 방도가 마련되어야 했다.

처음에는 우선 郡縣의 村落으로부터 부세를 수취할 수 있는 권한을 부여했다.

---

69) 일본원정을 위해 東征軍을 징발할 때 忽赤도 거기에 참여했다(『高麗史』卷 81, 兵志1, 兵制, 忠烈王 9年 5月, 中冊, 782쪽, "命上將軍羅裕 揀忽只三番各 十人 補東征軍"). 忽只는 忽赤와 동일한 것으로 원정군의 일원으로 참여했다는 것은 忽赤가 그만큼 조직과 군액 면에서 크게 성장했다는 것을 보여준다.

70) 崔承老의 上書에 따르면, 侍衛軍卒들은 "在太祖時 但充宿衛宮城 其數不多 及光宗信讒 誅責將相 自生疑惑 增益軍數 簡選州郡 有風彩者入侍 皆食內廚 時議以爲繁而無益"(『高麗史』卷93, 列傳, 崔承老, 下冊, 84쪽)이라고 하여 모두 內廚에서 먹게 했다. 그런데 內廚란 단순히 왕실의 주방을 지칭하는 것은 아닐 것이다. 그것은 侍衛軍卒과 연련된 모든 비용을 왕실재정으로 충당했다는 의미로 이해되고 있다(洪承基, 1983, 『高麗貴族社會와 奴婢』, 160 ~161쪽). 이 원칙은 묘청의 난이 일어났던 仁宗代에도 변함이 없었다. 서리로서 난의 진압에 참가하여 軍功을 세우기도 했던 咸有一이 조동되어 選軍記事가 되었는데(『高麗史』卷99, 列傳, 咸有一, 下冊, 205쪽), 그 과정에서 일어났던 사건이 매우 주목된다. 즉 "軍廚員吏 給軍食 有不如法 禁軍相聚 言 其短 因請若得選軍記事之衣敝衣者 則必不當如是 其語浸淫聞於上 翌日 上 命兩府 各擧廉吏 王樞密沖 以公應擧 公當爲選軍記事"(『朝鮮金石總覽』咸 有一墓誌, 412쪽)가 그것이다. 즉 選軍記事가 軍廚員吏가 되어 禁軍에게 軍食을 제공하는 것이 법도였다. 이 때 그 비용을 선군도감에서 충당했다고 볼 수도 있겠으나 구체적인 증거는 없다. 따라서 최승로의 상서에 의거해서 宿衛軍의 軍食은 왕실재정으로 충당하는 것이 원칙이었다고 생각된다.

嘉林縣人이 達魯花赤에게 말하기를, "현의 촌락이 元成殿과 貞和院·將軍房·忽赤·巡軍에 나누어 소속되었고, 오직 金所 한 촌만이 남아 있을 뿐인데, 지금 鷹坊迷刺里가 또 빼앗아 가려고 하니, 우리들이 어찌 홀로 부역을 감당할 수 있겠습니까?"라고 하니, 達魯花赤가 말하기를, "이런 데가 너희 고을만은 아니다"라고 하였다.[71]

위 기사를 통해 嘉林縣뿐만 아니라 여러 군현의 촌락들이 元成殿, 貞和院, 將軍房, 忽赤, 巡軍 등의 기구에 분속되어 있던 상황을 알 수 있는데, 이는 당시의 수취체제와 밀접한 관련이 있었다. 즉 고려에서는 촌락을 단위로 조세수취와 역역징발이 이루어졌다.[72] 또한 재정운영의 원칙상 각 관청들은 국가로부터 할당받은 財政源을 독자적으로 수취하여 각각 주어진 임무를 수행하도록 되어 있었다.[73] 그러므로 기구를 운영하는 데 필요한 경비를 조성할 수 있도록 촌락을 분급받았던 것이다.[74] 따라서 각 기구에 촌락을 분속시키는 것은 원칙적으로 불법은 아니었다. 그러나 忽赤·鷹坊 등 갑자기 설립된 기구들에게도 촌락을 분급하다 보니 그 과정에서 문제가 발생했다. 즉 기구들은 계속해서 신설되는 데 반해서 촌락은 갑자기 증가하는 것이 아니기 때문에 불균형이 초래되었던 것이다. 그로 인해 막강한 권력을 갖고 있거나 국왕의 측근에 있던 기구들이 촌락들을 점탈하기 위해 경쟁을 벌였다. 반면 위 기사에서 보는 것처럼 한 촌락이 권력기구에 의해서 점탈당해 군현의 부역체제에서 빠져 나가게 되면 남아 있던 촌락들이 그 몫까지 함께 부담해야만 했다. 이는 촌락민들의 부담을 가중시키고, 결국 몰락시키거나 유망으로 이어지게 할 수도 있었다. 정부는 이런 사태를 그

---

71) 『高麗史節要』卷20, 忠烈王 4年 4月, 517쪽, "嘉林縣人 告達魯花赤曰 縣之村落 分屬元成殿及貞和院將軍房忽赤巡軍 唯金所一村在耳 今鷹坊迷刺里 又奪而有之 我等何以獨供賦役 達花赤曰 若此者多矣 非獨汝縣也".

72) 朴宗基, 1987, 「高麗時代 村落의 機能과 構造」, 『震檀學報』64.

73) 朴鍾進, 1990, 「高麗前期 中央官廳의 財政構造와 그 運營」, 『韓國史論』23, 서울대.

74) 姜晋哲, 1965, 「韓國土地制度史(上)」, 『韓國文化史大系 Ⅱ』, 1353~1354쪽.

대로 방치할 수는 없었고 개선해야만 했다. 그러므로 숙위기구의 운영 비용을 조달하는 데 있어서 새로운 방안이 다시 강구되어야 했다. 賜 牌田의 分給制度가 그것이다.

당시 田柴科의 운영이 마비상태에 있었기 때문에 왕권과 연결되는 기구나 세력들을 대상으로 주로 賜牌田이 지급되었다. 즉, 국왕은 이 제도를 통해서 자신의 扶持勢力을 확보하고자 노력했다.[75] 이는 忽赤 로부터 구체화되기 시작했다.

三番忽赤에게 畿縣의 토지를 하사하고 放牧所라고 하였다.[76]

위 기사를 통해 忽赤가 放牧所의 명목으로 畿縣의 田地를 賜牌받 았음을 알 수 있다. 그런데 이 畿縣田이 개간지였는지는 확실치 않다. 放牧所라는 명목으로 지급되었기 때문에 황무지일 가능성이 매우 높 다. 본래 황무지의 개간을 장려하기 위해 賜牌를 널리 활용했다.[77] 특 히 몽골과의 오랜 전쟁을 끝내고 開京으로 환도한 뒤에 정부는 관료들 의 생활보장을 위해 京畿 8縣에 祿科田을 지급했다. 이 과정에서 畿田 의 개간지는 관료들에게 지급되었으나 여기서 제외된 황무지가 자못 많았다.[78] 아마도 그 황무지의 일부가 忽赤의 放牧所로 전용되었을 것이다. 그렇다면 이는 賜牌田分給制의 기본 원칙에서 벗어난 것은 아 니었다. 하지만 이를 계기로 사패전 분급제가 확대되면서 鷹坊·巡軍 까지도 받게 되었고, 그 결과 민과 국가에 많은 폐해를 끼치게 되었 다.[79]

---

75) 李景植, 1986, 『朝鮮前期土地制度硏究』, 19쪽.

76) 『高麗史節要』卷20, 忠烈王 9年 2月, 535쪽, "賜三番忽赤畿縣田 號放牧所".

77) 李景植, 1986, 『朝鮮前期土地制度硏究』, 18～19쪽.

78) 『高麗史』卷78, 食貨志1, 田制, 經理, 忠烈王 24年 1月, 中冊, 707쪽, "一 京 畿八縣田 元有其主 國家近因多故 以兩班祿俸之薄 初給墾地 其餘荒地頗 多".

79) 『益齋亂藁』卷9下, 策問/『高麗名賢集』2冊, 331쪽, "近世來功臣祿券賜牌之

대토지겸병이 날로 확산되는 가운데 점차 閑曠地의 획득이 어려워
지고 수조지의 취득마저 제한되면서 賜牌田의 受得이 전처럼 수월하
게 되지 않자 冒受賜牌를 해서라도 토지를 확대하려는 경향이 강해졌
다.[80] 이는 忽赤 등에도 그대로 적용되었다. 다음 기사는 그 같은 사정
을 잘 보여준다.

> 지금 忽只 등이 불법으로 賜牌를 받아가지고 무뢰한을 시켜 사람
> 이 도주하여 묵은 땅에 해수를 계산하여 곡식을 징수함으로써 폐단이
> 막심하니 금후 이를 금지할 것이다.[81]

위에서 忽只 등이 불법으로 賜牌를 받았다는 사실이 확인된다. 원래
도망한 사람의 陳荒田에서는 세를 거둘 수 없게 되어 있었으나 권세를
빙자해서 冒受賜牌한 다음에 이웃이나 그 고을민에게서 억지로 징수
했던 모양이다. 따라서 그로 인한 민폐가 대단히 클 수밖에 없었다.

뿐만 아니라 忽赤는 諸院, 寺社 및 양반들과 마찬가지로 田庄經營
에도 참여했다.

> 지금 諸院·寺社·忽只·鷹坊·巡馬와 兩班等이 有職人員·殿前
> 上守들을 田庄으로 分遣하여 齊民을 招集하고 猾吏를 引誘하여 守
> 令에 抗拒하고 심지어 差遣한 人員을 毆打하여 萬端으로 惡한 일을
> 하나 下界의 別衛이 能히 懲罰하여 禁하지 못한다.[82]

田 佛寺判定施納之田 行省理問所巡軍忽赤內乘鷹坊受賜之田 權豪之兼幷
奸猾之匿挾 所以毒於民 而病於國者".
80) 李景植, 1986, 『朝鮮前期土地制度研究』, 28쪽.
81) 『高麗史』 卷85, 刑法志2, 禁令, 忠穆王 1年 5月, 中冊, 866쪽, "今忽只等 冒
受賜牌 遣無賴人 將在逃人陳荒田 計年徵之 其弊莫甚 今後禁止".
82) 『高麗史』 卷85, 刑法志2, 禁令, 忠烈王 12年 3月, 中冊, 863~864쪽, "今諸院
寺社忽只鷹坊巡馬及兩班等 以有職人員殿前上守 分遣田庄 招集齊民 引誘
猾吏 抗拒守令 以至毆攝差人 作惡萬端 下界別衛 不能懲禁".

위 기사를 통해 忽只, 鷹坊, 巡馬 등이 有職人員 등을 관리인[83]으로 삼아 田庄에 보내 백성들을 招集하는 등 농장경영에 필요한 제반 조치를 취했던 것을 알 수 있다. 이 때 간사한 아전을 유인해서 수령에게 항거했다는 것은 부역을 부담하는 백성들을 占匿하는 과정에서 충돌이 발생했음을 보여주는 것이다. 백성들이 田庄에 招集됨으로써 국가의 재정수입이 줄어들게 되고 남아 있던 지방민들은 그 빈자리를 채우기 위해 전보다 더 무거운 고역에 시달려야 했다.

그런데 이런 사태가 일어나는 것을 막으려고 했던 수령이 파견했던 差人들을 忽只가 보낸 관리인들이 구타하는 일까지 벌어졌다. 이 때문에 지방의 행정사무는 커다란 혼란에 빠져들 수밖에 없었다. 결국 忽只, 鷹坊, 巡軍 등은 이 시기에 만연했던 토지겸병에 적극적으로 편승해서 각종 사회문제를 일으켰다.

忽赤를 필두로 근시를 겸한 숙위기구들이 늘어나면서 종전처럼 왕실의 재정만으로는 이들의 운영이 어렵게 되었다. 이에 당시의 부세수취체제와 관련해서 군현의 촌락으로부터 부세를 수취할 수 있는 권한을 부여하거나 賜牌田을 분급받아 운영에 필요한 재원을 마련하도록 했다. 그러나 그 과정에서 촌락들에 대한 불법적인 탈취와 冒受賜牌, 전장경영을 위한 백성의 招集 등으로 인해 오히려 민과 국가에 많은 폐단을 낳게 되었다. 결과적으로 숙위군에 대한 경제적인 대우 및 재정운영체계의 변모가 사회모순을 확대시키는 요인으로 작용하게 되었다.

그런데 촌락으로부터 부세를 수취할 수 있는 권한을 부여받거나 賜牌田을 분급받았던 것은 숙위기구 전체에 해당되었던 것이 아니라 그 가운데 忽赤 등에 국한되었다. 따라서 그로 인한 폐단 역시 제한적이었다. 하지만 바로 이 사실, 즉 같은 숙위기구라 하더라도 忽赤 등의 계열에 속한 것과 그렇지 않은 것 사이에 많은 차이가 있었다는 것이 또다시 새로운 문제를 낳았다. 그로 인해 숙위기구에 대한 일원적인 통제가 어렵게 되었고, 그 내부에서 상호 갈등과 대립이 조성되었다. 이렇게 같은 숙위기구라도 그 위상에 상당한 차이가 있었다는 것은 녹봉의 지급에서도 확인된다.

賜牌田은 忽赤의 경우 소속된 개인을 대상으로 지급된 것이 아니라 기구 자체에 주어졌던 것이다. 이 점이 전시과의 군인전 운영방식과 차이가 나는 것이라고 할 수 있다. 그리고 개개인의 생활보장을 위해 녹봉이 지급되었다. 그에 관해서는 다음의 자료가 주목된다.

> 이에 近侍·忠勇에 護軍 이하의 관리들을 배치하여 호위의 임무를 대신하게 하고 녹을 주니 …… 迂達赤, 速古赤, 別保 등의 각 愛馬는 추우나 더우나 밤이나 낮이나 애써 일하여도 한 되나 한 말의 녹도 얻어 먹지 못합니다.[84]

위 기사를 통해 忽赤에는 祿官이 설치되어 녹봉이 지급되었음을 알 수 있다. 그러나 迂達赤, 速古赤, 別保 등의 愛馬에게는 祿官이 없었던 관계로 녹봉 지급이 이루어지지 않았다. 즉 忽赤에는 祿官이 설치되어 있었으나, 迂達赤, 速古赤, 別保 등에는 祿이 없는 사람들만 소속되어 있었다고 할 수 있다. 그러므로 설사 숙위근무를 함께 했더라도 소속 기구에 따라 대우가 틀렸기 때문에 그로 인한 불만도 적지 않았을 것이다. 결국 경제적인 대우라든가 재정운영체계가 숙위기구마다 다른 점이 많아 운영상 여러 가지 문제점들이 노출되었다.

한편 忽赤와 近侍를 겸한 숙위기구 등은 선발방식에서도 選軍給田에 의거했던 방식과는 많은 차이를 보여주고 있었다. 그에 관해서는 고려의 최말기에 해당하는 공양왕 3년 4월의 기록이기는 하지만 참고가 된다.

---

84) 『高麗史』 卷81, 兵志1, 兵制, 恭讓王 1年 12月, 中冊, 791쪽, "乃於近侍忠勇皆設護軍以下等官 以代禁衛之任 而祿之 …… 迂達赤·速古赤·別保等各愛馬 寒暑夙夜 勤勞甚矣 而不得食斗升之祿".

吏曹에서 또 啓하기를, "內侍·茶房·司楯·司衣·司彝等의 成衆阿幕들은 숙위와 근시의 임무에 대비하는 것이니 불가불 잘 고르지 않을 수 없습니다. 처음 설치했을 때에는 반드시 집안 내력과 재능과 용모를 심사하고서 채용을 허락하였는데, 근래에는 군역을 피하는 자가 서로 다투어 들어와 있으니 간혹 집안 내력이 분명치 않으며 용모가 변변치 못하고 재능이 없는 사람도 섞여 있습니다"라고 하였다.[85]

위에서 초창기 內侍 등의 成衆阿幕 소속원들을 선발할 때, 출신 가문이나 능력, 체격 조건이나 생김새를 따져서 입속 여부를 결정했다는 사실을 알려주고 있다. 忽赤가 처음 설치되어 衣冠子弟들을 대상으로 선발했을 때에도 아마 이 원칙이 그대로 적용되었을 것이다. 그러나 近侍를 겸한 숙위기구들이 새로 만들어지거나 기존 기구의 성격이 변모되면서 위의 선발원칙이 그대로 적용되지 못했다. 앞서 보았듯이 迂達赤, 速古赤, 別保 등의 愛馬에게는 祿이 없는 사람들만 있었기 때문에 世籍, 才藝, 容貌 따위를 고찰할 필요가 적었거나 아예 없었을 가능성도 매우 높다. 그렇기 때문에 군역, 다시 말해 二軍六衛나 지방군의 입속 대상자들까지도 함부로 들어오게 되었다. 오히려 전반적인 군역의 운영체계에 많은 혼란을 가져오게 되었다.

그런데 위 사료에 나오는 '근래에는 군역을 피하는 자'의 '근래'가 구체적으로 어느 시기를 가리키느냐의 문제가 남아 있다. 정확히 알 수는 없지만 다음의 기사는 그러한 경향이 시작된 시기를 보여주고 있다고 생각된다.

整理都監狀 …… 行省三所·忽只·巡軍·波吾赤에 投屬해서 무리를 이루어 횡행하는 자들을 推考하여 差帖을 회수하고 본래 정해

---

85) 『高麗史』卷75, 選擧志3, 銓注, 成衆官選補之法, 恭讓王 3年 4月, 中冊, 651쪽, "吏曹又啓 內侍茶房司楯司衣司彝等成衆阿幕 備宿衛近侍之任 不可不擇 其始設也 必考其世籍才藝容貌 乃許入屬 近來謀避軍役 爭相投屬 容有世籍不現 形狀不完 才藝不通者 亦或混雜".

진 役으로 되돌려보내고 …… 國制에는 內乘・鷹坊의 投屬人들을 모두 혁파하고 各縣으로 하여금 別抄 및 貢戶로 정해서 역을 부과하도록 되어 있다.[86]

위의 기사에서 本役을 기피한 채 行省三所를 비롯 忽只・巡軍・波吾赤에 투속해서 무리를 지어 횡행했던 자들을 推考하여 差帖을 회수해서 還本시키라는 것과 內乘・鷹坊의 투속인들도 혁파해서, 各縣의 別抄와 貢戶로 差定시키라는 것은 서로 상통하거나 같은 차원의 조치라고 할 수 있다.[87] 따라서 忽只・巡軍・波吾赤에 투속했던 사람들의 本役이 구체적으로 무엇인지는 분명치 않지만 대체로 別抄 및 貢戶의 범주에서 크게 벗어나지는 않았을 것이다. 그러므로 忽只, 波吾赤 등에도 別抄의 役, 즉 군역 부담자들이 상당수 투속되었을 것이다. 바로 이것이 成衆阿幕에 근래 군역을 謀避하는 자들이 경쟁적으로 투속했던 것의 시발로 보인다. 즉 忽只, 波吾赤를 필두로 해서 숙위와 근시를 겸한 成衆阿幕 전체로 군역 謀避者들의 투속이 확산되었던 것이다. 그 결과 숙위기구의 선발 및 편성에서 커다란 부작용이 초래되었을 뿐만 아니라, 나아가 군역제가 동요되는 요인이 되기도 했다.

숙위기구의 증설・확대에 따라 군의 지휘체계・선발방식・편성에 있어서 많은 변화가 일어나는 것과 병행해서 萬戶府라는 새로운 군사기구가 中外의 요충지에 새로 설립되었다.[88] 만호부의 설립 배경은 다

---

86) 『高麗史』 卷85, 刑法志2, 禁令, 忠穆王 1年 5月, 中冊, 866쪽, "整理都監狀 …… 行省三所忽只巡軍波吾赤投屬 成黨橫行者 推考收取差帖 還本定役 …… 國制內乘鷹坊投屬人 並皆革罷 令各縣 別抄及貢戶定役".

87) 閔賢九, 1980, 「整治都監의 性格」, 『東方學志』 23・24合, 127쪽.

88) 萬戶에 관해서는 다음의 연구성과들을 참조할 것. 內藤雋輔, 1961, 「高麗兵制管見」, 『朝鮮史硏究』; 白南雲, 1937, 「高麗의 兵制」, 『朝鮮封建社會經濟史(上)』; 高柄翊, 1970, 「麗代 征東行省의 硏究」, 『東亞交涉史硏究』; 崔壹聖, 1985, 「高麗末의 萬戶」, 『淸大史林』 4・5合; 崔根成, 1988, 「高麗 萬戶府制에 관한 硏究」, 『關東史學』 3; 邊東明, 1989, 「高麗忠烈王代의 萬戶」, 『歷史學報』 121; 權寧國, 1994, 「원 간섭기 고려군제의 변화」, 『14세기 고려

음과 같다. 즉 장기간의 전쟁으로 입은 손실이 채 복구되기도 전에, 그
리고 그 동안 쌓여 있던 내부 모순을 제대로 해결하지 못하고 있던 상
황에서 元의 강요로 일본원정에 참여하게 됨으로써 고려사회의 불안
은 한층 더 고조되었다. 정부당국자들로서는 이에 대처하기 위해서는
무엇보다 통치력의 회복과 더불어 치안의 유지가 시급한 과제라고 판
단했을 것이다. 동시에 원정이 실패로 끝난 뒤 있을지도 모르는 일본
의 반격을 사전에 차단할 필요성 또한 컸다. 마침내 군사적인 측면에
서 이 문제의 처리를 위해 고려의 정부당국과 원은 요충지에 만호부를
설립하고 그 책임자로 萬戶를 임명했다.[89] 그것은 元의 皇帝가 명령
을 내리는 형식을 빌어 이루어졌다.

세조가 일본을 정벌할 때 설치한 萬戶는 中軍·右軍·左軍뿐이었
습니다. 그 후 巡軍·合浦·全羅·耽羅·西京 등의 萬戶府를 증설
하였습니다.[90]

中軍·左軍·右軍의 萬戶는 지금까지의 연구성과로 보아 유사시의
출동에 대비하여 開京에 상시적으로 조직되어 있었던 군 편제상의 최
고 지휘관이었을 가능성이 높다.[91] 巡軍萬戶府는 巡馬所가 확대 개편

의 정치와 사회』.

89) 고려의 관인으로서 萬戶에 최초로 임명되었던 것은 충렬왕 2년(1276)의 金方
慶이라고 한다. 그리고 충렬왕 7년(1281)에 제2차 일본원정을 단행하면서 김
방경과 함께 左軍萬戶와 右軍萬戶가 정식으로 임명되었다(邊東明, 1989,
「高麗忠烈王代의 萬戶」,『歷史學報』121, 107~110쪽). 또한 일본원정이 끝
난 직후 金州(合浦) 등처에 鎭邊萬戶府가 설치되었고, 그 뒤를 이어서 全羅,
巡軍, 西京, 耽羅 등처에도 만호부가 세워졌다(崔根成, 1988, 「高麗 萬戶府
制에 관한 硏究」,『關東史學』3, 53~63쪽).

90)『高麗史』卷39, 世家, 恭愍王 5年 10月 戊午, 上冊, 775쪽, "世皇東征日本時
所置萬戶 中軍右軍左軍耳 其後 增置巡軍合浦全羅耽羅西京等萬戶府".

91) 邊東明, 1989, 「高麗忠烈王代의 萬戶」,『歷史學報』121, 123~124쪽. 그런데
中軍·左軍·右軍의 萬戶에 대해서 종래의 出征軍 체제인 3軍이 萬戶府制
의 수용으로 三軍(翼)萬戶 체제로 개편된 것으로 보는 견해가 있어서 주목된

되었던 것으로 주로 防盜禁亂을 담당했다.[92] 合浦·全羅의 鎭邊萬戶府는 1차적으로는 倭賊을 방어하기 위해, 耽羅는 軍民萬戶府로 제주도의 軍民을 통할하기 위해, 또한 西京等處管水手軍萬戶府는 船軍을 지휘하기 위해 각각 설치되었다.[93]

그런데 만호를 비롯해서 만호부의 관원들은 원의 황제로부터 宣命과 虎符를 수여받았다. 특히 虎符는 虎頭牌라고도 하는데, 대체로 萬戶에게는 虎符 혹은 金牌가, 千戶에게는 金牌, 百戶에게는 銀牌가 각기 수여되었다.[94] 그런데 이들 관원들이 대개 고려인이었다는 사실은 그 의미가 크다.[95] 그것은 원으로부터 군사도 자치적으로 처리할 수 있도록 권한을 위임받았음을 보여주며, 동시에 설사 원의 장수들이 파견되어 오더라도 서로 지위가 대등하기 때문에 일방적인 지시라든가 통제는 받지 않게 되었다. 따라서 고려의 왕실을 존속시키고 독립성을 유지케 한다는 元 世祖의 통치방침이 군사면에도 그대로 반영되었다고 할 것이다. 그리고 고려왕이 萬戶職의 任免에 관여함으로써 실질적으로 군의 통수권을 행사할 수 있는 발판을 마련했다. 무인정권기에 들어와서 위축되었던 왕의 군사적인 권위가 元의 힘을 빌어서 회복될 수 있었다.[96]

다. 이에 따르면 평시에는 상층 지휘체제만이 조직상으로 존재하고 있었을 뿐 하층 군사력은 거느리지 않았으나 유사시에는 병력을 모아 三軍萬戶의 出征軍 체제를 갖추었다고 한다(權寧國, 1995, 「高麗後期軍事制度硏究」, 60쪽, 주 44).

92) 韓㳂劤, 1961, 「麗末鮮初 巡軍硏究」, 『震檀學報』 22.

93) 邊東明, 1989, 「高麗忠烈王代의 萬戶」, 『歷史學報』 121, 120~122쪽.

94) 崔根成, 1988, 「高麗 萬戶府制에 관한 硏究」, 『關東史學』 3, 64~66쪽. 萬戶府의 조직체제는 만호부의 직속관서인 鎭撫司를 비롯하여, 그 예하부대인 千戶所·百戶所로 조직되어 있었다. 관원 구성을 보면, 執政官인 達魯花赤와 그 長인 都萬戶·上萬戶·萬戶, 副長인 副萬戶를 비롯하여 軍官인 鎭撫, 行政官인 摠管·提空·錄事가 設官되어 있었고, 그 예하부대인 千戶所와 百戶所에는 각기 千戶와 百戶가 設官되어 있었다.

95) 高柄翊, 1970, 「麗代 征東行省의 硏究」, 『東亞交涉史硏究』, 223쪽.

96) 邊東明, 1989, 「高麗忠烈王代의 萬戶」, 『歷史學報』 121, 112~113쪽.

하지만 萬戶 등이 받았던 牌는 원의 요청에 의한 군사력 동원과 연계되어 있었다.

中郞將 鄭之衍은 元으로부터 金牌·銀牌를 가지고 돌아왔다. 당시의 공론이 "우리 나라에는 백성만 있고 군대가 없는데, 萬戶·千戶의 金牌·銀牌를 많이 청하였다가 만일 원나라 조정에 일이 발생하여 牌의 數대로 徵兵한다면 어떻게 할 것인가?"라고 하였다.[97]

위 기사에서는 원이 고려에 대해 牌面의 수에 의해 징병하지 않을까 하고 우려하는 정계의 분위기를 전하고 있다. 원칙적으로 金牌를 수여받은 萬戶는 원의 요청이 있을 경우에는 만명의 군인을 징발해야 했다. 따라서 군인 징발의 책임이 만호에게 있기 때문에 평상시의 관리라든가 지휘통솔에 대한 권한도 함께 갖고 있어야 했다. 그렇지 않으면 갑작스럽게 명령이 떨어졌을 때 징발이 불가능하게 된다. 그러므로 징발에 대비하기 위한 사전조치가 필요했다.

憲司가 아뢰기를, "柳濯이 수상이 되어 일찍이 전라도 軍民을 독점하려고 그의 매부 也先帖木兒에게 의탁하여 萬戶府를 설치하고 軍目靑冊을 만들어 樞密院에 납부하였습니다"라고 하였다.[98]

위에서 柳濯은 전라도의 軍民을 專占하기 위해 원의 고관으로 보이는 妹婿에게 의지해서 만호부를 설립하고[99] 軍籍이라고 생각되는 軍

---

97) 『高麗史』 卷30, 世家, 忠烈王 14年 2月 戊寅, 上冊, 618~619쪽, "中郞將鄭之衍齎金銀牌還自元 時議曰 本國有民無軍 而多請萬戶千戶金銀牌 若朝廷有事 以牌數徵兵 則若之何".
98) 『高麗史』 卷111, 列傳, 柳濯, 下冊, 428쪽, "憲司奏 (柳)濯爲首相 嘗欲專占全羅軍民 依妹婿也先帖木兒 設萬戶府 成軍目靑冊 納樞密院".
99) 그러나 이 때 全羅道鎭邊萬戶府가 처음으로 설치된 것은 아니었다. 이에 관해서는 崔根成, 1988, 「高麗 萬戶府制에 관한 硏究」, 『關東史學』 3, 59쪽을 참조할 것.

目靑冊을 작성하여 樞密院에 납부했다. 元의 樞密院100)에 軍目靑冊을 납부했다는 것은 그 안에 기재되어 있던 군인들을 고려의 행정 및 군사기구들이 마음대로 처리할 수 없게 되었음을 의미한다. 만약 동원하려면 특별 허가를 받아야 했을 것이다. 그러나 만호만은 예외였다. 징발에 대비한다는 구실로 언제든지 부릴 수가 있었다. 위의 기사에서 柳濯이 軍民을 '專占'하기 위해 만호부를 설치했다고 헌사가 주장한 것은 그러한 배경에서 나온 이야기였다고 할 수 있다. 위의 사례는 全羅萬戶府에 국한된 것으로 볼 수도 있겠으나, 만호부의 운영이 서로 크게 차이가 났다고 생각하기는 어렵다. 그러므로 모든 만호부에서 볼 수 있었던 일반적인 양상이라고 생각된다.

軍民을 專占할 수 있었던 萬戶는 자의적으로 軍을 동원할 수 있었다.

　가-5) 萬戶印侯·金忻, 密直元卿 등이 자의로 군대를 동원하여 萬戶韓希愈, 上將軍李英柱를 체포하고서 그들이 모반을 꾀했다고 誣告하였다.101)

　가-6) 洪子藩이 宰樞와 萬戶金深과 함께 三軍의 將士와 元沖甲 등을 인솔하여 왕궁을 포위하고서 吳祁를 내어줄 것을 요청하였으나, 왕이 허락하지 않더니 요청하기를 두번 세번에 이르자 왕이 마지못하여 내어주려고 하였다.102)

---

100) 樞密院은 元의 최고군정기관이었다(愛宕松男, 1970, 「元の中國支配と漢民族社會」, 『岩波講座 世界歷史 9』, 273~274쪽). 이를 고려의 樞密院으로 보는 연구도 있으나(邊太燮, 1976, 「高麗의 中樞院」, 『震檀學報』41, 73~74쪽), 忠烈王 1年에 密直司로 개칭된 이후 반원운동을 추진했던 공민왕 5년에 이르러 다시 추밀원으로 환원했다(『高麗史』 卷76, 百官志1, 密直司, 中冊, 661쪽). 그러므로 柳濯이 全羅萬戶에 제수되었을 때에는 密直司로 불렸지 추밀원은 아니었던 것으로 생각된다.

101) 『高麗史』 卷31, 世家, 忠烈王 25年 1月 丁酉, 上冊, 645쪽, "萬戶印侯金忻密直元卿等 擅發兵 執萬戶韓希愈上將軍李英柱 誣告謀叛".

102) 『高麗史節要』 卷22, 忠烈王 29年 8月, 581쪽, "洪子藩與宰樞及萬戶金深 率

사료 가-5는 忠烈·忠宣王 부자의 왕위계승 과정에서 발생했던 韓希愈誣告事件에 관한 것이다.[103] 이 때 萬戶 印侯 등이 함부로 군을 동원해서 만호와 상장군 등을 체포했다는 것은 자신의 예하 병력을 이끌고 대립하고 있던 다른 무장세력을 기습한 것으로 볼 수 있다. 이는 단순한 권력다툼이 아니라 무장들 간의 헤게모니 쟁탈전을 방불케 한다. 따라서 동원된 병력은 국가의 통수체계에 복종했던 것이 아니라 직속상관인 만호의 지시에 의해서 움직이고 있었다고 생각된다. 물론 萬戶들이 거느린 것은 私兵이 아니고 어디까지나 公兵이었지만, 그들에 대한 통솔은 분명히 사적인 관계를 전제로 해서 이루어지고 있었다.[104]

그것을 좀더 분명히 해주는 것이 사료 가-6의 기사 내용이다. 이는 충렬왕의 側近 嬖幸으로 여러 가지 분란을 일으켰던 吳祁를 체포하기 위해 洪子藩을 필두로 한 宰樞들과 萬戶 金深이 합심해서 三軍을 동원하여 왕궁을 포위했던 사건이다.[105] 王의 嬖幸을 체포하기 위해 군대를 동원하여 왕궁을 포위할 정도라면 이것은 쿠데타에 준하는 상황이라고 할 수 있다. 그리고 군대를 동원한 사람들은 당연히 국왕의 명령을 거역한 반역자에 해당한다고 할 것이다. 반역은 왕조국가에서 가

三軍將士及元沖甲等 圍王宮 請出吳祁 王不許 請至再三 王不得已將出之".
103) 李起男, 1971, 「忠宣王의 改革과 詞林院의 設置」, 『歷史學報』 52, 76쪽, 주 47 ; 金成俊, 1985, 「高麗後期 元公主出身王妃의 政治的 位置」, 『韓國中世 政治法制史硏究』, 171~173쪽.
104) 고려 말에 이르게 되면 국가가 임명한 지휘관이 거느리던 公兵을 私兵이라고 칭하는 경우도 있었다. 즉, "慶千興崔瑩 以私兵 大獵于東郊 …… 妖僧遍照 譖崔瑩 貶爲鷄林尹 照時主密直金蘭家 蘭以二處女視寢 瑩責蘭 照疾之 及瑩出獵 遂譖之 王遣判開城府事李珣讓之曰 卿爲東西江都指揮使 倭入昌陵 取世祖眞 而卿不知 以金續命代卿 卿不以軍授續命 率其兵 田獵無時 何也 雖予不言 臺諫其恕卿乎 今以卿尹鷄林 可急之任"(『高麗史節要』 卷28, 恭愍王 14年 5月, 713~714쪽)이 그것이다. 그만큼 지휘자와 그 예하의 군인 사이에는 사적인 유대관계가 강고하게 자리잡고 있었다고 할 것이고, 아울러 그것을 전제로 해서 군대가 실질적으로 운영되고 있었음을 보여주고 있다.
105) 邊東明, 1989, 「高麗忠烈王代의 萬戶」, 『歷史學報』 121, 132쪽.

장 무거운 범죄에 해당되는 것이다. 그럼에도 불구하고 그런 중대사에
三軍이 쉽게 동원되었다는 것은 당시 지휘체계가 국왕을 정점으로 해
서 일원적으로 행사되지 못하고 있었음을 보여준다. 그렇다고 순전히
宰樞의 결의에 의해서 三軍이 동원되었다고 말하기 곤란하다. 당시 사
정에서 軍權을 보유하고 있었던 만호들의 협력과 지지가 없었다면 불
가능했을 것이다. 따라서 국왕이라 할지라도 일단 萬戶를 통해야 萬戶
府의 軍을 통솔할 수 있었다. 그렇지 않으면 사료 가-6에서 보는 것처
럼 만호가 이끄는 삼군에 의해서 거꾸로 왕궁을 포위당할 수도 있었
다. 결국 만호들이 유사시가 아닌 평시에도 예하 부대원에 대한 지휘
통솔권을 별다른 감독장치 없이 관장하고 있었음을 알 수 있다.

전시가 아닌 평상시에도 특별한 견제를 받지않은 채 軍目靑冊 등을
이용해서 군인들을 관리하고 통솔할 수 있었던 萬戶府의 관원, 그 중
에서도 최고위층이었던 만호에 임명되었던 사람들은 모두 宰樞級이었
다.106)

　　宰樞로서 가히 萬戶를 겸할 수 있는 자로 하여금 東邊을 鎭戍하도
　　록 했다.107)

위에서 東邊을 鎭戍하는 것은 곧 合浦萬戶府를 가리키며, 그 만호
에는 재추가 임명되었는데, 다른 만호들도 사정은 같았다. 宰樞란 곧
宰相으로서 국사를 논의하고 軍國의 機務를 參決하는 대신을 말한
다.108) 그런데 이들이 만호직을 겸했다는 것은 이제 군대까지도 직접

---

106) 간혹 宰樞級보다 낮은 직급에서 임명되었다고 하더라도, 萬戶受職者는 모두
　　宰樞에까지 올랐다고 한다(邊東明, 1989,「高麗忠烈王代의 萬戶」,『歷史學
　　報』121, 118쪽).
107)『高麗史』卷82, 兵志2, 鎭戍, 忠烈王 10年 1月, 中冊, 796쪽, "以宰樞可兼萬
　　戶者 令鎭東邊".
108) 邊太燮, 1967,「高麗宰相考」,『歷史學報』35·36合(1971,『高麗政治制度史
　　研究』에 재수록).

장악하게 되었음을 의미한다.

원래 省宰는 軍國之事를 총괄하면서 發命權을 행사했고, 中樞院은 摠制로서 發兵權을 보유했으며 諸衛上·大將軍以下가 府兵을 장악하는 것이 원칙이었다.[109] 이렇게 해서 군의 통수권이 한군데로 집중되지 않고 분산되어 있으면서도 일원적인 행사가 가능하도록 했다. 하지만 재추들이 만호직을 겸임하면서부터 軍國之事를 총괄하면서도 동시에 군대를 실질적으로 장악하게 되었다. 따라서 發命·發兵·掌兵權이 하나로 집중되었다. 이 때 견제장치라는 것은 재추들이 서로에 대해서 행하는 것 이외에는 아무것도 없었다. 그러므로 원활하게 國政을 수행하기 위해서는 모든 재추들이 모여서 논의하여 처리하는 수밖에 없었다. 軍事에 관한 것도 마찬가지였다. 그것이 초래한 상황은 결과적으로 다음과 같다.

　元나라를 섬긴 이후로 국가에 일이 많아서 省宰와 中樞가 모여 일을 의논하였는데, 이것을 兩府合坐라 하였고, 인하여 都評議使司를 두었습니다. 충렬왕 이후에 府兵이 점점 무너져서, 비로소 재상을 보내어 군사를 거느리고 적에 대응하였으니, 옛 제도가 아닙니다.[110]

위에서 옛 제도가 아니라는 표현에는 前期의 체제와 비교했을 때 크게 변모했다는 것과 결코 올바른 방향으로 나아간 것이 아니라는 뜻이 담겨 있다. 물론 위의 평가는 조선 초에 내려진 것이기 때문에 정치적인 의도가 내포되어 있다. 따라서 당시 사정을 정확하게 표시한 것은 아니지만, 軍權의 분산으로 말미암아 군의 통수체제가 크게 흔들리면서 정치적인 불안이 가중되었다는 것만은 분명하다.

宰樞의 萬戶兼職으로 인해 빚어진 통수체제의 동요와 군권의 분산

---

109) 『定宗實錄』 卷4, 定宗 2年 4月, 1冊, 170쪽.
110) 『定宗實錄』 卷4, 定宗 2年 4月, 1冊, 170쪽, "事元以後 國家多務 省宰中樞 會而議事 謂之兩府合坐 因置都評議使司 忠烈已後 府兵漸毀 始遣宰相 領兵應敵 非古制也".

으로 야기된 정치적인 불안을 다소나마 해소하기 위해서는 국왕을 중심으로 재추급 인사들을 한데 묶어 거기에 의거하여 정권을 유지하는 수밖에 없었다.111) 이를 위해서는 宰樞가 아주 소수여서는 곤란하지만 너무 많으면 도리어 불안해진다. 따라서 적당히 조절하되 보다 확실하게 해 둘 필요가 있다. 그 때문에 재추로서 만호를 겸한 사람들에 대한 의존도와 함께 그들이 보유한 권력도 막강해졌다. 그 대표적인 경우로 金方慶의 예를 들 수 있다.

(金方慶)은 또 金符를 받아서 都元帥가 되자 권력이 온 나라에 미치었고 田園이 州와 郡에 두루 분포하였다. 그의 휘하 장사들은 內廂이라고 일컬으면서 날마다 그의 문전에서 경비를 섰으며, 권세에 아부하고 다른 사람의 위세를 빌어 나쁜 짓을 하는 자들이 中外를 橫行하는데도 이것을 금하지 않았다.112)

金方慶은 金符, 즉 元의 황제로부터 虎頭金牌를 받고 만호에 임명되었으며 이윽고 都元帥라는 고려군의 최고 지휘관이 되었다.113) 이로 말미암아 큰 권세를 얻게 된 그는 여러 州郡에 걸쳐 많은 토지를 점유했고, 內廂이라 칭하는 휘하 壯士들을 다수 거느리게 되었다. 원래 內廂이란 궁중에 直宿하던 군졸을 가리키는 말이었으나,114) 고려 후기에 들어서는 외적을 방어하기 위해 출동한 출정군의 최고 사령관 휘하에 있던 幕僚들을 지칭하기도 했다.115) 그런데 재추급 인사가 만호직을

---

111) 충렬왕 5년에 都兵馬使가 都評議使司로 개편된 배경에는 도병마사 자체의 체제정비 필요성과 왕권강화, 원의 내정간섭 등 국내외적인 문제가 개입되어 있었다고 한다(金光哲, 1998, 「高麗後期 都評議使司硏究」, 『한국중세사연구』 5, 172쪽).

112) 『高麗史』 卷104, 列傳, 金方慶, 下冊, 292쪽, "(金方慶)又受金符 爲都元帥 權傾一國 田園遍州郡 麾下將士 號內廂 日擁其門 附勢假威者 橫行中外 而不之禁".

113) 邊東明, 1989, 「高麗 忠烈王代의 萬戶」, 『歷史學報』 121, 108~115쪽.

114) 車文燮, 1973, 『朝鮮時代軍制研究』, 54쪽.

겸임하여 평상시에도 軍士를 거느리자 戰時가 아님에도 불구하고 內
廂이라 칭하면서 자의적으로 통솔하였다.

그런데 권세에 아부하고 다른 사람의 위세를 빌어 나쁜 짓을 하는
자들이 무엇 때문에 中外를 橫行했는지에 대해서는 명확한 설명이 없
다. 다만 禑王 14년 7월에 올린 趙浚 등의 상서에 따르면, 兼幷之家의
收租之徒들이 兵馬使, 副使, 判官, 혹은 別坐라고 칭하면서 從者 수십
인과 騎馬 수십 필을 거느리고 가서 수령을 陵轢하고 按廉使를 推折
시키고 많은 민폐를 끼쳤다고 했다.116) 이는 당시 兼幷之家들이 官을
억누르면서 田租濫收를 단행하는 모습을 보여주는 것이라고 생각된
다. 그런데 이것을 김방경에 관한 列傳 기사와 연결시켜 보았을 때 田
庄經營이나 田主의 收租權 행사에 자신의 휘하 장사들이 어떤 형태로
든 동원되었을 가능성이 높다. 군이 본래의 기능에서 벗어나 권세가들
과 사적인 관계를 맺고 개인적인 이익을 증진시키는 역할을 수행하기
에 이르렀음을 알 수 있다.117)

萬戶를 겸한 宰樞들이 평시임에도 군대를 擁衛하며 권세를 떨치고
그 휘하 장사들도 이에 편승해서 각종 폐단을 일으킴에도 불구하고 이
들을 제어하지 못했다. 그리고 그 정도는 갈수록 심해져 만호직을 교
체당한 자가 이에 불복하는 행동을 취함에도 불구하고 이를 제대로 저
지하는 사람이 없는 지경에 이르고 말았다.

元에서 柳濯을 合浦萬戶로 임명하였다. 그 전의 萬戶였던 僉議商
議 楊之秀는 교대하는 것을 좋아하지 않아 오랫동안 道內를 돌아다
니며 놀기만 했는데도 이를 문책하는 사람이 없었다.118)

---

115) 吳宗祿, 1991, 「高麗後期의 軍事 指揮體系」, 『國史館論叢』24, 220쪽.
116) 『高麗史』卷78, 食貨志1, 田制, 田柴科, 禑王 14年 7月, 中冊, 716쪽.
117) 이는 上級武班層에 국한된 문제가 아니었다. 下級者도 적극적으로 가담했다.
즉 "又領府隊尉隊正 無功超授軍不領散員 謀避本領職役 付托勢家 橫行外
方 濫乘驛馬 侵擾貧民 亦令有司 收職牒 充本役"(『高麗史』卷84, 刑法志1,
職制, 忠烈王 24年 1月, 中冊, 844쪽)이 그것이다.

고려정부가 아닌 원의 명령으로 만호가 바뀌었음에도 불구하고, 전임자였던 楊之秀가 이를 거부한 채 장기간 道內를 떠돌아다니고 있는데도 그를 제지하지 못했다는 것이다. 따라서 고려정부가 이들을 제어한다는 것은 쉽지 않았다. 더구나 만호직은 세습이 원칙이었다. 따라서 萬戶受職者가 지녔던 정치적 권위는 이변이 없는 한 자손대대로 물려졌으며, 그로 인해 국왕조차도 이를 통제하기 어려웠다.[119] 하지만 그보다 더 큰 문제는 장수직을 수행할 만한 능력이 없는 인물임에도 불구하고 가문 때문에, 혹은 재상이라는 지위 때문에 자동적으로 선임되어 군대를 통솔하는 것이었다. 만호직의 세습제는 조만간 폐지될 것이기 때문에 부차적인 것으로 취급할 수도 있으나 후자의 경우는 구조적인 문제였다. 왜냐 하면 재추들이 도평의사사에서 합좌해서 軍國에 관한 모든 정사를 처리하던 체제 하에서는 군권을 분리시키는 것이 곤란했다. 그렇게 되면 재추의 세력이 크게 위축당하는 반면에 軍을 장악하는 세력이 등장하여 서로 맞서게 되면 커다란 체제 위협이 된다. 다시 말해 군의 통수체계가 철저하게 집권화·일원화되지 못한 상태에서 재추가 아닌 자들이 掌兵할 경우에는 이들을 견제할 만한 장치가 없기 때문에 당장에 체제가 위협당하게 된다. 따라서 재추가 군의 지휘관을 겸해야 하는 체제는 계속해서 유지되어야 했다.

대신 이렇게 재추가 군의 지휘관을 겸하는 체제에서는 자연히 능력의 유무를 불문하고 군대를 지휘하게 되고, 그로 인해 통솔력이 없는 사람도 군을 이끌고 적과 싸워야 하는 경우가 생기게 마련이다. 공양왕 1년 12월 헌사가 제출한 상소에는 그로 인해 빚어진 폐단을 다음과 같이 기술했다.

一. 근년에 군대를 거느리는 임무에 재능을 묻지 않고 다만 그 지위

---

118) 『高麗史』卷36, 世家, 忠惠王 後5年 1月, 上冊, 739쪽, "元以柳濯爲合浦萬戶舊萬戶僉議商議楊之秀 不肯受代 久而乃出遊于道內 莫有問者".

119) 邊東明, 1989, 「高麗 忠烈王代의 萬戶」, 『歷史學報』121, 128~134쪽.

가 宰相이면 갑자기 명령하여 보냈는데, 그들이 군사 통솔을 잘못함
에 따라 적의 세력이 더욱 확장되면서 郡縣이 蕭然해졌습니다.[120]

위 기사의 '근년'은 공양왕대로부터 멀지 않은 시기를 가리키는 것으
로 보인다. 특히 忠定王 2년(1350) 이후 왜적의 침입이 격화되면서[121]
군대가 자주 출동해야만 했던 상황을 이야기하는 것으로 이해할 수도
있다. 하지만 군대를 지휘할 능력이 없는 재상이 일단 군통솔자로 임
명되는 폐단을 낳게 된 체제의 단서는 宰樞로 하여금 만호를 겸하게
한 忠烈王代[122]에 이미 형성되었다고 할 수 있다. 그렇다고 그와 같은
폐단이 충렬왕대에 곧바로 나타났던 것은 아닐 것이다. 다만 시간이
흐르면서 재추들이 만호 이외의 군지휘관을 겸하게 되고, 그 과정에서
외적의 침입시 출동하는 군대의 지휘관으로 반드시 재상이 임명되는
제도가 수립되었던 것으로 보인다. 여기에는 앞서 언급했듯이 통수체
제가 일사분란하게 운영되지 못하고 군권이 분산되어 있던 상태에서
재추가 아닌 사람들에게 군대를 통솔케 하는 것을 매우 위험하게 여겼
던 것도 크게 작용했다고 생각된다. 하지만 재추의 지위에 있다고 해
서 군대를 통솔하게 했던 체제 하에서는 결국 무능한 지휘관을 양산하
여 군사력을 약화시키고 마침내 외적과의 전투에서 패배를 당하는 결
과를 낳게 되었다고 할 수 있다. 그로 인해 사회는 한층 더 혼란스러워
졌다.

---

120) 『高麗史』 卷81, 兵志1, 兵制, 恭讓王 1年 12月, 中冊, 791쪽, "一 近年以來
將兵之任 不問其才 但位宰相 則率命道之 節制失宜 賊勢益張 以致侵掠 郡
縣蕭然".
121) 『高麗史』 卷37, 世家, 忠定王 2年 2月, 上冊, 751쪽.
122) 『高麗史』 卷82, 兵志2, 鎭戍, 忠烈王 10年 1月, 中冊, 796쪽.

3. 募軍方式의 변모와 군사조직의 虛疎化

1) 別抄軍·萬戶府制의 凋弊

사회경제적인 여건이 크게 변화하면서 고려 말기에 들어와 수조지 분급제가 마비되는 가운데 '田無役主 亡丁多矣' 현상이 널리 확산되었다. 이로 인해 군역제가 동요되었고 군인전을 점탈당해 조직에서 이탈하는 군인들이 크게 늘어났다. 그 결과 군사조직이 허소화되었다. 그 위에 원의 정치적인 간섭으로 정국 운영에 많은 변화가 초래되었다. 이는 군제의 운영에도 커다란 영향을 미쳤다. 우선 왕실호위를 강화하기 위해 숙위기구들이 남설되거나 원의 고려 및 일본에 대한 군사적인 견제, 그러한 가운데에서도 어떻게 해서든지 군대만큼은 자체적으로 통솔하고자 노력한 고려정부의 이해관계로 萬戶府가 고려에 설치되기도 했다. 이렇게 되자 군에 대한 일원적인 통제가 불가능하게 되었다. 뿐만 아니라 군인에 대한 경제적인 대우, 군조직의 재정운영체계, 선발방식이나 편성에서도 많은 변화가 있었다. 그 과정에서 여러 가지 혼란상이 초래되었다.

그런데 원의 정치적 간섭을 받기 시작했던 13세기 후반 이후에도 사회모순이 심화되고 농민에 대한 수탈이 가중됨으로써 이전 시기에 비해 비록 규모가 작아지기는 했지만 농민봉기가 계속되었다.[123] 또한 忠定王 2년을 기점으로 倭寇가 창궐하여 많은 피해가 발생했다. 국내의 치안유지와 빈번해진 외적의 침략을 효과적으로 저지하기 위해서는 무엇보다 강력한 군사력이 필수적이었으나, 군 조직이 허소화되고 통수체계마저 크게 흔들리던 당시 상황에서는 이에 제대로 대응할 수 없었다. 또한 원의 간섭으로 취약해진 군사조직을 보강하는 작업도 쉽지 않았다. 그리하여 긴급한 상황이 발생했을 경우에는 필요한 병력을 募軍을 통해 그 때마다 적당히 보충하는 식으로 군을 운영했다. 그러

---

123) 김순자, 1994, 「원 간섭기 민의 동향」, 『14세기 고려의 정치와 사회』.

나 그 과정에서 여러 가지 문제가 발생하여 오히려 군사조직을 더욱 취약하게 만들었다.

원래 군에 궐원이 생기면 選軍을 통해 보충하는 것이 상례였다.[124] 그것은 고려 말에 이르러서도 변함이 없었다.[125] 그러나 수조지분급제 및 그에 연계되어 구축된 군역제의 운영이 마비된 상태에서는 選軍給田이 제대로 시행될 수 없었다. 마침내 府衛兵의 궐원보충이 갈수록 어려워지면서 募軍이 점차 사회문제가 되는 가운데 부위조직이 허소화되었다. 공민왕 1년(1352)에 올려진 李穡의 상소에 따르면 '諸衛之職 爲膏粱所占 又且無軍'[126]이라고 해서, 제위직은 부자들이 차지해버리고 屬卒은 이미 남아 있지 않았다고 했다. 결과적으로 부위조직은 無軍 상태에 이르게 되었다.

군사조직의 허소화는 府衛組織과 府衛兵에만 국한된 현상이 아니었다. 군조직의 근간을 이루고 있던 府衛에서부터 파생된 문제가 여타의 기구로 확산되었다. 먼저 전투시 임시적인 선봉부대로서의 역할을 수행하던 別抄軍의 약화를 들 수 있다. 별초군은 武人政權期에 들어와서 公兵이 약화되는 가운데 점차 정규군의 역할을 대신하면서 전국으로 확대되었다.[127] 선봉대인 별초군은 초기에는 용맹한 자들을 대상으로 조직되었다.[128] 또한 京外의 別抄軍 중에는 田丁을 보유한 자들

---

124) 『高麗史』卷81, 兵志1, 兵制, 靖宗 11年 5月, 中冊, 777쪽.

125) 『高麗史』卷81, 兵志1, 兵制, 禑王 1年 2月, 中冊, 786쪽, "選軍募軍 給田賞功 仰都評議使 詳酌立法 以廣軍額". 위 사료로 禑王代에도 選軍給田에 의거해서 軍을 보충하는 법을 재정비하려고 노력했음을 알 수 있다.

126) 『高麗史』卷115, 列傳, 李穡, 下冊, 524쪽.

127) 別抄軍에 관해서는 다음의 연구성과들이 참조된다. 金庠基, 1948, 「三別抄와 그의 亂에 대하여」, 『東方文化交流史論攷』; 尹龍爀, 1977, 「崔氏武人政權의 對蒙抗爭姿勢」, 『史叢』21·22合; 金潤坤, 1981, 「三別抄의 對蒙抗爭과 地方郡縣民」, 『東洋文化』20·21合; 金塘澤, 1983, 「武臣政權時代의 軍制」, 『高麗軍制史』; 申安湜, 1989, 「高麗中期의 別抄軍」, 『建大史學』7; 權寧國, 1992, 「武臣執權期 地方軍制의 변화」, 『國史館論叢』31.

128) 가장 대표적인 것으로 崔瑀에 의해서 '聚勇士'하여 설치된 夜別抄를 들 수

도 있었다.[129] 즉 용맹하면서도 전정을 보유하여 경제적으로 안정되어
장비를 자변할 수 있는 사람들을 대상으로 별초군을 편성한다는 것이
본래의 취지였다. 하지만 농민봉기나 대몽항쟁이 격화되면서 도처에
별초군이 남설됨에 따라 그런 원칙을 지키기가 어려웠다. 그 결과 官
奴까지도 별초군으로 동원될 정도였다. 예를 들어 高宗 19년(1232)경
충주에 몽골병이 쳐들어오자 양반뿐만 아니라 奴婢, 雜類들도 모두 별
초군으로 징발되었다. 그런데 신분이 달랐기 때문에 이를 하나로 통합
시키지 않고 兩班別抄와 奴軍雜類別抄로 구분해서 군을 편성했다. 이
러한 군제편성은 서로 간에 갈등관계를 유발하였다. 즉 양반들은 노비
들이 군대에 편성된 것, 그리고 奴軍이 별도의 통솔체계로 운영된다는
점을 경계하지 않을 수 없었고, 당연히 奴軍도 이에 맞서게 되었다. 결
국 이것이 발단이 되어 마침내 官奴, 즉 奴軍의 반란으로 발전하게 되
었다.[130] 아마도 이 반란을 수습하고 나서 노비들을 별초군으로 징발
하여 별도로 편성하는 것에 대해서는 정부가 신중하게 대처했을 것이
다. 그리고 대개 양반, 적어도 백정 이상의 신분층을 대상으로 조직했
을 것이다.

그러나 이것으로 별초군 문제가 완전히 해결된 것은 아니었다. 忠肅
王 5년(1318)에 내린 判에 따르면,

鎭邊別抄들은 본래 前衛散職과 在京兩班으로 교대로 赴防하였는
데, 근년 이래 주관하는 관리들이 인정에 끌려서 人吏·百姓들로 대
신하였다. 이로 인해 貢賦가 날로 적어지고 또 무식한 사람들이 서로

있다(『高麗史』卷81, 兵志1, 兵制, 元宗 11年 5月, 中冊, 782쪽).
129) 『高麗史』卷27, 世家, 元宗 14年 10月 辛未, 上冊, 559쪽, "傳旨曰 向者 討耽
羅 京外別抄亡命者 甚多 不可不懲 故曾以罪狀輕重 徵銀收其田丁 今國家
多難 天文屢變 欲修德弭災 其已徵白銀外 收田丁 悉令還之".
130) 『高麗史節要』卷18, 高宗 19年 1月, 417쪽, "忠州官奴作亂 …… 先是 州副
使于宗柱 每於簿書間 與洪翼有隙 聞蒙兵將至 議城守 有異同 宗柱帥兩班
別抄 洪翼率奴軍雜類別抄 互相猜忌 及蒙兵至 宗柱洪翼與兩班等 皆棄城走
唯奴軍雜類 合力擊逐之".

이어 도망쳐 흩어져서 그들이 살던 주현에는 궐원을 징발하는 일이
여러 차례 거듭되어 백성의 피해가 적지 않으니, 이제부터는 前銜散
職과 在京兩班을 철저하게 추쇄하여 교대로 부방시키도록 하겠다[131)

라고 했다. 위의 기사를 통해 輪番으로 赴防하게 되어 있던 鎭邊別抄
에는 본래 前銜散職과 在京兩班들이 편성되어 있었음을 알 수 있다.
그러나 이를 주관하는 관리들이 인정에 끌려 인리·백성들을 대신 파
견해서 사회문제가 되었다.

그런데 三別抄가 혁파되기 이전에는 왜적이 침구하던 南道의 沿海
州郡에 파견되어 이를 방어하기도 했다.[132) 때로는 외방의 夜別抄가
올라와서 京城을 守衛하기도 했다.[133) 그러나 이는 삼별초가 혁파되면
서 모두 중단되고 말았다. 따라서 삼별초를 대신해서 경외를 守衛할
만한 것이 있어야 했다.

한편 濟州에는 삼별초의 난을 진압한 뒤에 蒙軍과 함께 京軍과 外
別抄가 주둔했다.[134) 그러나 그 뒤에 대체할 인원이 부족하여 '以耽羅
戍卒缺少 募人授爵以遣'[135)했다. 즉 모집된 수졸에게 관작을 제수하
여 파견했다. 그리고 이와 함께 濟州逃漏人物推考色[136)을 설치하여
뭍으로 나온 濟州人들을 추쇄해서 귀환시켰다. 아마도 귀환하려는 제
주인들이 진수군에 편성될 경우 관작을 제수받는 경우도 있었을 것이

---

131) 『高麗史』卷82, 兵志2, 鎭戍, 忠肅王 5年 4月, 中冊, 797쪽, "鎭邊別抄 本以
前銜散職 及在京兩班 輪番赴防 近年以來 主掌官吏 看循面情 以人吏百姓
代之 因此 貢賦日減 且無識之人 相繼逃散 當所居州縣 徵闕多重 民弊不少
自今 復以前銜散職 在京兩班 窮推 輪番赴防".

132) 『高麗史』卷26, 世家, 元宗 6年 7月 丁未, 上冊, 522쪽, "倭寇南道沿海州郡
命將軍安洪敏等 率三別抄軍禦之".

133) 『高麗史節要』卷17, 高宗 41年 8月, 443쪽, "慶尙全羅二道 各遣夜別抄八十
人 守衛京城".

134) 『高麗史』卷104, 列傳, 金方慶, 下冊, 499쪽, "於是 忻都留蒙軍五百 (金)方慶
亦使將軍宋甫演中郎將康社臣·尹衡 領京軍八百外別抄二百留鎭 班師".

135) 『高麗史節要』卷19, 忠烈王 1年 3月, 505쪽.

136) 『高麗史節要』卷19, 忠烈王 1年 7月, 506쪽.

다. 그렇다고 京軍, 즉 府兵의 파견이 중단되었던 것은 아니다.[137] 하지만 京軍을 계속해서 파견할 수는 없었다.

마침내 삼별초가 혁파된 이후에 요해처에 防戍를 위해 파견되었던 鎭邊別抄는 濟州 戍卒의 사례에서 알 수 있듯이 관작을 받고 모집된 사람들과 본래 外別抄의 한 구성요원이었던 前衝散職들로 구성되었다. 그런데 관작을 받고 戍卒로 모집된 사람들은 곧 在京兩班에 해당한다고 볼 수 있다. 대개 중앙에서 군대를 모집할 경우 그 대가로서 관작 제수를 제시하는 경우를 종종 볼 수 있기 때문이다.[138]

그런데 鎭邊別抄로 편성된 前衝散職 및 在京兩班들이 담당 관리들과의 人情關係에 의지해서 빠져나가고 그 대신 공부를 부담해야 하는 인리·백성이 그 빈자리를 메워 부방하게 되었다. 그로 인해 부세제의 운영 및 국가재정의 충당에 여러 가지 문제가 일어나게 되었다. 뿐만 아니라 견디기 어려워 도망치는 자가 있으면 바로 그 사람이 거주했던 고을이 책임을 지고 보충해야 하는 관계로 이중삼중의 부담을 안게 되었다. 따라서 州縣의 凋弊도 필연적이었다. 별초군도 진변별초의 경우에서 보는 것처럼 모군 과정에서 발생한 여러 가지 문제들 때문에 군사력을 강화시키기보다는 오히려 사회모순을 심화시키는 작용을 했다.

하지만 당시의 정치상황 하에서 忠穆王이 내린 判旨로 진변별초가 안고 있는 문제가 곧바로 해결되었다고 보기 힘들다. 그러므로 여전히 전함산직 및 재경양반 대신에 공부를 부담하는 인리·백성들이 윤번으로 부방해야 했다. 아마 이들은 대부분 농부들이었을 것이다. 따라서 별도의 군사훈련을 받은 바도 없었을 것이고 장비도 시원치 않았을 것이다. 그럼에도 불구하고 윤번으로 부방해야 했다. 이런 상황에서 외적이 갑자기 쳐들어왔을 때 李穡은 '苟耒之民 其遽爲干城之卒歟'해야 하는 당시의 실정에 대해 우려를 금치 못했다.[139] 결국 別抄軍도 편성,

---

137) 『高麗史』 卷82, 兵志2, 鎭戍, 忠烈王 1年 7月, 中冊, 796쪽, "遣府兵四領 戍濟州".

138) 이런 경우는 고려 후기에 들어와서 흔하게 볼 수 있다.

또는 운영과정 상의 여러 문제들 때문에 사실상 無軍 상태에 놓이게
되었다고 할 수 있다.

募軍하는 과정에서 파생되었던 여러 문제점들은 요해처에 설치된
萬戶府에서도 예외 없이 발생했다. 먼저 원의 만호부는 1만 명의 병력
을 낼 수 있는 1만의 奧魯집단으로 조직되었다.[140] 그러나 고려의 만
호부는 고려에서 萬戶·千戶의 金·銀牌를 하사해 달라고 원에 요청
하고, 원이 이를 받아들여 宣命과 虎符를 수여해주는 형식으로 설치되
었다. 즉 하부구조가 확고하게 구축된 뒤에 그에 기반해서 만호부가
설치된 것이 아니라 위로부터 갑자기 명령이 내려와 세우게 된 것으로
서, 실제 관할하고 있는 군사의 수는 액면에 훨씬 미달할 수밖에 없었
다.[141] 그러므로 만호부를 지탱해줄 수 있는 하부구조를 새로이 만들
어야 했다.

　　下旨하기를, "合浦 等處의 鎭戍軍人의 경우 大小 郡縣의 數目이
　균등하지 못하니, 금후 巡撫鎭邊使가 그 잔폐함과 번성함을 참작하
　여 數目을 改定하도록 하고, 무릇 營鎭을 소요케 함으로써 私欲을
　채우는 자에 대해서는 엄격하게 금지할 것이다"라고 하였다.[142]

위에서 合浦 등처의 鎭戍軍人들을 통솔하는 巡撫鎭邊使는 合浦等
處鎭邊萬戶府의 만호가 겸하는 직책이었다.[143] 따라서 鎭戍軍人은 鎭

---

139)『高麗史』卷115, 列傳, 李穡, 下冊, 524쪽.

140) 권영국, 1994, 「원 간섭기 고려 군제의 변화」,『14세기 고려의 정치와 사회』,
　　154쪽.

141) 따라서 처음부터 군대가 없는데 만약 元의 조정에서 牌面의 數에 의해 징병
　　을 실시하면 어떻게 대처해야 하는가를 놓고 우려하는 목소리가 높았다(『高
　　麗史』卷30, 世家, 忠烈王 14年 2月 戊寅, 上冊, 618~619쪽).

142)『高麗史』卷82, 兵志2, 鎭戍, 忠肅王 12年 10月, 中冊, 797쪽, "下旨 合浦等
　　處鎭戍軍人 大小郡縣 數目不均 今後巡撫鎭邊使 斟酌殘盛 改定數目 凡侵
　　擾營鎭 以濟私欲者 嚴加禁恤".

143) 吳宗祿, 1991, 「高麗後期의 軍事 指揮體系」,『國史館論叢』24, 223쪽.

邊萬戶府에 소속된 군인이라 할 수 있다. 그런데 고려에서는 1만 명의 병력을 낼 수 있는 奧魯集團이 없었기 때문에 만호부 근처 군현의 크기를 고려하여 의무적으로 동원해야 할 군인의 수를 적당히 배정해 주었다. 그리고 軍籍으로 생각되는 軍目靑冊에 기록하여 만호부에 보관하고 또한 樞密院에도 납부했다.

그런데 위 기사에서 보는 것처럼 군현의 대소에 알맞게 數目이 균일하게 정해진 것이 아니어서 동원에 따른 많은 불편이 뒤따랐다. 만약 규모가 적은 고을에서 많은 인원이 징발되고 큰 고을에서는 적은 수를 내게 되면 자연히 부담이 덜한 쪽으로 이동하거나 유망해 버리는 일이 늘어나 그에 따른 폐해가 커지게 마련이다. 결국 배정받은 군액과 군현의 실제 사정과의 괴리가 점점 더 커져 정상적인 동원이 어렵게 되었다. 국가로서는 이를 그대로 좌시할 수 없었기 때문에 만호에 해당하는 巡撫鎭邊使에게 군현의 잔성을 참작해서 數目을 改定하라는 지시를 내렸던 것이다.

결국 만호부의 募軍은 근처 군현의 상황에 따라 적당히 군인의 수를 배정해 주고 그것에 의거해서 동원하는 것이었다. 하지만 군현의 대소 관계를 정확하게 반영하지 못했으므로 불균으로 인한 불편이 상당했다.

만호부는 이렇게 해서 동원한 군인들을 예하의 여러 요충지에 골고루 배치하고자 하였다.144) 그러나 이것이 제대로 실행되지는 못했다. 공민왕 1년(1352)에 李穡은 이에 대해 '萬戶之府 係皇朝所立 旣是虛額'145)이라고 했다. 예하 군대를 조성하는 기반을 주위의 군현에 거의 전적으로 의존한 만호부는 군현의 조폐와 이에 따른 군현민의 유망에 결정적인 영향을 받을 수밖에 없었고, 이는 고려 말기에 현실로 다가

---

144) 가장 대표적인 경우로 慶尙·全羅鎭邊萬戶府를 들 수 있는데, 이는 合浦 등지의 요해처에 고려의 軍官·軍人 들을 배치시키고 烽燧을 설치하고 주야로 감시하고 순찰을 돌면서 日本賊들의 침입에 대비했다(『高麗史』 卷32, 世家, 忠烈王 28年, 上冊, 658쪽).

145) 『高麗史』 卷115, 列傳, 李穡, 下冊, 524쪽.

왔다. 결국 만호부는 군인이 아무도 없는 無軍 상태로 전락해 버리고
말았던 것이다.

그러나 萬戶府는 고려사회에서 커다란 영향력을 발휘하고 있었다.
특히 원의 후원을 받고 있는 이상 강력한 권한을 보유하고 있었다.

세조가 일본정벌 때에 설치한 萬戶는 中軍·右軍·左軍뿐이었는
데, 그 후 巡軍·合浦·全羅·耽羅·西京 등의 만호부를 증설하였
다. 이것들은 거느리는 군사도 없으면서 한갓 金符만 차고 다니고 宣
命을 과장하여 平民들을 꾀어 모아 戶計라고 망칭하고 있다. 縣官에
게 압력을 가해 감히 差發하지 못하게 하니 심히 불편하다.[146]

위의 기사는 공민왕이 반원개혁정치를 단행하면서 그 때 政堂文學
으로 있던 李仁復을 원에 보내 고려의 입장을 전달한 表文 중의 일부
다. 이에 따르면 만호부는 군사도 거느리지 않으면서 원의 황제로부터
받은 金符[147]를 내보이고 宣命, 즉 황제의 명령을 과시하여[148] 평민을

---

146) 『高麗史』 卷39, 世家, 恭愍王 5年 10月 戊午, 上冊, 775쪽, "世皇東征日本時
　　所置萬戶 中軍右軍左軍耳 其後 增置巡軍合浦全羅耽羅西京等萬戶府 並無
　　所領軍 徒佩金符 以誇宣命 召誘平民 妄稱戶計 勒令縣官 不敢差發 深爲未
　　便".

147) 崔根成, 1988, 「高麗 萬戶府制에 관한 硏究」, 『關東史學』 3, 65~66쪽. 符는
　　牌와 같은 의미로 사용된다고 한다. 그런데 만호부의 관원들은 元 萬戶府制
　　의 경우처럼 관직을 제수받음과 동시에 牌符를 수여받았다. 패부는 그 직위
　　에 따라 차등있게 수여되는데, 대체로 만호에게는 虎符 혹은 金牌가, 千戶에
　　게는 金牌가, 百戶에게는 銀牌가 각기 수여되었다. 그 수여 형식은 元이 직
　　접 수여하거나, 또는 고려왕이 원을 대신해서 간접적으로 수여하였다. 그런데
　　만호부의 만호가 元帝가 하사한 金符, 즉 虎頭金牌를 佩用함으로써, 기존의
　　무반군직자보다는 더욱 권위를 지니게 되었다고 한다. 원간섭기의 고려에서
　　모든 권위의 원천이라 할 元帝와의 관계를 상징하는 萬戶牌를 소지했기 때
　　문이라고 한다(邊東明, 1989, 「高麗忠烈王代의 萬戶」, 『歷史學報』 121, 112
　　쪽).

148) 『高麗史』 卷32, 世家, 忠烈王 27年 5月 庚戌, 上冊, 658쪽, "罷耽羅摠管府 依
　　舊隷屬本國 開置萬戶府 如合浦鎭邊事 但於頭目人員 頒降宣命虎符 使得增

꾀어 '호계'라고 망칭하며 거느리고, 지방관으로 하여금 이들을 差發하지 못하게 했다.

원래 '戶計'란 원의 徭役法과 관계 있는 용어였다. 원에서는 民戶를 軍戶, 站戶, 匠戶, 民戶, 鷹坊戶 등등의 직업별로 분류하고 그 각각에 특수한 형태의 國家奉仕를 규정해 놓았다. 이를 諸色戶計라고 부르는데, 世襲을 통해 고정되었다. 그런데 軍戶는 병역을 담당했고 站戶는 驛傳維持를, 鷹坊戶는 매를 飼養하는 일을 맡았다.149) 그 대신 이들에게는 徭役을 부과하지 않았다. 그러나 고려에서는 諸色戶計制를 실시하지 않았다.150) 따라서 '호계'라고 망칭하는 것은 고려의 입장에서 볼 때 엄연히 불법이었다. 그렇지만 황제의 명령임을 내세우며 그대로 강행하면서 군현의 人丁差發까지 방해했다.151)

만호부의 호계란 군호였을 것이고, 따라서 徭役 대신 軍役을 부담했다. 그 때문에 郡縣의 人丁差發을 저지할 수 있었다. 하지만 만호부에는 거느리는 軍士가 없었고, 호계도 평민을 召誘했다고 한 것으로 보아 군역을 부담하는 군호는 사실상 존재하지 않았던 것으로 보인다. 그러므로 기구와 권위만 있었지 군사는 없는 無軍의 狀態였다고 할 수 있다. 그러면서도 오히려 고려의 군사조직이나 행정기구를 통해 민을 지배 통제하는 것을 방해했다고 볼 수 있다. 이로 말미암아 만호부가 설립되었음에도 불구하고 군사력은 한층 더 부실화되었다.

결과적으로 고려 말에 이르면, 군역제가 동요하고 군사조직의 허소화가 심화되면서 군사력이 극도로 취약해졌다. 그럼에도 내외의 모순으로 인해 군대 동원은 빈번하게 이루어졌다. 그 광경을 李齊賢은 恭愍王 2년에 출제한 책문을 통해 다음과 같이 묘사했다.

威鎭壓".

149) 愛宕松男, 1970, 「元の中國支配と漢民族社會」, 『岩波講座 世界歷史 9』, 293 ~295쪽.
150) 權寧國, 1995, 『高麗後期軍事制度研究』, 서울대 박사학위논문, 67쪽.
151) 閔賢九, 1980, 「整治都監의 性格」, 『東方學志』 23·24合, 114쪽.

그런데 벌떼같이 일어나는 왜놈이 배를 몰고 우리 국경을 침범하니, 이것을 추격하고 나포할 것을 꾀하려면, 가난한 사람들의 출혈로써 그 군량을 보충해야 하고, 농부를 모조리 몰아가서 군대에 보충해야 할 형편이다. 그러나 명령하면 실행되고 금하면 그치는 것을 보지못하고, 다만 실망하여서 거짓말하는 것만이 들리니, 이래서야 어떻게 군사에 나갈 수가 있다고 하겠는가.[152]

위에서 이제현은 侵寇하는 倭賊을 몰아내는 방책이 가난한 백성을 짜내서 군대출동에 따른 비용과 군량을 충당하고, 농부를 몰아다가 군사를 보충하되, 이런 일들을 법대로 처리하지 않고서 오직 거짓 소문만 무성하게 들리고 있으니 어떻게 전쟁을 제대로 치를 수 있겠는가라고 개탄하고 있다. 결국 募軍 과정에서 힘 없고 가난한 농부들만 동원되었고, 이를 둘러싸고 빈부간의 갈등이 팽배해지면서 민의 국가에 대한 불만이 고조될 수밖에 없었다. 그리고 제대로 훈련받지 못한 군인들은 형편없는 장비를 휴대한 채 출동하여 적과의 전투에서 많은 피해를 입었다. 그로 말미암아 사회불안이 가중됨은 물론 고려의 통치력이 크게 위협당하게 되었다.

2) 船軍組織의 변질

고려의 선군조직은 특성상 연해지역을 중심으로 주로 船兵都部署制度에 의거해서 확립되었다.[153] 그런데 船兵都部署는 道와 같은 행정구역과 관련해서 설치되었던 것이 아니라 전략요충지에 자리잡았다. 그것도 양계에 집중되었다. 현재까지 연구된 결과에 따르면 東界에는 鎭溟都部署[154]와 元興都部署,[155] 北界에는 鴨江都部署[156]와 通州都

---

152) 『益齋亂藁』卷9下, 策問/『高麗名賢集』2冊, 333쪽, "然而蜂起之倭 挐舟犯彊 謀所以逐捕之 未免浚編戶以充資粮 驅農夫以補卒乘 莫見令行而禁止 徒聞觖望而訛言 豈所謂可以卽戎乎".

153) 金南奎, 1983, 「高麗의 水軍制度」, 『高麗軍制史』.

部署157)가 설치되었고, 양계지역 이외에는 유일하게 東南海船兵都部署가 있었다고 한다.158) 그리고 船兵都部署에도 使·副使·判官 등의 관직이 있어 휘하의 병선 및 선군들을 통솔했다.159) 그러나 선군의 경우 조직망이 전국적이라기보다는 전략적인 가치가 매우 높거나 해상 침투가 비교적 용이한 지역을 중심으로 해서 설치되었으며, 육군에 비해 그 규모는 크지 않았다.

船軍 역시 收租地分給制와 밀접하게 연계되어 있었다.160) 그러나 모든 선군에게 토지가 분급되지는 않았던 것 같다. 기록상으로 일단 船頭에게 토지가 지급되었던 것이 확인된다.161) 이 船頭의 임무나 역

---

154) 金南奎, 1983, 「高麗의 水軍制度」, 『高麗軍制史』, 208~209쪽. 鎭溟縣(현재 元山 근처)에 설치된 船兵都部署로서 水軍을 통솔하여 대개 東女眞 계통의 해적을 방어하는 역할을 담당하고 있었다. 본래 鎭溟船兵都部署가 정식 명칭이지만 鎭溟지방에 다른 어떤 都部署가 있는 것이 아니므로 혼돈될 우려가 없어서 '船兵'을 생략하고 호칭하기도 했던 것으로 추정된다.

155) 金南奎, 1983, 「高麗의 水軍制度」, 『高麗軍制史』, 210~211쪽. 元興鎭(현 咸鏡南道 定平郡)에 설치된 船兵都部署로서 역시 東女眞 계통의 해적을 방어하는 역할을 담당하고 있었다.

156) 金南奎, 1983, 「高麗의 水軍制度」, 『高麗軍制史』, 214~215쪽. 현재 鴨綠江 유역에 설치된 船兵都部署로서 북방에서 쳐들어오는 외적의 渡河를 저지하는 역할을 담당하고 있었던 것으로 추정된다.

157) 金南奎, 1983, 「高麗의 水軍制度」, 『高麗軍制史』, 214~215쪽. 通州(현 平安北道 宣川郡)에 설치된 船兵都部署였던 것으로 추정된다.

158) 金南奎, 1983, 「高麗의 水軍制度」, 『高麗軍制史』, 216~223쪽. 東南海船兵都部署는 그 本營을 慶州, 때에 따라서는 金海 등지에 두고, 대체로 慶尙·全羅·楊廣道의 海域警備를 담당하는 水軍官署였던 것으로 알려지고 있다.

159) 金南奎, 1983, 「高麗의 水軍制度」, 『高麗軍制史』, 211~213쪽.

160) 이 사실은 앞서 언급했던 다음의 사료인 "軍人年老身病者 許令子孫親族代之 無子孫親族者 年滿七十 閑屬監門衛 七十後只給口分田五結 收餘田 至於海軍 亦依此例"(『高麗史』 卷78, 食貨志1, 田制, 田柴科, 文宗 23年 10月, 中冊, 711쪽)에 의해 확인된다. 즉 육군과 마찬가지로 해군도 年老하거나 身病이 있던 사람은 그의 자손·친족이 軍人田과 함께 役을 승계했음이 확인된다. 따라서 海軍, 즉 船軍도 收租地分給制와 연계되어 있었다고 할 것이다.

할이 분명하게 확인된 바는 아직까지 없지만, 공양왕대에 보이는 領船頭目人을 가리키는 것으로 짐작된다.[162] 따라서 조선 초기에 이르러 領船과 頭目으로 분리되기 전까지는 대체로 오늘날 선장과 같은 것으로 선상에서 일어나는 모든 일을 책임지고 전투시 지휘관의 역할을 했던 것으로 여겨지고 있다.[163]

船頭 아래에는 梢工과 水手가 있었다.[164] 梢工과 水手에게 토지가 분급되었는지는 명확하지 않다.[165] 그러나 양자 모두에게 토지가 분급되었을 것으로는 생각되지 않는다. 그것은 그들이 맡은 역할과 출신성분 등으로 미루어 짐작할 수 있다. 먼저 梢工은 키를 잡고 배를 조정하는 사람을 가리키는 것으로 보인다.[166] 그리고 水手는 노를 젓는 사람을 가리킨다고 생각된다.[167] 당시 兵船의 구조로 보아 水手가 가장 많

---

161) 『高麗史』卷78, 食貨志1, 田制, 田柴科, 文宗 30年, 中冊, 710쪽, "更定兩班 田柴科 …… 第十五科田二十五結 …… 都知 船頭 典丘官 司引 馬軍".

162) 『高麗史』卷83, 兵志3, 船軍, 恭讓王 1年 10月, 中冊, 831쪽.

163) 崔永昌, 1989, 「朝鮮初期의 水軍과 水軍役」, 고려대 석사학위논문, 7쪽.

164) 『高麗史』卷6, 世家, 靖宗 10年 11月 乙亥, 上冊, 138쪽, "二科 隊正以上及船 頭 加正鄉職一級 軍人及梢工水手 加鄉職". 이는 군인에 대한 포상 실시에 관한 것으로서 陸軍과 船軍을 나누어 적용시키고 있어 매우 주목된다. 육군의 경우에는 같은 정도의 공을 세웠다고 하더라도 포상은 隊正 이상과 일반 군인으로 나누어 실시하고 있다. 이는 船軍에도 그대로 반영되어 船頭는 隊正 이상, 梢工·水手는 일반 군인에 적용시키고 있다. 따라서 船頭는 하급지 휘관급에 해당되며, 그 휘하의 일반 군인이 곧 梢工·水手였다고 할 수 있다.

165) 오히려 이들은 다음의 사료, 즉 "詔 諸州縣兵築城者 水軍轉輸軍餉者 賜今 年田租之半"(『高麗史』卷80, 食貨志3, 賑恤, 恩免之制, 仁宗 14年 5月, 中冊, 762쪽)에서 나오는 水軍이 보유하던 田地와 같은 성격을 지녔을 것으로 추정된다. 다시 말해 軍役을 부담하고 있다고 해서 田租가 면제되지는 않는 것으로 보아 收租地가 아닌 것이 확실한 그런 田地를 보유했을 가능성이 매우 높다고 생각된다.

166) 梢工의 梢는 배의 키를 가리킨다. (字彙)船舵尾曰梢,『大漢和辭典 6卷』, 375쪽. 따라서 梢工은 키를 조정하는 사람으로 조선의 沙工, 또는 蒿工에 해당한다고 생각된다(崔永昌, 1989, 「朝鮮初期의 水軍과 水軍役」, 7쪽).

167) 조선의 경우에는 格軍이 배에서 櫓를 저었으며, 水軍의 대부분은 格軍으로 구성되어 있었다(崔永昌, 1989, 「朝鮮初期의 水軍과 水軍役」, 7쪽).

은 수를 차지했을 것이다. 梢工과 水手는 대체로 양인 출신들로 구성 되었을 것이나, 水手의 경우 때로는 노비들로 충당되기도 했다.168) 水 手의 임무는 노를 젓는 고역이었으며, 兵船에서 다수의 인원을 필요로 하기 때문에 응급시 노비들도 충당했을 것이다. 어떤 면에서는 정부가 오히려 이를 권장했던 것으로 보인다. 즉 成宗代에 주인을 대신해서 水路赴戰한 노비는 放良한다는 규정을 만들기도 했다.169) 水路赴戰한 노비들이 수조지를 분급받았던 船頭에 충당되었으리라고는 생각되지 않는다. 그리고 배의 키를 잡아야 하는 梢工에 보충되었을 가능성도 적다. 따라서 水手에 채워졌을 것이고, 주인을 대신해서 자발적으로 이런 고역을 부담하는 노비들에게는 보상의 차원에서 방량으로 포상 했던 것 같다. 그렇기 때문에 水手에는 일반 양인이 아닌 사람들도 다 수 들어가 있었을 것이다. 따라서 水手에게 토지를 지급하지는 않았을 것이다.

결국 고려의 船軍은 지휘관급으로 수조지를 분급받았던 船頭와 일 반 군인에 해당하는 梢工과 水手로 구성되었다. 船頭는 병선의 선상에 서 일어나는 모든 일을 책임지고 전투시 지휘관의 역할을 담당했고, 梢工은 키를 잡고 배를 조정하며, 水手는 노를 저었다. 이렇게 수조지 의 분급과 병선 내에서의 역할과 지위가 달랐기 때문에 당연히 신분에 서도 차이가 있었을 것이다. 이는 다시 신분이 그 지위와 역할을 규정 하는 데 중요한 역할을 했다고도 볼 수 있다.

船軍은 통상 배를 타고 근무해야 하기 때문에 상당한 고역으로 취 급되었다. 그러므로 평상시에도 船軍役에 대한 기피는 대단히 심했고, 선군의 보충에는 많은 어려움이 뒤따랐다. 그런데 14세기에 들어와 수 조지분급제가 마비되고 군인전이 점탈되면서 良民・良役의 私民・私

---

168)『高麗史』卷81, 兵志1, 兵制, 元宗 12年 5月, 中冊, 782쪽, "遣將軍邊亮李守 深等 領舟師三百 討珍島賊 令四品以上 出家奴一口 充水手".

169)『高麗史節要』卷2, 成宗 6年 7月, 52쪽, "敎 …… 今或代本主 水路赴戰 或廬 墓三年者 其主告于有司 考閱其功 年過四十者 方許免賤".

役化로 말미암아 역부담자층이 크게 감소하였다. 따라서 선군을 보충 한다는 것은 다른 어느 때보다도 어려웠을 것이다. 그 위에 다시 원의 간섭을 받으면서 선군의 상태는 한층 더 악화되었다. 아마도 고려가 강화로 몰래 들어가서 다시 원에 대항할지도 모른다는 의구심이 초창 기에는 크게 팽배했던 모양이다. 그러한 일을 원천적으로 봉쇄하기 위 해 다음과 같이 선군을 혁파하기에 이르렀다.

> 元에 讒訴하는 자가 모두 江華에 叛入할 것이라고 憑藉하므로 命 하여 船兵을 罷하였다.[170)]

즉 元에 강화로 叛入하는 것이 아니라는 점을 분명하게 확신시키기 위해서는 船兵의 혁파가 가장 효과적이라고 보고 위와 같은 조처를 취 한 모양이다. 그러나 일본원정으로 말미암아 선군을 완전히 혁파할 수 는 없었다. 따라서 원정 기간 동안에 다시 선군을 동원하기도 하고, 원 정이 중단된 뒤 일본의 반격에 대비하기 위해 경상도·전라도에 鎭邊 萬戶府를 설치하면서 船兵도 함께 배치했다.

> 현재 慶尙道合浦等處와 全羅道의 兩處에 鎭邊萬戶府를 설치하고 본국의 軍官·軍人들을 摘撥하여 合浦·加德·東萊·蔚州·竹林· 巨濟·角山·內禮梁等所의 隘口把守去處와 耽羅等處를 分俵하여 烽燧을 설치하고, 船兵을 暗藏하고 밤낮으로 看望하고 巡綽하며 오 로지 日本國 賊軍을 방비하는 것을 勾當했는데, 지금에 이르기까지 節次를 잃지 않았다.[171)]

---

170) 『高麗史』卷28, 世家, 忠烈王 4年 3月 壬辰, 上冊, 578쪽, "以讒元者 皆藉叛 入江華 故命罷船兵".

171) 『高麗史』卷32, 世家, 忠烈王 28年, 上冊, 658쪽, "見設慶尙道合浦等處幷全 羅道兩處鎭邊萬戶府 摘撥本國軍官軍人 見於合浦·加德·東萊·蔚州·竹 林·巨濟·角山·內禮梁等所 把隘口去處 及耽羅等處 分俵 置立烽燧 暗藏 船兵 日夜看望巡綽 專一隄備日本國賊軍勾當 到今不曾有失節次".

위 기사를 통해 鎭邊萬戶府의 요충지 및 탐라에 船兵, 즉 선군을 숨겨두고 日本賊의 침입에 대비했음을 알 수 있다. 아마도 바다로 침투해 오는 일본의 기습공격을 격퇴하기 위해 선군을 숨겨 두었던 것으로 생각된다. 하지만 그 뒤 만호부에 대한 운영이 제대로 이루어지지 않아 虛額의 상태에 놓여 있었다.172) 따라서 만호부가 숨겨 두었던 선군도 비슷한 길을 걸었을 것으로 추측된다. 다시 말해 제 기능을 하지 못한 채 유명무실해지거나 혁파되어 사라졌던 것을 것으로 생각된다.

그리고 혁파되지 않고 남아 있던 선군들도 점차 營造를 담당하는 役軍으로 전락했다.

또 典農司에 下旨하기를, …… "一 東·西積倉을 船軍과 其人 각각 一百名과 諸色匠人들을 써서 적당히 짓도록 하라"고 하였다.173)

위에서 선군이 기인, 공장과 함께 東·西積倉의 營造作業에 동원되었음을 확인할 수 있다. 그러나 영조작업에 동원된 선군이 소수였기 때문에 큰 변화가 일어났다고 확언하기 힘들다. 그러나 원간섭기에 지방 선군의 지휘기관이었던 都部署가 魚梁·川澤을 관장하는 都津司의 관할 하에 들어가게 된 것은 어떤 변화가 일어났음을 암시하는 것이다.174) 즉 선군이 역군으로서 노역에 동원되는 빈도가 전보다 더 많아졌기 때문에 그런 결과가 초래된 것이라 생각된다. 한 기구가 魚梁·川澤을 관장하면서 동시에 선군을 통솔하게 되었다면 그것은 결국 노역을 효과적으로 징발하기 위해서였다.

그런데 이를 전후해서 선군 중에서 이탈자들이 크게 늘었다. 다음의 자료는 그런 사정을 잘 보여준다.

---

172) 『高麗史』 卷115, 列傳, 李穡, 下冊, 524쪽.
173) 『高麗史』 卷33, 世家, 忠烈王 34年 11月 辛未, 上冊, 682쪽, "又下旨于典農司 …… 一 東西積倉 用船軍其人 各一百名 及諸色匠人 從宜營造".
174) 『高麗史』 卷76, 百官志1, 司水寺, 中冊, 677쪽, "司水寺 掌兵船軍 忠宣王 以都府署爲都津司所轄".

忠宣王이 즉위한 뒤 下敎하기를, "船軍이 이미 본사에 소속되었으니 만약 鈞旨를 거짓으로 받았다고 빙자하여 군역을 회피하려는 자는 즉시 죄를 주어 섬에 귀양보낼 것이다"라고 하였다.[175]

위에서 선군이 면역을 도모하는 방법으로 鈞旨[176]를 冒受했다는 것으로 보아 단독으로 일을 꾸몄다기보다는 권세가와 결탁했다고 보아야 할 것이다. 이는 당시 성행했던 良民·良役의 私民·私役化와도 관계가 깊다고 할 것이다. 갈수록 고역화되어 가던 船軍役에서 완전히 빠져나가기 위해서는 권세가와 결탁해서 鈞旨를 冒受해서 역에서 벗어나는 편이 무엇보다 유리했을 것이다. 이런 사정 하에서는 국왕이 아무리 중벌에 처한다고 하더라도 선군의 대규모 이탈을 사실상 막기 어려웠다.

결국 선군도 군역제 운영 과정에서 드러난 모순으로 인해 전투에 가동할 수 있는 실병력이 사라져 버린 無軍의 상태에 이르게 되었다. 그 결과, 공민왕 23년 1월에 제출된 檢校中郎將 李禧의 상서에 의하면 '今倭寇方熾 乃驅烟戶之民 不習舟楫者 使之水戰 每至敗績'[177]할 뿐이라고 했다. 즉 왜적의 침구가 점점 치열해지는데 배를 조종할 줄 모르는 烟戶之民을 선군으로 만들 수밖에 없는 상황이었다.

결론적으로 선군도 육군과 마찬가지로 14세기에 들어오자 조직이 허소화되면서 無軍 상태로 전락하고 말았다. 그 궁극적 요인은 이미 언급했듯이 사회경제적인 여건의 변화로 수조지분급제가 마비되고 '田無役主 亡丁多矣' 현상이 널리 확산되었던 것과 무관하지 않았다. 특히 군역제가 동요하고 조직에서 이탈하는 선군들이 크게 늘어나 조직이 점차 허소화되었다. 더구나 이를 보충하기 위해 모군하는 과정에서

---

175) 『高麗史』卷83, 兵志3, 船軍, 忠烈王 34年, 中冊, 830쪽, "忠宣王卽位下敎曰 船軍旣屬本司 如有冒受鈞旨 以圖免役者 卽便斷罪配島".
176) 鈞旨는 왕을 비롯한 고위자의 뜻을 의미하는 것으로 보고 있다(박종진, 1994, 「고려후기 재정 운영의 변화」, 『14세기 고려의 정치와 사회』, 250쪽, 주 90).
177) 『高麗史』卷83, 兵志3, 船軍, 恭愍王 23年 1月, 中冊, 831쪽.

항해와 무관한 사람들로 채워지게 되자 사실상 가동할 수 있는 실병력
은 거의 없어진 셈이었다.

제2장 高麗末期 軍制改革의 추진과 그 성격

1. 軍制 회복의 추진과 정부의 대책

1) 忠宣王代의 개혁정치와 兵權集中策의 추진

고려정부는 국가의 보위를 위해 軍制의 변질과 허소화를 더 이상 방치할 수 없었다. 또한 권세가들도 군대가 제 기능을 발휘하지 못하고 국가의 통치력이 약화되는 것은 자신들의 기득권을 유지하는 데 장애가 될 것이라 생각했다. 즉, 그들은 내란이나 외침에 의해서 고려국가가 붕괴된다면 자신들의 존립 기반마저 허물어지게 된다는 사실을 잘 알고 있었다. 따라서 지배층은 당면과제인 군사력 강화를 위해 군제개혁을 서두르지 않을 수 없었다. 그러나 군제개혁의 내용과 방향에 관해서는 의견을 달리하였다. 그것은 병권을 누가 장악하느냐에 따라 권력이동 문제가 달려 있어 양보나 타협이 쉽지 않았기 때문이다. 따라서 군제개혁 과정에서 많은 정치적 갈등과 충돌이 발생했으며, 때로는 격렬한 政爭을 수반했다.

고려 말기에 들어와 처음으로 군제에 관한 전면적인 개혁방안을 제시하고 이를 적극적으로 실천에 옮기고자 노력한 인물은 忠宣王이었다. 주지하듯이 충선왕은 고려가 직면한 위기상황을 타개하기 위해서 국정의 여러 과제들을 제시하고 이에 입각하여 새로운 통치체제를 구축하려고 했다.1) 특히 軍의 虛疎化는 국가 존립과 관련된 문제였기 때문에 그대로 방치할 수 없었다. 이에 충선왕은 즉위하자 곧바로 체제

개혁에 착수했는데 거기에는 군제도 포함되어 있었다. 그는 卽位下敎
에서,

　　先王이 內外의 田丁을 제정하면서, 각기 職役에 따라서 골고루 분
　　급하여 백성들이 생활의 밑천으로 삼게 하고, 또 國用을 지탱하도록
　　했는데, 근래 세력 있고 교활한 무리들이 遠陳田이라고 托稱하고서
　　산천으로 경계삼아 불법적으로 賜牌를 받아 자기 소유로 하고 국가
　　에 바쳐야 할 조세도 바치지 아니하므로 토지들은 비록 널리 개간되
　　었다고 하더라도 국가에 들어오는 것은 해마다 줄어들고 있다. ……
　　그러므로 마땅히 여러 도의 안렴사와 수령들로 하여금 철저하게 추궁
　　하여 밝힌 다음 주인에게 돌려주도록 할 것이며, 만약 주인이 없는
　　땅이라면, 內外 軍·閑人에게 지급하여 立戶充役하게 할 것이다2)

라고 하였다. 즉 불법적인 방법으로 탈점당한 토지를 諸道의 按廉使
및 守令들이 추쇄해서 本主에게 돌려주고, 본주가 없을 경우에는 內外
의 軍人·閑人에게 지급하여 戶를 이루어서 役에 충당하도록 했던 것
이다. 그렇게 되면 先王이 제정했던 대로 모든 직역자에게 전정을 공
평하게 분급해 주게 되므로 민생안정과 함께 역제도 원활하게 운영할
수 있게 된다는 것이다.

---

1) 忠宣王代의 개혁운동에 관해서는 다음의 연구성과들이 참고된다. 李起男,
　　1971,「忠宣王의 改革과 詞林院의 設置」,『歷史學報』52 ; 朴鍾進, 1983,「忠
　　宣王代 財政改革策과 그 性格」,『韓國史論』9, 서울대 ; 金光哲, 1986,「高麗
　　忠宣王의 現實認識과 對元活動」,『釜山史學』11 ; 이익주, 1992,「충선왕 즉
　　위년(1298) '개혁정치'의 성격」,『역사와 현실』7 ; 朴宰祐, 1992,「高麗 忠宣
　　王代 政治勢力의 構成과 政局動向」, 서울대 석사학위논문 ; 이익주, 1994,
　　「충선왕 즉위년(1298) 관제개편의 성격」,『14세기 고려의 정치와 사회』; 권
　　영국, 1994,「14세기 전반 개혁정치의 내용과 그 성격」,『14세기 고려의 정치
　　와 사회』.
2)『高麗史』卷78, 食貨志1, 田制, 經理, 忠烈王 24年 1月, 中冊, 707쪽, "先王制
　　定內外田丁 各隨職役 平均分給 以資民生 又支國用 邇來豪猾之徒 托稱遠
　　陳 標以山川 冒受賜牌 爲己之有 不納公租 田野雖闢 國貢歲減 …… 玆弊莫
　　大 宜令諸道按廉及守令 窮詰還主 如無主者 其給內外軍閑人 立戶充役".

이는 심각한 상태에 놓여 있던 토지·재정과 함께 군사 문제를 동시에 해결해 보려는 정책이었다. 특히 그 전제로 先王이 제정했던 田丁制 및 役制를 회복하는 것, 다시 말해 수조지분급제 및 그와 연계해서 역을 부담하는 氏族과 田丁을 고정시킨 役制를 부활시키려고 했다. 따라서 군역제도 자연히 이에 준해서 개혁하고자 했다. 그러므로 충선왕이 추진했던 군역제 개혁의 전제는 군인전 분급제를 회복하는 데 있었다. 다른 한편으로 이를 통해 前期의 田丁制 및 役制의 運營方式으로 복귀하려고 시도했다.

또한 충선왕은 군의 통수체계도 개편하려고 했다. 이는 국왕이 군통수권을 효율적으로 관장해서 병권을 장악하려는 조치였다. 그런데 이 작업에는 무엇보다 무인들의 협력이 절대적으로 필요했다.[3] 그는 실질적인 방법으로 무인들을 국정 운영에 참여시켜 협력을 얻어내고 이를 이용하여 군을 직접적으로 통솔하려 했다. 이에 관제를 개편하면서 무인들이 참여할 수 있는 자리를 크게 확대했다. 특히 六曹의 중추적 실무직인 郎中·員外郎의 한 자리를 반드시 西班에게 겸하게 한 조치가 가장 대표적인 사례였다.[4]

六部는 충렬왕 1년(1275) 원의 제도와 중복된다는 이유로 典理·版圖·軍簿·典法司로 통폐합되었다. 그러나 충선왕은 이를 다시 六曹로 개편하고, 中書門下省의 재상이 六部의 判事를 겸했던 전기의 제도를 폐지해 버렸다. 그리하여 재상의 육조에 대한 영향력을 배제시켰고 그 대신 육조가 국왕에게 직계하는 체제를 수립하였다.[5] 이로 말미

---

3) 당시 무인정권이 붕괴되었다고는 하나 모든 권력이 국왕에게 넘어온 것은 아니었다. 특히 원의 간섭은 이 점을 어렵게 만들었다. 따라서 군인을 실제로 지휘했던 무인들은 전에 비해 권세가 다소 약화되었다고 할 수 있으나 여전히 문인들과 대등하게 맞설 정도로 위치가 군건했다(邊太燮, 1971, 「高麗後期의 武班에 대하여」, 『高麗政治制度史硏究』).
4) 『高麗史』百官志의 吏·兵·戶·刑·禮·工曹條를 참조할 것.
5) 이익주, 1994, 「충선왕 즉위년(1298) 관제개편의 성격」, 『14세기 고려의 정치와 사회』, 117쪽.

암아 육조의 위상이 높아지고 국왕과 연계하여 국정의 실무를 관장하
게 된 것이다. 그런데 무인들이 여기에 임명된다는 것은 문인들과 대
등한 위치에서 국정에 참여함을 의미했다. 충선왕은 이를 군의 통수
체계의 개혁에도 그대로 반영하려고 했다. 즉,

  (忠烈王) 24년에 忠宣王은 兵曹로 고치고, 또 判書는 尙書로 고치
  고 2인으로 증원하였으며 그 1인은 班主가 겸하도록 했다. 摠郎은 侍
  郎으로 고치고 3인으로 늘렸으며, 그 1인은 他官으로 兼하고, 正郎은
  郎中으로, 佐郎은 員外郎으로 고치고, 모두 3인으로 늘렸으며, 그 1
  인은 西班으로 兼하게 하였다6)

라고 하여 軍簿司를 兵曹로 개칭하고 그 책임자였던 判書를 尙書로
바꾸면서 정원을 2명으로 늘렸다. 그런 다음 二軍·六衛 가운데 서열
이 가장 높은 鷹揚軍 上將軍의 하나를 서반을 주재한 班主가 겸하게
했다.7) 즉, 중간에 재상 등을 거치지 않고 국왕이 직접 서반의 최고 책
임자를 통해서 군정을 관장하려 한 것이다. 역으로 서반의 주재자가

---

6)『高麗史』卷76, 百官志1, 兵曹, 中冊, 663쪽, "(忠烈王)二十四年 忠宣 改爲兵
  曹 又改判書爲尙書 增二人 其一班主兼之 摠郎爲侍郎 增三人 其一以他官
  兼之 正郎爲郎中 佐郎爲員外郎 並增三人 其一皆以西班兼之".

7) 鷹揚軍 上將軍이 西班의 主宰者란 의미에서 班主로 지칭되는 것은 重房을
  통해 무반의 횡적 유대가 이루어지는 武臣亂 이후의 일이며, 거의 비슷한 시
  기에 兵部尙書를 兼帶하여 강력한 권능을 가지게 되었다고 보는 견해도 있
  다. 따라서 충선왕이 추진한 개혁에 의해서 鷹揚軍 上將軍이 兼帶하는 兵曹
  尙書가 비로소 別設되었던 것은 아니고 이미 그 이전, 高宗이라든가 忠烈王
  初期에 이미 兼帶하는 사례가 나타난다고 한다(閔賢九, 1985,「高麗後期의
  班主制」,『千寬宇先生還曆紀念韓國史學論叢』, 407쪽). 그러나 충선왕의 개
  혁 이전에는 宰相들이 判事職을 겸임하고 있었기 때문에 兵部尙書라든가 軍
  簿判書의 권능은 상당한 제약을 받았다. 따라서 충선왕의 이번 조치로 해서
  兵曹尙書의 위상이 크게 달라진 것만은 사실이다. 그리고 六曹尙書는 兵曹
  를 제외하고는 모두 1인이었다. 그러므로 이것은 병조상서의 한 자리에 반드
  시 班主를 임명하기 위한 배려였다. 따라서 이를 통해 병조상서들이 軍政과
  軍令을 모두 관장할 수 있게 만들었던 것이다.

국왕과 직결되면서 명실상부한 군의 최고 통솔자가 될 수 있었다. 그리하여 병조를 통해서 국왕과 班主가 직접 연결되어 軍政과 軍令에서 일원적인 체계를 이루려고 했다. 이러한 일원적 관계를 보다 분명하게 해 주는 것이 다음의 자료다.

옛날에 國相은 六曹를 나누어 관장했는데, 大宰는 東曹를 주관하고, 亞相은 西曹를 주장하였는데, 西曹는 실상 武選을 맡고 있었다. 뒤에 와서 武人을 높여 써서 반드시 그 長을 貳官으로 삼아 管領하게 하여 지금까지도 폐하지 않았으니, 대개 그 권세를 무겁게 하려는 것이다. 대개 軍校의 名籍과 兵衛의 器仗, 장수를 임명하고 군대를 출동시키는 일이, 모두 여기에 예속되어 三軍8)六衛 四十二都府가 날마다 와서 명령을 듣게 되었다.9)

이는 元統 2년 즉 忠肅王 복위 2년(1334) 2월에 崔瀣가 쓴 軍簿司 重新廳事記다. 위의 기사에서 國相들이 六曹를 나누어 관장했는데, 首相인 大宰는 吏部인 東曹를 관할하고, 亞相이 西曹, 곧 兵部를 주관했다고 하는 것은 충선왕의 개혁조치가 취해지기 이전의 시기를 가리키는 것으로 보인다. 그리고 '뒤에 와서'의 다음 부분이 바로 충선왕의 개혁조치로 인해 바뀌어진 운영체계를 지적한 것으로 추정된다.

따라서 충선왕이 개혁을 단행한 이후부터 무인을 높여 써서 반드시 그 장을 貳官으로 삼아 管領하게 하여 지금, 즉 이 記가 쓰여진 충숙왕대까지 바뀌지 않았다고 했다. 그런데 '뒤에 와서'의 기준을 이렇게 충선왕의 개혁조치와 직결시킨 것은 앞서 서술했던 바에 따라 무인, 즉 班主가 兵部尙書에 자동적으로 임명되도록 했던 그 내용을 가리킨

---

8) 三軍은 二軍의 잘못으로 생각된다(閔賢九, 1985, 「高麗後期의 班主制」, 『千寬宇先生還曆紀念韓國史學論叢』, 404~405쪽).

9) 『拙藁千百』 卷1, 軍簿司重新廳事記/『高麗名賢集』 2冊, 406쪽, "昔者 國相分判六曹 而大宰主東曹 亞相主西曹 西曹實掌武選 在後 尊用武人 必以其長爲貳而領之 式至今不替 蓋重其權也 凡軍校名籍兵衛器仗 命將出師之事 皆隷 而三軍六衛四十二都府 日趨而聽命焉".

다고 보았기 때문이다.

결국 충선왕의 조치로 인해 兵曹尙書를 겸하게 된 班主는 軍校의 名籍, 兵衛의 器仗, 장수를 임명하고 군대를 출동시키는 등, 무반의 인사행정 및 군수품 조달 등의 軍政은 물론 二軍六衛 四十二都府의 軍令에까지 관여할 수 있게 되었다.[10] 따라서 班主가 군정과 군령 양면에 걸친 군사문제의 주관자로서 국왕에 직결될 수 있었다.

이러한 변화는 전기의 통수체계와 비교해 보았을 때 매우 큰 변화였다. 원래 省宰가 軍國之事를 총괄하면서 發命權을 행사했고, 中樞院은 摠制로서 發兵權을 보유하고 諸衛 上・大將軍 以下는 府兵을 장악하는 것이 원칙이었다. 그런데 충선왕의 조치로 省宰・中樞院이 배제된 채 국왕과 上將軍 중에서 임명된 班主가 軍令上의 發命・發兵權을 모두 행사할 수 있게 되었다. 군정과 군령에 걸쳐 재추의 참여가 완전히 봉쇄되어 버린 셈이다. 이는 군사분야에만 국한되지 않고 정치구조나 운영 상에 있어서도 획기적인 변화였다. 구조상 재추의 의견이나 입장이 반영되지 않고서는 국정 운영이 제대로 이루어질 수 없는 것인데, 이제부터 군의 통수체계에 참여하지 못하도록 했다는 것은 그들의 위상을 약화시키겠다는 의도로 보인다.[11] 그 대신 國王을 정점으로 해서 서반의 주재자인 班主를 통해 일원적인 통수체계를 확립하고자 했다.

결국 충선왕이 1차적으로 추진하려 했던 군제개혁은 먼저 군의 허소화를 가져온 주된 요인을 제거한다는 의미에서 군인전 분급제를 회복하기 위해 전기의 田丁制 및 役制의 운영방식으로 복귀하는 한편,

---

10) 閔賢九, 1985, 「高麗後期의 班主制」, 『千寬宇先生還曆紀念韓國史學論叢』, 405쪽.

11) 충선왕은 관제개혁을 추진함에 있어서 우선적으로 宰相의 수를 감축하고자 했다(『高麗史』 卷33, 世家, 忠烈王 24年 5月 辛卯, 上冊, 674쪽, "敎曰 先王 設官分職 …… 惟宰執之數 倍於古制 公家議論 多小異同 事事稽滯 宜當減省"). 여기에는 재상들의 권한을 약화시키려는 의도도 포함되어 있었던 것 같다.

군정의 운영과 관련해서 난맥상을 보이던 통수체계에 대한 개혁을 단행하여 국왕을 정점으로 하는 새로운 체제를 구축하려 한 것이다. 이를 위해 실질적으로 군인을 장악하고 있던 무인들과 연계해서 재추들을 견제하고자 했다. 군역제 운영을 바로잡아 조직을 충실화하고, 군의 통수체계를 개혁해서 무인들의 지위와 권위를 상승시켜 국정에 참여할 수 있게 하여 문인과의 세력균형을 이룩시켜 놓은 다음 이를 기반으로 해서 왕권을 안정시키려는 것이었다.

그러나 충선왕이 즉위한 지 8개월 만에 갑작스런 원의 정치적 개입으로 물러나자 개혁작업도 즉시 중단되고 말았다. 그 중에서도 특히 전기의 田丁制 및 役制의 운영방식을 복구하려는 계획은 제대로 진행되지 못했다. 다만 서반의 주재자인 班主를 통해 국왕이 군정·군령에 직접적으로 관여하려는 통수체제의 개혁은 고려 말까지 班主制가 존속하는 것으로 보아 어느 정도 성과를 이룩해 냈다고 볼 수 있다. 그러나 앞서 만호부의 설치 문제에서 살펴보았듯이 재상들이 發命·發兵權뿐만 아니라 지휘관을 겸임하며 군사들을 직접적으로 장악하는 사태가 벌어지면서 국왕을 정점으로 한 일원적인 통수체계는 확립되지 못했다. 따라서 충선왕의 1차 군제개혁은 부분적인 성과에도 불구하고 그 본래 목표에는 도달하지 못한 채 중도에서 중단되었다.

개혁이 중단된 1차적인 요인은 물론 원의 개입이었으나 개혁안 자체에 대한 국내 정치세력들의 반발도 무시할 수 없었다. 우선 군인전 분급제의 회복을 위해 전기의 田丁制 및 役制의 運營方式을 복구하자는 방안은 冒受賜牌 등으로 탈점당한 토지를 추쇄해야만 실현 가능한 것이었다. 따라서 대토지 겸병을 주도했던 豪猾之徒들로부터 강력한 저항을 받을 것이 확실했다. 한편 통수체계는 전기와 달리 省宰의 發命權 행사와 中樞院의 摠制로서의 發兵權 관장을 못하게 하고 국왕이 직접 서반의 주재자인 班主를 통해 군정, 군령권을 모두 장악하고자 했다. 여기서 개혁원리가 일관되게 적용되지 못한 채 사안에 따라 심한 괴리현상을 보이고 있음을 알 수 있다. 즉 군역제는 전기의 운영방식으로 복귀하려고 한 반면, 통수체계는 전기의 것을 철저하게 개편하고자 했다. 그러므로 개혁방안 자체에 상당한 문제가 있어 이를 실천에 옮긴다는 것은 무리였다. 특히 통수체계의 개편과 관련해서는 재추 또는 문인의 반발을 예상할 수 있다. 이런 상황에서 원이 간섭한다면 충선왕이 의도한 대로 군제개혁을 추진하기는 매우 힘들게 된다. 결국 원의 간섭뿐만 아니라 개혁안 자체가 지니고 있던 문제점, 그로 인해 야기될지도 모르는 내부로부터의 강한 저항이 군제개혁을 실천에 옮기는 데 커다란 장애로 작용하였다.

이후 군제개혁이 본격적으로 재개된 것은 忠烈王 33년(1307) 忠宣王이 元의 武宗 擁立에 성공하여 실권을 장악한 이후부터였다. 그러나 이 때에는 탈점된 토지를 추쇄하고 이를 軍人戶·閑人戶에게 분급해서 역에 충당시키는 조처는 없었다. 이 점이 앞서 추진했던 충선왕 즉위 초기의 개혁과 다른 특징이었다. 이는 충렬왕 24년의 개혁사업이 兼幷之家들의 반발로 성공하지 못한 점을 고려한 것으로 여겨진다. 따라서 개혁의 목표가 토지 분급이 아닌 국가재정의 확충을 통한 녹봉의 지급으로 변경되었다. 즉, 公私 田民의 奪占에 의해 국가재정까지 궁핍하게 되었으므로, 使人을 보내어 民·田을 點數하고, 均租定賦는 전의 방식대로 좇겠다고 했다. 이렇게 해서 國用을 周備하고 녹봉을 넉넉히 주며 民産을 풍족하게 하는 것을 기본 목표로 삼겠다는 것이다.12) 그에 따른 구체적인 실천방안은 豪勢之家가 처음에 사급하여 土田을 占籍해 놓고 祖業이라고 칭한 것과 그의 足丁이 本數를 넘는 토지를 各道 務農使에게 모두 측량케 하여 典農司에 納租하라고 지시한 것이다. 아울러 국가의 재정확충과 倉庫의 營造 및 直守가 주된 골자였다.13) 말하자면 일차적인 목표는 국가 재용의 확보였으며,14) 여기서

_____

12)『高麗史』卷33, 世家, 忠烈王 34年 11月 辛未, 上冊, 680쪽, "下敎日 …… 追惟祖王開倉之初 法度悉備 降及後代 漸致陵夷 矧又近奸臣得志 愚弄國柄 毁綱隳紀 公私田民 幷爲所奪 人民艱食 官廩空虛 私門富溢 孤甚痛之 庸是擇遣使人 點數民田 均租定賦 通追前式 此盖一爲國用周備 一爲俸祿瞻給 一爲民産豊足 況司牧之初 宜加異澤".

확보한 재용을 군대의 녹봉으로 주려 했던 것이다.

　이러한 개혁방향은 앞서 추진했던 제1차 군제개혁의 그것과는 다른 차원의 방안이었다. 첫째로 군인에게 토지를 지급하지 않고 국가가 직접 정해진 양만큼 전조를 수취하여 군인에게 녹으로 지급하는 체제를 수립하려고 했다. 그것은 당시 권세가에게 탈점된 토지의 몰수가 불가능하다는 점을 전제로 한 현실보수적 방안이었다. 그런데 녹을 받게 된 군인은 국가기구의 직접적인 지배와 통제를 그만큼 더 강하게 받기 마련이다. 이를 기반으로 충선왕은 국왕을 정점으로 한 일원적인 통수체계의 수립을 시도했다.

　둘째로 충선왕은 軍戶의 編成方式도 변경하려고 했다. 군인이 토지 대신 녹을 받는다면 자연히 군호의 편성방식도 바꿀 필요가 있었다.

　　때에 忠宣王이 元의 法을 따라 軍民을 區別[15]코자 하거늘 (崔)有 潗이 간하여 이를 停止하였다.[16]

　즉, 忠宣王은 원나라 법에 의거해서 軍戶를 별도로 편성하고자 했다. 이 방안의 특징은 選軍都監의 혁파[17]와 관련해 고려 전기의 군인

---

13) 『高麗史』卷33, 世家, 忠烈王 34年 11月 辛未, 上冊, 682쪽, "又下旨于典農司 ― 本司所畜米穀 但爲備荒而已 閒有無職之人 冒求購受 爲費不細 其前後所下賜米鈞旨 盡行封置毋給 ― 賜給田租 已納到司者 雖有還給鈞旨 勿用聽受 ― 豪勢之家 始以賜給 占籍土田 因稱祖業者 及其足丁 剩於本數者 令各道務農使 盡行打量 納租本司 ― 京畿八縣 祿科口分田外 其餘田租 疾早收蓄 ― 東西積倉 用船軍其人 各一百名 及諸色匠人 從宜營造 ― 農元倉 東積倉西積倉 令伍尉隊正失職者九十名 輪日直守 有政當加敍用".

14) 朴京安, 1990, 「甲寅柱案考」, 『東方學志』66, 108쪽.

15) 『高麗史』世家에는 '別' 대신에 '定'으로 되어 있다(『高麗史』卷32, 世家, 忠烈王 33年 12月, 上冊, 668쪽, "前王欲依上國之制 定軍民 崔有潗駁之 乃止"). 그런데 내용상으로 보아 '別'이 더 가까운 것으로 생각된다.

16) 『高麗史』卷110, 列傳, 崔有潗, 下冊, 399쪽, "時 忠宣欲遵元法 別軍民 (崔) 有潗諫止之".

17) 『高麗史』卷77, 百官志2, 諸司都監各色, 中冊, 693쪽, "選軍 忠烈王三十四年

선발 방식을 지양하고, 원의 제도를 도입하려고 한 것이었다.[18] 원은
民戶를 직업별로 분류하고 각각 특수한 형태의 國家奉仕를 규정해 놓
고 대대로 이어가도록 했다. 그 중에서 군호는 군역을 담당했는데, 이
들은 장비 일체를 자변하고 兵丁 1명을 공출하는 것이 기본 의무였다.
그 대신 군호의 소경전에 대해서는 세를 걷지 않았다. 그리고 만약 單
戶로서 감당하기 어려울 경우에는 1개의 代表戶 아래에 數戶가 포섭
되어 하나의 호로 관에 등록되는 合戶制도 허용했다.[19]

원의 운영원리를 고려 군호에 적용하고자 했다는 것은, 지금부터는
군인전을 분급해주는 체제 대신에 소경전에 대한 면세조치를 베풀어
주고 장비 일체를 갖춘 兵丁 1명을 의무적으로 공출하게 하는 제도를
갖추려는 것이었다. 그리고 兵丁이 번상시위할 때에는 국가에서 녹을
지급, 근무에 지장이 없도록 하고자 했다. 이렇게 하면 選軍給田의 방
식을 폐기하더라도 군역제 운영에서는 별다른 문제점이 발생하지 않
을 것으로 판단했다. 그리고 말썽이 끊이지 않는 군인전을 이번 기회
에 완전히 혁파해 버릴 수 있을 것이라고 기대했던 것 같다.

셋째로 충선왕은 통수체계의 대폭적인 개편도 시도했다. 그 과정에
서 지금까지 군대의 핵심 기구들을 정리해 버렸다. 다음의 조치가 그
것이다.

충선왕이 정치를 마음대로 할 수 있게 되자 (李)混을 僉議侍郎贊成
事로 삼았는데, 조금 뒤에 中護로 전임시켰다. 충선왕이 원나라에 있
으면서 賀正使로 불러들였다. 그가 도착하자 더불어 選法에 대해 의
논하고 官制를 更定하여 이에 密直, 重房, 內侍, 三官, 五軍을 모두
혁파하였으므로 실직자들이 많이 원망하였다.[20]

忠宣罷選軍 倂於選部 忠宣王三年復之".
18) 宋寅州, 1991, 「元壓制下 高麗王朝의 軍事組織과 그 性格」, 『歷史敎育論集』
16, 103~104쪽.
19) 愛宕松男, 1970, 「元の中國支配と漢民族社會」, 『岩波講座 世界歷史 9』, 293
~295쪽.

충선왕은 원에 머물면서 選法과 官制의 更定을 구상했는데, 그 과정에서 密直司, 重房, 內侍, 三官, 五軍 등 군사에 관련된 중추기구들을 모두 혁파할 것을 천명했다. 따라서 이러한 조치는 통수체제에 관한 한 가히 혁신적이라고 할 만한 것이었다. 동시에 이는 즉위시에 단행했던 통수체계의 개혁이 오직 재추들의 지위와 권한을 약화시키는 방향으로만 전개되어 문제가 되었다고 보고 이번에는 아예 전면적인 기구개편을 단행하여 그와 같은 반발심을 사전에 미리 차단해 보려는 의도도 지니고 있었다고 생각된다. 하지만 기구개편으로 인해 생겨난 실직자들의 원망이 개혁의 추진에 또 다른 장애물로 등장하였다.

충선왕이 주도한 기구개편으로 기존의 군사기구로 남은 것은 二軍六衛 정도였다. 그것마저도 龍虎軍을 虎賁軍으로,[21] 金吾衛를 備巡衛로 바꾸었다.[22] 이것이 단순한 명칭 변경인지 아니면 조직의 편제 등에 이르는 커다란 변화인지는 자료 부족으로 알기가 어렵다. 그러나 이 조치들이 기존의 二軍六衛의 조직에도 상당한 영향을 주었다.

병조의 개편도 단행되었다. 이에 관해서는 다음의 기사가 주목된다.

> (忠烈王) 34년에 忠宣王은 吏曹·兵曹·禮曹를 합해 選部로 하고, 選軍·堂後·衛尉를 합쳤다. 尙書를 典書로 고쳐 3인으로 늘렸으며, 侍郎을 議郎으로, 郎中을 直郎으로, 員外郎을 散郎으로 삼고, 아울러 이전대로 3인으로 하였으며, 注簿 2인은 정7품으로 하되 他官이 兼하게 하였다. 그 후 다시 典理司 칭호를 회복시켰다.[23]

---

20) 『高麗史』卷108, 列傳, 李混, 下冊, 373~374쪽, "忠宣得專國政 以混僉議侍郎贊成事 俄改中護 忠宣在元 以賀正使召之 至則與議選法 更定官制 於是密直重房內侍三官五軍皆罷 失職者多怨之".

21) 『高麗史』卷77, 百官志2, 西班, 龍虎軍, 中冊, 694쪽.

22) 『高麗史』卷77, 百官志2, 西班, 金吾衛, 中冊, 695쪽, "忠宣王吹金吾爲備巡 恭愍王五年復稱金吾衛 十一年復爲備巡衛 十八年復稱金吾衛 後復改備巡衛".

23) 『高麗史』卷76, 百官志1, 吏曹, 中冊, 662쪽, "(忠烈王)三十四年 忠宣倂吏兵禮爲選部 仍以選軍·堂後·衛尉倂焉 改尙書爲典書 增三人 侍郎爲議郎 郎

위 기사에 의하면, 兵曹는 吏·禮曹와 합해 選部가 되었으며,24) 여기에 選軍·堂後·衛尉를 합치도록 했다. 따라서 選部는 문무반의 인사권과 選軍給田에 관한 일체의 사무, 그리고 군정 및 군령을 모두 관장하게 되었다. 말하자면 인사 및 군사에 관한 모든 것을 관장하였다고 할 수 있다. 이에 기반해서 일원적인 통수체계가 확립될 수 있었다. 기구 면에서 본다면 즉위년의 개혁조치에 비교해서 강도가 훨씬 강해졌다. 그리고 이번에는 무인만 고집했던 것이 아니라 문인도 참여할 수 있게 되었다. 문무 간의 갈등도 어느 정도 해소해 보려는 것이었다.

또한 選部는 국왕과 직결되었다고 여겨지므로 결국 군사에 관한 한 사실상 최고기구가 되었다. 이를 통해 충선왕은 군사를 포함한 일체의 정무를 처리함으로써 군에 대한 통수권을 완전히 장악하려고 하였다. 만약 이 조치가 실현된다면 국왕의 군에 대한 통제력은 전단계보다도 훨씬 더 강화되었을 것이다.

이와 같이 충선왕은 국왕을 실질적 통수체계의 정점으로 한 군사기구와 체계를 구상하고 실천하려 했다. 그리고 이것이 바로 이후에 전개될 고려말, 조선 초기에 이루어질 개혁의 방향을 예고하는 것이기도 했다.

그러나 충선왕의 획기적인 군제개혁은 출발부터 강력한 반발에 부딪혀 제대로 진행되지 못했다. 개혁의 기저라고 할 수 있는 군호의 별도 편성이 崔有渰의 반대로 무산되면서 나머지 조치도 대부분 왜곡되었다.

> 또 전에 개혁된 近侍·茶房·三官·五軍도 모두 복구하였다. 당시 洪重喜가 함부로 官號를 개혁하였다고 中書省에 고소한 까닭에 이

中爲直郎 員外郎爲散郎 並仍三人 加設注簿二人正七品 以他官兼之 後復稱典理司".

24) 選部는 얼마 안 있어 摠部로 바뀌었다. 그런 다음 다시 軍簿司로 환원되었다.『高麗史』卷76, 百官志1, 兵曹, 中冊, 663쪽, "(忠烈王)三十四年 忠宣併于選部 後改摠部 後復稱軍簿司".

러한 명령이 나오게 되었다.[25]

대표적인 부원세력가인 洪重喜와 원의 개입으로 혁파된 지 얼마 안된 三官·五軍 등을 먼저 회복시키고, 이어서 密直司와 重房,[26] 그 다음에는 選軍都監을 차례로 복구하였다.[27] 그리고 選部에서 무반의 인사를 전담하는 摠部를 분리시켰다.[28] 이제 選部는 吏曹의 후신으로 문반에 관한 인사를 맡게 되었고 전처럼 首相의 領率을 받았다. 그리고 兵曹의 후신인 摠部는 같은 원리로 亞相이 관장하게 되었다. 따라서 체제 자체가 개혁 이전의 것으로 복귀했다고 할 수 있다.

결국 내부의 반발과 외부의 압력 등으로 충선왕이 추진했던 개혁은 사실상 무산되었다. 즉위년의 시행 조치 중에서 서반의 주재자인 班主를 통해 군정·군령에 관여하는 것은 어느 정도 유지되었지만, 복위한 다음에 행한 일련의 방안은 제대로 시행된 것이 드물었다. 이렇게 된 요인은 무엇보다도 개혁이 원과 권세가들의 이해를 침해할 우려가 있었기 때문이 아닌가 한다.

하지만 忠宣王의 軍制改革案은 여러 가지 측면에서 후대의 개혁방향을 암시해주고 있기 때문에 그것이 지니고 있는 의의는 상당히 크다고 할 수 있다. 우선 軍戶의 대우에 관한 대책 및 편성방식을 종전과 다른 체제로 새롭게 모색해 보았던 것과 군정, 군령의 양면에 걸쳐 국왕을 정점으로 한 일원적인 통수체계를 확립하고자 했던 것은 내용이나 형식 면에서 다소 변모되었지만 이후의 군제개혁에서 다시 논의되

---

25) 『高麗史』 卷33, 世家, 忠宣王 1年 3月 甲辰, 上冊, 683쪽, "又前所革近侍茶房三官五軍 皆復之 時洪重喜 以擅改官號 訴于中書省 故有是命".

26) 『高麗史』 卷33, 世家, 忠宣王 1年 4月 辛未, 上冊, 683쪽, "於是密直重房 皆復舊".

27) 『高麗史』 卷34, 世家, 忠宣王 3年 4月 壬子, 上冊, 690쪽, "復置選軍 以知獻部事白元恒爲別監使".

28) 『高麗史』 卷75, 選擧志3, 銓注, 凡選法, 忠宣王 2年 10月, 中冊, 632쪽, "文武銓選 分爲選摠部 以首亞相領之 然一二幸臣 以他官兼之 久而不易".

고 실천에 옮겨졌다.

2) 恭愍王代의 田民辨正과 軍制의 복구

忠宣王의 개혁이 실패하고 恭愍王이 즉위할 때까지 고려가 처했던 대내외적인 위기는 최고조에 달했다. 안으로는 토지겸병의 확대, 수조 지분급제의 마비, 公民의 私民化, 빈부격차의 심화 등으로 민생이 극도로 불안해지는 가운데 사회계층 간의 대립과 갈등이 갈수록 커져 갔다. 이를 조정해야 할 국가권력도 재정수입의 고갈로 심각한 동요상태를 보이고 있었다. 밖으로는 국제정세가 악화되고 국지적인 충돌이 계속되었다. 특히 忠定王 2년(1350) 이후부터는 왜적의 침입이 빈번해지면서 수도 근교에까지 출몰하였다. 그에 따라 상당한 피해가 발생했고, 사회 전반에 걸쳐 위기감이 증대되기도 했다. 더욱이 왜적을 잡기 위해 특별히 출동시킨 捕倭使는 賊勢에 눌려 제대로 싸워 보지도 못하고 후퇴하는 형편이었다.29) 또한 군수품의 조달마저 어려워 百官・民戶들에게서 軍餉 및 矢와 같은 무기들을 급하게 徵斂하는 상태에까지 이르렀다.30) 이처럼 수도 방위마저 허점을 노출하자 民心은 한층 더 불안해졌다. 이미 지방의 군사조직도 허소화되어 왜적에 대한 방어가 제대로 이루어지지 않았고 연해지역의 피해도 점점 커져 갔다.

반면에 附元勢力이나 권세가의 私的인 武力은 강화되어 갔다. 국제정세가 불안해지고 국내사정이 복잡해지면서 부원세력이나 권세가들은 적극적으로 사적인 무력을 조성해 갔다. 그 대표적인 경우가 奇轍이었다. 그는 趙日新의 亂을 계기로 신변위협을 느낀 나머지 무력 조성에 적극적으로 나섰다.

---

29) 『高麗史』 卷38, 世家, 恭愍王 1年 3月, 上冊, 757쪽 ; 『高麗史』 卷38, 世家, 恭愍王 1年 8月 丁卯, 上冊, 759쪽.

30) 『高麗史』 卷38, 世家, 恭愍王 1年 3月 己未, 上冊, 757쪽, "倭船大至 金暉南兵少 不能敵 退次西江告急 調發諸領兵及忽赤 分遣西江・甲山・喬桐 以備之 婦女蘭街痛哭 都城大駭 又斂百官民戶軍餉及矢 有差".

(奇)轍 등은 …… 이에 자기 안전을 도모하기 위해 권세를 공고히
하려고 노력하였다. 그리하여 中外官司에 모두 親黨을 배치했고 요
직에는 腹心者가 없는 곳이 없었다. 마음대로 兵器를 제조하고 여가
만 있으면 활쏘기와 말타기를 연습하였다. 이러한 짓을 공공연하게
하여 조금도 숨기지 않았으며 유언비어를 퍼뜨려 뭇사람을 현혹케 하
였다.31)

위에서 보는 것처럼 奇轍은 親黨들을 요직에 배치한 다음 사적으로
병기를 제작하고 훈련시켰다.32) 그의 친당들은 비록 관직에 있더라도
국왕이나 기타 다른 사람들의 지시는 잘 따르지 않았을 것이다. 따라
서 만약의 사태가 발생했을 경우 이들은 국왕이나 기타 다른 집권층에
게 직접적인 위협이 되었다. 그만큼 정치불안은 가중될 수밖에 없었다.
더구나 위와 같은 일이 기철 한 사람에게만 있었던 것은 아니다. 왜구
등의 대외적 위기가 점증하면서 국왕 및 일부의 집권층들은 불안감을
갖고 이에 대처하지 않을 수 없었다. 이러한 대외적 위기와 정치불안
의 해소가 이후 추진되는 군제개혁의 목표가 될 수밖에 없었다.

1352년에 즉위한 恭愍王은 일단 宥旨를 내려 효과적인 왜구방어책
을 강구하는 한편, 자진해서 적의 追捕에 응하는 자가 양반이면 벼슬
을 三等 올려주고, 賤人이면 錢을 하사하며 군인으로 도피한 자는 범
한 죄에 따라서 杖刑을 가하라고 조치했다.33) 이는 군제 개혁사업에

---

31) 『高麗史』卷39, 世家, 恭愍王 5年 7月 戊申, 上冊, 772~773쪽, "(奇)轍等 …
 … 乃謀自安 務固其權 中外官司 皆置親黨 凡曰要職 無非腹心 擅造兵器 閑
 習射御 公然爲之 不小隱匿 扇動訛言 惑亂衆聽".
32) 『高麗史』卷39, 世家, 恭愍王 5年 7月 戊申, 上冊, 772~773쪽 ; 『高麗史』卷
 39, 世家, 恭愍王 8年 6月 丁亥, 上冊, 781쪽.
33) 『高麗史』卷38, 世家, 恭愍王 1年 2月 丙子, 上冊, 756쪽, "宣宥境內曰 ……
 倭賊寇邊 屠燒室屋 掠奪漕船 皆由防守失律 儲偫無素 其有能爲策者 許令
 條奏 擇善從之 優加賞賚 前後征戰有功者 典理軍簿 並加官爵 自募追捕者
 兩班超三等官之 賤者賜錢 州郡被擄掠者 官爲檢其虛實輕重 與減賦稅 其軍
 人逃役者 隨所犯杖之".

곧바로 착수하기보다는 일단 분위기를 조성해 놓은 다음 적절한 시기를 택해 추진하겠다는 의도였다. 일차적으로 공민왕은 조직개편과 같은 방안을 내놓는 대신에 관료들의 의견을 청취하려고 했다. 다만 당장 문제가 되는 군인들의 이탈을 막고, 아울러 자원하는 자에 대해서는 적극적으로 후한 포상을 실시해서 적의 추포를 권장했다.[34) 공민왕은 즉위 초기에 긴급한 부분에만 응급조치를 취했을 뿐 기본적인 문제는 일단 과제로 남겨 두었다.[35)

이 때 공민왕의 왜구방어책에 관한 求言에 적극적으로 응한 인물이 李穡이다. 李穡은 단지 왜구의 방어 문제로만 국한하지 않고 허소화된 군제를 개혁하는 내용도 포함시켰다. 그 첫 번째 전제는 한 마디로 '文武不可偏廢 文經武緯 天地之道也'[36)라고 하여 文과 武를 동등하게 취급하고 각자 맡은 바의 역할을 충실히 해야 한다는 것이었다.

이 논리는 당연한 이야기일지 모르나, 당시의 정치상황을 고려해 볼 때 상당히 복합적인 뜻을 담고 있었다. 이는 무엇보다 儒者인 李穡이 무인과 관계 깊은 군제개혁을 거론한다는 사실 자체에서도 찾을 수 있다. 儒者들은 毅宗代 武臣들이 봉기한 근본 이유가 文武臣間의 차별 대우에서 비롯했다고 보고, 정국의 안정을 위해서는 양자가 조화롭게 지내야 하며 피차 경중이 없어야 한다는 점을 강조했다.[37)

---

34) 군인을 모집하는 데 있어서 관작을 제수한 사례는 전에도 있었다. 즉, "以耽羅戍卒缺少 募人授爵以遣"(『高麗史節要』卷19, 忠烈王 1年 3月, 505쪽)이 그것이다.

35) 그러나 공민왕은 이미 즉위 초부터 전시체제라는 사회적 분위기를 조성함으로써 외부의 압력에 대한 군사적 대비 태세의 중요성을 부각시키는 특단의 조치를 실시했다고 한다(宋寅州, 1998, 「恭愍王代 軍制改革의 實態와 그 限界」, 『한국중세사연구』 5, 244~250쪽).

36) 『高麗史』 卷115, 列傳, 李穡, 下冊, 523쪽.

37) 이러한 관점은 의종 24년에 일어난 무신의 봉기에 대한 史臣 兪升旦의 다음과 같은 논평에서 비롯되었다고 할 수 있다. 『高麗史節要』 卷11, 毅宗 24年 8月, 305쪽, "元首股肱 一體相手 故古先哲王 視文武如左右手 無有彼此輕重 所以君明於上 而臣和於朝 叛亂之禍 無自而作矣".

그러나 공민왕대에 이르기까지 문·무신의 갈등은 해소되지 않고 있었다.[38] 이를 우려한 李穡은 문·무의 대등함을 강조하여 당시처럼 나라에 어려움이 많을 때에는 서로 결속해야 함을 주장했다.[39] 그러므로 이 논리는 허소화한 군제개혁에 무인들의 참여와 협력을 요구하는 명분이 되었다. 물론 군제개혁이 무인들의 우위를 보장해주기 위한 것은 아니었으며, 문·무신 간의 협력을 통한 정국의 안정과 함께 군사력의 강화를 위한 것이었다.

둘째로 李穡은 당시 고려사회가 처한 현실인식의 바탕으로 '居安思危'를 전제로 하였다. 그는 고려사회가 왜적의 잇단 침입으로 다소 어려운 상황에 처해 있기는 하지만, 그래도 농민봉기가 빈번하게 일어나고 있던 원에 비해서는 다소 안정되고 있다고 보았다. 그러나 원 내부의 사정과 그것을 축으로 해서 전개되는 국제정세를 보아 고려도 머지않아 커다란 외침을 당할 가능성이 높다고 그는 파악했다. 특히 고려를 에워싸고 있는 동쪽의 일본, 북쪽의 여진, 남쪽의 江浙之賊[40] 등이 한꺼번에 쳐들어올 경우 갑자기 '荷未之民'들을 軍卒로 만들어 대응하다가는 나라가 망할지도 모른다고 경계하고 있었다.[41] 그는 원의 지배력이 약화되어 군사적 보호를 받기 어렵게 되었을 때 주변의 외세가

---

38) 『高麗史節要』 卷28, 恭愍王 15年 4月, 716쪽, "鷹揚軍上護軍金元命 鑿溝于市北街 自言 將以壓朝廷也 術家曰 徑市鑿溝 武盛文衰 時元命黨辛旽 恐臺諫文臣發其奸 用術家語 以壓之".

39) 『牧隱文藁』 卷6, 重房新作公廨記/『高麗名賢集』 3冊, 842쪽, "予惟文武之爲國家用也 在身如兩臂 在車如兩輪 固不可偏廢也 然時有理亂 用有重輕 今玆多艱 我輩 政當束之高閣 則武職之爲干城爲爪牙爲國司命 可知已".

40) 元의 농민봉기군으로 추측된다.

41) 『高麗史』 卷115, 列傳, 李穡, 下冊, 524쪽, "近以倭賊 中外騷然 幾不土著 又聞中原之民 頗梁賊腥 尙賴皇天眷顧我元之深意 吾皇涵養生民之洪恩 今且宴安 不至顚沛 然居安思危 則雖滿不溢 思患預防 何蔓難圖 苟或因循 一朝有緩急 將何以備之乎 …… 況我國東有日本 北有女眞 南通江浙之船 止有朝天之路 西走燕山 倭賊之來 旣已倉皇失措 至請甲兵 江浙之賊 萬一帆船而來 女眞之人 萬一麾其騎 則荷未之民 其遽爲干城之卒歟 若變起倉卒 人皆踣躓 無以衛社稷 扶君王矣 每慮及此 竊自寒心軍人".

침입할 경우 현재의 군사력으로는 대항하기 어렵다고 보았던 것이다. 그러므로 이색은 고려국가에 대한 근본적 위협은 내부의 사회모순이 아닌 대외적인 것에 있다고 보고 군제개혁을 추진하려 했던 것이다.

이제 그가 구상했던 군제개혁의 구체적인 내용을 살펴보면, 먼저 武擧之科의 설치를 들 수 있다.

> 신이 원하는 바는 武擧의 과목을 설치하여 諸衛의 군사에 충용될 사람들로 하여금 武勇을 시험하여 무예를 습득하게 하고, 작위와 녹봉을 내려줌으로써 사기를 고무시키는 것입니다. 그러면 나라에는 精兵이 풍족해질 것이요, 사람들은 등용되기를 좋아할 것이니 장래의 후환이 거의 없어지게 될 것입니다.[42]

즉, 武擧之科를 설치하여 諸衛에 충용될 군사에게 무예를 습득시키고 작위와 녹을 내려주어 사기를 올려 精兵으로 만들자는 것이다. 여기서 諸衛는 기존의 二軍六衛를 가리킨다. 따라서 기존의 군사조직을 근본적으로 바꾸자는 것은 아니었다. 다만 선발에 중점을 두어 武擧之科를 실시해서 유능한 사람들을 뽑으려는 방안이었다.

이 방안은 당시 府衛職의 허소화 요인이 되고 있던 부적절한 인물들을 도태시키는 것을 목표로 한 것이다. 이 시기 元의 간섭으로 宦寺·婦女·奉使者들의 請託에 따라 府衛職을 제수하여,[43] 마침내 膏粱이 이를 점거했다.[44] 그 결과 숙위근무를 소홀히 하면서도 祿은 반드시 받아가는 자들이 대부분이라 府衛法이 제 구실을 하지 못하게 되었으며,[45] 실제로는 군대가 없는 실정이었다.[46] 이에 대해 이색은 그 원

---

42) 『高麗史』卷115, 列傳, 李穡, 下冊, 524쪽, "臣願設武擧之科 令充諸衛之士 試以武勇 而習其藝 賜以爵祿 而作其氣 國足精兵 人樂爲用 庶幾無他日噬臍之患矣".

43) 『經濟文鑑』下, 衛兵.

44) 『高麗史』卷115, 列傳, 李穡, 下冊, 524쪽.

45) 『經濟文鑑』下, 衛兵.

46) 『高麗史』卷115, 列傳, 李穡, 下冊, 524쪽.

인을 諸衛等의 기존 조직 자체에서 찾은 것이 아니라 청탁이나 그와
동반된 뇌물수수 등 부정한 방법으로 부적절한 인물들이 대거 입속한
때문으로 보았다. 따라서 그는 부적절한 인물들의 입속을 방지하고 실
력 있는 사람들을 선발하기 위해 武擧之科를 실시해야 한다고 주장했
다.

원래 고려 전기에도 '選軍' 절차를 거쳐 능력있는 군인을 뽑았다. 이
색은 이를 크게 개정하여 정식으로 武擧之科를 실시하여 精兵을 육성
하려고 한 것이다. 다만 武擧之科의 내용이나 성격은 확실치 않으나
'文武不可偏廢'라는 기본 전제로 볼 때 文科나 雜業과 동등했을 것으
로 여겨진다. 이색은 이제 諸衛의 요원들도 製述業, 또는 明經業을 거
친 문신이나 잡업에 의해서 선발되는 특수직의 인원들과 마찬가지로
실력이 있고 신분이 확실해야 한다고 보았다. 결국 이 방안은 기존의
군사조직은 그대로 두고 선발방식을 개정하여 신분이 확실하고 실력
이 뛰어난 인물들로 채워 군사력을 강화한다는 것이었다.

그는 군인전의 급전제도는 그대로 유지하고, 다만 분쟁중인 토지의
확실한 田主를 가려내서 문제를 해결하려고 했다. 즉, 軍人田을 탈점
한 후 아무런 역을 지지 않는 자들로부터 토지를 몰수해서 원래 田主
에게 되돌려준다는 것이다. 말하자면 '選軍給田'의 본래 취지를 살리는
방안으로서, 수조지분급제에 기초하여 운영되던 전기의 군역제를 복구
하는 것이었다.

한편 李穡은 防倭策의 개진을 통해 지방군제를 바꾸려 하였다. 그
의 방안은 자신이 '世臣老德'이 아닌 '臣以父憂 居濱海之地 謀於野者
熟矣'[47]하는 과정에서 나온 것이라 밝히고 있다. 즉, 고위 관직을 지낸
유력자들과의 상의를 통해서가 아니라 많은 전투를 경험한 野人들과
논의하여 마련된 것임을 강조하였다. 여기서 말하는 야인은 농민이 아
닌, 아마도 지방에 거주하고 있던 儒者들일 것이다. 따라서 그의 방안
은 결국 지방 유자들의 경험과 그들의 힘을 이용해야만 왜적을 물리칠

---

47) 『高麗史』 卷115, 列傳, 李穡, 下冊, 523쪽.

수 있다는 점을 전제로 한 것이다.

그는 야인들과 논의한 결과 陸守와 海戰을 동시에 수행해야만 왜적을 물리칠 수 있다고 주장했다. 즉, 陸守만 하면 적은 우리가 겁을 낸다고 깔보고 헤아릴 수 없이 쳐들어올 것이며, 海戰에만 치중하면 불시에 침입할 것이므로 그 피해가 커서 곤란하다고 하였다.[48] 그러므로 陸軍과 船軍을 동시에 육성하여 왜적을 양면에서 제압해야 한다고 보았다.

이 방안의 특징은 '車不可濟川 舟不可行陸 人性亦猶'[49]라고 하여 거주환경에 따른 人性에 의거해서 군인을 뽑자는 논리에 있었다. 말하자면 내륙에 사는 사람을 육군으로, 해상활동에 익숙한 島民을 船軍으로 삼자는 것이다. 그에 따라 陸守에 관한 것을 보면 다음과 같다.

　　신의 생각으로는 陸守는 육지에 사는 백성들을 징발하여 기계를 날카롭게 다듬고 요해지에 주둔시키고 軍容을 성대하게 만들고 烽火를 근면하게 관리하여 왜인의 눈을 현혹케 할 것입니다. 이것은 按廉·郡守들이 족히 감당할 수 있으니 都巡問使는 무슨 소용이 있습니까? 그들은 다만 수령을 모욕하며 供億의 비용을 낭비할 뿐입니다.[50]

우선 陸守를 위해서는 육지에 사는 백성들을 징발하여 器械를 정비하고 요해처에 주둔하여 軍容의 盛大함을 과시해서 왜적이 접근하지 못하도록 심리적인 전술을 쓰자는 것이다. 그리고 烽火를 설치하여 신속한 연락체계를 갖추어 만약의 사태에 대비하자고 하였다. 李穡은 왜적의 상륙만 저지한다면 일단 陸守에 성공한 것으로 보았다. 이 때 陸

---

48) 『高麗史』卷115, 列傳, 李穡, 下冊, 523쪽, "盖陸守而不海戰 則彼以我爲㤼其來未可量也 海戰而不陸守 則彼或出其不意 而其害有不小矣 故陸守所以固我也 海戰所以寇彼也 如此則不兩得乎".

49) 『高麗史』卷115, 列傳, 李穡, 下冊, 523쪽.

50) 『高麗史』卷115, 列傳, 李穡, 下冊, 523쪽, "臣以爲 陸守則發平居之民 利其器械 屯其要害 盛軍容 謹烽火 以眩倭人之目 此則按廉郡守 足任之 都巡問使 何所用之 折辱守令 糜費供億 如是而已".

守를 위해 都巡問使와 같은 군지휘관을 별도로 파견할 필요 없이 기존의 按廉使 및 守令으로 군을 통솔해도 충분하다고 했다.

결국 平居之民을 동원해서 구성되는 주현의 군대를 陸守의 주체로 인식한 것이다. 원의 간섭을 받기 시작하면서 고려는 왜적의 침입을 저지하기 위해 전국의 요해처에 만호부를 설립했다. 그러나 이색은 '萬戶之府 係皇朝所立 旣是虛額'[51]이라고 하여 만호부가 원래 1만 명의 군인을 내야 하지만 실제로는 虛額의 상태에 놓여 있다고 했다. 따라서 유명무실해진 만호부라든가 별다른 역할을 못하는 都巡問使를 대신하여 按廉使와 守令으로 하여금 平居之民에서 동원된 군대를 통솔케 하여 외침에 대비하는 것이 효과적이라고 본 것이다. 결국 그는 기존의 지방 군사조직의 개편이 아닌 부분적 개선을 통해 군사력 강화문제를 해결하려 했던 것이다.

그러나 李穡은 육상 방어만으로는 안 되고 반드시 해상전투를 통해 왜적을 완전히 제압할 것을 강조했다. 그리고 이를 위해서 人性과 결부한 船軍 육성을 주장했다.[52] 이 방안의 목표는 말기에 들어와 거의 유명무실해진 선군, 즉 해군의 부활과 그를 통한 적극적인 대외방비였다.

李穡의 개혁방안은 고려 전기의 군사체제를 복구하되, '洪惟我祖宗 創垂之制 持守之規 無所不至 四百餘年 末流之弊'[53]한 데서 오는 末流之弊를 제거하는 데 중점을 둔 것이라고 할 수 있다. 이는 충선왕대의 군제개혁 목표와는 달리 대외적 위기에 대한 국가체제의 보존에 보다 중점을 둔 개혁안이었다. 특히 충선왕의 제2차 개혁안은 군인전 분급제를 시행하기보다는 녹을 지급하며 원의 법제를 수용하여 軍民의 區別을 전제로 해서 軍戶를 편성하려 한 것이었다. 그리고 군인에 대해서 직접적인 지배와 통제를 강화하고, 이에 기반하여 군정·군령에

---

51) 『高麗史』 卷115, 列傳, 李穡, 下冊, 523쪽.
52) 『高麗史』 卷115, 列傳, 李穡, 下冊, 523쪽.
53) 『高麗史』 卷115, 列傳, 李穡, 下冊, 522쪽.

걸쳐 국왕을 정점으로 한 일원적인 통수체계를 확립하려 하였다. 대외
문제에 관해서는 기본적으로 원에 의존하여 해결하되 군인 및 군호의
생활안정을 시급히 처리하는 방향으로 사업을 전개했다.

반면 李穡 당시는 충선왕대보다 대외적인 위기가 훨씬 고조된 시기
였고, 이색은 野人, 즉 연해지방의 儒者로 보이는 사람들과의 접촉을
통해 상황의 심각성을 보다 절실히 인식했다. 이에 국가체제의 보존에
중점을 둔 군제개혁안을 제기했던 것이다. 이 때 주체는 국왕이나 재
상뿐만 아니라 野人을 포함한 지배층 전체라 할 것이다. 이들이 서로
합심해서 위기상황에 대처할 때 고려국가도 존립하고 통치체제도 제
대로 유지될 수 있다고 보았다. 이에 그런 것들이 구현되었던 고려 전
기의 체제를 복구하는 방향으로 군사력을 강화하여 적극적으로 대외
방비에 나서자고 주장했다. 군인전 분급제의 회복은 물론이고, 기존 군
사조직의 골격은 그대로 유지하되 운영상에 나타난 여러 문제들을 제
거하기 위해서는 선발방식 등을 대폭 개정할 필요가 있다고 보았다.

李穡의 軍制改革案도 그 즉시 받아들여지지 않았다.[54] 주된 요인으
로는 첫째로 元의 宦寺·婦女·奉使者의 請託에 의해서 또는 膏粱으
로 府衛職에 오른 인사들의 반발을 들 수 있을 것이다. 즉, 원 및 권세
가와 밀착되어 있던 기존 인사들은 武擧之科 등을 실시할 경우 기득
권을 상실하고 밀려나게 될지 모르기 때문에 그의 방안에 찬성하지 않
았을 것이다.

둘째로 그의 방안은 元의 지배력이 계속해서 유지된다는 것을 전제
로 했다. 다만 원에 도전하는 세력들, 예를 들어 女眞이나 江浙의 蜂起
軍, 倭賊 등을 적으로 삼고 이에 효과적으로 대응하기 위해 군사력을
증강할 것을 건의했다. 그런데 당시 원의 붕괴를 예상치 못한 정부당
국자들은 유사시에는 원의 군사력에 의존해서 대처하겠다는 안이한
발상을 계속 갖고 있었다.[55] 그렇기 때문에 '居安思危'의 차원에서 군

54) 權寧國, 1994, 「고려말 지방군제의 변화」, 『한국중세사연구』 1, 258쪽.
55) 『高麗史』 卷115, 列傳, 李穡, 下冊, 524쪽, "倭賊之來 旣已倉皇失措 至請甲

제를 개혁하자는 이색의 주장은 받아들여지지 않았다.

그러나 元의 붕괴가 예상되는 시기가 되면, 이러한 입장의 변화는 불가피했을 것이다. 결국 이 시기 대표적인 사대부였던 그의 군제개혁 방안은 그 즉시 채택되지는 않았지만 상황이 바뀌면서 재검토될 수밖에 없었다. 따라서 이후의 군제개혁은 여기에 찬성하든 반대하든, 전면적으로 거부하든 수용하든 간에 일차적으로는 이색의 문제제기로부터 출발하는 셈이었다.

내부의 혼란이 극에 달하면서 급격히 국가의 통치력이 약화되자 공민왕은 마침내 1356년(공민왕 5)에 부원세력의 중심인 奇轍 일당을 제거하고 개혁정치를 단행했다. 그의 개혁정치는 현재의 모순을 방치할 경우 고려의 통치체제마저 근본적으로 위태롭게 될지 모른다는 위기의식의 소산이었다. 자연히 실제적 목표는 원의 간섭을 배제하고 동시에 부원세력들을 제거하여 高麗舊制의 회복을 꾀하는 것이었다. 따라서 당연히 개혁방안에는 군제도 포함되었는데, 허소화된 군사조직을 빠른 시간 안에 회복시켜 혹시 있을지도 모르는 원의 반격에 대비하려는 것이었다.[56] 그 과정에는 부원세력들의 무장력을 해체시키고 이를 국가로 흡수하는 조치도 포함되어 있었다.

그에 따라 군제개혁은 통수체계로부터 시작했다. 첫 번째로 諸軍의 萬戶·鎭撫千戶·百戶牌를 회수하는 조치가 단행되었다.[57] 萬戶牌

兵";『高麗史』卷38, 世家, 恭愍王 1年 6月 己酉, 上冊, 758쪽, "元賜本國所請戎器".

56) 공민왕대의 軍制改革에 관해서는 다음의 연구성과들이 참고된다. 閔賢九, 1983, 「高麗後期의 軍制」, 『高麗軍制史』; 金大中, 1990, 「高麗 恭愍王代 京軍의 再建試圖」, 『軍史』 21 ; 吳宗祿, 1991, 「高麗後期의 軍事指揮體系」, 『國史館論叢』 24 ; 洪榮義, 1991, 「恭愍王의 反元政策과 廉悌臣의 軍事活動」, 『軍史』 23 ; 權寧國, 1995, 『高麗後期軍事制度研究』, 서울대 박사학위논문 ; 朴漢男, 1997, 「恭愍王代 倭寇侵入과 禹玄寶의 '上恭愍王疏'」, 『軍史』 34 ; 尹薰杓, 1997, 「偰長壽의 築城論」, 『韓國思想史學』 9 ; 宋寅州, 1998, 「恭愍王代 軍制改革의 實態와 그 限界」, 『한국중세사연구』 5.

57)『高麗史』卷39, 世家, 恭愍王 5年 5月 壬寅, 上冊, 770쪽.

따위는 군의 통수권을 상징하며 대개 원에서 직접 받은 것이었다. 따라서 그 회수를 통해 원과의 관계를 일단 단절시키고, 그 대신 국왕이 군의 통수권을 완전히 장악했음을 과시했다. 그 과정에서 부원세력 출신의 무장 및 그들이 거느리고 있던 군사력을 자연스럽게 제거하였다. 이어서 附元機構들이 거느린 丁口들도 모두 추쇄했다.[58] 그리하여 국왕은 명실상부한 군 통수권자가 된 것이다.

두 번째로 기간 군사조직인 二軍六衛를 복구했다. 우선 명칭부터 회복시켜 二軍의 하나인 龍虎軍을 본래대로 환원하였다.[59] 備巡衛로 바뀐 六衛의 金吾衛도 공민왕 5년에 다시 되돌려 놓았다.[60] 그런 다음 조직 허소화의 요인 중 하나인 군인전의 점탈문제를 해결하고 軍戶連立의 기능도 회복시키려고 하였다.

國家에서 토지 17결을 1足丁으로 삼아 軍 1丁에게 주는 것은 옛날 田賦의 遺法이다. 무릇 軍戶는 본래 連立하는 것인데, 다른 사람에게 빼앗긴 것은 신고해서 돌려받는 것을 허락한다.[61]

軍戶는 본래 連立해야 한다는 원칙을 내세워 타인에게 빼앗긴 足丁을 陳告하여 되찾는 것을 허락한 것이다. 군호들이 권세가들에게 빼앗긴 군인전을 스스로의 힘으로 되찾을 수 있는 길을 열어 놓은 것이다.

---

58) 『高麗史』卷81, 兵志1, 兵制, 恭愍王 5年 6月, 中冊, 783쪽, "推刷行省三所諸軍萬戶府隷屬丁口 用備戎兵".

59) 『高麗史』卷77, 百官志2, 西班, 龍虎軍, 中冊, 694쪽, "忠宣王改龍虎爲虎賁 後改親禦軍 後復改爲龍虎軍". 위의 사료를 통해, 龍虎軍으로 다시 복귀한 것이 정확하게 어느 때인지는 확인되지 않는다. 그러나 구제의 회복을 추진했던 공민왕 5년에 복귀되었다고 추정된다.

60) 『高麗史』卷77, 百官志2, 西班, 金吾衛, 中冊, 695쪽, "忠宣王吹金吾爲備巡 恭愍王五年復稱金吾衛 十一年復爲備巡衛 十八年復稱金吾衛 後復改備巡衛".

61) 『高麗史』卷81, 兵志1, 兵制, 恭愍王 5年 6月, 中冊, 783쪽, "國家 以田十七結 爲一足丁 給軍一丁 古者田賦之遺法也 凡軍戶素所連立 爲人所奪者 許陳告還給".

이는 이른바 '還本舊主'에 해당하는 것으로, 전민변정사업의 기본 목표였다.[62]

공민왕은 이미 즉위 초부터 田民辨正都監을 설치하고[63] 우선 權豪들이 탈점한 畿縣의 公田을 대상으로 변정사업을 추진했다.[64] 이어서 외방에도 田民別監들을 파견해 濫執된 公私田을 추쇄하여 本主에게 되돌려주기도 했다.[65] 개혁정치를 단행하면서 기철 등의 부원세력이 탈점한 人口·土田을 都僉議司가 都監을 설치하여 신고를 받아 각각 本主에게 돌려주었다.[66] 이 도감이 곧 田民辨正都監[67]으로 군인전에 대한 '還本舊主' 문제도 맡아서 처리했을 것이다. 전민변정사업을 단행하여 군인전 분급제를 회복시키고 이에 기반해서 전기의 군역제 운영 원리를 재확립하는 것이 이 시기 군제개혁의 기본 원리였다.

전민변정사업을 통해 군인전이 본주에게 돌아가게 되면, 이는 곧 軍戶連立이 실현될 수 있는 기초가 마련되는 셈이다. 그리고 이것이 그대로 시행된다면 이군육위의 기능 회복과 함께 군사조직의 허소화가 어느 정도 해소될 전망이었다. 그러나 이 과정은 단순치 않았다. 비록 공민왕 5년에 부원세력에 대한 숙청작업이 단행되었다고 하더라도 권세가들이 모두 제거된 것은 아니었다.[68] 그러므로 '신고해서 돌려받는

62) 전민변정사업의 방향은 公私의 田民에 대한 還主 혹은 還本에 있었다(朴京安, 1996, 『高麗後期 土地制度研究』, 234쪽).

63) 『高麗史』 卷77, 百官志2, 諸司都監各色, 田民辨正都監, 中冊, 693쪽, "田民辨正都監 又置恭愍王元年".

64) 『高麗史節要』 卷26, 恭愍王 1年 8月, 671쪽, "印承旦入侍書筵 請罷辨整都監 王不應 但曰 穿牙夜行 惡月之明 時 權豪奪畿縣公田 承旦所占尤多 辨整都監收其田 仍追累年之租 故承旦惡之".

65) 『高麗史』 卷78, 食貨志1, 田制, 經理, 恭愍王 2年 11月, 中冊, 707쪽, "分遣田民別監于楊廣全羅慶尚道 義成德泉有備倉田 及諸賜給田 標內濫執公私田 推刷 悉還本主".

66) 『高麗史』 卷131, 列傳, 奇轍, 下冊, 845쪽, "(奇)轍等奪占人口土田 都僉議司 立都監 許人申告 各還本主".

67) 林英正, 1977, 「奴婢 問題」, 『한국사 8』, 136쪽.

68) 오히려 反元的 개혁정치를 주도하던 세력 중에는 외척을 포함한 권문세가

것을 허락한다'고 공표했으나 그 시행 과정은 많은 우여곡절이 있었을 것이다. 따라서 자연히 상당한 시간이 걸리고 복잡한 절차를 필요로 했다. 그러나 당시에는 元 및 附元勢力의 반격이 우려되는 정치적 상황이 계속되었다. 이에 공민왕은 우선 忠勇衛라는 친위 군사조직을 설치했다.[69]

이들의 경제적 대우는 '初置忠勇衛 祿其將士 同於八衛者'[70]라고 해서 六衛와 같았다. 따라서 충용위는 표면상으로는 육위와 흡사한 것처럼 보이나,[71] 실질적으로는 忽赤와 같았다.[72] 이처럼 구제의 회복이라는 명분을 내걸고 군제개혁을 추진했으나, 정치상황이 급변하여 시간적인 여유가 없었기에 우선 忽赤에 준하는 숙위기구를 설치해서 왕실의 안정을 도모하고 부원세력의 반격에 대처했다. 그만큼 구제의 회복에는 여러 가지 해결해야 할 과제들이 뒤따랐다.

지방의 군사조직도 재정비했다. 즉, 舊制에 따라 兵馬使를 파견하여 戍卒을 확보하려고 했다. 이 때 고려 전기에 시행된 兩界州鎭入居軍人에게 入鎭田을 지급하는 방식을 원용하는 것도 효과가 매우 클 것으로 기대하였다.

출신들이 다수를 차지하고 있었다. 자세한 것은 閔賢九, 1994, 「高麗 恭愍王代의 '誅奇轍功臣'에 대한 檢討 - 反元的 改革政治의 主導勢力」, 『李基白先生古稀紀念韓國史學論叢(上)』 참조.

69) 『高麗史』卷81, 兵志1, 兵制, 恭愍王 5年 11月, 中冊, 784쪽. 하지만 『高麗史』世家에는 5年 7月로 되어 있다(『高麗史』卷39, 世家, 恭愍王 5年 7月 乙酉, 上冊, 772쪽). 이에 世家에 의거해서 忠勇衛가 恭愍王 5年 7月에 설치되었다고 보는 것이 현재로서는 유력하다(李基白, 1969, 『高麗史 兵志 譯註』, 106쪽).

70) 『高麗史』卷81, 兵志1, 兵制, 恭愍王 11年 6月, 中冊, 784쪽.

71) 李永東, 1981, 「忠勇衛考」, 『陸軍第3士官學校論文集』 13, 21~22쪽.

72) 다음의 사료에 의거하면 忠勇衛가 近侍, 즉 忽赤와 조직이나 임무가 대개 비슷했다는 것을 알 수 있다. 『高麗史』卷81, 兵志1, 兵制, 恭讓王 1年 12月, 中冊, 791쪽, "自事元以來 昇平日久 文恬武嬉 禁衛無人 乃於近侍忠勇 皆設護軍以下等官 以代禁衛之任 而祿之 於是祖宗八衛之制 皆爲虛設 徒費天祿."

또한 간사한 무리들이 설사 자식이 없더라도 閑人을 妄稱하며 토지를 連立하는 것이 끝이 없으니 選軍別監으로 하여금 그 근본을 추쇄하여 戍卒을 모집하고 역적들의 토지도 結을 계산하여 足丁으로 만들어 역시 모집한 戍卒에게 지급할 것이다. — 각처 역적의 노비들이 達魯花赤를 自稱하며 다른 사람의 토지를 빼앗고 양민을 역사하고 재산을 축적하였으니 소재지 관원들로 하여금 재산을 몰수하여 戍卒을 모집할 것이다.[73]

이에 자식이 없으면서 閑人이라 망칭하며 土田을 連立한 것을 推刷하여 戍卒을 모집하고, 몰수한 逆賊[74]의 田地를 특별히 '計結爲丁' 즉 作丁해서 새로 모집한 戍卒에게 지급했다. 그리고 각처의 逆賊之奴가 達魯花赤라고 칭하며 축적한 재산도 籍沒하여 戍卒을 모집하게 했다. 이는 짧은 시간 안에 수졸들을 확보하기 위한 조치였다. 그런데 위에서 '募戍卒'이란 강제징발이 아닌 選軍의 뜻이 강하다고 할 수 있다.[75] 아마도 구제에 의거해 군인을 精選해서 보충하려 했던 것 같다.[76]

또한 원의 반격이나 왜적의 침입에 대비하기 위해 元定別抄 이외에 加定別抄라는 명목으로 군인을 더 징발하였다.[77] 그런데 가정별초에

---

73) 『高麗史』 卷81, 兵志1, 兵制, 恭愍王 5年 6月, 中冊, 783쪽, "又奸詐之徒 雖無兒息 妄稱閑人 連立土田 無有限極 仰選軍別監 根究推刷 以募戍卒 其逆賊之田 計結爲丁 亦給募卒 — 各處逆賊之奴 自稱達魯花赤 奪人土田 役使良民 蓄積財産 其令所在官籍沒 以募戍卒".

74) 逆賊은 공민왕에 의해서 숙청당한 奇轍 등의 親元輩를 가리키는 것이라고 한다(李基白, 1969, 『高麗史 兵志 譯註』, 103쪽).

75) "敎曰 選軍給田 已有成法 近年 田制紊亂 府兵不得受田 殊失募軍之意 其復舊制 兵興以來 戰亡將士 悉加褒贈 官其子孫 卒伍則 存恤其家"(『高麗史』 卷81, 兵志1, 兵制, 恭愍王 20年 12月, 中冊, 785쪽)에서 選軍給田과 募軍이 연관되고 있음이 확인된다. 그러므로 募戍卒의 경우도 이와 똑같은 의미를 지니고 있다고 생각한다.

76) 『朝鮮金石總覽 上』, 朴犀墓誌, 372쪽, "歲在癸酉(毅宗 7 : 인용자 註) 充東北路知兵馬使 振細柳威折衝 未然 隣敵聞而喪膽 是年自兩界至南地州縣 皆補軍卒 公乃夙夜勤勤 精選軍士 甚合人言".

77) 申安湜, 1989, 「高麗中期의 別抄軍」, 『建大史學』 7, 85쪽.

는 老弱·單丁을 구별하지 않고, 居住地와 防戌處의 거리를 상관하지
않은 채 수자리를 서게 하는 바람에 왕래에 따른 疲勞 때문에 이탈자
가 속출했다. 이런 폐단이 일어나는 것을 막기 위해 연해의 軍民들은
防戌에 충당하는 대신 요역을 蠲免해주고 遠地의 民은 그 역을 대신
제공하고 부방하지 말게 했다. 그리하여 각지의 군인은 자신의 지역을
중심으로 방수하게 했던 것이다.78)

뿐만 아니라 양광·전라도에는 사신을 보내 그 곳에 살던 濟州人과
禾尺·才人을 추쇄하여 西北面 戌卒로 충당하기도 했다.79) 그런데 모
집된 戌卒과 달리 加定別抄, 濟州人과 禾尺·才人 등에게는 부방의
대가로 토지가 지급되지는 않았다.80) 또한 戌卒을 모집하면서도 다른
한편 加定別抄, 濟州人·禾尺·才人, 그리고 收復地域民을 軍戸로
편성해서 징발했다. 그렇기 때문에 방수군은 다양한 층으로 구성되었
다.

다양한 계층으로 구성되었기 때문에 같은 방수군이라고 하더라도
조직 내에서 맡은 역할은 각기 약간씩 달랐다. 말하자면 전투를 주로
담당하는 군인과 且耕且守에 동원된 사람들로 구분되었던 것이다.81)
아마도 모집된 戌卒은 精强者로서 전투를 맡았을 것이며, 加定別抄와
濟州人·禾尺·才人 등은 且耕且守에 종사했을 것이다. 이것은 같은

---

78) 이들은 고향을 그리워하는 습속에 따라 東界·交州의 군인들은 雙城에서 鎭
戌하고, 北界·西海는 鴨綠에서 鎭戌하며, 楊廣·全羅·慶尙道는 倭賊을
막도록 했다(『高麗史』 卷82, 兵志2, 鎭戌, 恭愍王 5年 6月, 中冊, 797쪽).

79) 『高麗史』 卷39, 世家, 恭愍王 5年 9月 庚辰, 上冊, 773쪽, "遣使于楊廣全羅
道 刷濟州人及禾尺才人 充西北面戌卒".

80) 다만 이들이 單丁인 경우에는 면제시켰다. 『高麗史』 卷81, 兵志1, 兵制, 恭愍
王 5年 6月, 中冊, 783쪽, "一 征戌之卒 雙丁僉一丁 亦非得已 單丁可愍 勿
使從軍".

81) 西北面 都元帥였던 廉悌臣이 군량을 운반하는 부담을 줄이고 軍食을 넉넉
히 하기 위해 屯田을 경영할 필요가 있다면서 精强한 자를 뽑아 要害處에
주둔시키고 나머지 군졸들을 후방의 둔전 경작에 동원할 것을 건의했다(『高
麗史』 卷81, 兵志1, 兵制, 禑王 9年 8月, 中冊, 790쪽).

戌卒이라 하더라도 신분에 따라 각기 맡은 역할이나 직책에서 차이가
있었음을 말해준다.

이처럼 공민왕대 군제개혁은 일차적으로는 전민변정사업을 실시해
서 군인전 분급제를 회복시키고 이에 기반해서 전기의 군역제 운영원
리를 재확립하는 것을 목표로 삼았다. 그러나 이 개혁은 급박한 정치
적·대외적 문제 때문에 제대로 시행될 수 없었다. 따라서 개혁의 방
향은 사회 내부의 모순보다는 원 등 대외적인 위협에 대비하기 위한
것으로 나타났다. 그러므로 사회 내부의 문제를 해결하는 것에는 상대
적으로 소홀했다.[82]

구제의 회복에 입각해서 군제를 개혁하는 것이 벽에 부딪힌 상태에
서도 외침은 계속되고 있었기 때문에 군인들은 수시로 동원되어야 했
다. 따라서 자연히 '國家寇盜連年 兵不團結 每至危急 徵兵於農'[83]이
라고 해서 농민 중에서 적당한 자를 병사로 징발했다. 그러나 징병의
실무를 담당하고 있었던 향리들이 이 과정에서 많은 물의를 일으켰다.

　　도평의사사에서 上言하기를, "근래 按廉·守令들의 기강이 해이해
　져서 諸道의 향리들이 자기 욕심을 채우고자 點兵하는 데 있어서 富
　戶에는 미치지 않는다……"고 하였다.[84]
　　下敎하기를, …… 주현의 아전들이 방수군을 징발함에 있어 부자들
　을 면제시키고 가난한 사람들을 뽑음으로써 자신의 욕심을 채우고 있
　으니 所在官司에서는 이를 엄격하게 금지시키도록 할 것이다.[85]

---

82) 이에 관해 監察大夫를 지냈던 金續命은 다음과 같이 지적했다. 『高麗史』卷
　　111, 列傳, 金續命, 下冊, 433쪽, "古者 選軍給之土田 故兵皆足食 不憚征役
　　近豪勢兼幷 至千百結 曾無一畝及於軍夫 及其徵發 赴敵之際 率皆解體 況
　　望敵愾乎 請復選軍給田之法".
83) 『高麗史』卷81, 兵志1, 兵制, 恭愍王 11年 6月, 中冊, 784쪽.
84) 『高麗史節要』卷27, 恭愍王 7年 4月, 687쪽, "都評議使司上言 比來按廉守令
　　紀綱不立 諸道鄉吏 從逞其欲 點兵則不及富戶……".
85) 『高麗史』卷81, 兵志1, 兵制, 恭愍王 12年 5月, 中冊, 784쪽, "下敎 …… 州縣
　　之吏 發兵防戍 免富差貧 以逞其欲 所在官司 痛行禁理".

즉, 향리들은 點兵이나 防戍軍을 징발하는 과정에서 富戶들을 면제시켜 주고, 그 자리를 貧者들만 동원해서 메웠다. 그러므로 당연히 點兵이나 發兵을 둘러싸고 富戶와 貧者, 殘留者와 出動者, 國家와 軍人 間에 갈등과 대립이 발생하였다.

이로 인한 문제는 첫째 전투력의 약화였다. 우선 貧者들로 이루어진 군인들은 대개 군량과 장비를 제대로 갖추지 못한 채 출동하였다. 당시 국가의 재정마저 궁핍한 상태였기 때문에 방어시설에 대한 설비나 수리가 형편 없었다. 그만큼 전투력이 급격히 약화되어 적과의 전투에서 많은 피해를 입었다. 한편 방어상 허점이 노출되자 이를 틈탄 외침이 더욱 증가되는 악순환이 거듭되었다.[86]

통수체계도 극히 혼란스러워졌다. 군제개혁의 좌절로 지휘관에 대한 감독장치나 견제수단이 제대로 마련되지 못했다. 그로 인해 당시 戍卒들을 지휘하던 戍所 軍官들의 행패가 혹심했다. 군관들은 州郡에서 사나운 행동으로 위엄을 세워 凋弊케 만들거나 군인들을 제멋대로 사역시켜 개인적인 욕심을 채우기도 했다. 이로 인한 고통을 견디지 못해 戍卒 중에 도망자가 속출했다.[87] 군의 감독이나 통수체계가 확립되지 못한 관계로 그런 일이 전에 비해 더욱 늘어났다.

결국 정부는 왜적의 잦은 침공으로 병력 동원을 위해 煙戶軍까지 징발하기에 이르렀다.[88] 煙戶軍은 烟戶軍이라고도 불리며 일반 농민

---

86) 이에 대해서 偰長壽는 다음과 같이 묘사했다.『高麗史』卷112, 列傳, 偰遜 附偰長壽, 下冊, 456쪽, "竊計 賊船出沒 無有定時 民無安危 朝夕靡測 而沿 海防戍 雖有其名 無益於事 盖鎭戍兵卒 悉皆烏合之衆 素無敎鍊之嚴 器械 甲冑未爲堅利 又無營壘 以爲保障 不過草屋薪蘺 僅庇風雨而已 故一有寇至 則望風奔潰 雖使頗牧爲將 亦不能號令之也". 즉, 당시 戍卒들은 평소에 제대로 훈련받지도 못하고 필수 장비조차 구비하지 못한 烏合之卒에 불과하고 방어시설 역시 부실해서 倭賊의 침입을 막아내기 어려웠다고 했다.

87)『高麗史節要』卷27, 恭愍王 10年 5月, 693~694쪽, "全羅道按廉使田祿生啓 曰 州縣之弊 防倭爲大 自庚寅以來 道內之戍 歲益增置 至十八所 其軍官 虐 州郡以立威 致其凋弊 役戍卒 以濟私 使之逋逃".

88)『高麗史節要』卷27, 恭愍王 10年 5月, 693~694쪽, "全羅道按廉使田祿生啓

이외에 노비까지 포함된 임시 동원부대였다. 이들은 군역을 부담하기 어려운 존재로서 실질적인 전투력을 갖추지 못했다. 그러나 상황이 위급하고 병력이 부족했기 때문에 어쩔 수 없이 동원된 것이다.[89]

하지만 이들의 동원은 더 많은 문제를 야기시켰다. 첫 번째 문제는 농업생산을 장기간 방치하게 되어 民生에 막대한 타격을 주었다는 점이다. 더구나 동원하였다가도 농번기를 맞이하면 돌려보내야 했는데 이 때 왕래에 따른 부담이 커지면서 그로 인해 저절로 피폐해졌다. 또한 그 틈에 왜구가 침입하여 다시 소집하게 되면 이미 지쳐 버린 군대는 별다른 전투력을 발휘하지 못했다.[90] 이처럼 정부는 煙戶軍까지 동원했지만 허소화된 군대를 회복시키지는 못했고 사태를 더 악화시켰을 뿐이다.

두 번째는 내적 모순의 심화였다. 빈민 출신의 군인들은 전사하고 나면 그 가족의 생계는 물론 장사지낼 비용조차 마련하기 어려웠다.[91] 그 결과 군의 동원에 따른 불만이 다른 시기보다도 높았다. 또한 이를 이용하여 반란을 꾀하는 부류도 있었다. 일례로 서울 근교로 출동한 平澤縣 군사들이 출전을 꺼리고 반란을 일으키다가 실패한 사건이 발생했고,[92] 심지어 전선을 향해 나가다가 중간에서 반란을 꾀하는 경우도 있었다.[93]

日 …… 及寇之 徵兵州郡 謂之煙戶軍 誰置戍所 不聞禦寇 祗見害民 不若罷諸戍所 令州郡 謹烽燧 嚴斥候 以應其變".

89) 權寧國, 1994,「고려말 지방군제의 변화」,『한국중세사연구』1, 255~257쪽.

90)『高麗史』卷112, 列傳, 偰遜 附偰長壽, 下冊, 456~457쪽.

91)『高麗史』卷39, 世家, 恭愍王 9年 4月 甲戌, 上冊, 785쪽, "王出西亭 聞有女哭甚哀 問之 曰吾兄戰死 母哀毀三日而死 家貧無以葬 命賜布五十匹".

92)『高麗史』卷40, 世家, 恭愍王 12年 6月, 上冊, 806쪽, "諸州兵 屯東郊 壬戌夜五鼓 平澤縣人於良大等 憚於征役 脅衆謀亂 突入城門 天明自潰 追捕斬其魁八人".

93)『高麗史節要』卷27, 恭愍王 12年 12月, 707쪽, "平壤尹李仁任 謂都元帥府鎭撫河乙沚曰 我軍飢寒 日夜思歸 豈無異心 但畏法 不敢耳 近李都巡察 行至鳳州 軍卒謀反伏誅 此一驗也".

한편 반란군사들과 공민왕의 정책에 반대한 지배층이 서로 연결될지도 모른다는 의구심이 커지면서 당시 위정자들은 크게 불안해했다.[94] 그러므로 군의 불만이 곧바로 통치체제에 대한 도전으로 연결될 수 있는 상황이었다. 그만큼 군의 동원 문제로 인해 계층 간의 갈등이 심화되어 사회적인 긴장이 고조되었다.

이에 위정자들은 불만을 해소하기 위해 軍功 褒賞의 명목으로 添設職을 제수하기도 했다.[95] 그러나 대부분 권세가들과 연계된 인물들만 빠른 시간 내에 출세하는 일이 많아졌고, 특히 添設職의 濫授로 관작이 천해지면서 군공을 세운 白丁이 卿相으로 승진되는 경우도 발생했다.[96] 결국 군공 포상으로 관직을 남수하게 되자 관료제 및 신분제가 동요하게 되었다. 문제는 더 확대되었으며, 종래의 방침이나 내용으로는 현안의 과제를 해결하기가 어려워졌다.

이런 상태에서 대외적 위기도 커져 갔다. 왜구는 물론이고 공민왕 8년과 10년의 두 차례에 걸친 紅巾賊의 침입으로 수도인 開京이 함락당해 왕이 福州로 播遷해야 했으며,[97] 13년 1월에는 원으로부터 공민왕을 대신해서 고려왕으로 추대되었던 德興君이 군대를 이끌고 쳐들어오기도 했다.[98] 또한 여진도 국경을 넘어 자주 국내로 진입해 들어

---

94) 『高麗史』 卷110, 列傳, 金倫 附 金希祖, 上冊, 405쪽, "德興君之變 諸州郡將 赴西北面禦之 屯京城東郊未發 平澤軍謀亂伏誅 宰樞議 軍亂必由流貶宰相 列姓名 欲置極刑 時李春富 亦在貶中 王曰 金希祖李春富 焉有是謀句去之".

95) 『高麗史』 卷75, 選舉志3, 銓注, 添設職, 恭愍王 3年 6月, 中冊, 649쪽, "六部 判書摠郎 除政曹外 皆倍數添設 各司三四品 亦皆添設 又於四十二都府 每 領添設中郎將郎將各二人 別將散員各三人 以授之 謂之賞軍政 添設之職始 此" ; 『高麗史』 卷81, 兵志1, 兵制, 恭愍王 10年 10月, 中冊, 784쪽, "募兵 凡 應募者 除私賤外 士人鄕吏官之 官司奴隷良之 或賞錢帛 聽其自願".

96) 『高麗史節要』 卷27, 恭愍王 11年 10月, 702~703쪽, "監察大夫金續命右獻納 黃瑾等上書曰 地者臣道也 今賞罰不明故 大小之臣 怠弛曠官 又因軍功 白 丁驟拜卿相 皂隷濫處朝班 臣道消亂 以致地震 請自今 信賞必罰 重惜名器 左右前後 皆正人也".

97) 姜性文, 1986, 「高麗末 紅頭賊 侵寇에 관한 研究」, 『陸士論文集』 31 참조.

98) 『高麗史節要』 卷28, 恭愍王 13年 1月, 709쪽.

오는 실정이었다.99) 그러나 반원정치와 함께 시도했던 군제개혁이 커다란 성과를 거두지 못한 상태였기 때문에 위기감은 점점 더 고조되었고 그에 따라 사회불안도 심화되었다.

이러한 상황에서 공민왕은 어떤 형태로든 개혁작업을 재개해야만 했다. 이에 공민왕은 거센 반대에도 불구하고 辛旽을 등용하여 개혁작업에 착수하였다. 이 때 군제개혁도 단행했다. 즉 中外의 閑良品官·散官들을 五軍에 예속시키고, 특히 諸道의 散官들은 赴京宿衛하게 했던 것이다.

　나-1) 以諸道閑散軍 隷五軍 尋罷之100)

　나-2) 令諸道散官 赴京宿衛101)

　나-3) 各司各愛馬五部閑良品官 皆分屬五軍 旗幟衣服 隨方色有
　　　　別102)

사료 나-1의 諸道 閑散軍이란 諸道 散官으로 赴京 宿衛하던 자일 것이다. 그리고 사료 나-3의 各司各愛馬와 五部閑良品官은 대체로 開京에 거주하고 있던 사람들이었다. 그러므로 먼저 諸道의 散官들로 하여금 赴京해서 일단 중앙의 五軍에 예속시켜 숙위케 한 다음에 開京의 各司各愛馬와 五部閑良品官도 같은 길을 걷게 했다.

중요한 것은 이 작업이 전민변정사업 및 그와 관련된 軍須田의 회복과 연관이 깊다는 점이다. 그것은 軍須田의 수입을 군사재정에 충당하여 장비라든가 군량을 마련하려는 것이었다. 그리고 田民辨整事業을 통해 권세가에게 田民을 탈점당한 國人의 토지를 회복시켜 주었다.

---

99)『高麗史』卷40, 世家, 恭愍王 13年 1月, 上冊, 808쪽.
100)『高麗史』卷81, 兵志1, 兵制, 恭愍王 16年 2月, 中冊, 785쪽.
101)『高麗史』卷82, 兵志2, 宿衛, 恭愍王 16年 8月, 中冊, 795쪽.
102)『高麗史』卷81, 兵志1, 兵制, 恭愍王 18年 12月, 中冊, 785쪽.

그 과정에서 이를 되찾게 된 본주 중에는 다수의 散官 및 閑良品官들도 있었다고 여겨진다. 따라서 이들에게 田民을 회복시켜주고 또한 권세가들의 침탈로부터 지켜준다는 명목으로 이들에게 군역을 부과했다. 이처럼 散官 및 閑良品官들은 田民의 회복을 보장받는 대신에 군역을 부담하도록 했을 것이다.

또한 이 정책은 기본적으로 私田을 받은 관리들은 국가와 왕실을 수호할 책임과 의무가 있다는 것을 전제로 했다. 무인정권의 수립 이후에는 외방에 이주하는 품관들이 크게 늘어나 이들을 대상으로 忠惠王代에는 職稅를 징수하기도 했다.[103] 외방에 내려간 大小 朝官들은 백성들의 토전을 점탈하여 민생을 불안하게 하는 등 많은 폐단을 일으켰다. 이번 개혁은 이들의 국가적 재편과도 관련이 깊었다.

辛旽의 전민변정사업의 추진으로 지방의 大小 朝官들은 자연히 상경해야만 했다. 위정자들은 이를 이용해 散官들을 五軍에 예속시키고 赴京 宿衛하게 했다. 그러므로 이 사업은 大小 朝臣들의 土田奪占의 차단과 군역부과의 효과를 겨냥한 것이었다. 만약 赴京 宿衛를 거부하는 散官들은 田民辨整의 대상으로 올려 압력을 가하였을 것이다.

그러므로 최종적인 목표는 受田에 따른 군역 부담의 원칙을 확립해서 취약해진 八衛를 보강하고 군사력을 강화시키는 것이었다. 그것은 한 마디로 고려 전기의 수조지분급제에 기초해서 수립된 군사체제로의 복귀였다. 한편 전민변정사업에 기반을 둔 군제개혁은 단순히 군사력 강화만을 목표로 한 것이 아니라 사회적 모순의 하나인 토지 탈점

---

103)『高麗史節要』卷25, 忠惠王 後4年 3月, 646~647쪽, "政丞蔡河中等 請鐲職稅 先是嬖人審夫金 承命往江陵道 索人參 時參貴不多得 懼罪 擅徵職稅 還說王曰 臣於江陵道 見有職者 退居鄕里 病民頗衆 臣爲殿下 徵其職稅 藏諸州郡 以待上命 有職居外者 非獨江陵 五道皆然 若從臣計 有利於國 王納之 代言閔渙勸之 於是分遣嬖人諸道 徵職稅 六品以上布百五十匹 七品以下百匹 散職十五匹 人聞令下 或挈家登山 或乘舟而逃 焚山澤而索之 禍及於族民甚怨之故 河中等 請除其弊 王欲從之 渙又勸之 徵稅益急 慶尙道 有一散員同正者家貧 賣盡家産 不充其額 其女痛父被辱 斷髮貿布以納 父及女 皆縊死".

을 차단한다는 목적도 아울러 갖고 있었다. 이 점은 과전법 수립 이후 추진된 군제개편에서도 매우 중요하게 취급되었다.

그러나 이 변정사업은 근본적인 한계를 안고 있었다. 즉 占奪한 田民을 本主에게 되돌려주는 데에만 중점을 둔 것이며, 새롭게 토지를 분급하기 위한 것은 아니었다. 그렇기 때문에 選軍給田, 즉 군인을 새로이 선발하고 전지를 분급했던 것은 아니다.104) 따라서 그 한계는 기왕에 토지를 지급받았던 군인들을 비롯하여 中外의 閑良品官·散官들에게만 군역을 부과하는 점에 있었다. 그러나 군인이 아닌 閑良品官·散官들은 지배층인 만큼 이런 정책의 추진에는 강력히 반발했다.105) 공민왕 20년 7월의 辛旽의 除去는 이러한 방향의 군제개혁 역시 중단됨을 의미하였다.

辛旽이 제거된 배경에는 전민변정사업에 대한 권세가들의 반발이 가장 컸다고 할 수 있다. 물론 辛旽의 權力擅斷에 대한 여타의 관료집단이나 왕실, 또한 불교계 일각의 견제나 우려 등도 크게 작용했을 것이나 전민변정사업이 문제였다. 전제개혁을 탐탁지 않게 여기는 사람들이 여전히 많았다. 그러므로 신돈이 제거된 뒤에는 전민변정사업에 의거하여 군인전 분급제를 복구하고 이에 기반해서 전기의 군역제 운영원리를 다시 확립하여 군사조직의 허소화를 극복하려는 정책은 금방 다시 추진하기가 힘들어졌다. 그렇다고 군제개혁을 중단할 수는 없었기 때문에 다른 방안을 모색했다. 이 때 전민변정과 같이 기존의 토지지배관계에 대해서 어떤 조치를 취하는 것이 아니라 이를 그대로 용인한 채 다만 현재 경제적으로 풍족한 사람에게는 좀더 많은 것을 부

---

104) 辛旽이 제거된 뒤에 발표된 교서에 따르면 근년에 選軍給田이 제대로 시행되지 않아 府兵들이 제대로 토지를 받지 못했다고 했다. 즉 "敎曰 選軍給田已有成法 近年 田制紊亂 府兵不得受田 殊失募軍之意 其復舊制"(『高麗史』卷81, 兵志1, 兵制, 恭愍王 20年 12月, 中冊, 785쪽)가 그것이다. 이것으로서 신돈이 집권했던 시기에는 選軍給田이 제대로 시행되지 않았다는 것을 알 수 있다.

105) 朱碩煥, 1986, 「辛旽의 執權과 失脚」, 『史叢』 30, 84~91쪽.

담하게 하고, 가난한 사람들에 대해서는 다소 덜어주며 상호 공조할
수 있게 하는 방안을 마련하고자 했다. 즉 民戶의 재산 상태라든가 크
기를 기준으로 三等으로 나누고 이에 근거해서 군역을 비롯해서 國役
을 부과하는 체제를 수립하려는 움직임이 일어나기 시작했다.

하지만 戶等制를 실시하기 위해서는 먼저 각 民戶의 현재 상태를
파악해야만 한다. 각 호당 人丁數, 보유토지의 結數, 가옥의 크기나 재
산상태 등을 조사해서 알아 낸 다음에 일정한 기준을 세워서 戶의 등
급을 매겨야 했다. 그런데 공민왕 20년(1371) 12월에 홍건적의 침입으
로 손실된 호적을 내년, 즉 21년부터 모두 舊制에 의거하여 良賤·生
口를 분간해서 작성하고 式年마다 民部에 보내어 참고에 대비하라는
교서를 내렸다.106) 동시에 공민왕 5년부터 금지시켰음에도 불구하고
單丁이 계속해서 역에 종사하고 있어 매우 가련하니 助役을 주어 業
을 잃지 말게 하고, 나이가 60에 차면 면역하라고 했다.107)

舊制에 의거하여 호구조사를 실시하고 호적을 작성한다는 것은 일
단 국역부담자층을 다시 한 번 확실하게 파악한다는 의미에서 대단히
중요하다. 동시에 신돈이 주도한 전민변정사업이 訴良을 허용하는 것
으로부터 시작했는데, 良賤·生口를 분간해서 작성하라는 것은 변정
사업의 결과를 다시 검토하라는 의미로 받아들여진다. 따라서 이 조치
는 소실된 舊籍을 복구한다는 의미와 함께 신돈의 전민변정사업에 대
한 대대적인 재검토를 병행하려는 조치였다. 그리고 單丁이 從役할 경
우에는 생활이 곤란해지기 때문에 助役을 지급하여 業을 잃지 않게 하
라는 것은 국역부담자에 대한 최소한의 생활보장책이라고 할 수 있다.
문제는 그 시기 單丁이라 하더라도 경제상태가 모두 동일한 것은 아니
었다는 점이다. 單丁으로도 역을 감당하기에 충분한 경우도 상정할 수
있었다. 고려에서도 일찍이 人丁多寡에 따라 九等으로 戶를 나누고
이에 의거해서 賦役을 정했던 적이 있었다.108) 그러나 중기 이후 사회

---

106)『高麗史』卷79, 食貨志2, 戶口, 恭愍王 20年 12月, 中冊, 732쪽.
107)『高麗史』卷79, 食貨志2, 戶口, 恭愍王 20年 12月, 中冊, 732쪽.

변동으로 인해 경제적인 여건이 크게 변화하면서 人丁만으로는 戶等
을 정하기가 곤란했다.[109] 이제부터는 人丁 이외의 요소도 고려해 보
아야 할 필요성이 매우 커졌다. 또한 과연 助役으로 누구를 선발하느
냐 하는 것도 매우 심각했다. 전투가 계속되고 있었던 당시로서는 正
丁이 되어 당장 軍人으로 출동하는 것과 助役으로 남는 것은 생명과
직결된 문제일 수도 있었다. 그러므로 이를 구분하는 것이 대단히 힘
들었다. 새로운 기준이 시급히 마련되어야만 했다.

공민왕 21년 10월 왜적이 수도 근교까지 쳐들어오자 五部坊里人들
도 五軍에 소속시켜 출동시켰다.[110] 그 이후에도 왜적이 개경을 향해
자주 침공해 왔기 때문에 임시적인 조처만으로는 대응하기 힘들었다.
제도적인 보완이 필요했다. 다음 해 5월에 우선 都摠都監을 설립하여
坊里人으로 구성된 坊里軍을 점검했다.[111] 그런 다음 동년 윤11월에
城中諸戶를 大·中·小戶로 나누어 大·中戶는 5호로써 하나를 삼고,
小戶는 10호로써 하나를 삼아 각기 1인씩을 뽑아서 지역별로 왜구를
방어하도록 했다.[112] 이는 坊里軍의 징발기준과 방어구역을 확실하게
설정해서 만약의 사태에 만전을 기하려는 것이었다. 여기서 특히 주목
되는 점은 大·中·小의 3等으로 戶의 等級을 매긴 다음 이를 기준으
로 군인을 징발했다는 것이다. 즉 이 때 시행하려던 호적 작성과 연계
해서 城中諸戶의 등급을 먼저 정하고 이를 기준으로 군역을 부과했던
것이다. 그렇게 하면 돌아가면서 역을 부담하기 때문에 單丁의 從役

108) 『高麗史』卷84, 刑法志1, 戶婚, 中冊, 852쪽, "編戶 以人丁多寡 分爲九等 定
　　其賦役".
109) 李貞熙, 1985, 「高麗後期 徭役收取의 實態와 變化」, 『釜大史學』9, 194~199
　　쪽.
110) 『高麗史』卷81, 兵志1, 兵制, 恭愍王 21年 10月, 中冊, 785쪽.
111) 『高麗史』卷44, 世家, 恭愍王 22年 5月 丙辰, 上冊, 852쪽, "立都摠都監 點坊
　　里軍".
112) 『高麗史』卷82, 兵志2, 鎭戍, 恭愍王 22年 閏11月, 中冊, 797쪽, "立都摠都監
　　括城中諸戶 大中戶幷五爲一 小戶幷十爲一 各僉一人 中東部赴東江 南西北
　　部赴西江防倭".

및 助役支給, 正丁과 助役의 구분에 따르는 불만, 불평이 자체적으로 해소될 수도 있었다. 더구나 호등의 등급이 적절하게 정해진다면 아무리 大戶라도 변정사업 등에 의해 국가로부터 재산을 몰수당할 염려는 없고 부담만 조금 더 늘기 때문에 크게 반발할 필요가 없었다. 小戶들도 부담이 약간씩 적어지고 또한 상호 공조해서 부담하기 때문에 역시 반대할 까닭이 없었다. 또한 이 체제는 貧者보다 富戶에게 더 많은 부담을 부과하기 때문에 전체적으로 균형을 이루어 민생안정에 기여하는 바도 있었을 것이다. 아울러 그 동안의 點兵 과정에서 吏胥 등의 실무자들이 부호들과 결탁해서 저지르는 부정도 어느 정도 방지할 수 있었다.

하지만 戶等制를 기준으로 한 군인 징발은 아직까지 開京에 국한되어 있었다. 그런데 이를 점차 전국으로 확대 시행하기 위한 준비작업을 하고 있을 무렵인 1374년(공민왕 23), 갑자기 왕이 암살당하고 말았다.[113] 따라서 호정제에 입각하여 군인을 징발하는 제도는 공민왕대에는 개경에 한정해서 시험적으로 시행되었을 뿐이고, 禑王代에 들어와 본격적으로 거론되었다고 볼 수 있다. 그러므로 호등제에 관한 부분은 우왕대에서 다시 검토하려고 한다.

1356년 반원정치를 단행하면서 본격적으로 추진된 공민왕대의 군제개혁은 受田에 따른 군역부담의 원칙을 확립하여 취약해진 二軍六衛를 보강하고 이를 통해 군사력을 강화시키려는 것이었다. 그것은 한마디로 고려 전기의 전정제와 연계된 군역제 및 군사조직을 복구시키려는 것이었다. 또한 田民辨整事業에 기반을 두어 占奪한 田民을 本主에게 되돌려주는 것을 중점으로 하였으나, 새롭게 토지를 분급하기 위한 것은 아니었다. 그러나 반대세력에 의해 전민변정사업이 벽에 부딪쳐 이러한 개혁마저 더 이상의 추진이 곤란했으며, 따라서 다른 방안을 모색해야만 했다. 이는 기존의 토지지배관계를 그대로 용인한 채 다만 경제적으로 풍족한 사람들에게 상대적으로 무거운 부담을 지우

---

113) 『高麗史節要』 卷29, 恭愍王 23年 9月 甲申, 746쪽.

고, 가난한 사람들의 부담을 다소 덜어주는 방안이었다. 그것이 곧 戶
等制였다. 하지만 공민왕대에는 호등제가 개경에 한정해서 실시되었
을 뿐이었으며, 그 확대 시행은 우왕대로 넘겨졌다.

3) 禑王代 戶等制·翼軍制의 시행과 船軍의 재건

禑王은 공민왕의 갑작스런 암살로 인해 즉위했으므로 초창기에는
先王代부터 추진해 왔던 일련의 정책을 계승하는 데 주력했다. 이는
軍制面에서도 마찬가지여서 공민왕 말년에 戶等制에 의한 군인 징발
을 계속 시행하려고 했다. 우왕 1년(1375) 2월에 京中에서만 실시되던
3等戶制를 외방으로 확대했다. 이 때 京中의 見行之法에 따라 中戶는
둘을, 小戶는 셋을 묶어서 役을 지도록 했다.114) 大戶는 물론 단독으
로 부담했다. 이렇게 해서 비로소 3등호제가 京外를 망라하여 시행되
었다. 하지만 이는 군역제에만 국한되지 않고 부역제 전반에 걸쳐 확
대 적용되었기 때문에 장차 부세행정에도 커다란 변화를 가져왔다.

그런데 大·中·小戶를 나누는 기준이 분명치 않았다. 만약에 토지
소유량을 기준으로 정할 경우 대토지소유자들의 반발로 실행이 불가
능해지기 때문에 富戶들이 손해를 덜 보는 쪽으로 절충하기 위해서 그
렇게 한 것인지,115) 아니면 전국적으로 통일된 기준을 마련하기에는
아직까지 여건이 불미하고 미흡한 점이 많았기 때문에 그렇게 한 것인
지는 확인되지 않는다. 어쨌든 기준이 분명치 않았다는 것은 확대 실
시에 커다란 약점으로 작용하였다.

그러므로 특별히 시급한 군역 문제의 수습을 위해 먼저 都城 諸戶
의 등급기준을 명확히 하는 작업이 추진되었다.

---

114) 『高麗史』 卷84, 刑法志1, 戶婚, 禑王 1年 2月, 中冊, 853쪽, "敎曰 使民之道
務從優典 今後 外方各處民戶 一依京中見行之法 分揀大中小三等 其中戶以
二爲一 小戶以三爲一 凡所差發同力相助 毋致失所".

115) 金鍾哲, 1992, 「朝鮮初期 徭役賦課方式의 推移와 役民式의 確立」, 『歷史敎
育』 51, 36~37쪽.

나-4) 改定都城五部戶數 凡屋間架二十以上 爲一戶 出軍一丁 間
架小則 或併五家 或併三四家 爲一戶[116]

나-5) 點五部街里戶數 以屋三十間出丁三人 二十間出丁二人 十間
出丁一人 九間以下 令出從軍者軍具[117]

사료 나-4는 우왕 1년 8월에 都城의 五部戶數를 개정하면서 호의
등급을 정한 것인데, 보다시피 그 기준이 지극히 애매모호했다. 中戶
와 下戶를 나누는 기준은 사실상 없었다고 보아야 한다. 그러므로 개
정이 필요했고, 우왕 3년(1377) 4월에 사료 나-5와 같이 정정하게 되었
다. 그런데 가옥의 間架數를 가지고 등급을 나누어 出丁數를 정했다는
것은 결국 재산 보유의 정도에 따라 군역을 부담시킨 것이라 할 수 있
다. 당시 도성은 시전을 중심으로 유통경제가 발전하면서 많은 가옥들
이 건설되었다.[118] 그 과정에서 법규정을 어기고 자신의 경제적인 능
력에 의지해서 가옥을 짓는 경우가 많았다. 그 결과 間架數는 재산의
보유 정도를 보여주는 지표였다. 間架數를 가지고 호등을 정하고 이에
입각하여 군역을 부과시켰다는 것은 부자에게는 상대적으로 무거운
부담을 지우고 가난한 자는 다소 덜어주어 전체적으로 균형을 맞추려
한 것이었다. 이것으로 出丁에 따른 불만·불평, 혼란을 최소화시키려
고 했다.

전민변정사업이 중단되고 군인전 분급제의 회복이 어려운 상황에서
부자와 가난한 자, 권세가와 일반민의 어느 한쪽으로부터도 반발을 덜
받을 수 있는 군역제 운영방식의 수립이 필요했다. 이에 개혁을 전제
로 하지 않고, 빈부의 차이를 그대로 인정하되 다만 부유하고 권력을
가진 사람들이 조금 더 많이 부담하고, 가난한 사람들은 약간씩 경감

---

116)『高麗史』卷81, 兵志1, 兵制, 禑王 1年 8月, 中冊, 753쪽.
117)『高麗史』卷81, 兵志1, 兵制, 禑王 3年 4月, 中冊, 787쪽.
118) 北村秀人, 1993,「高麗時代の京市の機能について」,『朝鮮史研究會論文集』
31.

되거나 상호 공조해서 부담할 수 있는 체제, 즉 3等戶制가 도입되었던 것이다.

그러나 가옥의 間架數를 가지고 호등을 정한다는 것은 도성에서는 어느 정도 가능해도 외방에서는 불가능했다. 결과적으로 외방의 3등호제는 정착되지 못했다. 그것은 우왕 14년 8월 趙浚 등의 상소에서 '近來戶籍法壞 守令不知其州之戶口 按廉不知一道之戶口 當徵發之際 鄕吏欺蔽'[119]라고 언급한 데서 확인된다. 즉 수령과 안렴사가 담당지역의 호구조차 파악하지 못하고 향리들에게 기만을 당했다는 것은 당시 지방행정의 난맥상을 보여줄 뿐만 아니라 3등호제가 시행되지 못했다는 사실도 아울러 확인시켜주고 있다. 수령·안렴사가 호구수도 모른 채 3등호제를 실시한다는 것은 있을 수 없었다. 더구나 호구수와 함께 경제적인 능력을 파악하는 데 가장 중요한 토지의 보유 현황도 당시 양전사업이나 量案의 미비 등으로 제대로 파악이 안 되고 있었다. 이런 상태에서 3등호제의 시행은 어려울 수밖에 없었다.

군역제의 새로운 운영원리로서 도입된 3等戶制는 도성이라는 좁은 공간에서 시험적으로 일단 시행해 보았던 것이라고 할 수 있다. 가옥의 間架數만 가지고 재산의 보유 현황이나 경제적인 능력을 파악한다는 것도 변동될 확률이 매우 높았기 때문에 많은 문제점을 내포하고 있었다. 따라서 확고한 제도로서 정착되지 못했다. 그러나 수조권이 약화되고 토지의 사적 소유권이 강화되면서, 또한 그로 인해 조세·국역 부담자의 빈부격차가 확대되는 추세 속에서 가호의 경제능력에 기준을 두고 설정된 3등호제의 기본 운영원리는 재등장하게 된다. 그 때 호의 등급을 정하는 문제 등 여러 측면에서 다양한 수정작업을 거쳐야 했지만 그 원리만큼은 큰 변동이 없었던 것이다.

3等戶制라는 새로운 군역제 운영원리를 도입했던 공민왕대 후반부터 국내외의 정치상황은 더욱 악화되었다. 먼저 麗·明關係는 공민왕 21년(1372) 11월 納哈出의 遼東 牛家莊 침범사건을 계기로 급격하게

---

119)『高麗史』卷79, 食貨志2, 戶口, 辛禑 14년 8月, 中冊, 732~733쪽.

악화되었다. 더구나 공민왕이 시해된 직후에 明使 蔡斌마저 살해당하
자 明은 定僚衛를 앞세워 군사적으로 고려를 위협하는 지경에 이르렀
다.[120] 따라서 고려는 군사적으로 새로운 부담을 안게 되었다.

한편 왜적의 침구는 갈수록 심해져 공민왕 20년대부터 우왕대에 이
르러서는 월평균 4~5회에 달하게 되었다. 특히 수도인 開京이 자주
위협을 받게 되자 遷都論이 제기되어 우왕 3년에는 鐵原으로 도읍을
옮기려는 움직임이 일기도 했다.[121]

이와 함께 내부적으로는 유망민이 대량으로 발생하였다. 정부는 이
에 대해 각 도의 요충지에 防護所를 설치하여 유민의 이동을 막고 연
해 주군에다가 특별히 山城을 수축했다.[122] 그러나 방호소 설치나 산
성 수축으로 이러한 대규모의 유민 발생을 막는다는 것은 곤란했으며,
따라서 3等戶制의 실시도 사실상 불가능했다. 이에 위정자들은 종전보
다 훨씬 강력한 방어 태세를 확립하여 어려움을 극복하고자 했다. 즉
총력적인 방위체제의 구축을 구상했다.

이는 開城府가 우왕 3년(1377) 7월에 제출한 狀에 집약되어 있는데,
이는 京外 군사조직의 정비와 군인동원체제의 개편이 기본 골격을 이
루었다. 첫째로 京中에 관한 것을 보면,

    其三, 五部元帥가 규례를 정하는 일을 말하면, 城內에는 鰥寡孤獨
    이 저으기 많으니 男丁이 없는 各戶 이외의 烟戶의 男丁을 調發해서
    出軍케 할 것입니다[123]

---

120) 金成俊, 1974, 「高麗와 元·明 關係와 遼東征伐」, 『한국사 8』(1985, 『韓國中
    世政治法制史硏究』에 재수록).
121) 李鉉淙, 1974, 「倭寇」, 『한국사 8』, 211~212쪽.
122) 『高麗史』卷133, 列傳, 禑王 3年 2月, 下冊, 875쪽, "各道要衝 皆置防護 以遏
    流民 修築沿海州郡山城".
123) 『高麗史』卷81, 兵志1, 兵制, 禑王 3年 7月, 中冊, 788쪽, "其三 五部元帥定
    體事則曰 城內鰥寡孤獨稍多 其無男丁各戶外烟戶男丁 調發出軍".

라고 하고 있다. 京中에는 五部元帥가 규례를 정하는 일이 관심사였는데, 開城府狀이 제출되기 바로 직전인 우왕 3년 3월에 都城의 諸門마다 元帥를 두어 五部坊里軍을 分領하게 했다.[124] 그러므로 五部元帥는 곧 諸門에 배치한 元帥가 아닐까 한다. 그리고 바로 다음 달인 우왕 3년 4월에는 다시 五部街里戶數를 점검하여 屋架間數에 따라 出丁시켰다.[125] 그러므로 開城府狀은 이런 일련의 조치와 함께 五部坊里軍을 어떻게 징발할 것이냐의 문제를 다루고 있다고 할 수 있다. 즉, 鰥寡孤獨과 같이 男丁이 없는 각 호는 징발에서 제외시키고 나머지 烟戶에서만 男丁을 出軍시키도록 했다. 이는 鰥寡孤獨에 대한 存恤이 仁政의 시작이라는 정치이념에 따라서 屋架間數가 설사 기준을 초과했더라도 出軍하지 않도록 한 것이다.

그런데 鰥寡孤獨 이외의 烟戶男丁들은 모두 군정으로 조발하라는 것은 아마도 신분과 직업에 관계 없이 해당되면 징발하라는 뜻으로 해석된다. 말하자면 양반은 물론 비록 공장이나 상인일지라도 군정으로 동원되어야 한다는 의미를 담고 있다고 보인다.

둘째로는 外方에서의 조직편제 문제였다.

其二, 各道의 各官이 東·西北面의 例에 따라서 各翼軍을 設立하는 일로 말하면, 先王의 제도를 가벼이 변경함은 옳지 못한 듯합니다. 그러나 無知한 백성들이 社稷의 안위를 돌보지 않고 출정을 면하기를 꾀하여 여기저기 흘러다닙니다. 군액이 날로 줄어드는 것은 주로 이 때문이니, 마땅히 强弱을 분간해서 軍籍을 만들어야 할 것입니다.[126]

---

124) 『高麗史』 卷81, 兵志1, 兵制, 禑王 3年 3月, 中冊, 787쪽.

125) 『高麗史』 卷81, 兵志1, 兵制, 禑王 3年 4月, 中冊, 787쪽.

126) 『高麗史』 卷81, 兵志1, 兵制, 禑王 3年 7月, 中冊, 788쪽, "其二 各道各官依東西北面例 各翼設立事則曰 輕變先王之制 似乎不可 然無知之民 不慮社稷安危 規免出征 彼此流移 軍額日縮 職此之由 宜分揀强弱 以成軍籍".

外方, 즉 各道 各官에는 東·西北面의 예에 의거해서 각각 익군을 설립하자고 했다. 이는 전국에 걸친 군사조직망을 정비하기 위해 翼軍制를 확대해야 한다는 주장이었다. 그런데 先王의 제도를 가볍게 변경해서는 안 되지만 지금 상황에서는 어쩔 수 없다는 논지를 펴고 있어 주목된다. 결국 翼軍制가 고려 본래의 체제와 부합되지는 않지만 현상태에서는 어쩔 수 없다는 것이다. 이것은 유이민 방지를 위한 防護所 설치 등 이전 방안으로는 소기의 성과를 기대하기 어려웠기 때문이다. 더구나 그대로 방치해 둘 경우 군액의 감축은 필연적일 수밖에 없었다. 따라서 그 대책으로 익군제의 전국적인 확대 실시가 건의되었다.

셋째로는 최대의 현안이었던 倭賊에 관련된 방위 문제였다.

其一, 倭賊이 京城으로 向하는 데 對戰하는 일을 말하면, 우리 나라의 三別抄 三番은 모두 步卒로서 勇力이 있는 자였습니다. 근년 이래 倭賊이 육지에 깊이 들어오자 약한 말과 궁핍한 백성을 억지로 馬兵이라 칭하고 활쏘기와 말타기의 能否를 논함이 없이 모두 망가진 弓箭을 가진 자로 군액을 채웠습니다. 만일 긴 槍과 날카로운 劍으로 銳鋒을 꺾는 寇賊을 만나면 어찌할 바를 모르고 많이 逃亡함에 이르는 것입니다. 진실로 哀痛해야 할 일입니다. 원컨대 지금부터는 활쏘기와 말타기에 능한 驍勇한 자는 馬兵을 삼고 民軍을 步卒을 삼아 모두 槍·劍·白棒을 가지고 그 용도에 따라서 賊鋒을 막는 것이 좋겠습니다.[127]

위의 건의안은 특히 왜적의 침입에 대한 경성방어책이었다. 문제는 군사력의 취약 상태가 극에 달해 근자에 들어와서는 馬兵조차 부실해져서 왜적과의 육상전투에서 패배를 당할 정도라는 데에 있었다. 그것

---

127)『高麗史』卷81, 兵志1, 兵制, 禑王 3年 7月, 中冊, 787~788쪽, “其一 倭賊向京城對戰事則曰 我國家夜別抄三番 皆步卒 有勇力者也 近年以來 倭賊深入陸地 弱馬窮民 强稱馬兵 不論射御能否 皆以凋弓殘箭 以具軍額 如遇長槍利劍摧鋒挫銳之寇 無所措手 多致喪亡 誠可痛也 願自今射御驍勇者爲馬兵 其民軍則爲步卒 皆齎槍·劍·白棒 隨其所用 以御賊鋒可也”.

은 장비도 갖추지 못한 窮民들을 억지로 馬兵으로 편성한 결과였다. 이를 극복하기 위해 우선적으로 射御에 능하고 驍勇한 자들로 마병을 재편해야 한다고 건의했다. 이 방안은 마병의 선발에서 이전처럼 신분이나 직업보다도 射御의 능력을 중시한 데 특징이 있다. 그런 후에 나머지 民軍들을 步兵으로 만들어 활용하자고 했다. 그렇게 되면 자연히 馬兵이 강해져서 육지에서 왜적과 싸울 때 고려 측에 승산이 있었을 것이다.

위의 開城府狀이 제출되기 바로 한 달 전에 都評議使가 各道의 閑散軍들을 點閱한 적이 있었는데, 閑散子弟들 이외에 농민이나 戍邊鎭者들이 居半을 차지하고 있었다. 더구나 이들은 馬를 갖고 있지 않으면 처벌받는다고 해서 자식과 가산, 토지까지 팔아서 새로이 마련하기도 했다. 그런 관계로 실질적인 전투 능력은 떨어졌으므로 모두 放歸시켰다.[128] 그만큼 마병의 편성과 동원이 다른 것에 비해서 사실상 매우 처리하기 어려운 문제였다.

그러나 왜적과의 대결에서는 마병이 차지하는 비중이 대단히 컸으므로, 開城府狀에서는 射御의 능력이 탁월한 驍勇者를 마병으로 선발해야 한다는 원칙을 제시한 것이다. 따라서 이 방안은 선발방식의 강화를 통해 군사동원체제의 문제를 해결하려는 것이었다.

넷째로는 明에 대한 대비책이었다. 특히 공민왕 死後 對明關係가 악화되고 定遼衛가 설치되면서 명나라는 군사적 위협의 대상이 되었다.

其四, 定遼衛의 軍馬와 對敵하는 일을 말하면, 器械를 嚴히 하고 烽燧를 정성스러이 하고 馬兵과 步卒이 각기 能한 바 軍器를 가지고 군사를 길러 고요히 지키다가, 만일 저쪽 적이 나타나면 兩班·百姓

---

128) 『高麗史』卷81, 兵志1, 兵制, 禑王 3年 6月, 中冊, 787쪽, "都評議使閱各道所調閑散軍 先是 各道抄軍使等 抄閑散子弟 慶尙道六百 全羅道一千三百四十 楊廣道七百 無馬者畏刑 至有鬻子易馬 盡賣家産 又賣已耘之田 以求馬匹 雖名閑散 其實農民及戍邊鎭者居半 至是皆令放歸".

·公私賤隷·僧俗을 물론하고 모두 調發하여 힘껏 싸우게 합시다. 만일 형세가 감당하기 어려울 것 같으면, 각기 산성에 들어가서 성벽을 든든히 하고 굳게 지키다가 틈을 타고 사이를 엿보아 사면에서 나와 이를 공격하게 합시다.[129]

定遼衛의 군대, 즉 明軍의 침공에 대비하여 장비라든가 군사시설 등을 점검하고, 마병과 보졸의 특성에 맞게 군기를 갖추도록 양병할 것을 건의한 것이다. 그런데 '靜守'를 강조하여 明에 대한 수비만 충실히 하고 있다가 막상 明軍이 침입해 들어왔을 때 양반·백성·공사천·승도를 막론하고 모두 동원해서 싸우되 사정이 여의치 않으면 산성에 入保했다가 틈을 보아서 기습공격을 가하자고 했다.

開城府狀의 방안은 그야말로 총체적인 동원체제라고 할 수 있으며, 이를 위해 등장한 것이 바로 翼軍이었다. 곧 양반 이하 모든 계층을 동원하기 위한 翼軍制의 전국적인 확대가 단행되었다. 이제는 남방지역의 모든 계층민들도 양계와 마찬가지로 동원을 위해 軍籍에 올리려 했다. 다만 鰥寡孤獨과 같이 군역을 담당할 능력이 없는 사람들은 제외하였다.

開城府狀의 方案은 그 뒤에 하나씩 실행에 옮겨졌다. 우선 사신을 파견하여 제 도의 산성을 수축하자는 안은 곧바로 시행되었다.[130] 또한 경성에 대한 왜적대비책으로서 매우 중요하였던 마병 선발도 다음과 같이 시행했다.

---

129) 『高麗史』卷81, 兵志1, 兵制, 禑王 3年 7月, 中冊, 788쪽, "其四 定遼軍馬對敵事則曰 嚴器械 謹烽燧 馬兵步卒各持所能軍器 養兵靜守 如有彼敵 兩班百姓公私賤隷僧俗勿論 悉皆調發力戰 勢如難濟 各入山城 堅壁固守 乘間伺隙 四出攻之".

130) 開城府狀에는 지금까지 검토해 온 京外 軍事組織의 정비 및 군인동원체제의 개편문제와 더불어 諸城의 修築에 관련된 사항을 外城修葺事·內城新築事·外方山城修補事·牧府郡縣築城事 순으로 정리해 놓았다(『高麗史』卷82, 兵志2, 城堡, 禑王 3年, 中冊, 811쪽). 이에 의거해서 "遣使諸道修築山城"(『高麗史』卷133, 列傳, 禑王 3年 7月, 下冊, 879쪽)했던 것이다.

諸道의 兵을 징발하여 왜적에 대비하였는데 경상도는 騎兵 600이고 江陵·平壤道는 각 300이며 朔方·西海道는 각 200이고 交州道는 騎·步兵 아울러 500이었다.[131]

各道別로 道勢에 따라 일정수의 마병을 징발했는데, 交州道만 기·보병을 합해 500명이었다. 보병을 교주도에서만 징발한 이유는 분명치 않다. 그리고 하삼도에서는 유독 경상도에서만 징발을 실시했다. 이 역시 확실한 사정을 알 수 없으나 양광·전라도가 왜적의 갑작스러운 침입을 당하고 있었기 때문에 제외시킨 것은 아닐까 추정된다.

그러나 무엇보다도 중요한 조치는 우왕 4년 12월 서북면을 제외한 각 도에 計點元帥를 파견하여 호구를 점검하고 左右翼軍을 설치한 것이다.[132] 마침내 이 단계에 이르러 총체적인 동원체제라 할 수 있는 翼軍制가 전국적으로 확대 실시되었다.[133] 자세한 내용은 다음과 같다.

清白하고 射御에 능한 자를 택하여 奉翊으로부터 4품까지는 千戶로 삼고, 5·6품은 百戶로, 參外는 統主로 삼는다. 千戶는 천 명을 통솔하고, 百戶는 백 명을 통솔하고, 統主는 십 명을 통솔하여 軍籍에 기록하게 한다. 그 나머지 3품에서 6품까지는 各翼에 分屬시켜 軍器·衣甲을 갖추게 한다.[134]

131) 『高麗史』 卷81, 兵志1, 兵制, 禑王 3年 10月, 中冊, 788쪽, "徵諸道兵 以備倭 慶尙道騎兵六百 江陵平壤道各三百 朔方西海道各二百 交州道騎步幷五百".

132) 『高麗史』 卷133, 列傳, 禑王 4年 12月, 下冊, 884~885쪽, "遣柳曼殊于東北面 吳季南于全羅道 安翊于楊廣道 南佐時于江陵道 王安德于西海道 慶補于交州道 計點戶口 依西北面例 置左右翼軍 惟慶尙道 令都巡問使裵克廉掌之 後憲府上疏罷之".

133) 고려말 翼軍制에 관해서는 다음의 연구성과를 참조할 것. 李基白, 1969, 「高麗末期의 翼軍」, 『李弘稙博士回甲紀念韓國史學論叢』(1990, 『高麗貴族社會의 形成』에 재수록); 原田一郎, 1994, 「高麗翼軍の成立 - 部隊單位'軍翼'への照明」, 『駿大史學』 92.

134) 『高麗史』 卷81, 兵志1, 兵制, 禑王 4年 12月, 中冊, 788쪽, "擇淸白能射御者 自奉翊至四品爲千戶 五六品爲百戶 參外爲統主 千戶統千名 百戶百名 統主

먼저 품관 중에서 청렴하고 射御에 능한 자를 택해 千戶·百戶·統主의 지휘관으로 임명하고 각각 1000명, 100명, 10명의 군인을 통솔하게 했다. 그리고 이를 군적에 기록해 놓았다. 아마 군적에는 명단, 소속, 지휘관 등이 기재되어 있었을 것이다. 그리고 나머지 3품에서 6품은 모두 各翼에 분속시켜 군기와 의갑을 갖추도록 했다. 따라서 2품 이상의 재상급 고위 관료에 해당되지 않는 양반들은 이제부터 군사조직에 속해 있으면서 유사시에 의무적으로 군인으로 동원되어야 했다.

군인들의 편성은 다음과 같이 했다.

兩班·百姓·才人·禾尺으로는 군인을 삼고, 人吏·驛子·官寺倉庫宮司奴·私奴로는 烟戶軍을 삼아 頭目을 정하고, 각자 원하는 대로 弓·箭·槍·劍 중 한 가지를 갖추게 하고, 5인이 爐臼 하나, 斧 셋, 鎌 둘을 갖추게 한다. 각기 그 官이 인솔하고 전투를 익히게 하되, 元帥府와 軍目長官으로 하여금 點檢케 하여, 無事하면 돌아가 농사를 짓게 하고, 變이 있으면 인솔하여 征戰에 나가게 한다. 어긴 자는 군법으로 논하는데, 流移者의 魁首와 引誘하여 받아들인 사람도 아울러 軍法으로 처벌한다.[135]

위의 기사에 따르면 兩班[136]·百姓·禾尺·才人 등은 군인을, 人吏·驛子·官寺倉庫宮司奴·私奴 등은 烟戶軍을 구성하였다. 무기와 장비는 각자가 준비해야 했으며, 각기 官이 거느리고 習戰하되, 원수

十名 錄軍籍 其餘三品至六品 分屬各翼 備軍器衣甲".

135) 『高麗史』卷81, 兵志1, 兵制, 禑王 4年 12月, 中冊, 788쪽, "以兩班百姓才人禾尺爲軍人 人吏驛子官寺倉庫宮司奴私奴爲烟戶軍 定頭目 聽自願 備弓箭槍劍中一物 五人爐臼一·斧三·鎌二 各其官押領習戰 令元帥府及軍目長官點檢 無事歸農 有變押領赴征 違者以軍法論 流移魁首及引誘許接人 並皆軍法斷罪".

136) 李基白, 1969, 「高麗末期의 翼軍」, 『李弘稙博士回甲紀念韓國史學論叢』(1990, 『高麗貴族社會의 形成』에 재수록), 217쪽. 統主 이외의 七品 以下者를 가리킨다고 한다.

부 및 군목도의 장관이 점검해서 무사시에는 歸農시키고 事變이 있으
면 인솔하여 征戰에 나가게 했다.

이처럼 확대된 翼軍에는 전부터 존재했던 原定別抄·加定別抄·烟
戶軍을 비롯하여 가끔 추쇄되어 戍卒로 충당되었던 禾尺·才人,[137]
그리고 외적이 침입했을 때 自願 應募의 대상이 되기도 했던 士人·
鄕吏·奴隷 등[138]이 모두 편성되었다. 이 방안이 갖는 의미는 이제까
지 군호를 별도로 錄籍해서 군인을 동원했던 방식과 달리 양반과 인리
·사노에 이르는 모든 장정에게 군역을 부과한다는 점에 있었다. 실로
총력동원체제라 할 수 있다. 그만큼 이 시기에 외적방어를 위한 국방
문제가 절실했던 것이다.

또한 익군제의 확대 실시는 고려사회가 갖고 있는 심각한 내부문제
인 流移民의 해결과도 연관이 있었다. 즉 편성을 어기는 자는 군법으
로 처단하고 流移者의 魁首와 流移者를 유인해서 받아들이는 사람도
엄하게 처벌하도록 했던 것이다.

이 조치는 辛旽의 전민변정사업과 같은 방법으로 문제를 해결하려
할 때 생기는 豪强之家들의 반발 등을 고려한 것이었다. 다시 말해서
군역을 토지문제와 연결해서 처리할 수 없는 현실적 한계 속에서 나온
조치였다. 그러므로 일단 모든 장정을 군적에 등록시켜 편성하였다가
유사시에 군인으로 동원한다는 원칙을 세워 놓고 문제를 처리하려 하
였다. 이것이 제대로 실천될 경우 壓良爲賤된 사람도 최소한 烟戶軍
에 배치되고 豪强之家나 富戶들도 편성되는 효과를 가져올 수 있었다.
자연히 군액이 충실해지는 것이다.

익군의 편성 과정은 상황이 급박했던 만큼 엄격하게 수행되었다. 따
라서 '而守令不顧大體 家至戶到 殘忍刻剝 至於單丁寡婦 令出子孫俠
居 剝膚槌髓 無所不至'[139]라는 말이 나올 정도였다. 이 때 농민은 물

---

137) 『高麗史』 卷39, 世家, 恭愍王 5年 9月 庚辰, 上冊, 773쪽.
138) 『高麗史』 卷81, 兵志1, 兵制, 恭愍王 10年 10月, 中冊, 784쪽.
139) 『高麗史』 卷82, 兵志1, 兵制, 禑王 5年 閏5月, 中冊, 788쪽.

론 사노를 거느린 지방 양반들의 부담도 적지 않았다. 다만 2품 이상의 재상급 권세가들만이 편성대상에서 제외되어 큰 타격을 입지 않았다. 그 결과 농민이나 하층 양반일수록 실질적 부담은 더 컸을 것으로 보인다. 왜냐 하면 공평하게 같은 양만큼의 역을 부담하더라도 이미 경제력에서 큰 차이가 났기 때문이다. 익군제가 본래 경제력 또는 人丁數의 차이를 고려해서 부과하기보다는 모든 장정을 등록시키는 것에 중점을 두었기 때문에 그런 모순은 피할 수가 없었다.

翼軍制의 확대 실시는 지휘체계의 수정을 가져왔다. 翼軍은 元帥府 및 軍目長官의 점검을 받았기에 元帥府와 軍目道의 통제 하에 있었다.[140] 문제는 원수의 수가 많아 군령이 여러 군데에서 나오는 관계로 기강이 매우 해이해졌다는 점이다. 이를 시정하자는 건의가 익군제의 확대 실시와 더불어 제출되었다.

諫官이 上言하기를, "······ 지금 元帥가 너무 많아 令이 여러 곳에서 나오는 고로, 체통이 문란하고 기강이 서지 않습니다. 청컨대 舊制에 의거해서 1元帥를 두고 나머지는 이를 파하여 다른 稱號를 加해서 모두 元帥의 지휘를 받게 합시다"라고 하였다.[141]

즉, 간관은 1명의 원수만을 임명하고 나머지는 그의 지휘를 받는 체제를 구축하도록 건의하였다. 이것으로 군령을 통일하려 했다. 그리고 왜구가 날로 성하니 諸道에 미리 將帥를 파견해서 방어하자고 했다.

"또 왜적이 날로 성하여 諸道를 侵掠하는데, 국가에서는 위급을 告하는 것을 기다린 연후에 將帥를 보내어 군사를 출동합니다. 길이 멀

---

140) 李基白, 1969, 「高麗末期의 翼軍」, 『李弘稙博士回甲紀念韓國史學論叢』 (1990, 『高麗貴族社會의 形成』에 재수록), 218쪽.

141) 『高麗史』 卷82, 兵志1, 兵制, 禑王 5年 1月, 中冊, 788쪽, "諫官上言 ······ 今 元帥甚衆 令出多門故 體統紊亂 紀綱不立 請依舊制 置一元帥 餘則罷之 加 以他號 並聽元帥節制".

어서 將帥가 거의 이르게 되면 賊은 이미 바다에 뜨니 더불어 싸우기
에 이르지 못하는 것입니다. 설사 서로 싸우더라도 보통 때의 배를
달리어 軍馬가 피곤하므로 누차 패함에 이르렀던 것입니다. 청컨대
제 도에 미리 장수를 보내어 왜구가 이르면 곧 이를 치게 합시다"라
고 하였다.142)

간관의 상언은 왜적의 침입소식을 듣고 장수와 군대가 서둘러 먼 곳
에서 출동하는 데 따른 도착지연으로 인해 싸워 보지는 못하고, 동시
에 軍馬의 피곤으로 말미암아 실제 전투에서 패배당하는 폐단을 제거
하자는 것이다. 지휘체계의 수정과 동시에 전투능력도 향상시키려는
방안이었다.

그런데 이를 翼軍制의 확대 실시와 연결시켜 보면 현지에 거주하는
양반들을 일단 지휘관으로 임명한 다음에, 중앙에서 보낸 장수가 이들
과 그 휘하에 있던 군인들을 인솔하여 전투에 임하게 하자는 것이다.
그렇게 되면 중앙의 원수를 정점으로 해서 諸道에 파견된 장수를 통해
전국의 군사조직을 일원적으로 통제할 수 있는 체제가 수립되는 근거
가 마련될 것이었다. 다시 말해 종래와는 다른 중앙집중적인 지휘체계
가 세워지는 것이다.

그러나 翼軍制의 확대 실시는 사회모순이 점점 더 심화되고 계층
간의 대립이 첨예화하는 데 대한 별다른 조처 없이 추진된 방안이었
다. 무조건 군역을 부과하여 편제시킨 결과 양반으로부터 노비에 이르
기까지 모든 계층에게 무거운 부담을 지게 함으로써 민생불안을 오히
려 가중시켰다. 결국 확대 실시된 지 얼마 지나지 않아 혁파가 거론되
었다. 즉, 우왕 5년(1379) 윤5월 憲司가 五道에 새로 설치한 익군의 폐
해를 상세하게 상소했다.143) 이 건의가 받아들여져 익군은 혁파되었

---

142) 『高麗史』卷82, 兵志1, 兵制, 禑王 5年 1月, 中冊, 788쪽, "又倭賊日熾 侵掠
   諸道 而國家待其告急 然後遣將出師 道里悠遠 將帥垂至 而賊已浮海 不及
   與戰 假令與戰 倂日倍馳 軍馬疲困 屢至敗賊 請於諸道 預遣將帥 寇至則擊
   之".

다.144)

익군의 혁파 요인은 무엇보다도 외적의 침입을 대비하기 위해 내부의 사회적 모순을 소홀히 처리한 점을 들 수 있다. 다시 말해서 모든 장정을 편성함으로써 지방민들이 크게 반발하고, 특히 하층민이 타격을 받은 것이 혁파의 주요인이었을 것이다.

따라서 정부는 다른 방안을 모색해야 했으나, 이전의 방안들을 답습하는 데서 그쳤다. 현실 상황이 어떤 새로운 체제를 지향하는 정책을 추진하기 어렵게 만들었다. 먼저 허약한 府兵을 충실화하기 위해서 우왕 10년 8월 당시 鷹揚軍上護軍인 李茂의 上言에 따라 諸道의 閑良子弟를 선발하고자 했다.145) 이에 앞서 우왕 3년 6월에 各道에 抄軍使를 보내 閑散子弟를 뽑은 적이 있었다.146) 따라서 전에 시행했던 방식을 고스란히 따랐던 것이다.

그리고 外方에서는 이전에 군역을 부담했던 軍戶를 재차 동원하는 체제를 구축하고자 했다. 특히 諫官은 前例에 입각해서 각 도에 3元帥만 파견하여 그 도의 방어임무를 전담시키고, 그들도 반드시 六道都巡

---

143) 『高麗史』 卷82, 兵志1, 兵制, 禑王 5年 閏5月, 中冊, 788쪽, "憲司上疏 論五道新置翼軍之弊曰 …… 而守令不顧大體 家至戶到 殘忍刻剝 至於單丁寡婦 令出子孫俠居 剝膚槌髓 無所不至 以至斬屍梟首 人皆恟懼 不惟見存子孫 至於身死已久者 及從宦遠適者 亦悉付籍 及其點考 督使充額 方値農時 獄囚數萬 誰得治農 於是盡賣家財 以贖其罪 遂失産業 轉于溝壑 且各翼頭目 必差有職者 故不論所居程途遠近 如得有職人 則定爲頭目 或三四日 或五六日 賷粮往還 其弊不可勝言 又爲頭目者 雖當無事 不放軍歸農 常率田獵而奴使之 如或闕進 日徵布三四匹 無布則家産衣服器皿並徵不還 故民不忍苦 稍稍逃散 可謂於邑 若西北面則全委軍務 貢賦一皆蠲免 特置各翼 收其田租 悉充軍餉 以故軍政無缺 他道則不然 大小貢賦差役 皆由而出 加以翼軍 農民失業 田野蕭然 以致兵食不足 國勢日窘 願罷各翼 籍見存丁壯爲軍 無事則歸農 有變則徵發 以爲恒式 禑下其書都堂擬議 罷之".

144) 『高麗史』 卷82, 兵志1, 兵制, 禑王 5年 閏5月, 中冊, 788쪽.

145) 『高麗史』 卷81, 兵志1, 兵制, 禑王 10年 8月, 下冊, 919쪽, "鷹揚軍上護軍李茂上言 府兵虛弱 請選諸道閑良子弟 號補充軍 以實府兵 從之".

146) 『高麗史』 卷81, 兵志1, 兵制, 禑王 3年 6月, 中冊, 787쪽. 閑散子弟는 閑良子弟의 異稱으로 생각된다.

察使軍目에 의거해서 本道 軍官을 통솔하게 하여 함부로 탈점하는 일이 없도록 하자고 상소했다.[147] 위의 '六道都巡察使軍目'이란 공민왕 22년(1373) 10월에 崔瑩을 六道都巡察使로 임명해서 軍戶를 錄籍했던 것을 가리킨다.[148] 그러므로 '六道都巡察使軍目'에 의거하자는 조치는 최영에 의해서 錄籍된 군호의 군인만 동원하고, 그 밖의 다른 사람들은 징발하지 말라는 것이다. 그 의미는 익군제의 확대 이전에 만들어진 軍目에 따라 군인을 동원하자는 것이다. 위의 상소가 실행에 옮겨졌다는 분명한 근거는 없지만, 익군이 확대되기 이전 방식대로 군사조직을 운영하고자 했던 것만은 확실한 것 같다.

그러나 이전에 실시했던 방식대로 군을 운영하게 되자, 그 결과 앞서 나타났던 문제들이 재발되기 시작했다. 우선 군사동원 문제가 커다란 난관에 봉착하였다. 특히 홍건적의 2차 침입으로 호적이 망실되어 버렸으므로 공민왕 20년 12월에 다시 舊制에 입각해서 戶口를 成籍하려고 했다.[149] 그러나 제대로 실시되지 못했다. 이후 공민왕 22년 10월에 六道都巡察使 최영이 추진한 軍戶의 錄籍도 많은 문제점을 내포할수밖에 없었다. 따라서 이에 근거하여 군인을 동원하는 데에는 다음과 같은 여러 가지 무리가 따랐다.

前朝 말기에 호적이 분명치 못함으로 말미암아 군정으로 징발되어 수고하는 것도 고르지 못하여, 한 집안에서 혹은 侍衛軍으로, 혹은 船兵으로, 장정이 있는 대로 다 군정이 되어 役을 감당하기 어려우므

---

147)『高麗史』卷81, 兵志1, 兵制, 禑王 6年 6月, 中冊, 789쪽, "諫官上疏曰 興師動衆 不能無弊 故遣將帥 宜有節制 國家已於各道置三元帥 一道之任 宜專委三元帥 近來一有小寇 三元帥外 別遣諸元帥諸兵馬使 非惟委任不專 卒無成功 往返之間 民受其苦 乞自今 令本道之任 專委三元帥 隨其成敗 以明賞罰 仍乞各道元帥 依六道都巡察使軍目 統率本道軍官 毋得奪占 以致紛擾".
148) 閔賢九, 1983,「高麗後期의 軍制」,『高麗軍制史』, 335쪽.
149)『高麗史』卷79, 食貨志2, 戶口, 恭愍王 20年 12月, 中冊, 732쪽, "下教 一 本國戶口之法 近因播遷 皆失其舊 自壬子年爲始 幷依舊制 良賤生口 分揀成籍 隨其式年 解納民部 以備參考".

로 점점 숨어 버렸던 것입니다.[150]

이처럼 고려 말에 불명확한 호적에 의거해서 군인을 징발한 결과 많은 혼란이 초래되었다. 또한 一家內에서 侍衛軍으로, 또는 船兵으로 모두 징발당해 역을 감당하기 어려운 상황이 초래되었는데, 이는 호적 관리 및 징발 체계의 문제 이외에 陸軍과 船軍의 역할분담이 제대로 이루어지지 않은 채 서로 육성해야 한다며 마구 징발하여 빚어진 결과라고도 할 수 있다. 그 결과 亡匿者가 증가하면서 부족해진 군액을 채우기 위해 심지어 閑散官中에서 가장 고위직인 奉翊·通憲大夫까지 동원해야 했다.[151] 또한 諸道로 귀양갔던 사람들도 배를 타고 왜적과 싸워서 공을 세우면 속죄시키라고 했다.[152] 죄인까지도 군인으로 징발하는 상태에 이른 것이다.

또한 세가와 관련을 맺고 있던 자들이 군역 자체를 이탈하거나 징발을 정면에서 거부하는 상태가 빈발하였다. 당대 권세가인 廉興邦과 判密直司 崔濂의 家奴의 경우가 대표적인 사례이다. 이들은 富平에서 주인의 세력을 믿고 횡포한 짓을 마음대로 하다가, 그 지역의 府使가 군사를 초모하자 주민 40명을 거느리고 이를 방해했다. 이에 府使가 직접 四道都指揮使의 發軍牒을 가지고 나갔으나 여전히 노비들이 반항하여 결국 이 사실을 국왕에게 보고하였고, 노비들은 사형에 처해졌다.[153]

---

150) 『太祖實錄』卷6, 太祖 3年 8月 己巳, 1冊, 67쪽, "然以前朝之季 戶籍不明 徵發爲軍者 勞逸不均 一家之內 或侍衛 或船兵 隨口爲軍 役重難堪 稍稍亡匿".
151) 『高麗史』卷135, 列傳, 禑王 9年 7月, 下冊, 908쪽, "以倭寇方興 在外閑散奉翊通憲 皆赴征".
152) 『高麗史』卷135, 列傳, 禑王 10年 2月, 下冊, 916쪽, "禑令諸道流竄者 騎船捕倭 以贖罪".
153) 『高麗史節要』卷32, 禑王 12年 5月, 811쪽, "三司左使廉興邦 判密直司事崔濂 兩家奴居富平者 恃勢恣橫 府使周彦邦 遣吏簽軍 奴等歐之瀕死 彦邦 持四道都指揮使發軍牒 親到其家 奴輩又歐彦邦 禑遣巡軍提控申龜生于富平

그러나 이렇게 처벌이 이루어진 경우는 특별한 예였을 것이다. 이들처럼 勢家와 가까운 대부분의 인물들이 군역에서 빠져나갔으므로 이러한 반항이 가능했을 것이다. 또한 지휘관들도 공공연히 군사들로부터 뇌물을 받거나, 양식을 가로채기 위한 술책을 부렸다.154) 따라서 富戶나 勢家 출신들은 지휘관들과 결탁해서 군역에서 이탈할 수 있었다.

또한 익군제의 확대 실시가 중단된 이후 지휘관과 군사 사이의 사적인 결합, 즉 私兵化의 경향은 한층 더 강화될 수밖에 없었다. 당시 잦은 외침에 대비한다는 명목으로 中外를 막론하고 元帥職이 상설되었다. 그리고 牌記라고 해서 아예 官에서 兵士들을 籍에 올리지 않고 諸將들이 각기 占하여 병사로 삼게 했다.155) 이 牌記를 장악한 諸將들은 전부 元帥였다.

아울러 고려 말기의 유명한 장수들은 자신의 인척이나 가까운 인사들을 대동하고 전쟁에 출정한 적이 많았는데,156) 이것이 발전하여 원수들은 麾下士들을 伴倘으로 거느리고 添設職을 제수받게 하거나 私第를 숙위케 했다.157) 국가의 통제와는 무관하게 領率했다는 점에서 伴倘은 私兵과 매우 흡사했다. 사병화 경향의 확산이었다. 결과적으로 익군제의 확대 실시와 그에 입각한 지휘체계의 수정작업이 중단되자 군제 운영의 혼란이 커지면서 군사조직의 허소화와 사병화도 마찬가지로 급속하게 진행된다.

한편 우왕대 정부당국자들은 그 동안 육군에 비해 상대적으로 소홀하게 취급되어 매우 취약한 상태에 놓여 있던 선군 재건 문제에 대해서도 많은 관심을 갖고 있었다. 앞서 언급했듯이 선군은 원간섭기 이후 강화로의 재천도를 의식한 元나라의 견제, 왜적의 침입에 따른 연

捕奴之肆暴者 不復究聞 悉斬之 濂乃李琳壻也".

154) 『高麗史』卷134, 列傳, 禑王 7年 5月, 下冊, 900쪽 ; 『高麗史』卷137, 列傳, 禑王 14年 4月, 下冊, 952쪽.

155) 『太祖實錄』卷1, 總書, 1冊, 9쪽.

156) 『太宗實錄』卷13, 太宗 7年 1月 甲戌, 1冊, 384쪽.

157) 韓嬉淑, 1986, 「朝鮮初期의 伴倘」, 『歷史學報』112, 10~12쪽.

해지역의 피폐로 인한 선군자원의 고갈, 군역제 운영의 동요로 말미암은 관리 부실과 勞役化에 따른 기피자의 양산 등으로 조직이 허소화되었다. 하지만 갈수록 왜적의 침입이 격화되었고 그 때문에 입은 피해가 급증하자 이들을 물리치기 위해서는 육군만으로는 부족하기 때문에 선군을 재건해야 한다는 의견이 대두되었다.

선군의 재건을 건의한 가장 대표적인 경우로는 공민왕 즉위 직후 군제개혁에 관한 상서를 올린 李穡을 들 수 있다. 이색은 육상에서의 방어만으로는 해양으로 침투하는 왜적을 소탕하기 힘들다고 보고 반드시 선군을 재건해서 해상전투를 해야만 적을 완전히 제압할 수 있다는 점을 강조했다.[158] 그런데 海戰은 陸守와 성격이 다르기 때문에 항해에 익숙한 島民을 船軍으로 삼아야만 왜적과 대등하게 싸울 수 있다고 주장했다. 특히 島民들은 왜구 때문에 魚鹽之利를 상실해 적개심이 고조되어 있으므로 이를 이용하면 승산이 크다고 보고, 使臣을 파견하여 條畫에 따라 召募하되 상을 주면 많은 人員을 모을 수 있다고 하였다.[159] 말하자면 軍功褒賞의 이익이 魚鹽之利보다 크면, 사람들이 몰려 많은 인원을 확보하리라는 생각이었다. 그리고 이색은 追捕使와 같이 해전에 능숙한 지휘관을 별도로 두고, 이들의 통솔 하에 선군을 해상에 상주시켜 왜구의 갑작스런 침입에 대비하자고 했다.[160] 이러한 방안에 의거하면 선군은 육군 및 지방의 행정기구와 독립된 기구, 편성 방식, 동원 대상 인원을 거느리게 되는 셈이 된다. 즉 선군의 독자적인 조직망을 구축하려는 구상이었다. 이색의 방안은 결과적으로 보

---

158) 『高麗史』卷115, 列傳, 李穡, 下冊, 523쪽.

159) 『高麗史』卷115, 列傳, 李穡, 下冊, 523쪽, "海戰之術 則臣以爲 本國三邊控海 島居之民 無慮百萬 方之泳之 是其長技 其人又不以耕桑爲事 而以漁鹽爲利 比因此賊 離其居 失其利 怨之之心 比之陸居 豈止十倍 馳一騎 奉條畫 沿江召募 必其賞賚 數千之衆 一朝可得 以其所長之技 敵其所怨之人 其有不勝者乎 況殺敵得賞 不猶愈於魚鹽之利乎".

160) 『高麗史』卷115, 列傳, 李穡, 下冊, 523쪽, "又以追捕使領之 常在船上 則州郡得便 盜賊可敗矣".

면 麗末鮮初 선군의 성장을 전망했던 것으로 대단히 중요한 의미를 지니고 있다. 하지만 방안을 내놓았던 공민왕대 초년에는 청야전술을 펼쳐 내륙 깊숙이 끌어들여 싸우는 편이 유리하다는 주장이 우세함에 따라 그의 건의안은 채택되지 않았다.161)

그러나 청야전술로 인해 곡창지대가 상실되자 피해는 더 늘었다. 더구나 왜적의 발호가 극심해져 조운마저 통하지 않자 국가의 재정은 크게 악화되었다. 또한 왜적이 開京 근교까지 진출하자 이에 불안을 느낀 일부 인사들이 천도를 거론할 정도로 민심이 흉흉해졌다. 이러한 위기 상황으로 인해 공민왕 22년 6월에 諫官 禹玄寶 등은 民弊가 있더라도 戰艦을 建造하여 水戰으로 왜적을 격퇴해야 한다고 상소했다.162) 이 상소는 辛旽이 제거된 이후의 정계개편과 더불어 추진된 군비강화에 커다란 영향을 주었다.163) 특히 당시 군비강화를 주도하던 崔瑩은 이러한 선군 육성에 관한 건의를 크게 중시했던 모양이다.

禹玄寶 등의 상소가 제출된 직후인 공민왕 22년 10월에 六道都巡察使에 임명된 崔瑩은 軍戶의 錄籍과 함께 戰艦의 建造를 추진하여 본격적인 선군의 증강작업에 나섰다.164) 최영의 당초 계획은 전함을 한꺼번에 2천 척이나 건조하는 것이었다.

---

161) 『東文選』 卷77, 東萊城記, 李詹, "自庚寅以來 倭寇擾邊 爲患日甚 主上軫慮 宰臣獻計 而其爲策 不務堅壁 特出淸野以待之 沿邊以戍之 則其所謀 適所 以引寇深入 而使我衆 反無所據耳".

162) 『高麗史』 卷83, 兵志3, 船軍, 恭愍王 22年 5月, 中冊, 830~831쪽, "諫官禹玄寶等上疏曰 議者 以爲賊善舟楫 不可以水戰 若造戰艦 是重困吾民 是不然 水賊不可以陸攻 其勢明甚 且攘賊禁暴 本欲爲民 其可念小弊於民 而貽大患於國乎 今東西江 並置防守 賊泛海揚揚而來 我軍臨岸拱手而已 雖精百萬 其如水何哉 宜作舟艦 嚴備器仗 順流長驅 塞其要衝 賊雖善水 安能飛渡 儻得勢便擒捷 掃蕩亦可必也".

163) 朴漢男, 1997, 「恭愍王代 倭寇侵入과 禹玄寶의 '上恭愍王疏'」, 『軍史』 34.

164) 『高麗史』 卷44, 世家, 恭愍王 22年 10月 乙亥, 上冊, 858쪽, "以贊成事崔瑩 爲六道都巡察使 黜陟將帥守令 籍軍戶 造戰艦 有罪者 皆令直斷".

처음에 六道都巡察使 최영이 배 2천 척을 건조하고 六道軍을 승선
시켜 왜적을 잡게 하려고 하니 백성들이 두려워하여 집을 허물고 役
을 도피하는 사람이 10에 5·6이나 되었다. 鄭准提 등의 건의에 의해
서 그 일이 드디어 중단되었다.165)

즉, 최영은 軍戶의 錄籍을 통해서 확보된 六道軍을 새로 건조하는
전함에 승선시켜 왜적을 소탕하려 했다. 그런데 전함에서 사용할 器械,
火藥, 硫黃, 焰硝 등의 물품을 입수할 곳이 없자 明에다가 공급을 요
청했다.166) 그러나 이러한 방대한 선군 증강작업이 본격적으로 추진되
자마자 민들이 집을 허물고 도피하는 등 반발이 매우 심했다. 결국 정
준제 등의 건의에 따라 이 작업은 일단 중단되었다. 아마도 갑자기 일
을 무리하게 추진해서 민의 부담이 커진데다 항해에 익숙지 않은 군인
들을 징발하여 승선시키려고 하자 이를 두려워해서 기피하는 자들이
급증했기 때문일 것이다.

최영이 주도한 이러한 해군력 증강작업을 중단시킨 李禧·鄭准提
등은 그에 대한 대안을 내놓았다. 그들은 우선 배 타는 일에 익숙지 않
은 烟戶民 대신에 海島出居民과 操舟에 능숙한 自募人들을 선군으로
동원할 것을 주장했다.167) 이 방안은 李穡의 건의안과도 비슷했다.

마침내 李禧·鄭准提의 건의가 받아들여져 두 사람 모두 倭人追捕

---

165) 『高麗史』 卷83, 兵志3, 船軍, 恭愍王 23年 1月, 中冊, 831쪽, "六道軍初 六道
都巡察使崔瑩 造船二千 欲以六道軍 騎船捕倭 百姓畏懼 破家逃役者 十常
五六 及(鄭)准提等建議 事遂寢".

166) 『高麗史』 卷44, 世家, 恭愍王 22年 11月, 上冊, 860쪽, "移咨中書省 請賜火
藥曰 …… 近年以來 賊勢已熾 今欲下海道 追捕 以絶民患 差官打造 捕倭船
隻 其船上合用器械火藥硫黃焰硝等物 無從可辦 議合申達朝廷 頒降 以濟用
度".

167) 『高麗史』 卷83, 兵志3, 船軍, 恭愍王 23年 1月, 中冊, 831쪽, "檢校中郎將李
禧上書曰 今倭寇方熾 乃驅烟戶之民 不習舟楫者 使之水戰 每至敗績 臣生
長海邊 曾習水戰 願率海島出居民 及自募人慣於操舟者 與之擊賊 期以五年
永淸海道 中郎將鄭准提亦上書獻策 王大悅".

萬戶에 임명되어 왜적의 추격에 나서게 되었다.

李禧를 楊廣道安撫使로, 鄭准提를 全羅道安撫使로 삼아 倭人追捕
萬戶를 겸하게 했다. 李禧의 伴倘 67인과 鄭准提의 伴倘 85인에게
모두 첨설직을 제수하고, 密直司로 하여금 空名千戶牒 20 空名百戶
牒 200을 작성해서 나누어주게 하였다.[168]

우선 양광도 및 전라도에서 海島 出居民과 操舟에 능숙한 사람들을
대상으로 선군을 모집하기 위해 添設職과 空名牒을 지급했다. 당시 상
황에서는 토지를 지급하고 실직을 제수하기 어려웠기 때문에 첨설직
과 공명첩으로 대신한 것이다. 경기에도 倭人追捕副使가 파견되었는
데,[169] 倭人追捕萬戶와 똑같은 일을 수행했을 것이다. 이 방안의 특징
은 일부 道에 한정된 것이기는 하지만 선군도 萬戶府制를 근간으로
편성하려고 했던 점이다.[170] 이전까지는 육군과 선군이 뚜렷하게 분화
되지 않은 상태에서 都巡問使를 정점으로 한 도별 군사 지휘계통에
의해서 한꺼번에 통솔되고 있었다.[171] 그러나 倭人追捕萬戶의 파견을
계기로 독자적인 선군 조직이 편성되었다. 일본을 견제하기 위해 원간
섭기에 설치했던 鎭邊萬戶府制를 모델로 선군의 특성에 맞도록 조직
을 개편했다.

水軍萬戶府의 편성은 예하에 千戶所, 百戶所를 설치하고, 도내의
군현으로부터 海島 出居民과 操舟에 능숙한 사람들을 대상으로 선군
을 모집하는 것으로부터 시작했다. 그런데 위 기사에 의하면, 倭人追

168)『高麗史』卷83, 兵志3, 船軍, 恭愍王 23年 1月, 中冊, 831쪽, "以(李)禧爲楊廣
道安撫使(鄭)准提爲全羅道安撫使 兼倭人追捕萬戶 以禧伴倘六十七人 准提
伴倘八十五人 皆授添設職 又令密直司畵給空名千戶牒二十 百戶牒二百".
169)『高麗史』卷113, 列傳, 鄭地, 下冊, 495쪽, "崔臣吉朴德茂等 亦上書 如李鄭
策 以德茂爲京畿倭人追捕副使".
170) 崔根成, 1988,「高麗 萬戶府制에 관한 硏究」,『關東史學』3, 85쪽.
171) 吳宗祿, 1991,「高麗後期의 軍事 指揮體系」,『國史館論叢』24, 231쪽.

捕萬戶 휘하의 직속 군관들은 첨설직을 받은 만호의 伴倘들로 충당하고, 예하 부대의 장인 千戶, 百戶들도 공명첩을 이용하여 현지에서 적당한 인물을 발탁하도록 했다. 아마 천호, 백호들도 역시 할당받은 액수만큼은 선군을 채워야 했을 것이다. 그러나 이러한 사실은 수군만호부의 병력충원과 내부체계 등 세부 사항이 국가에 의해 정확하게 규정된 것이 아니라 지휘자의 자의적인 통솔에 맡겨져 버렸음을 알게 해준다.[172] 따라서 선군도 역시 육군과 마찬가지로 사적 통솔력에 의존하게 되었고, 사병화 경향을 밟아 나갔던 것이다. 한편 왜적의 침입을 가장 많이 받고, 그 때문에 방어상 그 핵심이 되어야 할 경상도가 수군만호부의 설치에서 제외된 것은 그 이유가 명확히 밝혀지지 않았지만 아직까지 船軍에 대한 신뢰도가 낮았기 때문이라고 추정된다.

李禧·鄭准提를 楊廣·全羅道安撫使兼倭人追捕萬戶로 임명한 것을 계기로 선군의 조직망을 재건하려는 정부의 시도는 바로 그 해(공민왕 23) 9월에 왕이 갑자기 암살당하면서 정국이 극도의 혼미 속으로 빠진 관계로 소기의 성과를 충분하게 거두지는 못했던 것 같다. 이에 대해 최영은 자신이 六道都統使로 있으면서 전함 8백여 척을 건조하여 왜적을 소탕하려고 했으나, 李海 등이 분별 없이 공민왕에게 청하여 자신의 계획을 중지시키고 兵船과 船軍을 데리고 출동했다가 패했다고 비난하기도 했다.[173] 그리고 鄭地(鄭准提)도 順天 兆陽에서 왜적과 싸우다가 패배당한 일이 있었다.[174] 더구나 우왕 3년 3월에 萬戶

---

172) 盧永九, 1995, 「朝鮮初期 水軍과 海領職의 변화」, 『韓國史論』 33, 서울대, 89쪽.

173) 『高麗史』 卷113, 列傳, 崔瑩, 下冊, 489~490쪽, "(崔)瑩曰 吾昔爲六道都統使 大作戰艦八百餘艘 欲掃淸海賊 不圖李海等 冒請先王 分領其船卒 以敗功". 그런데 위의 사료와 공민왕 22년 崔瑩이 六道都巡察使에 임명되어 戰艦의 建造事業을 추진했던 상황 및 檢校中郎將 李禧가 올린 上書를 대조해 볼 때, 李禧와 위의 사료에 보이는 李海는 동일 인물을 가리키고 있다. 즉, 같은 인물을 달리 표기했을 가능성이 높다. 그러므로 李禧가 자신의 방책대로 船軍을 조직해서 倭賊과 대적하면 5년 이내에 전투를 종식시킬 수 있다고 주장했던 것이 제대로 실현되지 못했다.

孫光裕가 거느린 선군이 窄梁에서 왜적에게 기습을 당해 대패하자[175] 해군력이 크게 피폐해졌다. 따라서 선군의 육성작업은 처음부터 다시 시작하지 않으면 안 되었다.

선군에 대한 본격적인 재건은 우왕 3년 3월에 실시된 戰船, 즉 兵船의 건조작업을 계기로 해서 서서히 추진되었다.

戰船을 建造하는 僧徒를 京山과 各道에서 징발하였는데, 楊廣道에서는 1천 인이요, 交州·西海·平壤道는 각각 5백 인, 京山은 3백 인이었다. 이에 令하기를, "僧徒로서 만약 苟避하는 자가 있으면, 곧 군법으로 논한다"고 하고, 諸道에 移牒하기를, "船匠 1백 인은 양식이 그 妻孥에게도 미치게 하라"고 하였다.[176]

窄梁의 전투에서 선군과 병선이 커다란 타격을 받은 뒤에 조속한 복구를 위해 외방의 僧徒와 船匠들까지 동원되었다. 그런데 동원된 승도들을 군법으로 다스리게 했다는 것은 작업 강도가 대단히 가혹했음을 말해준다. 해군력을 강화하기 위해서 필요한 인원이라면 어떤 계층에 속해 있건 모두 동원하며, 그에 대해 군법을 적용해서라도 기피나 이탈을 방지하고자 했다. 실제로 그 과정에서 실무책임을 맡았던 司宰令 李光甫가 급하게 독촉하여 백성으로부터 많은 원망을 사기도 했다. 하지만 일단 巨艦 130여 척을 만들어 요해처에 배치하여 방어한 결과 왜적의 침구가 조금 줄어드는 성과를 거두었다.[177]

---

174) 『高麗史』 卷113, 列傳, 崔瑩, 下冊, 485~486쪽, "時 鄭地與倭 戰于順天兆陽 敗績 瑩謂復興等曰 諸相何不憂國 倭寇陸梁至此 一鄭地雖勇 其如衆寇何 諸相有慙色".

175) 『高麗史節要』 卷30, 禑王 3年 3月, 763쪽, "倭夜入窄梁 焚戰艦五十餘艘 海明如晝 死者千餘人 萬戶孫光裕 中流矢 乘釽船僅免".

176) 『高麗史』 卷81, 兵志1, 兵制, 禑王 3年 3月, 中冊, 787쪽, "徵造戰船僧徒於京山及各道 楊廣道一千人 交州·西海·平壤道各五百人 京山三百人 令曰 僧徒如有苟避者 輒以軍法論 移牒諸道 其船匠一百人 餼廩及其妻孥".

177) 『高麗史』 卷113, 列傳, 崔瑩, 下冊, 489~490쪽, "使司宰令李光甫 造戰艦督

병선 건조와 함께 새로 탑승할 인원을 확보하기 위해 市廛商賈[178]나 五部坊里軍[179]을 뽑아서 선군에 충당하기도 했다. 이것은 체계적인 선군의 동원이 곤란하자 일정한 募兵原則을 갖추지 않고 어떻게해서든지 군액만 채우려는 조치였다.[180] 그러나 이는 항구적인 보충방식이 되지 못하고 오히려 문제만 양산하여 대안 마련이 필요했다. 그만큼 항해와 해전에 능숙한 군인들의 확보가 어려웠다.

이 문제의 해결과 수도방위를 강화하기 위해 마침내 우왕 6년에 전라도의 수군 중에서 羅州·木浦 등지에 거주하는 정예분자를 선발하여 개경 근처의 江華, 喬桐에 이주 배치시켰다.[181] 그리고 이들에게는 口分田을 지급하여 長番勤務를 시키고 왜구의 약탈이 있을 경우 먼 해역까지 출정시켰다.[182] 지방에서도 防倭를 위해 연해의 요충지를 중심으로 축성작업을 꾸준히 진척시키고 그 주위의 浦, 津, 梁 등에 선군을 배치하여 유사시에 대비했다.[183] 즉, 경기와 외방을 막론하고 거점별로 전함과 선군을 배치해서 적의 침입을 저지하는 작업이 단계적으로 추진되었다.

또한 비슷한 시기에 崔茂宣의 주관 하에 火㷁都監을 설립한 뒤 화기의 제작과 함께 그것을 사용하기에 적합한 전함을 개발해서 해상전

役甚急 人多怨咨 不踰年 造巨艦百三十餘艘 分守要害 自後倭寇稍息 民反喜之".

178)『高麗史』卷83, 兵志3, 船軍, 禑王 3年 10月, 中冊, 831쪽, "出市廛商賈 以充海道之軍".

179)『高麗史』卷83, 兵志3, 船軍, 禑王 4年 2月, 中冊, 831쪽, "僉五部坊里軍 令乘船捕倭".

180) 權寧國, 1994, 「고려말 지방군제의 변화」, 『한국중세사연구』 1, 261쪽.

181)『太宗實錄』卷3, 太宗 2年 2月 戊午, 1冊, 225쪽, "命議政府 推刷喬桐江華水軍散在諸州者 還定舊役 京畿左右道水軍節制使金英烈啓 去庚申年間(禑王 6 : 인용자 註) 推刷全羅道水軍精銳者 使居于喬桐江華 給田籍名 以備海寇久矣".

182) 吳宗祿, 1991, 앞의 논문, 241쪽 ; 盧永九, 1995, 앞의 논문, 86~87쪽.

183) 盧永九, 1995, 앞의 논문, 88~89쪽.

투력을 크게 신장시켰다.184) 이렇게 해서 해군력이 증강되자 단지 침
입해 오는 왜적을 방어만 할 것이 아니라 적의 소굴을 공격해서 섬멸
해야 한다는 적극적인 공세론이 거론되었다. 우왕 13년 8월에 鄭地는
對馬島 征伐을 주장하였다.185) 마침내 이는 昌王 1년 2월 朴葳의 對
馬島 征討로 이어졌다.186) 對馬島 征討는 선군이 크게 강화되었기 때
문에 가능했다.

그러나 이러한 성장에도 불구하고 고려 말의 선군 조직에는 여전히
많은 문제점이 남아 있었다. 먼저 병력 동원체제의 혼란을 들 수 있다.
공민왕대 紅巾賊 侵攻時 불타버린 호적이 그 뒤에도 완전히 복구되지
않아 지방 책임자들도 담당 구역의 호구 상황을 제대로 파악하지 못하
는 형편이었다. 그렇기 때문에 호적에 의거해서 군인을 징발하는 데
많은 혼란이 초래되었다. 즉, 호적이 不明하여 一家內에서 侍衛軍으
로, 또는 船兵으로 수효대로 다 나가야만 했기 때문에 역을 감당하기
어려워 도망치는 자가 크게 증가했다.187) 그런데 이는 주로 개경을 방
위하던 선군에 해당하는 사례였고, 다른 지방에서는 그 지역의 유력자
와 인근에서 流移하고 있던 연해 주민을 안집시켜 편성하기도 했
다.188) 결국 전국에 걸쳐 통일된 규정에 근거해서 선군을 동원하는 것
이 아니라 그 지역 사정에 따라 징발함으로써 군역부담의 불균이 발생
할 소지가 많았다. 그렇게 되면 자연히 불만이 생겨서 기피하거나 유
망하는 자가 늘어 마침내 관리와 통제가 힘들게 된다. 즉, 효율적인 병
력동원과 관리가 어려워 군사력이 저하될 수밖에 없다.

병력 동원체제의 혼란은 곧바로 지휘통솔체계의 운영에도 많은 영
향을 주었다. 선군의 통솔을 위해 공민왕 23년 倭人追捕萬戶를 파견한

---

184) 金在瑾, 1989, 『우리 배의 歷史』, 180~182쪽.
185) 『高麗史節要』 卷32, 禑王 13年 8月, 814쪽.
186) 『高麗史節要』 卷34, 昌王 1年 2月, 814쪽.
187) 盧永九, 1995, 앞의 논문, 83~84쪽.
188) 盧永九, 1995, 위의 논문, 88쪽.

뒤, 우왕대에 들어와서 海道元帥를 임명하는 사례가 많이 보인다. 양자의 관계가 어떠했는지는 확실치 않으나,[189] 海道元帥 휘하의 海道水軍이 江華, 喬桐을 근거지로 양광도·전라도 앞바다까지 나가서 방어하는 것으로 미루어 보아[190] 아마도 주로 수도방위를 위해 서해안 일대에서 작전을 펼치던 선군으로 생각되며 그 지휘자가 곧 海道元帥로 추정된다. 그리고 전라도 수군도만호 鄭龍·尹仁祐 등이 군사를 인솔하고 斥候하다가 제주도에 침공한 賊船 한 척을 섬멸했다는 것으로 보아,[191] 전라도의 경우 왜인추포만호가 휘하의 선군들을 인솔하고 척후활동을 펼치고 있었음을 알 수 있다. 그러나 그 활동범위는 海道水軍과 달리 전라도를 벗어나지는 않았을 것이다. 경상도는 都巡問使였던 尹可觀의 건의로 수군이 배치되었다는 사실로 미루어 보아[192] 海道元帥라든가 都萬戶가 파견된 것은 아니었다. 물론 경상도에도 수군만호가 존재하였지만[193] 그것은 도내의 모든 수군을 통솔하기 위해 파견된 것이 아니라 거점을 방어하기 위해 배치된 것이다.

따라서 각 지역마다 선군의 배치 현황이라든가 專管水域, 그리고 지휘체계가 상이하기 때문에 전국에 걸친 효율적인 관리나 통제가 힘들었다. 이러한 체제는 왜적의 동시다발적인 침입에 취약했다. 이런 취약성이 遼東征伐로 말미암아 전면적으로 노출되었다. 요동정벌 직후 남방의 방어태세가 느슨해지면서 왜적이 대거 침입해 왔는데, 이를 제대로 막지 못해 나라 전체가 혼란에 빠져버렸다.[194] 그에 따라 선군 조직도 큰 타격을 받았을 것이다.

---

189) 權寧國, 1995, 앞의 논문, 136~139쪽.

190) 吳宗祿, 1991, 앞의 논문, 224·241쪽.

191) 『高麗史』卷133, 列傳, 禑王 3年 6月, 下冊, 878쪽, "倭賊二百餘艘 寇濟州 全羅道水軍都萬戶鄭龍尹仁祐等 率兵候之 獲一船殲之 禑與龍等衣一襲".

192) 盧永九, 1995, 앞의 논문, 88쪽.

193) 崔根成, 1988, 앞의 논문, 85쪽.

194) 『高麗史』卷113, 列傳, 鄭地, 下冊, 497쪽, "禑遣我太祖攻遼 地以安州道都元帥隷焉 遂從太祖回軍 時倭寇三道 自夏至秋 屠燒州郡 將帥守令 莫有禦者".

그리하여 요동정벌이 단행될 동안 하삼도 일대는 왜적의 집중적인 침입으로 심대한 피해를 보았다. 더구나 왜구의 침입이 계속될 전망이어서 이를 저지하기 위한 군사력의 강화가 매우 시급한 과제였다. 그것은 중앙이나 지방, 육군이나 선군 모두에 해당되는 것이었다. 그러나 당시 상황에서 단순히 제도의 개편에만 국한되어서는 군사력 강화가 곤란하다는 점은 이미 실증되었다. 따라서 체제개혁과의 연계가 필요했다. 그런데 요동정벌 이후 威化島回軍으로 인하여 정권이 교체된 후 새로운 차원에서의 군제 문제 해결방안이 나올 수 있는 배경이 조성되었다. 이제는 보다 혁신적인 군제개혁방안이 요구되는 시대적 분위기가 충분히 성숙되었다. 다시 말해 고려 말기 군사조직의 핵심적인 과제인 허소화의 극복을 종전과 다른 차원에서 처리할 수 있어야 했고 그에 입각한 해결방안이 대두되어야 했다.

2. 급진개혁파 사대부의 등장과 군제의 개편

1) 受田散官의 三軍 幷屬과 三軍都摠制府의 설치

威化島回軍 이후 권력을 장악한 李成桂는 급진개혁파 사대부들과 제휴하여 일련의 개혁작업을 추진해 나갔다. 먼저 국가, 사회 전반에 걸친 개혁안을 제기하였다. 그런데 이들은 군제를 군사력의 강화 문제로만 한정하지 않고 사회 내부의 모순을 해소하면서 개혁해야만 성과를 거둘 수 있다고 파악하였다. 이에 田制改革과 身分制의 개편과 연계하여 민생안정을 전제로 군제를 혁신하여 군사력을 강화시키자고 했다.[195]

---

195) 급진개혁파 사대부의 군제개혁방안은 恭讓王 1年 2月의 諫官上疏(『高麗史』 卷81, 兵志1, 兵制, 恭讓王 1年 2月, 中冊, 790~791쪽)와 같은 해 12月의 憲司上疏(『高麗史』 卷81, 兵志1, 兵制, 恭讓王 1年 12月, 中冊, 791~792쪽)를

급진개혁파 사대부들은 군이 허소화된 근본 요인을 일차적으로 私田 문제에서 찾았다. 정권을 장악하고 곧바로 창왕 즉위년 7월에 趙浚은 다음과 같이 주장했다.

　선대 임금들이 지극히 공평하게 나누어주었던 토지가 한 집안 부자간에 사사로이 상속하는 바가 되어 한 번도 문 밖에 나가서 조정에 벼슬하지도 않는 자가, 한 번도 奉足이 되어 軍門에 드나들지도 않은 자가 비단옷을 입고 옥그릇으로 밥을 먹으며 자리에 가만 앉아서 토지에서 나오는 이익을 차지하고 公侯를 업신여기고 있습니다. 그런데 비록 개국공신의 후손이라도, 밤낮으로 侍衛하는 臣下나, 여러 번의 전투에 참가하여 부지런하게 싸운 군사라 할지라도 도리어 一畝에서 나오는 곡식과 立錐의 경작지도 받지 못하여 父母妻子를 봉양할 수 없게 되었으니, 이렇게 되어서야 어떻게 충성과 의리를 권장하며 戰功을 격려하여 외적을 막으라고 할 수 있겠습니까?[196]

위에서 趙浚 등은 수조지분급제가 제대로 운영되지 않아 私田이 家

주로 이용해서 그 내용을 파악했다. 전자의 공양왕 1년 2월은 실제로는 昌王 1년 2월이었다. 당시 諫官에는 바로 전해인 우왕 14년 9월에 먼저 趙浚 등의 건의로 3년 간 私田의 田租를 모두 公收하기로 했던 것을 半收로 번복시켰던 창왕의 조치에 대해 비난을 가하고 환원시키도록 주장했던 右常時 許應 등이 포진하고 있었다(『高麗史』 卷78, 食貨志1, 田制, 祿科田, 禑王 14年 9月, 中冊, 721쪽). 따라서 許應 등도 전제개혁론에 찬동하는 입장이었으므로 급진개혁파 사대부로 분류할 수 있겠다. 그리고 후자는 조준 등이 올린 개혁안에 포함되어 있다(『高麗史』 卷118, 列傳, 趙浚, 下冊, 597~598쪽). 그리고 이를 가지고 급진개혁파의 군제개혁안을 검토한 연구성과로는 다음과 같은 것들이 있다. 柳昌圭, 1993 「高麗末 趙浚과 鄭道傳의 改革 방안」, 『國史館論叢』 46 ; 洪榮義, 1996 「高麗末 新興士大夫의 軍制認識」, 『軍史』 32.

196) 『高麗史』 卷78, 食貨志1, 田制, 田柴科, 禑王 14年 7月, 大司憲趙浚等上書, 中冊, 716쪽, "以祖宗至公分授之田 爲一家父子之所私 不一出門而仕朝行 不一奉足而踏軍門 錦衣玉食 坐享其利 蔑視公侯 而雖以開國功臣之後 夙夜侍衛之臣 百戰勤勞之士 反不得一畝之食 立錐之耕 以養其父母妻子 其何以 勸忠義 而責事功 勵戰功而禦外侮哉".

産化되면서 직역이나 군역을 부담하지 않는 자들의 손으로 들어가고 정작 관료나 군인들에게는 아무것도 지급되지 않았다고 주장했다. 그 결과 군사력이 약화되어 외적의 침입을 막기 어렵게 되었으며, 마침내 국가의 존립마저 위협받는 지경에 이르게 되었다는 점을 강조했다.

조준 등과 마찬가지로 李行 등도 選軍之法이 무너지면서 토지겸병이 만연되어 戎戰之卒이나 侍衛之士들에게는 아무것도 돌아가지 않는다고 언급했다.[197] 그렇기 때문에 사전을 혁파하여 국가로 돌리지 않으면 설사 위대한 名將이 나온다고 하더라도 아무런 소용이 없다고 주장했다.[198] 趙仁沃 등도 '府田亡而府兵亦亡'[199]이라고 해서 비슷한 입장을 보였다. 결국 급진개혁파 사대부들은 기본적으로 사전 문제가 해결되어야만 군제개혁도 가능하다고 인식했다.

그런데 급진개혁파들의 私田 문제 해결과 결부된 군제개혁의 방식은 이전의 田民辨正事業을 통한 그것과는 성격을 달리하였다. 전민변정사업은 대체로 기존의 祖業田化된 私田을 그대로 유지하면서 문제가 되는 부분만 시정하는 데 중점을 두었던 반면, 급진개혁파들은 家産化된 私田을 일단 혁파하여 국가에 귀속시킨 다음 새로이 기준을 마련하여 재분급하려고 했다.[200] 실제로 역을 부담하는 군인들에게 토지를 지급하여 생활안정과 필요한 장비의 마련이 가능하도록 하자는 것이다. 이렇게 되면 자연히 군인들이 이탈하거나 기피하는 현상은 사라지게 되어 조직이 더 이상 허소화되지 않을 것이고, 토지의 授受가

---

197)『高麗史』卷78, 食貨志1, 田制, 田柴科, 禑王 14年 7月, 中冊, 719쪽, "諫官李行等又上疏曰 …… 自選軍之法廢 而兼幷遂起 稱爲雜件 以爲己有 指山川以爲標 連阡陌以爲界 雖宗室之胄 功臣之嗣 與夫戎戰之卒 侍衛之士 至于小民 曾無立錐之地 父母妻子 飢寒離散 臣等甚痛之".

198)『高麗史』卷78, 食貨志1, 田制, 田柴科, 禑王 14年 7月, 中冊, 719쪽, "諫官李行等又上疏曰 …… 今海寇縱暴 封疆日蹙 國田之租 半入於無用之人 軍士飢色 轉輸告匱 雖伊周之相 方召之將 不革私田 而歸之國 將何以爲今日社稷中興之計乎".

199)『高麗史』卷78, 食貨志1, 田制, 田柴科, 禑王 14年 7月, 中冊, 720쪽.

200) 李景植, 1986,『朝鮮前期土地制度硏究』, 70~72쪽.

공적으로 이루어져 권세가에 의존할 필요가 없어지므로 公兵이면서 마치 私兵처럼 움직이는 현상도 사라질 것으로 기대했다.

이런 입장에서 조준 등은 군인에 대한 토지지급규정을 다음과 같이 마련하였다.

一 口分田은 在內諸君 및 1품부터 9품까지의 관원은 현직 산직을 막론하고 품계에 따라서 주고 添設職을 받은 자에게는 그 實職을 조사해서 주되 모두 죽을 때까지 지급한다. 처가 수절하면 역시 사망할 때까지 주는 것을 허락한다. 現任 이외의 前衛과 첨설직을 가진 자들로서 토지를 받은 자들은 모두 五軍에 예속시킨다. 그리고 在外者들에게는 軍田을 주고 役을 부담하게 한다. 무릇 토지를 받은 자가 죄를 범하면 국가에 도로 바치게 하며 또 벼슬등급이 올라가면 그 차례대로 加給한다.[201]

宗親과 添設職者를 포함한 모든 時散品官에게 구분전을 지급하되 현직 관리가 아닌 경우에는 五軍에 소속시키자는 것이다. 여기에는 居京하면서 왕실을 호위하라는 뜻이 내포되어 있었다. 그리고 외방에 거주하는 품관에게는 단지 軍田을 주고 역에 충당할 것을 주장했다. 그 역이란 軍田을 받기 때문에 곧 軍役을 가리키는 것으로 보인다. 즉, 왕실을 수호하는 藩屏의 역할을 수행하라는 의미였다. 그러므로 이 방안에 따르면, 현직 관리가 아니면서 구분전을 받은 자들은 일단 군에 편성되어야 했다. 그리고 在外者에게는 군전만 지급하고 역에 충당하자는 것은 품관들의 자발적인 居京을 유도하려는 측면이 강했다. 외방에 있으면서 조건이 나쁜 토지를 받고 무거운 역을 부담하기보다는 居京

---

201) 『高麗史』 卷78, 食貨志1, 田制, 田柴科, 禑王 14年 7月, 大司憲趙浚等上書, 中冊, 717쪽, "一 口分田 在內諸君 及自一品 以至九品 勿論時散 隨品給之 其受添設職者 考其實職給之 皆終其身 其妻守節 亦許終身 現任外前衛與添設受田者 皆屬五軍 其在外者 只給軍田充役 凡受田者 有罪則納之於公 陞級以次加給".

하는 쪽이 더 유리했기 때문이다.202)

이처럼 급진개혁파의 방안은 첫째로 私田을 혁파한 다음에 적당한 절차를 걸쳐 時散品官에게 토지를 빠짐 없이 재분배해 주자는 것이었다. 그리고 산관들은 五軍에 속하게 하고 在外者들은 군역에 충당시키자고 했다. 즉, 私田을 분급받는 대신 국가와 왕실을 호위하고 번병의 역할을 수행하게 하는 것이었다. 그렇게 되면 국가와 왕실의 안녕도 보장되며 품관들 사이의 불화도 해소될 것으로 보았다.

受田散官의 五軍 소속과 充役은 재지세력의 분화 과정에서 발생한 신분제의 혼란을 수습하는 문제와도 연결된다. 戰功으로 첨설직을 제수받거나, 功牌를 받아 鄕役을 면제받은 사람들이 있는 반면, 공을 세운 일도 없이 元帥의 立案만으로 役의 면제를 꾀하는 자들도 있었다.203) 급진개혁파는 군역을 부과함으로써 이 문제를 해결하고자 했다. 그리하여 심사를 거쳐 품관에 합당한 자에게는 군역을, 그렇지 못한 자에게는 본래의 역, 예를 들어 향리에게는 鄕役을 부과하자고 건의했다.204)

한편 內外의 時散品官들을 五軍에 속하게 하거나 充役시키려고 한

---

202) 이에 대해 柳承源은 급진개혁파들은 사전재분배를 계기로 하여 전함관에게 퇴직 후의 토지보유를 보장하는 대신 숙위의무를 부여함으로써 사전재분배의 원칙을 살리고 관원으로서의 체모도 갖추어 주면서 군역의 보편화 추세에 발맞추어 부실했던 숙위제를 보완하는 동시에 이들에 대한 통제도 강화할 수 있는 다목적의 방안을 마련한 것이라고 보았다(柳承源, 2000,「朝鮮 建國期 前衛官의 軍役」,『韓國史論』41·42, 서울대, 494~495쪽).

203)『太宗實錄』卷33, 太宗 17年 1月 丙午, 2冊, 144~145쪽, "鄕吏免役之法 載在六典 行之已久 然其中 以軍功而免役 有可言者 曾無克敵 受賜功牌 但以元帥立案 規免鄕役者 間或有之".

204)『高麗史』卷75, 選擧志3, 銓注, 鄕職, 恭讓王 1年 12月, 中冊, 654~655쪽, "趙浚上言 比年以來 紀綱陵吏 爲鄕吏者 或稱軍功 冒受官職 或憑雜科 謀避本役 或托權勢 濫升官秩者 不可勝紀 州縣一空 八道凋弊 願自今 雖三丁一子 三四代免鄕 而無的實文契者 軍功免鄕 而無特立奇功受功牌者 雜科非成均典校典法典醫出身者 自添設奉翊眞差三品以下 勤令從本 以實州郡 今後 鄕吏不許明經雜科出身免役 以爲恒式".

방안에는 군사적 목적 외에도 관리에 대한 통제 강화라는 의도도 포함되어 있었다. 특히 이 시기의 토지겸병이 주로 수조권을 기반으로 권력과 相關해서 이루어졌다는 사실과도 연계되어,205) 겸병을 행하는 주체는 대체로 품관들이었다고 할 수 있다. 그 중에서도 外方居住者들이 자신의 지위를 이용하여 탈점·불법을 일삼는 경우가 많아 이들에 대한 통제가 시급했다.206) 그리하여 時散品官들을 五軍에 소속시키거나 역에 충당해서 국가가 엄격하게 관리하도록 했다. 그렇게 되면 품관들이 민을 수탈하기 힘들어져 어느 정도의 민생안정도 이루어질 수 있었다. 결과적으로 조준 등의 방안에 따르면, 시산품관에게 구분전 및 군전을 지급해서 관리들 간의 대립을 해소시키고 국가와 왕실에 대한 호위를 강화하는 동시에 민의 수탈을 제한해 민생안정도 이룩하려 한 것이다.

둘째로 급진개혁파는 受田散官들이 군사조직 안에서 자신의 지위에 따라 배치되도록 했다. 그 기준은 前衛 4품 이상과 5품 이하였다.

前衛 4품 이상을 三軍에 배치하고 軍에는 將佐를 두며 5품 이하는 府衛에 배치하고 軍簿司가 통제케 하며 위아래의 체계가 서로 연결되어 軍政이 한 곳에서 나오게 하고 여러 사람의 마음이 하나로 통일되게 한 후 軍令을 명확히 하고 군사를 훈련한다면 백만 대중이 마치 몸이 팔 놀리는 것 같고 팔이 손가락 놀리는 것 같이 될 것입니다. 이렇게 된다면 무엇을 지켜서 견고하지 못하며 무엇을 쳐서 이기지 못하겠습니까?207)

---

205) 李景植, 1986, 『朝鮮前期土地制度研究』, 36쪽.
206) 辛旽이 추진했던 外方散官에 대한 赴京宿衛 조치에도 이런 사실이 배경이 되고 있다고 한다. 閔賢九, 1968, 「辛旽의 執權과 그 政治的 性格(下)」, 『歷史學報』 40, 68~69쪽.
207) 『高麗史』 卷81, 兵志1, 兵制, 恭讓王 1年 12月, 中冊, 792쪽, "前衛四品以上 屬之三軍 軍置將佐 五品以下 屬之府衛 而統于軍簿 使上下相維 體統相聯 軍政出于一 衆心統一 然後申明軍令 訓鍊士卒 百萬之衆 如身之使臂 臂之使指 何守不固 何攻不取哉".

위 방안에 따르면, 前衛 4품 이상은 三軍에 편성되어 주로 軍將의 僚佐로서 활동하고, 5품 이하는 실제로 왕실을 시위하는 임무를 맡게 된다. 이렇게 하면 군정과 군령에서 前衛官의 역할이 확실히 규정됨과 동시에 散階를 기준으로 大夫階와 郎階로 구분하는 양반관료조직과 도 일치하게 된다.208) 즉 大夫階를 지닌 사람은 군사조직에서도 군령 을 짜는 일에 종사하게 되고, 郎階를 지닌 사람들은 군령에 따라 움직 이도록 평소에 훈련을 받게 하는 것이다.

셋째로 군사의 자질과 전투력 고양 문제도 軍田 분급과 관련시켜 처리했다. 급진개혁파는 군사력 저하의 중요 원인을 무능자나 무자격 자가 입속하는 選軍의 부실로 보았다.

근년 이래로 벼슬에 들어가는 길이 많아 兵政이 완전히 무너져서 혹은 都目에 구애되고 혹은 請託에서 나와 老幼나 재능의 有無를 묻 지 않고 제수하였습니다. 이에 강보의 어린아이와 工匠·商人·奴隷 가 조그마한 공도 없으면서 앉아서 국가의 녹을 소모하니, 일단 위급 한 사태가 발생하면 장차 어떻게 이를 쓰겠습니까? 심히 先王이 兵 을 설치한 뜻과 어긋납니다. 바라건대 勇略을 겸비한 자를 정선해서 祿을 위주로 하는 무리를 대신케 하여 항상 무예를 익히게 하되 그 能否를 조사해서 이를 黜陟합시다.209)

근래 兵政의 붕괴로 인해 발생한 무능자·무자격자의 군직 차지와 그로 인해 생겨난 폐해를 제거하기 위해 능력과 지략을 겸비한 사람을 선발하여 대체케 함과 동시에 항상 무예를 연마하도록 성적에 따라 직

---

208) 文散階의 경우 충렬왕 34년에 충선왕이 복위한 뒤에 4품 이상을 大夫階로 5 품 이하를 郎階로 정했다. 이는 고려 말까지 변하지 않았고, 조선까지 이어져 나갔다(朴龍雲, 1981,「高麗時代의 文散階」,『震檀學報』52, 17~19쪽).

209)『高麗史』卷81, 兵志1, 兵制, 恭讓王 1年 2月, 中冊, 790~791쪽, "近年以來 入仕多門 兵政一壞 或拘於都目 或出於請謁 不問老幼才否而授之 於是襁褓 幼子工商奴隷 無尺寸之功 坐耗天祿 一有緩急 將何以用之 甚非先王設兵之 意也 願令精選勇略兼備者 以代尸祿之輩 常習武藝 考覈其能否 而黜陟之".

책을 올리거나 내리는 체계를 구축하자는 건의이다.

그런데 합당한 자를 선발하는 것은 田制改革案에서 軍田을 지급받는 자의 才藝를 시험하는 것과 일치한다. 즉 선발된 군인에 한해 20세가 되면 軍田을 지급하고 60세가 되면 회수하도록 하는 조치였다.[210] 그러므로 급진개혁파는 選軍給田의 본래 취지를 살려서 공정한 절차에 따라 才藝, 즉 능력 있는 자만을 선발해서 군전을 지급하려고 했다. 물론 그 과정에서 신분상 문제가 있는 자들, 예를 들어 공장·상인·노비들은 자연스럽게 제외될 것이었다. 결국 전제개혁에서 祖宗의 授田受田하는 법으로의 복귀를 내걸었던 것[211]과 같이 군제개혁에서는 選軍給田의 회복을 전제로 하되, 무예 연습의 성적에 따라 출척시켜 군사의 수준을 일정하게 유지하는 장치를 첨가하자는 것이었다.

넷째로는 숙위조직의 체계를 개편하고자 했다. 특히 府衛兵과 各成衆愛馬들이 역할이 같음에도 지휘계통과 대우가 틀려 여러 가지 혼란을 주고 있다면서 이를 근본적으로 개혁하기 위해 成衆愛馬를 八衛에 병합시키자고 하였다. 먼저 급진개혁파들은 원간섭 이후 부실해진 八衛가 담당하던 禁衛를 近侍·忠勇衛 등이 대신하면서 허설화되고 녹만 축내고 있다고 하였다.[212] 반면 迂達赤·速古赤·別保 등의 各愛馬들은 추위와 더위를 무릅쓰고 새벽에서 저녁까지 열심히 근무해도 조그마한 祿도 받지 못하고, 幼弱子弟·工商·賤隷들이 四十二都府의 녹관을 차지하고 있으면서 아무 일도 하지 않아 불공평이 매우 심하다고 주장했다.[213] 이 같은 폐단을 근본적으로 제거하기 위해 다음

---

210) 『高麗史』 卷78, 食貨志1, 田制, 田柴科, 禑王 14年 7月, 大司憲趙浚等上書, 中冊, 717쪽, "一 軍田 試其才藝 二十而受 六十而還".

211) 李景植, 1986, 『朝鮮前期土地制度研究』, 78쪽.

212) 『高麗史』 卷81, 兵志1, 兵制, 恭讓王 1年 12月, 中冊, 791쪽, "一 府兵領於八衛 八衛統於軍簿 四十二都府之兵十有二萬 而隊有正 伍有尉 以至上將 以相統屬 所以嚴禁衛 禦外侮也 自事元以來 昇平日久 文恬武嬉 禁衛無人 乃於近侍忠勇 皆設護軍以下等官 以代禁衛之任 而祿之 於是祖宗八衛之制 皆爲虛設 徒費天祿".

213) 『高麗史』 卷81, 兵志1, 兵制, 恭讓王 1年 12月, 中冊, 791쪽, "迂達赤·速古

과 같은 조치가 필요하다고 보았다.

> 近侍는 左右衛에 아우르고, 司門은 監門衛에, 司楯은 備巡衛에, 忠勇은 神虎衛에, 그 나머지 各愛馬도 類에 따라서 諸衛에 병합합시다. 이들로 하여금 날을 번갈아 入直케 해서 그 勤怠를 살피고 각기 그 衛 내의 護軍 이하로부터 尉正에 이르는 직을 品에 따라서 錄用하여 그 祿을 먹고 그 職에 근로하게 하면, 사람들은 즐겁게 섬기면서 國祿이 절약되고, 禁衛는 엄해지고, 武備는 떨칠 것입니다.214)

위의 방안은 成衆愛馬를 八衛에 병합시킨 다음 근무자세를 확립하고 각기 衛 내의 護軍 이하 校尉·隊正에 이르는 직을 品에 따라 錄用하자는 것이다. 다시 말해 숙위기구를 하나로 통합하고 그에 따라 소속원도 한 군데로 모으자는 안이다.

그런데 위의 사료에 나오는 各成衆愛馬 중에서 司楯 등은 대체로 內侍·茶房과 유사한 것으로 알려져 있다.215) 內侍·茶房은 초기에는 문관이 임명되는 宮官이었으나, 왕의 측근에 있었던 관계로 榮職으로 여겨져 무인정권이 수립된 뒤에는 무관들이 다수 입속했다. 이 때문에

赤·別保等各愛馬 寒暑夙夜 勤勞甚矣 而不得食斗升之祿 而食四十二都府五員·十將·尉·正之祿者 非幼弱子弟 卽工·商·賤隷 或食其祿而曠其職 或勤於王事而不得食 豈祖宗忠信重祿之意哉".

214) 『高麗史』卷81, 兵志1, 兵制, 恭讓王 1年 12月, 中冊, 791쪽, "倂近侍於左右衛 司門於監門衛 司楯於備巡衛 忠勇於神虎衛 其餘各愛馬 以類倂於諸衛 使之番日入直 考其勤怠 各以其尉內護軍以下 至於尉正之職 隨品錄用 使食其祿 而勤其職 則人樂仕 而國祿省 禁衛嚴 而武備張矣".

215) 司楯뿐만 아니라 司衣·司彛 등도 같은 계통이었다. 다만 이들이 정확하게 언제 어떤 과정을 거쳐 설치되었는지는 분명치 않다. 즉, "成衆官選補之法 曰內侍院 曰茶房 曰司楯 曰司衣 曰司彛 其始置歲月 不可考"(『高麗史』卷75, 選擧志3, 銓注, 成衆官, 中冊, 651쪽)라고 했다. 그런데 "吏曹又啓 內侍茶房司楯司衣司彛等成衆阿幕 備宿衛近侍之任"(『高麗史』卷75, 選擧志3, 銓注, 成衆官, 恭讓王 3年 4月, 中冊, 651쪽)이라고 해서 司楯·司衣·司彛 등의 업무 내용이 內侍·茶房의 그것과 거의 유사했음을 보여준다.

성격이 조금씩 변모되었다.216) 그런데 원의 정치적 간섭으로 군사조직
이 더욱 허소화되면서 왕실에 대한 숙위가 상당히 취약해졌고, 그 위
에 잦은 정치적 변란과 외침으로 신변에 대한 직접적인 위협은 오히려
증가되었다. 따라서 內侍・茶房에게도 武人的인 성격을 부여해서 유
사시에 대비케 했던 것 같다. 그러므로 고려 말에는 숙위까지도 맡게
되었다.217) 宮官으로서의 고유한 업무 이외에도 숙위도 겸했던 것이
다. 이는 司楯・司衣・司彝 등도 마찬가지였다.

이처럼 업무가 달라지게 되자 자연히 입속 방식도 변경되었다. 원래
성중애마들도 世籍과 才藝, 容貌를 고찰한 다음 입속시켰다.218) 그러
나 점차 군역을 피하려는 자들이 다투어 투속하여 가계가 분명하지 않
거나 形狀이 완전치 못하거나 才藝가 없는 사람들도 입속하였다.219)
그리하여 맡은 업무를 제대로 수행하지도 못하면서 오히려 피역자만
양산하여 부세제 운영에 차질을 빚는 존재로 떨어졌다.220) 이를 더 이
상 방치할 경우 숙위의 허소는 물론이거니와 군역의 기피 풍조를 확산
시킬 수도 있었다. 따라서 시급한 개혁이 필요했고, 급진개혁파들은 성
중애마를 팔위에 병합시키는 방법으로 문제를 해결하고자 했다.

그리고 또 하나의 문제인 국왕이 숙위군을 私兵처럼 부리는 것을
막기 위해서라도 개혁파들은 성중애마를 팔위에 병합시키려고 했다.
즉 각 성중애마를 팔위에 합속하는 방법으로 궁중의 숙위와 시위군을
하나로 통합시켜 軍簿司에서 팔위를 통해 일원적으로 통솔할 수 있도
록 만들고자 했다.

---

216) 周藤吉之, 1980, 「高麗初期の內侍・茶房と明宗朝以後の武臣政權との關係」,
『高麗朝官僚制の研究』.

217) 韓永愚, 1983, 「朝鮮初期의 上級胥吏와 그 地位」, 『朝鮮初期社會經濟研究』,
323~324쪽.

218) 『高麗史』 卷75, 選擧志3, 銓注, 成衆官, 恭讓王 3年 4月, 中冊, 651쪽.

219) 『高麗史』 卷75, 選擧志3, 銓注, 成衆官, 恭讓王 3年 4月, 中冊, 651쪽, "近來
謀避軍役 爭相投屬 容有世籍不現 形狀不完 才藝不通者 亦或混雜".

220) 『高麗史』 卷75, 選擧志3, 銓注, 成衆官, 恭讓王 2年 10月, 中冊, 651쪽.

다섯 번째로 軍人事制度와 軍隊의 賞罰規定도 개혁하려고 했다. 이는 군정의 혼란이라든가 군의 사병화, 또는 정치불안을 야기시키는 매우 복잡하고 미묘한 문제였다. 먼저 그 동안 권세가에게 밀착된 자들이 제대로 근무도 하지 않으면서 녹을 먹거나 출세하는 폐단을 막기 위해 府兵의 근무태세를 점검하여 근면한 자만이 승진하여 護軍에서 尉正에 이르게 했다.[221] 다만 최고직인 上·大護軍에는 군공을 세운 사람만이 제수될 수 있도록 만들자고 했다.[222] 그리고 근래 權臣들이 군공에 대한 상벌을 불공평하게 운영한 점을 지적하며 이를 바로잡자고 하였다.

　바라건대 앞으로는 강적을 격파하고 攻陷한 공로와 敵將의 목을 베고 敵旗를 빼앗은 용기와 百戰에 勤勞한 功效가 있는 자는, 크면 上·大護軍, 다음이면 護軍·中郎將에서 別將·散員에 이르기까지 모두 實職에 임명받게 하여 寇賊을 격파한 공로를 권장하면, 사람들이 모두 그 上官과 親하여 그 長을 위하여 죽을 것입니다. 근자에 義를 일으켜 난을 진압했을 때에 軍에 종사한 자도 또한 實職과 賞賜를 더하여서 後人을 권장합시다.[223]

급진개혁파들은 주로 공이 있는 것으로 공식적으로 인정받은 자들만 上護軍부터 散員에 이르는 실직에 임명하자고 하고 있다.

여섯 번째 군의 통수권 행사방식도 개정해야 한다고 강조했다. 우선

---

221) 『高麗史』卷81, 兵志1, 兵制, 恭讓王 1年 12月, 中冊, 791쪽, "伏願 倂近侍於左右衛 司門於監門衛 司楯於備巡衛 忠勇於神虎衛 其餘各愛馬 以類倂於諸衛 使之番日入直 考其勤怠 各以其尉內護軍以下 至於尉正之職 隨品錄用 使食其祿 而勤其職 則人樂仕 而國祿省 禁衛嚴 而武備張矣".

222) 『高麗史』卷81, 兵志1, 兵制, 恭讓王 1年 12月, 中冊, 792쪽, "大護軍上護軍 王之爪牙 兵之師表 毋令老髦與童稚爲之".

223) 『高麗史』卷81, 兵志1, 兵制, 恭讓王 1年 12月, 中冊, 792쪽, "願自今 其有摧堅陷敵之功 斬將奪旗之勇 百戰勤勞之効者 大則上大護軍 次則護軍中郎將 以至別將散員 皆受眞差 以獎破賊之功 則人皆親其上 而死其長矣 近日擧義拔亂之時 從事于軍者 亦加官賞 以勸後人".

宰相만 되면 무조건 將帥가 되어 군대를 거느리게 하는 관행을 철폐
해야 한다고 다음과 같이 주장했다.

　근년 이래 군사를 거느리는 직임은 그 才를 묻지 않고 단지 재상의
직위에 있으면 一率로 임명해서 파견하니 節制가 적절함을 얻지 못
하고 賊의 勢는 더욱 伸張해서 侵掠을 招致하며 郡縣은 蕭然하게
되었습니다. 古人이 이르기를, "임금이 장수를 택하지 못하면 그 나
라를 적에게 넘겨주는 것이요, 장수가 軍事를 알지 못하면 그 임금을
적에게 넘겨주는 것이다"라고 하였습니다. 將帥를 택하여 倭를 제압
함은 진실로 오늘의 급무이니 원컨대 都評議使와 臺諫으로 하여금
각기 위엄과 덕망이 일찍부터 드러난 자를 천거케 해서 명하여 장수
를 삼아 軍政을 다시 바로잡게 합시다. 또 軍政이 여러 갈래이면 號
令이 엄숙하지 못한 법입니다. 현재의 一道 三節制使는 古制가 아니
니, 원컨대 앞으로 동북면과 서북면 이외에는 1道마다 오직 1節制使
만을 파견하고 나머지는 모두 없애 버립시다.224)

　당시에는 외침이 많고 정치적인 불안정이 계속되면서 재상이 되면
무조건 원수직을 겸임했다. 이 때문에 군정이 여러 군데에서 나와 군
의 통솔이 어려웠다. 또한 군사에 대한 지식이 없는 인사가 재상이 되
었다고 해서 갑자기 장수가 되어 출동하므로 많은 피해를 보기도 했
다. 따라서 이런 폐단을 제거하기 위해 천거제를 도입하여 장수를 임
명하자는 것이다. 또한 各道에 3명의 節制使를 파견하는 것은 古制에
어긋난다면서 양계를 제외하고는 1명으로 축소하자고 하였다. 즉 개혁
파가 문제 삼았던 것은 재상의 겸임이 아니라 '不問其才'였다. 즉 현

---

224) 『高麗史』 卷81, 兵志1, 兵制, 恭讓王 1年 12月, 中冊, 791쪽, "近年以來 將兵
　　之任 不問其才 但位宰相 則率命道之 節制失宜 賊勢益張 以致侵掠 郡縣蕭
　　然 古人謂 君不擇將 以其國與敵 將不知兵 以其主與敵 擇將帥制倭 誠今日
　　之急務也 願令都評議使臺諫 各擧威德夙著者 命爲將帥 以申軍政 且軍政多
　　聞 則號令不肅 今之一道三節制 非古制也 願自今 東西北面外 每一道只遣
　　一節制 餘皆革去".

체제는 고위자들이 검증 없이 지휘관이 되어, 군대 통솔에 커다란 혼란을 초래하고 군정을 마비시키고 조직을 허소화시키는 폐단을 낳고 있다. 또한 권세가들이 인척이라든가 私人을 마구 장수로 임명해서 군을 마치 사병처럼 부리는 것도 큰 문제가 될 수 있다. 따라서 이런 폐단을 근본적으로 개혁하기 위해 장수직의 임용에 '薦擧'라는 인사제도를 도입하자는 것이다.

이상과 같은 급진개혁파 사대부의 군제개혁방안은 단지 군사제도에 국한되지 않고 전제개혁을 비롯하여 신분제나 정치제도의 개편 문제와 연계되어 受田에 따른 군역의 공평한 부담, 신분별 조직편성, 정병의 육성, 군의 인사와 포상에 대한 권세가의 관여 차단이라는 점 따위가 주요한 특징을 이룬다고 할 수 있다. 따라서 급진개혁파의 방안이 그대로 실행될 경우 지금까지 受田하고도 아무런 역도 지지 않았던 구가세족도 다른 사람과 똑같이 역을 부담하게 된다. 그렇게 되면 억지로 누려 오던 면역 특권은 아울러 상실된다. 舊家世族들은 이에 대해 당연히 반발했을 것이고, 모든 수단을 동원하여 개혁을 저지하고자 했을 것이다. 이들 구가세족 외에도 급진개혁파에 반대하는 사람들은 적지 않았을 것이다. 따라서 개혁안의 실행은 당시 상황으로 보아 정치적 충돌을 여의치 않게 하였다.

급진개혁파들은 공양왕을 옹립하고 반대파를 제거하면서 이 군제개혁안을 실행에 옮기기 시작했다. 우선 諸將이 군인들을 사적으로 예속하던 낡은 관행의 제거부터 시작하였다. 이는 李成桂派가 군권을 장악하는 것과 연계해서 추진되었다. 공양왕이 즉위한 후 바로 李成桂로 하여금 8道의 군마를 領率하게 했는데, 이를 계기로 군영을 설치하고 번을 나누어 교대로 숙직하게 하며 군자를 지급했다.[225] 그러나 이 조치로 8道에 있던 모든 군인들을 이성계파가 완전히 장악했던 것은 아니다. 아직까지 지방의 군사를 모두 통솔할 만큼 확고한 입지를 구축

---

225) 『高麗史節要』卷34, 恭讓王 2年 1月, 869쪽, "以我太祖 領八道軍馬 置軍營 分番更宿 廩以軍資".

하지 못했던 것이다. 단지 8道에서 경성으로 번상하러 온 군대에게 군영을 만들어 주고 군자를 지급했을 뿐이다. 그것은 번상군이 가장 절실하게 필요로 했던 거처와 양식,[226] 그리고 근무에 따른 휴식 등을 제공하는 일이기도 했다. 즉, 개혁의 본격적인 추진을 위해서 각지에서 부경 시위하러 온 군대의 지지를 얻어 낼 수 있는 여러 가지 호의를 베풀었던 것이다.

두 번째로 이성계가 중외의 군사를 총괄하는 과정에서 憲府의 요청에 따라 제 원수의 인장을 모두 거두어들였다.

憲府가 말하기를, "이제 中外의 군사는 이미 領三司事 李(太祖舊諱)로 하여금 이를 都摠하게 하였으니, 청컨대 여러 원사들의 인장을 다 거두소서" 하니, 이를 따랐다.[227]

印章의 몰수는 원수로서의 자격 정지를 상징한다. 따라서 이 조치는 반대파들의 군권을 박탈할 뿐만 아니라 더 이상 군인들을 사적으로 동원할 수 없게 만들고자 하는 것이었다. 그것은 다음의 조치로써 확인된다.

罷各道將帥放軍人[228]

이처럼 각 도의 장수를 파하고 군인들을 돌려보낸 것은 인장을 몰수당하고 지위를 상실한 원수들이 전부터 거느리고 있던 병력의 해산을 의미한다. 따라서 원수 인장의 몰수와 함께 휘하의 군대도 해산되었다.

---

226) 軍資를 廩給할 수 있었던 것은 개혁파들이 田制改革을 전제로 量田事業을 실시하는 과정에서 3년 동안 軍國의 需要에 대비한다는 구실로 私田의 田租를 公收하기로 했던 조치의 결과라고 할 수 있다.

227) 『高麗史』卷45, 世家, 恭讓王 2年 11月 辛丑, 上冊, 885쪽, "憲府言 今中外軍事 旣以領三司事李(太祖舊諱)都摠之 請悉收諸元帥印章 從之".

228) 『高麗史』卷45, 世家, 恭讓王 2年 11月 癸卯, 上冊, 885쪽.

그러나 이로써 모든 것이 해결된 것은 아니었다. 특히 군대를 동원한다는 구실로 주민들을 마구 징발하거나 사적으로 예속시키는 관행은 여전히 남아 있었다. 그리고 동시에 제장들이 사병화하는 체제를 완전히 불식시킬 수 있는 제도나 장치의 마련이 필요하였다. 이 두 가지 과제를 해결하기 위한 방안들이 개혁파들이 주로 포진하고 있던 憲司에 의해 계속해서 제출되었다. 먼저,

> 앞으로는 才와 智를 모두 갖춘 자를 택하여 節制使로 삼되 그 員數를 정하여 中外의 軍士를 통솔케 하고 나머지 절제사는 모두 없애고 지방 및 경기 군현의 軍民도 放還시켜 농사를 권장하고 생업에 평안케 하여 국가의 근본을 굳게 합시다.229)

라고 하여, 才와 智를 모두 갖춘 자를 택해 節制使로 삼되 액수를 정하고 그 나머지 절제사들은 모두 혁파하라고 했다. 여기에는 제도의 개편과 함께 기존의 절제사들을 상당수 제거하려는 의도가 내재되어 있었을 것이다. 그러나 이 조치는 단순히 반대파들을 몰아내는 데 그치는 것은 아니었다. 이와 관련하여 외방 및 경기 군현의 軍民들을 모두 방환시켜 생업에 종사케 해야 한다는 주장에 주목해야 한다. 즉 節制使를 개편하는 과정에서 그들이 지금까지 관장해 왔던 외방의 군민들을 동원하는 체계도 아울러 바꾸고자 했다. 결국 절제사들이 함부로 주민을 동원하고 사적으로 예속시키려는 것만큼은 철저하게 막으려는 조치였다.

이러한 조치로 이전보다 사적인 동원이나 예속은 줄어들었으나, 문제는 이로 인해 군사력이 약화되고 갑작스러운 외침이 있을 경우 방환된 軍民들을 다시 동원해야 한다는 점이었다. 그러므로 문제의 근본적인 해결을 위해서는 새로운 체제로 군제를 개편하고 군사력을 확충해

---

229) 『高麗史』 卷81, 兵志1, 兵制, 恭讓王 2年 12月, 中冊, 792쪽, "今後擇才智兼全者 爲節制使 定其額數 使統中外軍士 其餘節制使 一皆革罷 外方及京畿郡縣軍民 亦皆放還 勸農安集 以固邦本".

야만 했다. 이를 위한 작업은 공양왕 3년[230]에 三軍都摠制府를 설치하고 중외의 군사를 모두 통솔하게 하는 조치로부터 시작되었다.

前軍과 後軍을 없애고 단지 中軍·左軍·右軍을 두어 三軍都摠制府로 만들고서 中外 軍士를 통할케 했으며, 受田散官과 居新舊京圻者, 四十二都府, 各成衆愛馬를 分屬시켰다.[231]

이 三軍都摠制府의 설치는 여러 측면에서 중요한 의미를 지닌다. 첫째로 고려의 五軍을 三軍으로 개편한 점이다. 고려에서는 대체적으로 五軍을 두는 것이 상례였으며,[232] 趙浚 등의 소위 제1차 전제개혁안에도 역시 五軍이었다. 그런데 공양왕 1년 12월에 憲司가 올린 군제개혁에 관한 상소에는 五軍과 함께 三軍도 거론되고 있어, 그러한 개편이 전제되고 있었던 것 같다.

---

230) 『高麗史節要』에는 공양왕 3년 1월로 되어 있다(『高麗史節要』卷35, 恭讓王 3年 1月, 883쪽, "省五軍 爲三軍都摠制府 統中外軍士"). 그런데 다음의 기사에 의하면 공양왕 2년 2월 이전에 三軍摠制府가 설치되어 있었다. 즉, "三軍摠制府閱所統兵 分番宿衛"(『高麗史』卷82, 兵志2, 宿衛, 恭讓王 2年 2月, 中冊, 795쪽)가 그것이다. 따라서 三軍都摠制府와 三軍摠制府와의 관계가 문제가 된다. 그런데 鄭道傳이 宋나라에서 散官들을 위해 大丹館과 福源宮을 설치하고 提調나 提擧에 임명했던 예를 모방해서 宮中宿衛府를 두고 密直·奉翊大夫 들은 提調宮城宿衛使로, 3·4품은 提擧宮城宿衛使로 임명하며 지방에 있는 인물들이 上京할 경우 똑같이 대우할 것을 건의했는데(『高麗史』卷119, 列傳, 鄭道傳, 下冊, 607쪽), 이것이 받아들여져서 공양왕 2년 1월에 宮城宿衛府가 설치되었다(『高麗史節要』卷34, 恭讓王 2年 1月, 871쪽). 그러므로 공양왕 2년 2월의 三軍摠制府란 곧 宮城宿衛府를 가리키는 것으로 보이며, 이것이 모체가 되어 공양왕 3년 1월에 정식으로 三軍都摠制府가 설립되었던 것이다.

231) 『高麗史』卷77, 百官志2, 諸司都監各色, 三軍都摠制府, 中冊, 691쪽, "省前軍後軍 只置中軍左軍右軍 爲三軍都摠制府 統中外軍士 以受田散官及居新舊京圻者四十二都府各成衆愛馬 分屬焉".

232) 『高麗史』兵志 兵制條에서도 五軍으로 기록되어 있다. 즉, 中軍을 비롯해서 前·後·左·右軍으로 되어 있다(『高麗史』卷81, 兵志1, 兵制, 中冊, 776쪽).

五軍에서 三軍으로의 개편은 『周禮』의 '凡制軍 萬有二千五百人爲軍 王六軍 大國三軍 次國二軍 小國一軍'233)의 원리를 구현하려는 것이었다. 즉 고려는 『周禮』에서 말하는 '大國'234)에 해당되기 때문에 三軍을 설치해야 한다는 것이다.235) 이미 급진개혁파들은 『周禮』에 입각한 관제 정비를 주장한 바 있었는데,236) 군제도 이 『주례』에 근거해서 개편하고자 한 것이다.237)

그런데 三軍都摠制府는 鄭道傳이 중국에 사신으로 갔다가 돌아와 明의 五軍都督府를 본떠서 만들었다는 주장이 제기된 바 있다.238) 하지만 양자에는 많은 차이가 있다. 먼저 오군도독부는 재상권을 배제시켜 황제권을 절대화시킴으로써 황제에 대한 관료의 지위를 상대적으로 저하시키는 정책의 일환으로, 종전의 군사권을 총괄해 왔던 大都督府를 분할해서 새로이 설치한 것이다. 그 때문에 大都督을 대신하여 5인의 都督이 군사권을 分掌하게 되었고, 이로 인해 최고 통수권은 황제의 수중에 들어가 황제의 독재적 지위가 강화되었다.239) 그러나 三

---

233) 『周禮』 卷7, 夏官 司馬條

234) 鄭氏註에 따르면 "又曰 成國 不過半天子之軍 周爲六軍 諸侯之大者 三軍可也"라고 했다(『周禮』 卷7, 夏官 司馬條).

235) 이는 공양왕의 다음과 같은 언급에서도 확인된다. 『高麗史』 卷119, 列傳, 鄭道傳, 下冊, 608쪽, "王曰 大國三軍 古制也 中爲權臣所弊 宰相各稱元帥 一民莫非其有 今革元帥 立三軍 此復古之機也". 여기서 古制란 『周禮』의 制度를 말한다.

236) 『高麗史』 卷118, 列傳, 趙浚, 下冊, 589쪽, "浚又率同列條陳時務曰 謹按周禮 天官冢宰 以卿一人 掌邦之六典 以佐王治邦國 其司徒以下 各以其職 聽屬焉 而六卿之屬 又有三百六十 是則三百六十之屬 統於六卿 而六卿 又統於冢宰也 官職之增損 名義之沿革 代有不同 大義不出乎此六部也".

237) 『周禮』가 고려말 개혁파의 대표자였던 정도전의 政治·經濟·軍事에 대한 개혁사상의 중핵을 이루는 것이었다는 지적은 시사하는 바가 크다(韓永愚, 1983, 『改正版 鄭道傳思想의 硏究』, 244쪽).

238) 『高麗史』 卷119, 列傳, 鄭道傳, 下冊, 617쪽, "道傳回自中原 而三軍之府遽設 此以五軍都督之法 而爲之也".

239) 山根幸夫, 1971, 「'元末의 反亂'과 明朝支配의 確立」, 『岩波講座 世界歷史 12』, 53~54쪽.

軍都摠制府는 재상이 통수권을 행사할 수 있도록 구성되어 있었으며, 이것이 삼군도총제부가 지니는 중요한 특징이었다. 조직의 내용을 살펴보면 이를 보다 확실히 알 수 있다.

都摠制使는 1인이고 侍中 이상이 임명되며, 三軍摠制使는 각각 1인으로 省宰 이상이, 副摠制使는 각각 1인으로 通憲 이상이, 斷事官은 2인으로 正順 이하 5품 이상이, 經歷은 1인으로 4·5품이, 都事는 1인으로 5·6품이 임명된다. 六房錄事는 각각 1인씩, 軍錄事도 1인씩, 六房典吏는 각각 3인씩을 두었다.240)

위에서 都摠制使는 侍中 이상이 맡는 것으로 되어 있다. 즉, 총재가 최고 책임자가 되어 중외의 군대를 통솔하게 했다. 따라서 분명히 明의 五軍都督府에서 5인의 도독이 군대를 분장했던 것과는 성격이 달랐다. 오히려 大都督과 비슷한 면을 지니고 있다. 나아가 실제로 이성계가 도총제사가 되고, 그의 일파였던 裴克廉이 中軍摠制使, 趙浚이 左軍摠制使, 鄭道傳이 右軍摠制使로 임명되었다.241) 그러므로 이 조치로 통수권체제에서 국왕의 위상이 높아진 것은 아니었다.

그러나 이러한 개편작업이 단순히 이성계파가 통수권을 장악하려는 의도에서만 나온 것은 아니었다. 조선왕조가 성립되고 이성계가 국왕으로 즉위한 후에도 그 같은 원칙에는 변함이 없었다. 개혁파를 대표하는 정도전은 『朝鮮經國典』에서 三軍都摠制府의 후신인 義興三軍府와 諸衛의 判事는 재상이 맡고 있다고 서술했다.242) 그러므로 재상

240) 『高麗史』卷77, 百官志2, 諸司都監各色, 三軍都摠制府, 中冊, 691쪽, "都摠制使一人 侍中以上 三軍摠制使各一人 省宰以上 副摠制使各一人 通憲以上 斷事官二人 正順以下五品以上 經歷一人 四五品 都事一人 五六品 六房錄事各一人 軍錄事一人 六房典吏 各三人".

241) 『高麗史節要』卷35, 恭讓王 3年 1月, 883쪽, "省五軍 爲三軍都摠制府 統中外軍士 以我太祖 爲都摠制使 裴克廉爲中軍摠制使 趙浚爲左軍摠制使 鄭道傳爲右軍摠制使".

242) 『朝鮮經國典』上, 治典, 軍官, "國家損益唐府兵之法 立十衛 每一衛率五領

이 군의 통수권 행사에서 중추적인 역할을 한 것은 조선왕조에서도 마
찬가지였다. 결국 급진개혁파의 최종 목표는 일원적인 군의 통수체계
를 확립하기 위한 기구개편에 있었다고 하겠다.

三軍都摠制府의 조직 상에 보이는 특징은 먼저 최고 통솔자인 都摠
制使로부터 副摠制使까지 재상급 인사가 임명된다는 점이다. 그리고
이전의 군통수기구와 달리 정원이 분명하게 규정되어 있었다. 이를 통
해 군사에 대해서 알지 못하는데도 불구하고 재상의 지위에 있다고 해
서 장수를 겸임하는 폐단을 제거하려고 했다.

다음으로 斷事官 이하 六房典吏까지는 실무직이었다. 그 중 斷事官
은 元에서 刑政을 맡았던 관직이다.[243] 그렇기 때문에 斷事官은 단순
히 실무직이라기보다는 軍政上의 刑政을 맡아 군대의 기강을 확립하
는 직책이었다고 보아야 할 것이다.

반면 經歷, 都事, 六房錄事, 軍錄事, 六房典吏 등은 실무직이었다.
중요한 점은 이것들이 도평의사사의 그것과 매우 유사하다는 것이다.
都評議使司도 위화도회군 이후 조직이 개편되었는데, 창왕 때 都評議
使六色掌을 吏戶禮兵刑工의 六房錄事로 고쳤고, 공양왕 2년에 經歷
司를 加置하여 六房을 통솔하게 했다.[244] 도평의사사가 국가의 최고
민정기구였던 것에 비해 三軍都摠制府도 최고의 군정기구로서의 면모
를 갖추게 되어 양자의 위상은 비슷해지게 되었다.

특히 조준 등이 『周禮』의 六典組織에 의거해서 관제정비를 강조한
데 이어 공양왕 1년에 마침내 六曹制가 확립되었는데,[245] 이 때 六曹

自上將軍以下至將軍 自中郎將以下至尉正 統之義興三軍府 令宰相判府事
判諸衛事 以重御輕 以小屬大 體統嚴矣".

243) 『元史』卷85, 百官志1(芸文印書館印行 二十五史 41冊, 1031쪽), "元太祖起
自朔土 統有其衆 部落野處 非有城郭之制 國俗淳厚 非有庶事之繁 惟以萬
戶統軍族 以斷事官治刑政 任用者不過一二親貴重臣耳".

244) 이 때 經歷 1명 3·4품, 都事 1명 5·6품으로 하고 모두 文臣으로 임명하게
했다. 또 各年 雜業에 합격된 자 중에서 아직 벼슬을 하지 못한 사람을 소속
시켜 典吏로 삼고 그 품계는 7·8품으로 하여 書寫를 맡아 보게 하였다(『高
麗史』卷77, 百官志2, 諸司都監各色, 都評議使司, 中冊, 690~691쪽).

와 民政의 최고기구인 도평의사사 간의 업무를 연결시키는 것이 곧 六房錄事와 六房典吏였다. 軍政의 경우에는 三軍都摠制府의 六房錄事와 六房典吏가 그 역할을 수행했을 것이다. 결국 군정 분야는 三軍都摠制府가 六曹와 연계해서 중요 업무를 자체 처리할 수 있게 되었다. 자연히 군정에 관련된 모든 사항은 三軍都摠制府가 최종적으로 처리했다고 할 수 있다.

三軍都摠制府의 직능은 중외 군사를 총괄하는 것이었다. 그러나 이를 위해서는 먼저 분산적으로 운영되던 병종들을 통합할 필요가 있었다. 그리하여 受田散官을 필두로 해서 居新舊京圻者, 四十二都府, 各成衆愛馬 등을 분속시켰다.[246] 그런 다음 이들을 검열하고 정식으로 分番해서 숙위케 했다.[247] 이들은 이전까지는 별도의 지휘, 통솔 체계로 운영되었다.[248] 따라서 이 조치는 군제상으로 二軍六衛의 허소화로 문제가 된 궁중의 숙위를 강화하고 忽赤 등의 숙위기구의 남설로 심각해진 숙위와 시위조직 간의 분리, 상호연계의 부족에서 발생했던 통수체계의 혼란을 극복한다는 의미가 있었다. 그리고 이들 군사조직들로 하여금 원수·절제사에게 사적으로 예속되었던 각 도의 군인, 외방 및 경기 군현의 군민을 대신하게 하려는 것이었다.

그런데 이를 위해서는 각 병종마다 입속자의 자격요건을 마련하고 실병력을 확보하는 작업을 병행해야 했다. 이것은 군 전력의 문제만이 아니라 토지제, 신분제 및 정치제도 개혁에 대한 급진개혁파 사대부들의 구상과도 밀접한 관련을 지녔기 때문에 이와 관련하여 병종별 개편 작업이 추진되었다. 이 중 가장 획기적인 것이 受田散官의 幷屬이었

---

245) 이에 관해서는 다음 논문이 참조된다. 尹斗守, 1991,「朝鮮太祖의 官制改革과 開國功臣」,『考古歷史學志』7.

246)『高麗史』卷77, 百官志2, 諸司都監各色, 三軍都摠制府, 中冊, 691쪽.

247)『高麗史』卷81, 兵志1, 兵制, 恭讓王 3年 1月, 中冊, 792쪽, "三軍都摠制府閱兵";『高麗史』卷46, 世家, 恭讓王 3年 2月 辛未, 上冊, 888쪽, "三軍摠制府閱所統兵 分番宿衛".

248) 閔賢九, 1983,『朝鮮初期의 軍事制度와 政治』, 96·264쪽.

다.

먼저 품관들에게 공양왕 2년 1월부터 給田都監에서 科田의 지급 관계 서류인 田籍이 頒給되었다.[249] 그런 다음에,

以受田品官 幷屬三軍[250]

하였다. 이처럼 受田品官[251]을 三軍에 幷屬시켰다는 것은 매우 중요한 의미를 지니고 있다. 우선, 이를 계기로 '舊家世族 無其役 而食其田久矣 一日名屬軍籍 役加於身'[252]하게 되었다. 그 동안 사실상 아무런 役도 지지 않은 채 私田의 수입을 거두어들였던 구가세족들도 이제부터는 현임자가 아닌 이상 군적에 올라 복무하게 되었다. 따라서 이 조치는 구가세족이라도 受田했다면 반드시 역을 부과해서 함부로 피역하는 것을 방지하겠다는 의지의 표현이었다. 더구나 受田한 종목이 軍田이 아니더라도 현임자가 아닌 이상 三軍에 의무적으로 幷屬해야 했기 때문에 '舊家世族 自此皆服賤役矣'[253]하게 되었다. 이제부터는 受田散官인 이상, 구가세족 출신이라도 三軍에 幷屬해서 반드시 군역을 부담해야 한다는 원칙을 확고히 수립했다. 그 밖의 계층은 말할 필요도 없을 것이다.

둘째로 受田散官의 三軍 幷屬은 戎戰之卒과 侍衛之士들이 송곳 꽂을 만한 땅도 없어 그의 父母 妻子들이 굶주리고 추위에 떨거나 이리저리로 離散해야 했던[254] 폐해를 제거할 수 있는 기틀을 마련하게 했

---

249) 『高麗史』卷45, 世家, 恭讓王 2年 1月 壬午, 上冊, 874쪽, "給田都監 始頒給各品田籍".
250) 『高麗史』卷81, 兵志1, 兵制, 恭讓王 3年 1月, 中冊, 792쪽.
251) 受田品官은 정확히 말하면 受田散官을 가리킨다. 이는 다음의 사료를 통해 분명하게 확인된다. 『高麗史』卷77, 百官志2, 諸司都監各色, 三軍都摠制府, 中冊, 691쪽, "恭讓王三年 省前軍後軍 只置中軍左軍右軍 爲三軍都摠制府 統中外軍士 以受田散官及居新舊京圻者四十二都府各成衆愛馬 分屬焉".
252) 『高麗史』卷119, 列傳, 鄭道傳, 下冊, 617쪽.
253) 『高麗史』卷119, 列傳, 鄭道傳, 下冊, 617쪽.

다는 점에서 중요하다. 그 동안 군인전을 받고도 복무를 기피하는 자들이 많았으며, 자연히 허소화된 군사조직의 보충을 위해 選軍給田에 의거하지 않고 사졸들을 억지로 징발했다. 이렇게 징발된 사졸은 경제적 고통에 시달렸으며, 그것은 다시 도산하는 악순환을 낳았던 것이다. 따라서 受田散官의 三軍 幷屬은 토지의 분급으로 인한 경제적 안정과 그에 따른 군사조직의 충실화를 기대할 수 있게 하였다.

또한 구가세족 출신들과 전투와 시위에 참가한 사졸들이 똑같이 私田을 지급받고 三軍에 幷屬되어 복무하여 군역을 공평하게 부담하게 됨으로써, 그 동안의 이탈자와 잔류자, 부자와 빈자, 국가와 군인 간의 대립과 갈등을 완화 내지 해소할 수 있게 되었다.

受田散官을 三軍에 소속시켜 복무하게 한 것은 科田法이 제정되면서 마침내 법제화되었다. 과전법의 조문에는 경기지방에 과전을 두고 사대부로 하여금 居京城하여 衛王室하도록 하고, 외방에 군전을 설치하여 閑良官吏에게 왕실의 蕃으로서의 구실을 하도록 했다.[255] 그런데 현임이 아닌 한량관리, 즉 受田散官들이 三軍府에 나아가 숙위하지 않을 경우에는 받은 땅을 몰수하게 하는 제재조항을 특별히 규정해 놓았다.

　　閑良官으로 父母喪葬·疾病 이외에 無故로 三軍摠制府에 나와서 숙위하지 않은 지가 이미 百日이 찬 자는 …… 그 토지를 아울러 다른 사람이 陳告科受하는 것을 허락한다.[256]

---

254) 『高麗史』 卷78, 食貨志1, 田制, 田柴科, 禑王 14年 7月, 諫官李行等上疏, 中冊, 719쪽, "夫戎戰之卒 侍衛之士 至于小民 曾無立錐之地 父母妻子 飢寒離散".

255) 『高麗史』 卷78, 食貨志1, 田制, 科田法, 中冊, 723~724쪽, "京畿 四方之本 宜置科田 以優士大夫 凡居京城衛王室者 不論時散 各以科受 …… 外方 王室之藩 宜置軍田 以養軍士 六道閑良官吏 不論資品高下 隨其本田多少 各給軍田十結或五結".

256) 『高麗史』 卷78, 食貨志1, 田制, 科田法, 恭讓王 3年 5月, 中冊, 725쪽, "閑良官 除父母喪葬疾病外 無故不赴三軍摠制府宿衛百日已滿者 …… 其田幷許

즉 상당 기간 무단으로 숙위하지 않는 한량관들의 토지를 몰수하는
조항을 만들어 통제를 강화했던 것이다. 이 규정으로 인해 구가세족
출신이라도 함부로 복무를 기피할 수 없게 되었다. 이로써 군사조직을
허소화시킨 중요한 원인 중의 하나가 제거된 셈이다.

또한 受田散官의 三軍 幷屬은 그 동안 원수 등에 의해 억지로 동원
되었던 외방 및 경기 군현의 공부 백성, 鄕社里長들은 귀향시키고 그
빈자리를 메우는 정책과도 연관된다. 즉, 구가세족 출신을 포함한 受田
散官들로 이를 메우게 하려는 조치였다. 물론 군사적인 비중은 四十二
都府라든가 各成衆愛馬가 더 컸겠지만, 상징적인 의미로 본다면 受田
散官들의 그것도 적지 않았다. 즉, 受田散官들은 居京 侍衛하고 貢賦
百姓 및 鄕社里長들은 생업에 종사하는 체제를 확립하는 것이 급진개
혁파들의 중요한 목표였다.

아울러 이 방안은 신분제의 안정과도 밀접한 관련이 있었다. 불법적
인 신분상승과 면역·피역 계층을 차단하고, 受田者는 모두 자신의 신
분에 합당한 의무를 수행하되, 그 의무 수행을 매개로 자신의 신분제
적 위치가 드러나도록 했다. 다시 말하면 신분에 따른 의무와 권리가
자신의 가문적·경제적·지역적 배경에 의해 규정되고, 특권이 면역으
로 표현되는 것이 아니라 국가의 직역에 종사함으로써 규정되도록 한
것이다. 이들은 그 근거를 『周禮』의 직분론에서 찾았으며 三軍都摠制
府의 설치를 통해 점차 구현하고 있었다.

受田散官과 함께 成衆愛馬에 대한 개편작업도 이루어졌다. 성중애
마는 설립 배경과 기능 면에서 다소의 차이를 보이고 있기 때문에 일
률적인 기준이 적용되지 않아 업무의 중복은 물론 선발기준, 인원, 대
우 등에서 많은 문제를 안고 있었다.[257) 그렇기 때문에 우선 자체 내의

人陳告科受".

257) 各成衆愛馬에 관해서는 다음의 연구성과들을 참조할 것. 金昌洙, 1966, 「成
衆愛馬考」, 『東國史學』 9·10合 ; 韓永愚, 1983, 「朝鮮初期의 上級胥吏와 그
地位」, 『朝鮮初期社會經濟硏究』 ; 閔賢九, 1983, 『朝鮮初期의 軍事制度와
政治』, 99~100쪽.

통일을 기할 필요가 있었다. 즉, 성중애마에 포함되어 있던 부대나 조
직 하나하나의 개편도 중요하지만, 전체적인 통일성이나 상호연계를
어떤 식으로 꾀해야 하는가도 매우 중요했다. 성중애마에 대한 개혁은
이 두 가지 측면이 고려되면서 추진되었다.

먼저 宮官 계통으로 출발해서 숙위까지 겸했던 內侍·茶房·司楯
·司衣·司彝 등에 대한 개혁이 시도되었다.[258] 이 때 가장 중시된 원
칙은 '愼簡'이었다. 말하자면 선발 절차의 강화를 통한 개선방안이었
다. 즉 家系에 문제가 있거나 무능력·무자격자, 군역기피자들이 들어
오는 것을 막고, 동시에 이미 입속해 있던 사람에 대해서도 선별작업
을 실시해서 부적합한 인물들을 제거하려고 했다.

> 吏曹가 또 啓하기를, "內侍·茶房·司楯·司衣·司彝 등의 成衆
> 阿幕은 宿衛近侍의 임무에 대비하는 것입니다. …… 그렇기 때문에
> 입속하는 자를 신중히 뽑지 않으면 안 됩니다. 바라건대 이제부터 本
> 曹에서는 반드시 戶籍과 初入仕朝謝를 상고하고, 그 용모를 관찰하
> 며 인하여 재능을 시험 보이되, 글씨쓰기, 셈하기, 활쏘기, 말타기 중
> 에서 한 가지라도 능력이 있는 사람을 입속시키며, 비록 이전에 입속
> 시킨 자일지라도 모두 심사해야 할 것입니다.……"라고 하였더니 왕
> 이 받아들였다.[259]

本曹, 즉 吏曹가 주관해서 선발제도를 개정하였는데, 여기서 특히
주목되는 점은 이조가 선발을 주관한다는 점이다. 과거에는 '宿衛近侍
之任'의 선발권은 吏部가 관할하지 못했다. 이에 따라 이전의 내시 등
의 여러 기구는 군역기피자, 무능력·무자격자 들의 대거 입속[260]과

---

258) 韓永愚, 1983,「朝鮮初期의 上級胥吏와 그 地位」,『朝鮮初期社會經濟硏究』,
    319~320쪽.
259)『高麗史』卷75, 選擧3, 銓注, 成衆官, 恭讓王 3年 4月, 中冊, 651쪽, "吏曹又
    啓 內侍茶房司楯司衣司彝等成衆阿幕 備宿衛近侍之任 …… 其入屬者 不可
    不愼簡焉 願自今 本曹 必考戶籍 及初入仕朝謝 觀其容貌 仍試其藝 其於書
    筭射御中通一藝者 許令入屬 雖舊屬者 亦皆考覈 …… 從之".

이들의 사적 관계로 인해 私兵化한 성격을 지녔었다. 이조가 정선한다는 것은 사적인 관계를 단절하여, 공적인 기구로 재편성함을 의미하는 것이었다.

또한 호적 등을 고찰한다는 것은 가계나 신분에 대한 조사였다. 이는 '宿衛近侍之任'의 경우에는 신분제를 엄격히 적용해야 한다는 것이다. 군제를 포함한 모든 분야의 개혁은 그 목표가 신분제 확립에 있었으므로, 그에 합당한 조치였다. 여기서 용모의 관찰은 체격 조건에 대한 검토이고, 書·筭은 궁중의 일반 사무를 담당하는 자에게, 射·御는 숙위자에게 필요한 기능이었기 때문이다. 따라서 단순히 신분이나 가계의 조건만이 아닌 능력과 신체 조건 모두를 겸비한 인물을 선발하는 것이 원칙이었다. 급진개혁파는 이 원칙을 점차 다른 成衆愛馬에게도 적용하였고, 이러한 선발원리로써 통합하려고 했다.

나아가 이 원칙은 소수 정예의 인원으로 성중애마의 조직을 유지해야 한다는 생각으로 발전했다. 이는 舊屬者들도 모두 다시 考覈해서 문제가 많은 사람들을 탈락시키겠다는 방침으로 이어진다. 즉 조직의 강화를 위해 소수 정예 인원만 남기고 나머지 인원은 탈락시켜야 한다며 급진개혁파는 기득권의 인정을 거부했던 것이다. 이들은 이 방법으로 舊屬者를 考覈하는 것에 대한 반발을 줄이고 精選을 통해 소수의 실력자를 남겨 조직의 허소화도 극복하려 하였다. 이에 內侍와 茶房은 각각 左右番을 합해 100명으로 정하고,[261] 司楯은 四番에 각 50명씩으로, 司衣는 四番에 각 40명, 司彝는 四番에 각 30명씩으로 했다.[262]

---

260) 內侍가 榮職이었던 시절의 예이기는 하지만 宦寺에게 청탁, 뇌물 등을 써서 입속하는 경우도 있었다(周藤吉之, 1980,「高麗初期の內侍·茶房と明宗朝以後の武臣政權との關係」,『高麗朝官僚制の研究』, 478쪽).

261)『高麗史』卷75, 選擧志3, 銓注, 成衆官選補之法, 恭讓王 2年 10月, 下冊, 651쪽, "吏曹啓 內侍茶房 出入禁闥 其任匪輕 以無定額 規避軍役者 爭相充補 纔及數月 便歸鄕里 不供徭役 動至數百 乞擇儀狀端正者百人充之 分左右番 番各五十人 從之".

262)『高麗史』卷75, 選擧志3, 銓注, 成衆官選補之法, 恭讓王 3年 4月, 中冊, 651쪽, "且內侍茶房 其數已定 司楯司衣司彝 則尙無定額 入屬之徒 無有紀極

한편 內侍 이하 각 성중애마의 소수정예화 방침은 궁중의 숙위·근시직자의 비대화를 견제하는 측면도 강하게 가지고 있었다. 궁중의 숙위·근시직자는 국왕과 직결되어 있었다. 비록 三軍都摠制府가 이들을 통솔하였다고 하더라도 아직까지는 한계가 있었다. 따라서 궁중의 숙위·근시직자 들의 비대화는 府衛軍을 약화시키는 요인이 되기도 한다. 이러한 점을 방지하기 위해 급진개혁파는 성중애마를 팔위에 합속시키려고 했으나, 정치적 사정으로 그 대신에 소수 정예를 육성한다는 명분을 내걸면서 개혁을 시도했다. 그리고 이들을 三軍都摠制府에 분속시켜 최소한의 통제라도 받게 했다. 이것으로 궁중의 宿衛·近侍之任의 지나친 비대화를 방지해서 八衛 등이 위축되지 않도록 하려는 것이었다.

급진개혁파는 內侍·茶房·司楯·司衣·司彝 등에 대한 개혁을 시도한 후 곧바로 忠勇·近侍·別保 등의 각 성중애마에 대한 개혁에도 착수했다. 忠勇·近侍·別保 등의 三衛는 본래 궁중의 숙위를 위해서 설립된 것이기 때문에 兵曹가 개혁작업을 주관했다.

> 병조가 上書하여, 忠勇·近侍·別保의 三衛의 額數를 定하고 老幼와 재능이 없는 자를 汰去하게 했다.[263]

이상과 같은 병조의 조치는 이조가 내시 등에 대해 실시했던 것과 원리 면에서 거의 흡사하다. 물론 선발과목 등의 세부 사항에서는 다소 차이가 있었을 것이지만, 동일한 원리 원칙을 가지고 이조와 병조가 분야를 나누어 처리한 것으로 추정된다. 그것은 각 성중애마의 설립 배경이 다르고 기능의 차이도 크기 때문에 한꺼번에 처리하기 곤란하였기 때문이다. 그렇지만 일단 각 성중애마에 대해 개별 조직의 개

請刪定員數 司楯四番 各五十人 司衣四番 各四十人 司彝四番 各三十人".
263) 『高麗史』卷81, 兵志1, 兵制, 恭讓王 3年 7月, 中冊, 793쪽, "兵曹上書 定忠勇近侍別保三衛額數 汰去老幼及無才者".

편과 동시에 전체적인 통일성과 상호연계가 이루어질 수 있도록 작업
이 진행되었다.

受田散官의 三軍 幷屬 및 三軍都摠制府의 설치, 이에 따르는 成衆
愛馬의 개편 및 통수 체계의 조정작업을 계기로 본격화되었던 군제개
혁에는 아직 몇 가지 중요한 과제가 남아 있었다. 첫째는 구가세족들
의 반발과 계층 간의 갈등을 해소하는 일이었다. 원수의 혁파로 일부
재상급 원수나 절제사들은 군권을 박탈당하고 거느리고 있던 군민들
도 방환되었다. 그리고 그 동안 토지를 받고도 아무런 역도 지지 않았
던 구가세족들이 軍籍에 편입되어 군역을 부담하게 되었다.264) 따라서
이들 모두 군제개혁에 대해 강한 불만을 품게 되었다.265) 반면에 토지
를 처음으로 분급받아 복무하게 된 散官들이나 侍衛之士, 그리고 억지
동원에서 풀려난 군현의 貢賦 百姓 및 鄕社里長들은 자연히 군제개혁
에 호의적이었을 것이다. 그러므로 군제개혁은 출발부터 계층 간의 갈
등을 어떤 면에서는 증폭시켰다. 따라서 계속해서 개혁을 추진할 경우
그 정책 방향에 따라 계층 간의 이해가 엇갈리면서 대립·갈등이 첨예
하게 발전될 소지가 많았고, 이는 계속되는 군제 개편작업에 직접적인
영향을 주었다.

두 번째로 量田 결과 墾田이 50만 결에도 못 미치는 등의 요인으로
군전 지급을 그대로 실천한다는 것은 상당히 어려웠다. 그러므로 부분
적인 수정이 불가피해졌다. 특히 기존 府兵들의 반발을 의식하게 되면
서 選軍給田의 본래 취지를 되살리겠다는 의지가 다소 퇴색하게 되었

---

264) 『高麗史』卷119, 列傳, 鄭道傳, 下冊, 617쪽.
265) 『高麗史』卷119, 列傳, 鄭道傳, 下冊, 608쪽, "省五軍 爲三軍都摠制府 以道
傳 爲右軍摠制使 道傳辭曰 三軍之作 臣在中朝 憲司所建白 臣不知也 然罷
元帥 爲三軍 以臣爲摠制使 則諸帥失職者 必快快曰 道傳 革元帥 自爲摠制
怨刺並興 臣又不便弓馬 不敢當 …… 王曰 大國三軍古制也 中爲權臣所弊
宰相各稱元帥 一民莫非其有 今革元帥 立三軍 此復古之機也 摠制寔重任
議諸兩侍中 以卿爲之 卿毋辭 道傳曰 儻有讒言 請勿納 永保微臣 遂不辭 王
悅".

다. 그리고 添設職者들에 대한 배려도 충분치 못해 문제로 남게 되었다.[266]

세 번째는 三軍都摠制府가 중외의 군사를 통솔한다고 했으나, 사실상 여기에서 제외된 군사조직들이 여전히 존재하였다. 대표적인 것으로 昌王 즉위년 8월에 설립된 都摠中外諸軍事府 휘하의 군대를 들 수 있다. 위화도회군 이후 창왕은 당시 실권을 장악한 이성계로 하여금 中外諸軍事를 都摠하게 했는데,[267] 그것을 담당한 기구가 곧 都摠中外諸軍事府였다. 따라서 都摠中外諸軍事府란 이성계파가 병권을 장악하기 위해 설립한 것으로, 그의 휘하 親兵들이 핵심을 이루었다.[268] 그렇기 때문에 공양왕 3년 1월 三軍都摠制府가 설치된 뒤에도 都摠中外諸軍事府는 이성계의 강력한 후원세력으로서 정치적으로 큰 역할을 수행했다.[269] 물론 이성계파가 양 기구의 실권을 장악한 이상 서로 대

---

266) 添設職은 마침내 그 實職에 따라 과전을 지급받는 것으로 결론지어졌다. 즉, "京畿置科田 不論時散 各以科受 添職者皆從實職"(『龍飛御天歌』8卷 72章, 815쪽, 아세아문화사)이라고 했다. 검교직이나 첨설직은 그 자체로는 과전을 수급할 수 없으며, 오직 전함관의 자격으로만 받을 수 있다고 한다(柳承源, 2000, 「朝鮮 建國期 前銜官의 軍役」, 『韓國史論』41·42, 서울대, 501~502쪽).

267) 『高麗史』卷137, 列傳, 禑王 14年 8月, 下冊, 838쪽, "以我太祖都摠中外諸軍事".

268) 이는 다음의 사건을 통해서 볼 때 좀더 분명해진다. 鄭夢周가 李芳遠 등에 의해서 살해된 후, 곧바로 "我太祖麾下軍官上疏 請籍鄭夢周家産 幷治其黨從之 廢李崇仁趙瑚李種學種善金震陽李擴爲庶人"(『高麗史節要』卷35, 恭讓王 4年 4月, 912쪽)이라고 해서 李成桂의 휘하 군관들이 상소를 올려 정몽주의 재산을 몰수하고 그의 일파를 완전히 제거할 것을 요구했다. 이 때 상소를 올린 휘하 군관이 바로 諸軍事府의 군관이었다. 이는 "又(鄭)夢周死後 諸軍事府軍官等 以社稷大計 上書請罪夢周及其黨與 其署名於書者 當危疑之際 注意於予 亦足嘉尙 又欲稱下功臣 臺省可勝止之哉 乃敎臺省曰 無復擧論"(『太祖實錄』卷2, 太祖 1年 10月 辛亥, 1冊, 32쪽)이라는 기사로써 확인된다. 그러므로 都摠中外諸軍事府에는 이성계의 휘하 군관들이 주축을 이루고 있었음을 알 수 있다.

269) 대표적인 사건으로 정몽주가 살해된 뒤에 상소를 올려서 그의 재산을 몰수하고 그 일파의 완전 제거를 요구했던 것을 들 수 있다. 즉 "我太祖麾下軍官上

립·충돌하는 일은 없었지만, 계속 별개의 체계로 운영되었던 것이다. 그 점은 조선에 들어와서도 당분간 변함이 없었다.

조선왕조의 성립 이후 都摠中外諸軍事府를 혁파하고 義興親軍衛를 설립한다고 했을 뿐[270] 이를 三軍都摠制府에 분속시킨다는 것은 정식으로 천명하지 않았다. 따라서 이는 이성계가 국왕으로 즉위함에 따른 부분적인 조정에 지나지 않았다. 이것은 이성계의 입장에서 조선왕조가 성립하기 전까지는 재상으로서 군권을 장악했지만 이제부터는 국왕의 지위에서 통수권을 행사해야 하기 때문에 義興親軍衛로 변경했다고 볼 수 있다.[271] 그리하여 義興親軍衛에는 都鎭撫, 上鎭撫를 별도로 설치하고,[272] 이에 임명된 인사를 직접 宮禁으로 불러들여 部伍에 명령을 전달하게 했다.[273] 또한 의흥친군위에 속해 있던 甲士들은 '親軍'이라는 이유로 설사 지휘관에게 항거하는 하극상을 저질렀다고 할지라도 곧바로 군법으로 다스리지 못하고 반드시 왕에게 보고한 다음에 처리하게 했다.[274] 따라서 의흥친군위를 삼군도총제부가 통솔했다고 보기는 어렵다.[275] 이렇게 볼 때 삼군도총제부가 설치되었다고

疏 請籍鄭夢周家産 幷治其黨 從之 廢李崇仁趙瑚李種學種善金震陽李擴爲庶人"(『高麗史節要』卷35, 恭讓王 4年 4月, 912쪽)이라고 이성계의 휘하 군관들이 상소를 올렸다. 이 때 상소를 올린 휘하 군관이 바로 諸軍事府의 軍官이었다.

270) 『太祖實錄』卷1, 太祖 1年 7月 丁酉, 1冊, 20쪽, "立義興親軍衛 罷都摠中外諸軍事府".

271) 義興親軍衛에 관해서는 다음의 연구성과들이 참고된다. 閔賢九, 1983, 『朝鮮初期의 軍事制度와 政治』, 101~103쪽 ; 柳昌圭, 1985, 「朝鮮初 親軍衛의 甲士」, 『歷史學報』106.

272) 『太祖實錄』卷2, 太祖 1年 11月 己卯, 1冊, 34쪽, "以黃希碩爲義興親軍衛都鎭撫 趙琦爲上鎭撫".

273) 『太祖實錄』卷7, 太祖 4年 2月 癸未, 1冊, 75쪽, "知中樞院事銀川君趙琦卒 …… 及上卽位 爲開國功臣 以親軍衛上鎭撫 出入宮禁 奉行威令 部伍懾伏".

274) 『太祖實錄』卷12, 太祖 6年 7月 丁巳, 1冊, 108쪽, "甲士李順伯魯玄守等 自望騎船在龍山江 抗於節制使陳乙瑞等 乙瑞等怒曰 閫外之事 將軍制之 欲加以軍法 左右曰 親軍也 宜申請 上聞之 命巡軍 杖順伯等二人 仍令騎船".

해서 군의 일원적인 통수체계가 확립되고 사병화의 문제가 완전히 해결된 것은 아니었다.

또한 삼군도총제부의 직접적인 통솔을 받지 않았던 것으로 各道의 節制使들이 거느리는 이른바 諸道의 番上侍衛兵들이 있었다.[276] 공양왕 2년 12월 憲司의 上狀에 따라 고려정부는 才智를 兼全한 자를 節制使로 임명해서 중외 군사를 통솔하게 하고, 그 액수를 정해 나머지는 모두 혁파하는 한편, 節制使들이 上京시킨 外方 및 京畿 郡縣의 軍民들을 전부 방환했다.[277] 그러나 이 조치는 절제사직에 임명된 인물들을 교체하고 貢賦 百姓 및 鄕社里長들을 방환시키는 데 중점을 두었을 뿐 諸道兵의 番上 侍衛를 완전히 중단한 것은 아니었다. 이처럼 各道의 절제사들과 諸道의 番上侍衛兵을 삼군도총제부에 분속하지 않은 것[278]은 역시 정치적인 사정을 고려해서 별도의 통솔을 허락했던 것으로 생각할 수 있다.

諸道의 番上侍衛兵을 삼군도총제부에 분속시키지 못한 두 번째 이유는 군전의 지급 문제와도 연관이 있는 것으로 보인다. 과전법에서는

---

275) 이렇게 된 이유는 아마도 휘하 親兵이 대다수인 都摠中外諸軍事府·義興親軍衛만큼은 당시 정치상황을 고려해서 李太祖가 곧바로 私的으로 통솔하고자 했던 것에 있는 것이 아닌가 한다.

276) 諸道兵과 節制使의 관계에 관해서는 다음의 저서를 참조할 것. 閔賢九, 1983,『朝鮮初期의 軍事制度와 政治』, 103~106쪽.

277)『高麗史』卷81, 兵志1, 兵制, 恭讓王 2년 12月, 中冊, 792쪽.

278) 조선에 들어와서도 초창기에는 諸道兵들이 三軍都摠制府에 분속되지 않고 節制使들에 의해서 다음과 같이 독자적으로 운영되고 있었다.『太祖實錄』卷2, 太祖 1년 9月 己亥, 1冊, 31쪽, "大司憲南在等上言 …… 一 國之所重 在於戎事 握兵發兵 各有其職 古之制也 近者 各道節制使 直隸州府郡縣 其騎船軍陸守軍與夫雜泛供役者 盡令抄出赴京 儻有倭寇卒至 誰能禦之 願令諸道節制使 呈報都評議使司 取旨行移 方許徵發 其直隸抄出 一皆禁斷 違者令本府料理". 司憲府는 諸道節制使들이 州·府·郡·縣에 直隸해서 發兵하는 것을 막기 위해 반드시 都評議使司에 모報케 해야 한다고 건의했다. 이것으로 三軍都摠制府가 各道節制使의 統帥 행위에 대해서 직접적으로 관여하지 않았음이 확인된다.

외방에 군전을 두어 六道의 閑良官吏들에게 자품의 고하를 논하지 않고 本田의 多少에 따라 각각 10결 또는 5결씩을 지급한다고 했다.[279] 그러나 번상시위병에 대해 選軍給田에 의거한 군전 지급은 이루어지지 않았다. 따라서 군전을 받지 못한 諸道의 番上侍衛兵들을 삼군도총제부에 분속시키기는 어려웠으며, 이들을 별도로 통솔했을 것이다.

세 번째로, 이러한 이유보다 더 중요한 요인이 있었다. 사적 유대관계의 단절로 인한 군사력의 약화였다. 고려 후기에 들어서 매우 잦아진 외적과의 전투를 통해 최고위 장수와 그 휘하의 군관 및 군사 간에 굳게 맺어진 사적인 유대는 비상시에 큰 힘을 발휘하는 경우가 많았다. 특히 善戰으로 이름난 장수들은 자제·족친들과 평소부터 잘 알고 지내던 有才力者들을 심복이나 手足之人으로 거느리고 있었던 관계로 결정적인 순간에 그들로부터 큰 도움을 받기도 했다.[280] 이 점은 조선에 들어와 私兵의 혁파로 인해 군사들이 장수의 면모를 알지 못해 위급한 순간이 닥쳐도 구할 수 없게 되었다는 지적에서 알 수 있다.[281] 사병화는 통수권의 행사라든가 불공평한 역의 부담 등 여러 가지 폐해를 초래하기는 했지만, 위급한 상황에서는 일시적으로 큰 역할을 하기도 했다. 그러므로 정치불안이 계속되는 상태에서 이성계와 그 계열의 인사들이 휘하 병력과의 사적인 유대관계를 완전히 단절하기는 힘들었다. 따라서 사병화는 철폐되어야 했으나 그를 대신할 수 있는 조직 체계가 마련되지 못한 상태에서는 그 완전한 실행은 어려웠다.

네 번째 이유는 四十二都府와 各成衆愛馬가 병립하여 분속되었다

---

279) 『高麗史』 卷78, 食貨志1, 田制, 科田法, 中冊, 724쪽.
280) 『太宗實錄』 卷13, 太宗 7年 1月 甲戌, 1冊, 384쪽, "領議政府事成石璘上書陳 時務二十條 命下議政府議得 書曰 …… 一 嘗觀前朝號爲善戰者 如安祐李 方實 皆有梯已 心腹手足之人 當其臨危決勝之際 皆賴其力 宜令將相 預選 子弟族親及所知有才力者各幾人 以備緩急之用 政府議得右條 量宜定數施 行何如".
281) 『太宗實錄』 卷23, 太宗 12年 4月 丙子, 1冊, 632쪽, "(韓尙德)對曰 今革私兵 爲府兵 誠爲美法 然有議者曰 革私兵故 軍士未知將帥之面 儻有興師之事 則將帥雖危 無有救之者".

는 점이다. 공양왕 1년 12월에 憲司에서 올린 이들의 병합책[282]은 그대로 실행되지 못했다. 다만 八衛四十二都府와 各成衆愛馬에 대한 개편작업이 시도되었을 뿐이다. 병합이 안 된 이유는 기존의 군인을 제거하는 데 따른 반발 때문일 것이다. 더구나 이질적인 군사조직을 병합한다는 것은 양쪽의 하급병사로부터 고위 지휘관에 이르기까지 이해관계가 걸려 있기 때문에 반발이 컸다. 따라서 개혁파는 조직개편의 명분을 앞세워 내부의 편성이라든가 선발방식, 복무규정 등의 개선을 통해 부적당한 군사들을 제거하는 편이 효과적이었을 것이다. 그리하여 이 과제는 조선왕조의 성립 이후 양 조직을 개편하고 그 과정에서 문제가 있는 인물들을 서서히 제거하며 새로운 기준에 의해서 선발한 사람들로 보충하는 방식으로 진행되었다.

한편 양자를 쉽게 병합할 수 없었던 또 다른 요인은 오랜 기간에 걸쳐 시위와 궁중의 숙위조직이 분리된 채 아무런 연계 고리도 없이 운영되어 왔던 점도 크게 작용했던 것 같다. 특히 이 문제는 군권 장악과 관련해 국왕을 비롯한 모든 집정자들에게 중요한 관심 사항이었다. 그만큼 함부로 손을 대기 힘들었다. 그러므로 갑자기 추진할 경우 집정자들의 강력한 반발을 초래할 가능성이 매우 높았다. 결국 양자를 모두 삼군도총제부에 분속시켜 일단 최고 통수기구의 휘하에 들어가 같은 명령체계에 의해서 운영되도록 했다. 즉, 별개의 지휘계통에 의해서 통제되는 것만큼은 피한다는 것이다. 그러나 양 조직체계의 세부적인 사항에 대해서는 앞서 언급했던 원칙에 입각해서 서서히 개혁해 나가도록 했다. 그 과정에서 군사조직의 허소화라든가 사병화의 문제를 해결하고 동시에 새로운 체제를 구축하고자 했다. 결국 三軍都摠制府의 설치는 군제개혁의 일단락이 아닌 본격적인 출발을 의미한다고 하겠다.

---

282)『高麗史』卷81, 兵志1, 兵制, 恭讓王 1年 12月, 中冊, 791쪽.

2) 船軍의 육성과 沿海民의 安集對策

요동정벌로 주력 부대가 출동한 사이에 하삼도 일대는 왜적의 잦은 침입으로 커다란 피해를 보았다. 더구나 왜구의 침입이 줄어들지 않고 있어서 시급한 대책 마련이 요구되었다. 고려정부는 앞서 선군의 강화를 주장했던 李穡, 禹玄寶, 李禧, 鄭准提 등의 건의를 받아들여 한때 이를 실천에 옮기기도 했다. 그러나 선군을 강화하기 위해서는 반드시 항해에 익숙한 자들의 船軍充補, 兵船의 建造와 火器를 비롯한 해전용 장비의 제작, 航海에 필요한 船內陸物諸緣의 마련 등이 필요했다. 여기에는 많은 인력과 재정의 확충을 필요로 하였다. 따라서 해군력 강화는 국가재정의 확충과 인력 동원의 원활함이 전제되어야 가능했다. 그런데 재정이 몹시 악화되어 있던 당시 상황에서 이런 부담을 모두 민에게 전가시킬 경우 불만이 극도로 커지는 것은 물론 격렬한 반발이 예상되었다. 따라서 이 점을 감안한 선군 개혁방안이 제기될 필요가 있었다.

급진개혁파 사대부들은 다음과 같은 방안을 내놓았다.

원컨대 漢나라에서 백성을 모집하여 변방을 충실히 하여 흉노를 막던 故事를 써서 패망한 고을의 황무지를 개간한 자에게는 20년을 기한하여 그 田土에 과세하지 말고 國役에 사역시키지 말도록 하시고 오로지 水軍萬戶府로 하여금 城堡를 修立하여 그 老弱을 屯駐하게 하고 먼 곳까지 斥候하고 烽燧를 삼가하여 無事할 때에는 耕耘·魚鹽·鑄冶하여 먹도록 하고 때로써 배를 만들어 寇賊이 이르면 들을 비워 두고 入堡하고 水軍이 배를 내어 이를 치게 하십시오. 合浦부터 義州에 이르기까지 모두 이와 같이 하면 곧 수년을 지나지 아니하여 流亡한 자들이 모두 그 鄕邑으로 돌아와 변경의 州郡이 이미 차고 諸道가 점차로 충실하여져 戰艦이 많아지고 수군이 훈련되면 해적이 도망하여 邊郡이 편안하며 漕運이 용이하여 京城이 부유해질 것입니다.[283]

이 방안의 골자는 첫째 沿海民에게 경작지를 지급하고 20년 동안의
면세를 보장하여 이들의 정착을 유도함으로써 피폐해진 연해지역을
적극적으로 개발·개간하겠다는 것이다. 둘째로 이것을 바탕으로 해서
해군력을 적극 강화하겠다는 점이다. 평상시에는 생업 활동에 종사하
면서 때때로 전함 건조라든가 城堡 修立과 같은 군사장비의 제작 및
방어시설의 확충에 동원하고, 倭賊이 이르면 전투에도 참여할 수 있도
록 하려는 것이다. 그 대가가 국역의 면제였다.[284] 이 방안은 한 마디
로 연해지역의 개발·개간과 해군력 증강을 동시에 달성하는 것이었
다.

당시 비옥한 연해지역은 왜구의 극성으로 민이 유망하여 황폐해진
곳이 많았는데, 이 곳의 陳田은 권세가들의 주요한 표적이 되었다. 그
러므로 이 방안은 민의 경작을 보장하며 그에 입각하여 公田과 公民
을 확보한다는 효과도 기대되었다. 이는 개혁안의 성격을 잘 보여주는
대목이라 할 수 있다. 이처럼 종전의 선군 육성책이 대체로 민에 대한
부담을 전제로 한 반면, 개혁파의 그것은 민생안정을 전제로 하는 개
발·개간과 연계시켜 추구되었다는 점이 특징이었다. 말하자면 이 방
안은 기존의 모병 방식에 따른 군의 사병화와 전력 약화를 개선하고,
군제개혁과 민의 안정을 동시에 달성하려는 의미가 담겨 있었다.

그리고 위 방안이 그대로 실천된다면 合浦로부터 義州에 이르는
서·남해의 연해지역에 거주하는 사람들은 대체로 수군만호부에 소속
되어 船軍役을 부담하고 또한 그의 철저한 통제를 받아야 했다. 결과

---

283) 『高麗史』卷82, 兵志2, 屯田, 禑王 14年 8月, 中冊, 815쪽. 이 역시 조준 등이
    제안한 것이다. 『高麗史』卷118, 列傳, 趙浚, 下冊, 593~594쪽, "願用漢氏募
    民實塞下 防匈奴故事 許於亡邑荒地開墾者 限二十年 不稅其田 不使國役
    專仰水軍萬戶府 修立城堡 屯其老弱 遠斥候 謹烽燧 居無事時 耕耘漁鹽鑄
    冶而食 以時造船 寇至 淸野入堡 水軍出船擊之 自合浦 以至義州 皆如此 則
    不出數年 流亡盡還其鄕邑 而邊境州郡旣實 則諸道漸次而充 戰艦多而水軍
    習 海寇遁而邊郡寧 漕轉易而京師富".

284) 尹薰杓, 1993, 「高麗末 朝鮮初期 兵器의 製造 및 管理體系에 관한 硏究」,
    『東方學志』 77·78·79, 271쪽.

적으로 그렇게 되면 고려의 군역체계가 바뀌게 되는 것이다. 고려는 지방군에 해당하는 州縣軍을 크게 北界·東界와 交州·楊廣·慶尙·全羅·西海道·京畿의 南道로 나누어서 운영했다.[285] 양 지역의 주현 군은 조직의 편성 방식이나 내용이 달랐고 역의 성격에서도 많은 차이 를 보였다. 그런데 위의 방안대로 실행될 경우 서·남해의 연해지역이 따로 독립되면서 새로운 역체계가 수립될 가능성이 높았다. 타지역과 달리 이 지역의 주민들에게는 船軍役을 부과하거나, 선군 조직에 통제 를 받도록 하기 때문이다.

한편 서·남해의 연해지역에는 肥膏之田이 널리 분포되어 있기 때 문에 개발하기에 따라서는 농업의 중심지가 될 수 있었다. 뿐만 아니 라 연해의 도서지방에서는 漁鹽·牧畜·海産物 採集 등을 통해 막대 한 수입을 올릴 수 있었다. 경제활동의 보고로서 태조 왕건도 이의 경 영에 성공함으로써 마침내 후삼국을 통일할 수 있는 기반을 마련할 수 있었다고 개혁파들은 보고 있었다. 이러한 역사적 경험을 중시해서 수 군만호부를 통해 국가는 이 지역을 독점적으로 개발·개간해서 얻은 수입을 재정에 충당하고자 했다. 그리고 이에 필요한 노동력은 船軍役 등을 통해서 징발하고, 수군만호부로 하여금 이를 효율적으로 관리하 게 한다면 가까운 장래에 반드시 큰 성과를 거둘 수 있다고 기대했다.

급진개혁파 사대부들의 선군 육성책은 군사력의 강화라든가 군역제 의 조정 차원에 머무르는 것이 아니었다. 국가 주도 하에 연해지역을 개발·개간하여 경제활동의 중심지로 만들고, 그 곳에서 거두어들인 수입을 재정에 충당함으로써 새롭게 수립된 통치체제의 기반을 확고 히 다져나가는 것이 기본 목표였다. 다시 말해 개혁이 제대로만 이루 어진다면 중앙집권화를 가속화시킬 수 있는 국가적 규모의 육성책이 라고 할 수 있다. 그러나 이로 인해 그 지역의 기득권을 완전히 상실하 게 될지 모르는 권세가들의 반발도 만만치 않았을 것이다. 이들을 효 과적으로 견제하기 위해서는 무엇보다 萬戶府의 책임자 및 현지에 주

---

285) 『高麗史』 卷83, 兵志3, 州縣軍條 참조.

둔하던 군대 지휘관들을 중앙에서 철저하게 장악할 필요가 있었다. 당시로서는 군대의 힘이 아니면 권세가들을 제압한다는 것이 불가능했다. 따라서 지휘관에 대한 방안이 뒤따라 제안되었다.

> 水軍萬戶와 各道元帥로써 능히 屯田을 세우고 능히 戰艦을 수리하며 능히 인심을 결속시키고 능히 號令을 시행하며 능히 적을 격멸하고 능히 변방을 편안케 한 자에게는 島田을 下賜하여 대대로 그 수입을 먹게 하고 자손에게 전할 수 있게 합시다. 그러나 한 城堡와 한 州郡을 잃은 자는 군법으로 처리하여 가볍게 용서하지 아니함으로써 勸懲을 보이도록 하십시오.286)

위에서 水軍萬戶나 各道元帥가 공을 세우면 島田을 사여하고 世傳을 허락하자고 했다. 원래 급진개혁파들은 사전의 세전은 철저히 부정하여 만약 이를 사사로이 주고받거나 公田 1결을 감춘 자는 사형에 처하라고 했다.287) 그러므로 군공자에 대한 이런 특혜는 육군에는 없는 대단히 예외적인 조치였다. 이는 먼저 왜적의 침입 문제가 그만큼 절실했기 때문에 취해진 것이다. 군공 포상에 대한 우대조치와 함께 패배했을 경우에는 군법에 따라 엄격하게 처단한다는 내용이 공존하게 된 까닭이 여기에 있었다. 그러나 그 동안 문제가 되어 왔던 군공 포상의 기준을 새롭게 제정한다는 측면 외에도 전제개혁의 원칙까지 어겨가면서 賜田의 世傳을 허락했다는 것은 국가 주도 하의 개발·개간에 반대하여 혹시 있을지도 모르는 토호세력 및 그와 연계된 권세가들의 저항을 군대 지휘관들을 이용해서 사전에 철저하게 차단해 보려는 의도가 그 안에 포함되어 있었다고 할 것이다.

---

286) 『高麗史』卷82, 兵志2, 屯田, 昌王 卽位年 8月, 中冊, 814~815쪽, "水軍萬戶 各道元帥 能立屯田 能修戰艦 能結人心 能施號令 能滅賊 能安邊者 賜之島田 世食其入 傳之子孫 其失一城堡一州郡者 軍法從事 毋得輕宥 以示勸懲".
287) 『高麗史』卷78, 食貨志1, 田制, 田柴科, 禑王 14年 7月, 大司憲趙浚等上書, 中冊, 717~718쪽.

이런 구상을 토대로 먼저 海邊人民을 船軍戶로 편제하는 조치가 시행되었다. 공양왕 3년에 都堂은 다음과 같은 정책을 올려 왕의 승낙을 받았다.

해변의 인민을 불러 모으되 3丁으로 1戶를 삼아 定하여 水軍으로 삼고 諸道의 바닷가의 田土는 조세를 거두지 말고 수군의 처자를 부양하게 하소서.[288]

위에서 해변 인민을 召募해서 '三丁爲一戶'로 船軍戶를 구성했음이 확인된다.[289] 그 동안 일정한 원칙을 세우지 않고 선군을 마구 징발하여 폐해가 매우 컸다. 그러한 폐해를 제거하고 선군의 입역이 효과적으로 이루어질 수 있도록 하기 위해 마침내 선군호를 편성시켰다. 고려는 이미 초창기부터 군호를 편성하고 이를 통해 군역을 세습시켰던 것으로 알려져 있다.[290] 이른바 '凡軍戶素所連立'이 그것이다.[291]

그런데 역의 세습이 제대로 이루어지게 하려면 사전에 군호의 인적 사항을 확실히 파악해야만 한다. 그렇게 해서 군인이 연로하거나 신병이 있을 경우 그의 자손이나 친족으로 대신케 했는데, 이는 육군뿐만 아니라 해군에도 적용되었다.[292] 그러므로 일찍부터 해군의 군호가 편

---

288) 『高麗史』卷83, 兵志3, 船軍, 恭讓王 3年, 中冊, 831쪽, "召募海邊人民 三丁爲一戶 定爲水軍 諸道濱海之田 不收租稅 以養水軍妻子".
289) 이 때 役을 감당할 수 있는 능력이 있고 개간의 의욕이 컸던 良人上層들이 다수 자원했을 가능성이 높다(盧永九, 1995, 앞의 논문, 93쪽). 그렇지만 하층민을 배제시킬 이유도 없다.
290) 軍戶는 "(姜)邯贊有田十二結在開寧縣 白王給軍戶"(『高麗史』卷94, 列傳, 姜邯贊, 下冊, 100쪽)에서 처음으로 등장한다. 그런데 軍戶는 軍役을 담당하고 이를 世襲해 가는 하나의 단위였다(李基白, 1968, 『高麗兵制史研究』, 143쪽).
291) 『高麗史』卷81, 兵志1, 兵制, 恭愍王 5年 6月, 中冊, 783쪽.
292) 『高麗史』卷81, 兵志1, 兵制, 文宗 23年 10月, 中冊, 779쪽, "判 軍人老身病者 許令子孫親族代之 無子孫親族者 年滿七十 閑屬監門衛 至於海軍 亦依此例".

성되었을 가능성은 매우 높다고 하겠으나, 확실한 것은 알 수 없다. 설사 되었다고 하더라도 어떻게 구성되었는지에 관해서는 전혀 알 수 없다. 이에 해변민을 소모해서 三丁一戶로 선군호를 편성했다는 것은 대상자, 구성인원, 편성방식 등이 처음으로 분명해지고 공양왕 3년의 어느 시점부터 이에 근거하여 선군역의 세습을 비롯한 관련된 모든 사항이 처리되었다는 것을 의미한다. 결과적으로 조직이나 지휘체계뿐만 아니라 군역제에서도 선군은 육군과 대등한 위상을 갖추게 되었다. 이 것은 군역제의 발전 측면에서도 매우 중요한 위치를 점한다고 하겠다.

고려 말에 이르면 군호의 편성문제는 역의 세습뿐만 아니라 원활한 동원체계의 구축과 깊은 관련이 있었다. 우왕 9년 8월에 이성계는 安邊策을 제출하면서 다음과 같이 지적하였다. 丙申年(공민왕 5)에 敎書를 내려 3家를 1戶로 만들고 百戶를 統主로 하여 帥營에 예속시켜 無事時에는 3家가 교대로 번상하다가 유사시에는 모두 나오고, 사태가 위급하면 모든 家의 壯丁을 전부 동원하기로 정해 놓았다. 이 법은 참으로 좋았는데 근래 폐기되어 매양 징발할 때면 흩어져 살던 백성들이 산골짜기로 뿔뿔이 도망쳐 소집하기가 대단히 어렵다. 그러므로 앞의 병신년 교서에 의거하여 軍戶를 更定하여 이에 대처할 것을 건의했다.[293] 이성계의 건의가 실천에 옮겨졌다는 구체적인 기록은 없지만, 공민왕 5년의 교서와 더불어 군호의 편성이 동원체제의 구축과 밀접한 관계를 맺고 있었다는 사실을 확인시켜 주고 있다. 그러므로 3丁을 하나의 선군호로 구성케 했다는 것은 공민왕 5년의 교서 내용을 통해서 볼 때 無事時에는 교대로 근무시키다가 유사시에는 짧은 시간 내에 모두 동원할 수 있게 만들고자 한 것이었다. 당시는 왜적의 잦은 침입으로 갑작스레 선군을 동원해야 할 경우가 대단히 많았다. 그로 인한 어

---

293)『高麗史』卷135, 列傳, 禑王 9年 8月, 下冊, 911~912쪽, " 一 軍民非有統屬 緩急難以相保 是以先王丙申之敎 以三家爲一戶 統以百戶 統主隷於帥營 無事則三家番上 有事則俱出 事急則悉發家丁 誠爲良法 近來法廢 無所維繫 每至徵發 散居之民 逃竄山谷 難以招集 …… 乞依丙申之敎 更定軍戶 使有統屬 固結其心".

려움이 적지 않았을 것이나, 이를 선군호의 편성문제로 해결하려고 했다.

都堂에서는 또한 水陸軍丁들을 錄籍시키고 號牌를 차게 할 것을 건의했다.[294] 선군호를 편성하면서 육군과 마찬가지로 군정을 등록시키고 호패를 제작해 착용케 함으로써 관리체제를 완비하려는 것이었다. 이렇게 되면 선군의 경우 군호 편성과 군정 등록, 호패 착용이 한꺼번에 이루어지는 셈이 된다. 즉 선군이 육군에 견줄 수 있는 병종으로 확고하게 자리를 잡은 것이다.

3丁으로 선군호를 구성했다는 것은 또한 군역 부담에 따른 경제적인 조력과 연관되어 있다. 공민왕 20년 12월에 '單丁從役 自丙申年 已在禁限 官吏不體予意 役使如初 尤可憐憫 須給助役 毋令失業'[295]하려고 했다. 선군도 從役에 따른 실업 사태를 미연에 방지하기 위해 3丁 중에 1丁이 正丁이 되고 나머지 2丁은 助役 역할을 수행하도록 했다. 그러나 공양왕대에는 호구조사가 제대로 이루어지지 않아[296] 호적에 의거해서 군호가 편성된 것은 아니었다. 다만 주변의 사정을 고려해서 同居人이나 別戶를 막론하고 3정을 확보하여 하나의 船軍戶를 구성했다. 그 때는 선군호가 하나의 자연호로 구성되든 아니면 편호로 구성되든 상관이 없었다. 단지 호구조사가 제대로 진행되지 못했다는 점과 諸道濱海之田에 대한 免稅規定을 고려해 볼 때 후자의 가능성이 매우 컸다고 할 수 있다. 왜냐 하면 면세전의 상한선이 분명하게 규정되어 있지 않기 때문에 어떻게 해서든지 많은 땅을 개간해서 차지하려면 자연호의 좁은 범주보다는 호구조사가 미진한 상태에서는 召募

---

294) 『高麗史』 卷81, 兵志1, 兵制, 恭讓王 3年 7月, 中冊, 793쪽, "都堂啓請 籍水 陸軍丁 仍帶號牌".

295) 『高麗史』 卷79, 食貨志2, 戶口, 恭愍王 20年 12月, 中冊, 732쪽.

296) 『高麗史』 卷79, 食貨志2, 戶口, 恭讓王 2年 7月, 中冊, 733쪽, "近年以來 戶 籍法廢 不唯兩班世系之難尋 或壓良爲賤 或以賤從良 遂致訟獄盈庭 案牘紛 紜 願自今 倣舊制施行 其無戶籍者 不許出告身立朝 且戶籍不付奴婢 一皆 屬公 王納之 然竟未能行".

된 海邊民들끼리 자의적으로 하나의 선군호를 이루어 들어가는 편이
유리했을 것이다. 이렇게 되면 정부의 입장으로서는 관리상 불편한 점
이 많이 발생했을 것이나, 시급한 목표 달성을 위해서는 인정해야 했
다. 특히 개간에 적극 참가하는 선군호에게 이것은 일종의 권장책으로
작용했을 것이다. 선군에 들어오면 면세 혜택을 받을 수 있었기 때문
에 다른 무엇보다도 유리했다.

　선군호의 편성에는 고역에 대한 보상이 필요하였다. 이에 고려정부
는 수군 처자의 부양을 위해 諸道濱海之田의 租稅를 받지 않겠다고
천명했다. 이 조치는 개혁파가 憲司上疏를 실천에 옮기는 데 따른 역
부담에 대한 경제적 보상이라고 할 수 있다.[297] 그러나 양전된 토지가
50만 결에도 미치지 못하는 상황에서 선군호에 대한 면세조치는 출발
부터 많은 문제를 안고 있었다. 특히 국가재정에 타격을 준다든가 他
兵種과의 균형을 깨뜨리는 것과 같은 위험요소를 갖고 있었다. 하지만
선군의 확보가 매우 절실했기 때문에 일단 강행되었다.

　그런데 급진개혁파의 선군에 대한 방안은 몇 가지 문제점을 안고 있
었다. 첫째는 國役과 城堡 修立, 斥候, 烽燧, 戰艦建造作業과의 관계
다. 즉 역의 범주 문제인데, 국역과 방어에 관계된 역의 구분이 분명치
않았다. 만약 여기에 혼동이 생기면 선군들만 무거운 짐을 지게 되어
자연히 불만이 커지면서 이탈 현상이 일어나게 될 것이다. 이 점을 분
명히 한 사람이 급진개혁파 사대부의 대표자인 鄭道傳이었다.

　　人情이란 것은 근로하면 善心이 생기고 안일하면 驕心이 생기게
　마련이다. 그러므로 무릇 병졸들이란 비록 지나치게 근로하게 하여도
　안 되지만 또한 지나치게 안일하게 하여도 안 되는 것이다. 軍中에서
　일으키는 각종 토목공사는 모두 그들에게 역사를 시키되, 그들의 힘
　이 미치는 정도를 헤아리고 그 공역의 성과를 시험할 일이다. 그리하

---

297) 오일순, 앞의 논문, 63쪽. '不收租稅'는 水軍이 소유한 토지에 대한 면세로서
　　이전의 足丁制 원리의 유제로 보고 있다.

여 三農으로 하여금 농사에만 전력하게 한다면 거의 군인과 농민이
각기 그 직업에 안정하게 될 것이다.298)

정도전은 병졸들이 지나치게 안일하게 지내면 안 된다고 하여 軍中
의 營繕을 그들에게 맡기고, 三農은 농사에만 전력해야 한다고 했다.
병역을 농민의 역과 분명히 구분하면서도 방어활동과 함께 軍中의 營
繕에 동원되는 것을 포함시킨 것이다. 따라서 혼동이 일어날 수도 있
었으나 정도전은 역사의 종류가 軍中의 營繕에 관계되는지 그 기준만
제대로 지켜지면 문제는 생기지 않을 것이라고 보았다.

둘째로 문제가 되는 것은 賜給받았던 島田의 世傳을 이용해서 水軍
萬戶・各道元帥들이 지방의 군벌로서 성장할 가능성이다. 이를 막기
위해 선군 조직에 대해서는 철저한 감독 및 감찰 체계를 마련하였다.
공양왕 1년 10월에 朴麟祐를 楊廣左右道水軍都萬戶에 임명할 때 萬
戶・千戶・領船頭目人 등의 능부를 살펴 능하지 못한 자가 있으면 교
체시키며, 기계를 갖추어 왜적을 追捕하되 만일 함부로 군사를 놓아
보내면서 사사로운 이익을 취하거나 배를 포구에 숨겨 두고 사변에 응
하지 않는 各船大小軍官과 모든 만호들을 군법에 의거하여 단죄하라
고 했다.299)

이렇게 해야만 水軍萬戶들이 군벌로 성장하는 것을 사전에 차단할
수 있을 것이다. 특히 朴麟祐가 파견되고 곧이어 楊廣・全羅・慶尙海
道 및 沿海處에 모두 만호를 배치하라는 기록이 나오는 것으로 보
아,300) 전라・경상도에도 楊廣道처럼 성격이 바뀐 都萬戶가 파견되었

---

298) 『朝鮮經國典』下, 政典, 功役, "人情 勞則善心生 逸則驕心作 故凡兵卒 雖不
可使之勤勞 亦不可使之過逸 其軍中興作營繕 皆以役之 量其力之所及 課其
功之所就 而俾三農專力於南畝 庶幾軍民 各安其業矣".

299) 『高麗史』卷83, 兵志3, 船軍, 恭讓王 1年 10月, 中冊, 831쪽, "以朴麟祐 爲楊
廣左右道水軍都萬戶 下旨曰 領道內兵船 察其萬戶千戶領船頭目人等能否
有不能者 擇有才幹威望者代之 令預備器械追捕倭賊 若各船萬戶等 擅自放
軍 以營己私 隱泊深浦 不及應變者 各船大小軍官及都萬戶 依軍法斷罪".

300) 『高麗史』卷45, 世家, 恭讓王 2年 1月 丁亥, 上冊, 875쪽, "楊廣全羅慶尙海

을 가능성이 높다. 즉, 憲司上疏에 의거해서 선군을 개편하려고 각 도 별로 책임자를 새로 파견하는 동시에 기존의 만호들을 교체하거나 없던 곳은 가설했던 것으로 보인다. 그리고 이와 함께 判典農寺事 王康을 慶尙道水軍都體察使兼防禦營田鹽鐵使에 임명해서 지금까지 육군과 선군의 구분이 분명치 않고 그에 따라 지휘계통에 혼선이 있었던 경상도에 대해 점차적으로 선군 조직의 독자성을 강화시켜 나가도록 했다.301) 결국 하삼도를 중심으로 선군 조직과 지휘체계를 개혁해서 독자적으로 운영되도록 했다.

道及沿海處 皆置萬戶".
301) 『高麗史』 卷45, 世家, 恭讓王 2年 1月 甲申, 上冊, 874~875쪽.

제3장 朝鮮初期 軍制改革의 방향과 그 성과

1. 義興三軍府의 설치와 府衛制 개혁

1) 衛兵制의 개편

공양왕 3년(1377) 三軍都摠制府의 설치는 급진개혁파 사대부들이 주도한 군통수권 체제개혁의 출발이며, 그 방향을 보여주는 것이었다. 이후 그에 따른 세부적인 제도 정비가 이어졌다. 이는 李成桂가 왕으로 즉위함과 동시에 가속화되었다. 그러므로 조선 초기의 군제개혁은 이미 공양왕대부터 추진해 오던 것을 계승·보완하면서 출발했다.

이 작업은 우선 고려 말에 완료하지 못했던 衛兵制의 일원화로부터 시작되었다. 즉 이성계의 親軍인 都摠中外諸軍事府를 義興親軍衛로 변경하고[1] 다시 이를 左衛와 右衛로 나눈 후 八衛와 합쳐 十衛로 한 것이다.[2] 그 중 의흥친군위는 고려식 二軍六衛 중에서 특별히 二軍이 하던 역할을 이어받았다고 할 수 있다. 고려시대에는 二軍의 위상이 六衛보다 높았는데, 지휘나 통솔체계로 보아 의흥친군위가 八衛보다 높을 수밖에 없었다.[3]

---

1) 『太祖實錄』卷1, 太祖 1年 7月 丁酉, 1冊, 20쪽.
2) 『太祖實錄』卷1, 太祖 1年 7月 丁未, 1冊, 25쪽, "定文武百官之制 …… 一 西班 …… 義興親軍左衛·右衛·鷹揚衛·金吾衛·左右衛·神虎衛·興威衛·備巡衛·千牛衛·監門衛等十衛".
3) 義興親軍衛와 나머지 八衛의 지휘통솔체계를 지휘자를 중심으로 비교해 보

그리고 고려식 二軍六衛의 四十二都府를 領으로 바꾸어 1衛마다 5
領을 설치하여[4] 총 十衛 五十領으로 만들었다. 이는 단순히 수를 늘
린 데 그치지 않고 조직체계에 큰 변동을 초래했다. 고려 전기의 이군
육위는 각 軍이나 衛마다 조직 구성이 다르고[5] 맡은 역할도 달랐다.

면 다음과 같다.

姓　　名	十 衛 의 職 責	官　　職
李　　和	義興親軍衛都節制使	商議門下府事
李 芳 果	義興親軍衛節制使	永安君（王子）
李 芳 蕃	義興親軍衛節制使	撫安君（王子）
李　　濟	義興親軍衛節制使	興安君（駙馬）
鄭 道 傳	義興親軍衛節制使	門下侍郎贊成事
李 之 蘭	義興親軍衛節制使	參贊門下府事
南　　誾	義興親軍衛同知節制使	判中樞院事
金 仁 贊	義興親軍衛同知節制使	中樞院使
張 思 吉	義興親軍衛同知節制使	知中樞院事
趙　　琦	義興親軍衛同知節制使	同知中樞院事
金 士 衡	判八衛事	門下侍郎贊成事
鄭 熙 啓	八衛上將軍	參贊門下府事

위의 표(『太祖實錄』卷1, 太祖 1年 7月 乙巳, 1冊, 25쪽의 기사에 의거하여
작성)에 의하면, 義興親軍衛의 책임자로 다수의 節制使가 임명되었던 것에
비해서, 八衛의 책임자는 각 위마다 임명된 것이 아니라 전체의 위를 통괄하
는 判八衛事와 八衛上將軍이 책임자로 임명되었다(柳昌圭, 1985,「朝鮮初
親軍衛의 甲士」,『歷史學報』106, 135∼136쪽). 따라서 義興親軍衛와 나머지
팔위와의 위상 차이를 쉽게 발견할 수 있다.

4)『太祖實錄』卷1, 太祖 1年 7月 丁未, 1冊, 25쪽, "每一衛各置中領左領右領前
領後領".

5)『高麗史』卷81, 兵志1, 兵制, 中冊, 775쪽, "二軍 鷹揚軍 一領 龍虎軍 二領
六衛 左右衛 保勝十領 精勇三領 神虎衛 保勝五領 精勇二領 興威衛 保勝七
領 精勇五領 金吾衛 精勇六領 役領二領 千牛衛 常領一領 海領一領 監門衛
一領". 위에서 保勝・精勇・役領・常領・海領이라고 한 것이 무엇을 가리키
는지는 분명치 않다고 한다. 다만 保勝과 精勇은 步軍과 馬軍으로, 役領・常
領・海領은 특수부대로 추정하고 있다(李基白, 1968,『高麗兵制史研究』, 72
∼73쪽). 그런데 최근에 精勇은 전투부대, 保勝은 扈駕・儀衛 등을 주요 임
무로 하는 시위군, 役領은 창고를 지키는 간수군, 常領과 海領은 각각 육지
와 바다에서 왕을 수행하거나 빈객접대 등을 담당하는 군대로 추정하는 견해
가 나왔으나(이혜옥, 1993,「고려전기의 軍役制」,『國史館論叢』46, 8∼13쪽),

이에 반해 十衛 五十領의 각 衛는 형태상으로 보면 모두 균일했다. 또한 領도 中·左·右·前·後로 구분되어 있을 뿐, 고려 전기처럼 특별한 성격을 띠는 것은 없었다. 그러므로 十衛 五十領은 같은 임무를 수행하기 위해 일률적으로 구성된 조직체계를 갖고 있었다고 할 수 있다.

그러나 親軍衛와 八衛의 성격이 다르므로 양자를 통합해서 지휘하는 체제는 미처 확립하지 못했다. 이군육위의 경우에는 上·大將軍이 重房이라는 합의기관에 모여서 일을 논의하고, 그 가운데 鷹揚軍의 上將軍이 班主가 되어 의장 역할을 했던 것으로 알려져 있다. 하지만 十衛 五十領에는 그런 것이 마련되어 있지 않았다. 의흥친군위는 삼군도총제부에 속하지 않은 채 上將軍 위에 宗親·勳臣으로 구성된 다수의 節制使가 있었고, 八衛는 삼군도총제부 소속으로 重臣이 判八衛事와 八衛上將軍에 각각 1명씩 임명되었다.[6] 이렇게 義興親軍左·右衛와 八衛의 지휘통솔체계가 완전히 별도로 구성되어 있었기 때문에 하나로 통합해서 통솔되지 못했다.

그런데 十衛 五十領으로 조직을 균일화하고 맡은 임무까지 동일하게 했음에도 실제로 통합된 지휘통솔체계가 없다는 점이 큰 문제였다. 또한 양쪽의 소속 병사도 확연히 달랐다. 八衛는 고려 말부터 입속해 있었던 乳臭子弟, 內僚, 工商雜類 등 무능자 내지 무자격자들로 채워져 있거나, 혹은 권세가에 의탁해서 祿을 타면서도 근무를 기피하는 자들도 있어서 사실상 전과 같이 허소한 상태로 운영되고 있었다.[7] 반

아직까지 확정된 것은 아니다. 그러나 各軍과 衛마다 그 구성이 완전히 달랐다는 점만은 분명하다.

6) 주 3) 참조.

7) 『太祖實錄』卷5, 太祖 3年 2月 己亥, 1冊, 59쪽, "判義興三軍府事鄭道傳等上書曰 …… 今我殿下 將東班官名職號 一皆更定 循名責實 百官趣事赴功 獨於府衛稱號 仍舊弊亦如前 臣等職掌三軍 不可不慮 謹將府衛合行事件 條具于後 …… 一 前朝之季 乳臭子弟及內僚工商雜類 充衛領之職 猥徵冗雜 不堪其任 或托權勢 不事其事 廩祿徒費 侍衛虛疎 今承其弊 不早革之 非初服貽謀之善也".

면 義興親軍左·右衛는 '親軍'이라는 사실만으로도 장수에게 항거하는 등 사실상 국가기관의 통제로부터 벗어나 있었다. 즉, 국가보다도 이성계에게 충성하는 부대라고 할 수 있었다.[8] 그러므로 義興親軍左·右衛와 八衛를 十衛 五十領으로 개편했음에도 불구하고 미진한 점이 많아 후속조치가 필요했다. 양자의 지휘체제를 일원화하고 義興親軍左·右衛는 사병적인 요소를 불식하는 것, 八衛는 허소화를 극복하는 것이 일차적인 과제였던 것이다.

이 작업은 三軍都摠制府를 파하고 義興三軍府를 설치하는 것으로부터 시작되었다.

改三軍摠制府 爲義興三軍府 罷重房[9]

이렇게 삼군총제부를 의홍삼군부로 개편하면서 중방을 혁파하였다. 중방의 혁파는 고려의 구제를 제거한다는 정치적인 의도가 담겨져 있다. 그리고 이것은 삼군도총제부가 안고 있던 문제도 함께 해결하기 위한 것이었다.

원래 중방은 이군육위의 최고 지휘관인 상·대장군들이 모여 중대사를 의논하던 합의기관이었다. 삼군총제부 시절에는 중방이 병립되어 있었던 관계로 여러 단계를 거쳐 통수권을 행사했기 때문에 하나로 귀일되지 못했을 것이다. 그런데 중방의 혁파로 인해 三軍摠制府의 후신인 義興三軍府가 그 기능을 도맡아서 실행할 수 있게 되었다. 따라서 의홍삼군부에는 十衛의 지휘관들이 전부 모일 수 있게 되었다. 물론 그 중에 義興親軍左·右衛도 포함되었을 것이며, 이렇게 함으로써 우선 표면상 삼군도총제부에서 실행하지 못했던 義興親軍左·右衛에 대한 통솔 문제를 해결할 수 있었다.[10]

---

8) 閔賢九, 1983, 『朝鮮初期의 軍事制度와 政治』, 101~103쪽.
9) 『太祖實錄』 卷4, 太祖 2年 9月 丙辰, 1冊, 49쪽.
10) 『太祖實錄』 卷4, 太祖 2年 9月 丙辰, 1冊, 49쪽.

그러나 의흥삼군부는 중방과 같은 합의기관이 아니었다. 중방의 경우에는 鷹揚軍의 上將軍이 班主가 되어 의장의 역할을 수행했다.[11] 따라서 상하의 분명한 통속관계가 수립되었던 것은 아니었다.[12] 하지만 만약 그 내부에서 합의가 도출된다면, 상황은 크게 변할 수도 있었다. 무신들끼리 자체적으로 합의를 이끌어 내고 이것으로 군사를 통솔한다는 것은 조정과 문신에게는 때때로 큰 위협이 될 수도 있었다.[13] 그러므로 이를 통제할 필요가 있었다. 따라서 의흥삼군부에서는 각 衛의 上·大將軍 위에 최고 책임자로서 判事[14]와 함께 中軍, 左軍, 右軍에 각각 節制使를 두었다.[15] 이는 모두 삼군도총제부의 摠制使職[16]을 개편한 것으로서 여기에는 재상급이나 그에 버금 가는 종친이 임명되었다. 이를 통해 직접 군대를 인솔하던 장수들에 의해 군의 통수기

---

11) 閔賢九, 1985,「高麗後期의 班主制」,『千寬宇先生還曆紀念韓國史學論叢』.

12) 李基白, 1968,『高麗兵制史研究』, 71쪽. 그러나 고려 후기에 들어와 반주제가 확립되면서, 鷹揚軍 上將軍은 重房을 통한 횡적 유대상의 首席上將軍의 위치에 머무르지 않고, 軍令上 상하의 명령관계에서 二軍六衛에 대한 지휘권자의 위치에 서게 되었다고 한다(閔賢九, 1985,「高麗後期의 班主制」,『千寬宇先生還曆紀念韓國史學論叢』, 413쪽).

13) 班主였던 金元命이 조정을 누르고 文臣에게 위협을 가하기 위해서 병사들을 인솔하여 공사를 벌리는 것을 통해 그의 일단을 파악할 수 있다.『高麗史』卷125, 列傳, 金元命, 下冊, 727쪽, "以元命爲三司左使鷹揚軍上護軍 掌八衛四十二都府兵 元命率徒兵 修旻天寺薑池 鑿渠堰石 徑市北街 引流達于巡軍北橋 自言 將以壓朝廷也 術家曰 徑市鑿溝 武盛文衰 元命黨於旽 恐臺諫文臣 發其奸 用術家語 以壓之". 이 때 班主로서의 金元命이 武班을 대표하고 있었다(閔賢九, 1985,「高麗後期의 班主制」,『千寬宇先生還曆紀念韓國史學論叢』, 413쪽).

14)『太祖實錄』卷5, 太祖 3年 1月 丁卯, 1冊, 54쪽, "遣判義興三軍府事鄭道傳 以大牢祭纛 道傳及與祭將士 皆而鐵甲行祭 祭畢 千戶兪瑞鳳爆死".

15)『太祖實錄』卷4, 太祖 2年 10月 己丑, 1冊, 51쪽, "以永安君爲三軍府中軍節制使 撫安君芳蕃爲左軍節制使 興安君李濟爲右軍節制使".

16) 이는 공양왕 3년 1월에 三軍都摠制府의 설립과 더불어 함께 두어졌다. 그 정원은 다음과 같다.『高麗史』卷77, 百官志2, 諸司都監各色, 三軍都摠制府, 中冊, 691쪽, "都摠制使一人 侍中以上 三軍摠制使各一人 省宰以上 副摠制使各一人".

구가 좌우되는 일이 없도록 했다. 따라서 의흥삼군부는 각 衛의 上·大將軍들이 모여서 합의하여 군사를 처리하는 것이 아니라 재상이 겸임하는 判事나 節制使를 통해 그들에게 명령을 하달하고, 이를 제대로 집행하고 있는지의 여부를 감독하는 기구로서의 성격이 강했다. 그러므로 의흥삼군부로의 개편은 親軍도 국가기구 안으로 흡수하고 중방의 운영에서 보이는 군 통수체계의 모순을 지양하려 한 것이었다.

이어 의흥삼군부 체제 하에서 군의 통솔과 각 병종에 대한 개편작업이 진행되었다. 이는 의흥삼군부 판사로 임명된 정도전이 태조 3년 2월에 府衛制 개혁안을 제출하여 국왕의 승인을 받으면서 시작되었다.[17] 정도전은 '本朝府兵之制 大抵承前朝之舊'[18]라고 해서 고려의 병제를 府兵制로 보고 조선도 이를 계승하고 있음을 천명했다.[19] 그러나 단순한 계승이 아니라 문제가 많은 부분을 대폭 개혁해서 면모를 일신해야 한다고 했다.[20] 일단 부병제를 기본 골격으로 해서 새로운 군제를 수립하되, 중앙에는 府兵과 州郡에서 番上하는 宿衛兵을, 지방에는 陸守兵과 騎船兵을 배치하는 것이 그의 기본 구도였다.[21]

또한 의흥삼군부 체제 하의 가장 큰 특색은 軍의 통솔체계로서『朝

---

17) 鄭道傳의 군제개혁에 관해서는 다음의 연구성과들이 참조된다. 鄭斗熙, 1980,「三峰集에 나타난 鄭道傳의 兵制改革案의 性格」,『震檀學報』50 ; 韓永愚, 1983,『改正版 鄭道傳思想의 硏究』, 162~172쪽 ; 柳昌圭, 1993,「高麗末 趙浚과 鄭道傳의 改革 방안」,『國史館論叢』46.

18)『經濟文鑑』下, 衛兵, 本朝府兵.

19) 고려의 병제가 과연 府兵制였느냐에 관해서는 현재 논란이 많으나, 鄭道傳은 일단 부병제라고 보고 그런 전제 하에서 군제개혁을 추진했다.

20)『太祖實錄』卷5, 太祖 3年 2月 己亥, 1冊, 59쪽, "判義興三軍府事鄭道傳等上書曰 …… 今殿下受天景命 赫然有爲 宜革舊弊 重國勢 弭天災 以致維新之治 然人見聞習熟 積弊難改 王者受命 必變服色易徽乎 所以一視聽 革弊而鼎新也 是以宋太宗以美名 改易禁軍舊號 作新士氣 今我殿下 將東班官名職號 一皆更定 循名責實 百官趨事赴功 獨於府衛稱號 仍舊弊亦如前 臣等職掌三軍 不可不慮 謹將府衛合行事件 條具于後 …… 上從之".

21)『朝鮮經國典』下, 政典, 軍制, "國家 內則有府兵 有州郡番上宿衛之兵 外則有陸守之兵 有騎船之兵".

鮮經國典』에 다음과 같이 기록되어 있다.[22]

> 우리 나라에서는 당나라 府兵制度를 현실에 맞게 가감하여 十衛를
> 설치하고 매 1衛마다 5領을 소속시켰으며, 上將軍에서 將軍, 中郎將
> 에서 尉・正에 이르는 무관을 義興三軍府에서 통솔케 하였다. 재상
> 으로 하여금 判府事・判諸衛事를 맡게 하여 重官으로서 輕官을 통
> 어하게 하고 小官을 大官에 소속되게 하였으니, 체통이 엄격하였다.
> 每道에는 節制使를 두고 州郡의 군사를 번상시켜 숙위하게 하였으
> 니, 이것은 중앙과 외방이 서로 제어하고자 하는 뜻에서이며, 외방 군
> 사를 義興三軍府 鎭撫所에 소속시킨 것은 중앙이 지방을 통어하고
> 자 하는 뜻에서이다.[23]

이렇게 국정 운영의 책임자인 재상이 義興三軍府와 諸衛의 判事職
도 겸임해서 군사들을 통솔하거나, 州郡의 병사들을 義興三軍府 鎭撫
所에 소속시킨 것 따위는 결국 의홍삼군부로 하여금 中外의 군사를 모
두 통솔하게 하여 군의 통수권을 일원화시키려는 의도였다.[24] 동시에
이는 고려말 통수권의 분산으로 빚어진 혼란을 불식시키는 조치이기
도 했다.

그러나 이렇게 함으로써 의홍삼군부는 10위의 상장군으로부터 州郡

---

22) 鄭道傳이 조선의 제도적 바탕을 마련하기 위하여『朝鮮經國典』을 편찬했다
고 하지만 그렇다고 단순히 개인의 의견에 끝났던 것은 아니었다. 정도전의
구상은 실천을 전제로 한 것이며, 태조대에 일시 제도화되기도 했다(閔賢九,
1983,『朝鮮初期의 軍事制度와 政治』, 107쪽).

23)『朝鮮經國典』上, 治典, 軍官, "國家損益唐府兵之法 立十衛 每一衛率五領
自上將軍以下至將軍 自中郎將以下至尉正 統之義興三軍府 令宰相判府事
判諸衛事 以重御輕 以小屬大 體統嚴矣 每道置節制使 其州郡之兵 番上宿
衛 亦內外相制之義 而屬之義興三軍府鎭撫所者 以內御外之義也".

24) 이와 같은 군의 통솔체계는 정도전의 구상으로만 끝났던 것이 아니라 태조에
의해 받아들여져 실천에 옮겨지기도 했다. 이에 관해서는 태조 3년 2월 判義
興三軍府事 鄭道傳等의 상서를 참조할 것(『太祖實錄』卷5, 太祖 3年 2月 己
亥, 1冊, 58~59쪽).

의 번상병에 이르기까지 전부를 포괄하게 되었고, 재상이 겸하는 판사의 권한도 엄청나게 커졌다.25) 이로 인해 빚어진 문제점도 적지 않았다. 즉 이전 시기의 병권 분산으로 인해 파생되었던 문제들을 해소하기 위해 재상을 판사로 임명했던 의흥삼군부에 군의 통수권을 부여했으나, 도리어 이 때문에 병권이 한 군데로 집중되는 현상이 생겨난 것이다.

따라서 이 문제의 해결이 또 하나의 과제로 등장했다. 다시 말해 통수권을 통합해서 운영하더라도 병권이 한 사람에게 집중되는 것을 방지할 수 있는 제도나 장치가 필요했다. 정도전은 이 문제를 古制와 '職分論'에 입각한 운영을 통해 해결하려고 했다.

재상이 모든 정사를 주관했으나26) 군사만큼은 廟堂에서 알게 하였다.27) 즉, 군사에 관한 사항은 재상 단독으로 처리하는 것이 아니라 반드시 廟堂에 알려 왕의 승인을 받도록 했다. 이 과정을 거친 연후에야 命을 發할 수 있기 때문에 재상이라도 자의적으로 군대를 동원할 수 없었다. 정도전에 의하면, 재상은 계책을 결정하여 승리를 가져오는 일을 해야 하기 때문에 반드시 무예가 뛰어난 장수 출신이 임명될 필요는 없고 韜略에 능통한 搢紳이 오히려 적당하다고 했다.28) 이렇게 되면 문관 출신자라도 군대를 통솔할 수가 있는데, 이는 곧 재상의 직임

---

25) 이에 대해 재상이 軍政을 듣지 못해 古法을 어겼다는 비판이 일기도 했다. 즉, "太祖開國之初 兩府合坐 沿襲不革 置義興三軍府 專掌軍務 由是 宰相 不得聞軍政 中樞不得掌軍機 有乖古法"(『定宗實錄』卷4, 定宗 2年 4月, 1冊, 170쪽)이라고 한 것이 이를 가리킨다. 그런데 軍政을 듣지 못했다는 宰相은 官府, 예를 들어 都評議使司 등을 가리키는 것으로, 정도전이 주장하던 冢宰로서의 재상과는 그 의미가 달랐다.

26) 鄭道傳의 宰相論에 관해서는 다음의 연구성과가 중요하다. 韓永愚, 1983, 『改正版 鄭道傳思想의 硏究』, 137~147쪽.

27) 『朝鮮經國典』上, 治典, 軍官, "蓋宰相無所不統 以軍機之重 必欲使廟堂知之 所以存體統也".

28) 『朝鮮經國典』上, 治典, 軍官, "蓋宰相無所不統 …… 長槍大劍 雖非搢紳之所能措 而決策制勝 亦待深於韜略者".

이 군대를 직접 거느리고 출동하기보다는 發命者로서 통수권을 관장하는 것이기 때문에 가능했다고 볼 수 있다. 정도전은 이러한 원리를 군 통수체제의 古制에서 찾았던 것 같다.

그 다음에 將兵者, 즉 실제로 군대를 거느리는 사람에 대해서는 다음과 같은 조치를 취했다.

> 將兵者의 직위가 낮으면 윗사람의 명령에 순종하게 되어, 使役하기가 쉬우며 그 본분을 편안하게 지키는데, …… 本朝의 府兵制도 이미 이 뜻이 있었으니, 將軍으로 하여금 五員十將과 六十尉正을 관장하게 하고, 大將軍 이상은 참여하지 못하게 하고, 各道 州郡의 兵士도 또한 兵馬使 이하에게 명하여 이를 장악하게 하고, 節制使는 때때로 兵馬使의 勤慢만 糾察하게 한다면 體統이 서로 維持되므로, 병사가 비록 모이더라도 반란을 그치게 하지 못할 근심은 없을 것입니다.[29]

즉, 將兵者는 지위가 낮아야만 윗사람의 명령에 순종하고 부리기가 쉽고 그 본분을 지킨다며, 부병의 경우에는 장군이, 각도 주군의 병사는 병마사 이하가 관장하도록 했다. 그리고 대장군 이상은 부병에 대해서 관여하지 못하게 하고, 절제사는 兵馬使의 勤慢을 때때로 규찰하도록 했는데, 이는 실제로 군대를 거느리지 않고 다만 감독 기능만 수행하도록 한 것으로 보인다. 따라서 將軍·兵馬使 이하가 실제로 군대를 거느리고, 大將軍 以上·節制使는 그것을 감독하거나 명령을 받아서 하달하는 역할을 수행했다고 생각된다. 그렇게 되면 서로 견제가 되므로 비록 병사가 모이더라도 변란이 생기지 않는다고 보고 있다.

결국 정도전은 일단 재상으로 하여금 의흥삼군부의 판사가 되어 군사에 관한 일을 주관하게 하지만, 반드시 廟堂에 알리게 하고 왕의 승

---

29) 『太祖實錄』 卷5, 太祖 3年 2月 己亥, 1冊, 59쪽, "將兵者位卑則順從上命 易於役使 安守其分 …… 本朝府兵之制 已有此意 使將軍掌五員十將六十尉正 其大將軍以上無與焉 各道州郡之兵 亦命兵馬使以下掌之 節制使以時糾察兵馬使之勤慢 則體統相維 兵雖聚而無不戢之患".

인을 받아 命을 發하도록 함으로써 자의적으로 군대를 동원하는 일이
생기지 않도록 체제를 구축하려고 했다. 그리고 중앙에서는 대장군 이
상, 외방에서는 절제사가 군대를 직접 거느리지 않고 감독하거나 명령
을 전달하는 역할을 수행했을 것이고, 실제로 군대를 관장하는 것은
장군과 병마사 이하였다. 이들은 명령을 전달받으면 즉각 휘하의 군대
를 이끌고 출동하는 역할을 수행했다고 생각한다.

그런데 정도전이 분명하게 언급하지는 않았으나, 아마도 古制를 염
두에 두고 이러한 통수체계를 구축했던 것으로 보인다. 고제에 따르면,
發命・發兵・掌兵은 각각 宰相・摠制・受命以行者가 나누어 맡았다.
그리고 재상은 군주에게 稟해야만 發命할 수 있게 하고, 총제는 宰相
에게, 장병자는 摠制에게 命을 받아야만 집행할 수 있게 되어 있었
다.[30] 여기서 古制와 정도전이 구축하려고 했던 통수체계를 연결시켜
보면, 古制의 發命者는 곧 재상에 해당하는 것으로 생각된다. 그리고
發兵에 해당하는 직임인 摠制職에는 대체로 大將軍 이상과 節制使,
掌兵者로 受命以行者의 역할을 수행하는 것은 將軍・兵馬使 이하가
해당된다고 볼 수 있다. 따라서 정도전은 고제에 의거해서 통수체계를
구축하려고 했음이 확실하다.

古制에 따라 發命・發兵・掌兵으로 구분된 절차를 마련하고 그에
따른 직분을 정해 놓음으로써 어느 누구라도 자의적으로 군대를 동원
할 수 없게 만들었다. 예를 들어 의흥삼군부의 판사로서 중외의 군대
를 통솔하는 재상일지라도 廟堂과 王命, 그리고 대장군 이상과 절제사
들을 거치지 않고서는 掌兵者인 將軍・兵馬使 이하에게 직접 명령을
내려 군대를 동원할 수 없었다. 물론 다른 직책에 있는 사람들도 마찬
가지로 정해진 절차에 따라야만 군대를 부릴 수 있었다. 결국 정도전

---

30) 『定宗實錄』 卷4, 定宗 2年 4月, 1冊, 170쪽, "古者兵法之設 有發命發兵掌兵
之差 發命者宰相也 發兵者居中摠制也 掌兵者受命以行者也 宰相非稟君上
之命 不得發命 摠制非有宰相之命 不得發遣 掌兵者非有摠制之命 不得以行
上下相維 體統不亂 雖欲爲變 莫能自動 此定法也".

은 비록 통수권이 통합된다 하더라도 이런 체계를 통해 병권이 한 군데로 집중되는 폐단을 막으려고 했다.

의흥삼군부로 군의 통수권을 일원화시킨 다음에는 조직편제를 개편하기 시작했다. 먼저 居常宿衛之兵이라고 할 수 있던 府兵과 諸道兵으로 州郡에서 番上宿衛하는 侍衛牌,[31] 成衆愛馬 등을 통합해서 운영할 수 있는 편제를 수립하려고 했다. 정도전은 우선 숙위군을 궁궐을 侍衛하는 侍衛司와 京城을 巡綽하는 巡衛司로 크게 나누어 전자는 中軍에, 후자는 左·右軍에 각각 배치했다.[32] 이를 위해 十衛의 명칭을 그에 어울리게 고치고[33] 諸道兵들도 道別로 三軍에 분속시켜 지휘계통을 엄하게 했다.[34]

그리고 衛領職의 직함도 개정했다. 上將軍은 都慰使, 大將軍은 都慰僉事, 都護諸衛將軍은 中軍司馬·左軍司馬·右軍司馬, 將軍은 司馬, 中郎將은 司直, 郎將은 副司直, 別將은 司正, 散員은 副司正, 尉

---

31) 侍衛牌의 존재 형태에 관해서는 閔賢九, 1983, 『朝鮮初期의 軍事制度와 政治』, 103~106쪽에 상세하게 정리되어 있다.

32) 『太祖實錄』卷5, 太祖 3年 2月 己亥, 1冊, 59쪽, "判義興三軍府事鄭道傳等上書 …… 今將侍衛 分屬侍衛巡衛等諸司 盖法漢朝南北軍之遺制也 漢南軍掌宮門侍衛 北軍掌京城巡檢 此內外相制 長治久安 禍亂不生 已然明驗 今將義興·忠佐·雄武·神武爲侍衛司 屬中軍 以寅申巳亥 上大將軍 各率其領將軍以下闕門輪番 以効漢南軍之制 龍驤·龍騎·龍武及虎賁·虎勇·虎翼爲巡衛司 屬左右軍 上大將軍 使其領將軍以下 於梁直 更巡四門把截 輪番上直巡綽 以効漢北軍之制 …… 上從之".

33) 『太祖實錄』卷5, 太祖 3年 2月 己亥, 1冊, 58쪽, "判義興三軍府事鄭道傳等上書 …… 義興親軍左衛 改義興侍衛司 右衛改忠佐侍衛司 鷹揚衛改雄武侍衛司 金吾衛改神武侍衛司 每一司 各置中左右前後五領 屬中軍 左右衛改龍驤巡衛司 神虎衛改龍騎巡衛司 興威衛改龍武巡衛司 每一司 亦各置五領 屬左軍 備巡衛改虎賁巡衛司 千牛衛改虎翼巡衛司 監門衛改虎勇巡衛司 每一司 亦各置五領 屬右衛 右侍衛巡衛等十司 每一司 印信一顆 鑄給 都慰使掌之 …… 上從之".

34) 『太祖實錄』卷5, 太祖 3年 2月 己亥, 1冊, 59쪽, "判義興三軍府事鄭道傳等上書 …… 中軍屬京畿左右道東北面 左軍屬江陵交州慶尙全羅道 右軍屬楊廣西海道西北面 …… 上從之".

는 隊長, 正은 隊副로 고쳤다.[35] 직함에서도 알 수 있듯이 監督・糾察의 기능을 주로 담당하는 都尉使와 실제로 掌兵의 임무를 맡았던 司馬[36]의 구분이 확실히 드러나도록 개정했다. 따라서 직함만 보고도 이들이 조직 내에서 어떤 기능을 수행하고 있는지를 확실히 알게 했다. 또한 중랑장 이하는 직함 개정을 통해 종래 단위부대의 지휘관이라든가 장이라는 의미를 완전히 상실하고 단지 관료조직의 녹관이라는 인상만 남게 되었다.[37]

또한 每一道마다 宗室・省宰로 임명하는 節制使, 中樞府員으로 임명하는 副節制使를 두었다. 그런데 嘉善大夫[38]로 임명하는 兵馬鈐轄使는 주군의 군사 100명을 관장하고, 正・從三品으로 임명되는 兵馬團練使도 주군의 군사 100명을 관장하고, 團練判官에 이르기까지 군사를 관장하는 데 차등을 두게 했다.[39] 이는 바로 위에서 검토했듯이

---

35) 『太祖實錄』卷5, 太祖 3年 2月 己亥, 1冊, 58~59쪽, "判義興三軍府事鄭道傳等上書曰 …… 上將軍改都尉使 大將軍改都尉僉事 都護諸衛將軍改中軍司馬・左軍司馬・右軍司馬 將軍改司馬 中郎將改司直 郎將改副司直 別將改司正 散員改副司正 尉改隊長 正改隊副 …… 上從之".

36) 司馬란, "古者 大國三卿 曰司徒 主民 曰司馬 主兵 曰司空 主地 無事則各守其職 有司則三卿 皆出爲將"(『朝鮮經國典』上, 治典, 軍官)이라고 해서 평소에 군대를 주관하고 있다가 유사시에 출전하여 장수가 되는 직책을 말한다. 아마도 이전에는 上・大將軍이 그 역할을 맡았을 것이다. 그러나 직함의 개정을 통해 諸衛將軍이나 各領將軍들이 그를 대신하도록 해서 將兵者의 지위가 낮아야만 부리기 쉽다는 원칙을 군사조직에 구현하려고 했다.

37) 가장 말단에 있던 隊長・隊副를 혹 단위부대의 장이나 부장을 의미하는 것으로 볼 수도 있으나, 그들은 이미 民을 대신해서 赴役軍으로 동원되는 예가 많았다. 다음의 기사들이 그 실례이다. 『太祖實錄』卷13, 太祖 7年 4月 壬午, 1冊, 120쪽, "今發農民 轉輸大鐘 誠爲未便 願令隊長隊副轉輸"; 『太祖實錄』卷14, 太祖 7年 5月 丁未, 1冊, 121쪽, "上如興天社 命營舍利殿三層于社北 募各領隊長隊副自願者五十人 給糧赴役".

38) 嘉善大夫는 文散階의 從二品 下階를 가리킨다(『太祖實錄』卷1, 太祖 1年 7月 丁未, 1冊, 23쪽).

39) 『太祖實錄』卷5, 太祖 3年 2月 己亥, 1冊, 59쪽, "判義興三軍府事鄭道傳等上書曰 …… 每一道 節制使宗室省宰 副節制使中樞 兵馬鈐轄使嘉善 掌州郡

節制使, 副節制使는 兵馬鈐轄使 이하의 勤慢을 규찰하는 감독 역할
을 수행하고 兵馬鈐轄使 이하가 各道 州郡에서 번상하는 侍衛牌 100
명으로부터 그 이하의 군인을 관장했음을 알 수 있다.[40] 따라서 이 역
시 衛領職과 마찬가지로 직함에 의해 감독·규찰의 기능을 나누어 맡
도록 조치한 것이라 볼 수 있다.

숙위군의 하나로서 당시 매우 중요한 존재였던 成衆愛馬는 고려 말
에 添設된 것들이기 때문에 혁거해야 하나 각각 맡은 일이 있기 때문
에 일부는 일단 존속시키기로 하였다. 본래 宮官 계통으로 이조의 관
할 아래에 있었던 司楯, 司衣, 司幕, 司彛, 司饔에게 十衛에 소속된 各
領의 祿官 중에서 일부를 떼어 제수했다. 즉, 十衛의 祿官數는 유지하
되 그 중 일부를 成衆愛馬로 할당하여 실질적으로 十衛와 成衆愛馬가
병합되는 효과를 거두려고 했다.[41]

한편 처음부터 궁중의 숙위를 위해 설립되었던 관계로 兵曹의 관할
하에 있었던 忠勇, 近侍, 別保 등의 各成衆愛馬들은 이에 해당되지 않
았다. 아마도 이들은 혁파되었을 것이다.[42] 이미 고려말 군제개혁에

兵一百 兵馬團練使正從三品 掌州郡兵一百 以至團練判官 掌兵有差 ……
上從之".

40) 州郡兵은 侍衛牌를 가리키는 것으로 본다(閔賢九, 1983, 『朝鮮初期의 軍事
制度와 政治』, 109~110쪽).

41) 『太祖實錄』 卷5, 太祖 3年 2月 己亥, 1冊, 59쪽, "判義興三軍府事鄭道傳等上
書曰 …… 司楯司衣司幕司彛司饔 右件愛馬 乃前朝之季添設 宜在革去 而
各有差備 似難卒革 然都目爲頭者 受諸領之職 以本番事務無閑 不得隨領
因此以致侍衛虛疎 今將各領削除祿官之數 於司楯第一番 置司直一 副司直
一 司正一 副司正二 給事三 副給事三 其餘三番及各愛馬 皆用此例 以都目
爲頭員 將次第遷轉去官 如此則有事者 食其祿 食其祿者 事其事 名實相稱
不相侵亂 庶乎平矣 …… 上從之".

42) 태조 3년 2월에 정도전이 군제개혁안이 실천되는 과정에서 현재 近侍·忠勇
衛 및 諸衛受職者들은 대개 합당한 사람이 아니기 때문에 교체해야 한다는
주장이 侍中 趙浚 등에 의해서 제기되기도 했다. 즉, "又曰 今侍衛軍士 夙夜
効勞 多未霑祿食 近侍忠勇及諸衛受職者 多不稱任 願令侍衛軍士 遞受其
職"(『太祖實錄』 卷6, 太祖 3年 6月 壬辰, 1冊, 65쪽)이 그것이다. 그런 다음
에 정도전 등이 제거되고 定宗이 즉위한 뒤에 近侍·忠勇衛가 복치되었다

관한 여러 가지 방안들이 마련될 때부터 各成衆愛馬는 府衛에 병합시키거나 축소하려고 했다. 그러나 기존에 입속해 있었던 인사들의 반발과 궁중숙위를 약화시킨다는 인상을 주는 등의 문제로 인해서 여건상 그 시행을 미루다가 조선에 들어와 마침내 단행된 것이다. 궁중숙위를 담당한 成衆愛馬들은 설립될 때부터 국가기관에 의해서 통솔되지 않고 단지 국왕의 명령에만 따랐다. 따라서 성중애마의 비중이 커질수록 상대적으로 부병은 약화될 수밖에 없었다.

이에 의흥삼군부의 설치와 府衛制에 대한 개혁 실시를 계기로 해서 宮官 계통으로 궁중의 업무를 겸하고 있던 司楯 등은 남겨 놓고 나머지 各成衆愛馬들은 대폭적인 개편을 단행하고자 했다. 그리고 남겨 둔 司楯 등도 各領의 祿官을 제수하여 원래 계획했던 대로 十衛에 병합시키는 효과를 거두도록 했다. 이리하여 成衆愛馬의 비중을 크게 약화시켜 국왕과 그 측근 인사들이 자의적으로 숙위군을 통솔하는 것을 제한하는 동시에 府衛兵의 위상을 높이려고 했다.

부병, 시위패, 성중애마 등의 조직개편과 동시에 근무기피나 이탈 등 그 동안 허소화의 큰 요인으로 작용했던 요인들을 막기 위한 제도적 장치도 마련하였다. 우선 衛領職에 소속되어 있거나 衛領에 분속되어 있던 각 성중애마들의 名籍이 작성되었다. 그리고 당번이 되어 侍衛·巡綽할 때마다 司, 愛馬別로 항상 籍에다가 분명하게 기록하게 하고 명적이 있는데도 숙위하지 않는 자와 적이 없는데도 불구하고 들어온 자를 때때로 규찰해서 다스리도록 했다.[43] 따라서 근무 상황에 대한 기록을 통해 기피나 이탈 여부가 확인되도록 했다.

(『太祖實錄』卷15, 太祖 7年 11月 庚子, 1冊, 140쪽). 그러므로 近侍·忠勇衛는 태조 3년 6월 이후부터 동왕 7년 11월 이전 사이에 혁파되었다가 태조 7년 11월에 복치된 것 같다.

43) 『太祖實錄』卷5, 太祖 3年 2月 己亥, 1冊, 59쪽, "判義興三軍府事鄭道傳等上書 …… 一 凡充衛領之職者及分屬衛領各成衆愛馬 皆置名籍 又當侍衛巡綽之番 某司幾員人某愛馬幾員人 明書于籍 有籍而不宿衛者 無籍而入者 以時糾治 …… 上從之".

한편 당번 각사의 上將軍 이하 軍官을 의흥삼군부에서 때때로 고찰해서 어기지 못하게 하고 입직한 자가 無故로 출입하는 것을 불허하며 이를 어기면 죄를 주도록 했다.[44] 즉, 의흥삼군부가 이들 당번 각사와 입직자들을 감독하고 감찰하도록 하였다. 나아가 判旨를 따르지 아니하여 府衛法을 범한 자는 의흥삼군부에서 심문하여 죄가 무거운 자는 왕에게 보고하여 法司에 내려 처단하고, 가벼운 자는 변방에 안치하여 군역에 충당하게 했다.[45] 명령을 거부하거나 불법으로 이탈하는 등의 중죄를 범한 경우에는 법으로 다스리게 하였다. 결국 근무를 기피하거나 이탈하는 것을 막고 군사조직의 기강을 바로잡기 위해 名籍 및 근무 상황에 대한 기록, 의흥삼군부라는 기구, 법 등의 수단을 모두 동원했던 것이다.

이런 일련의 조치는 장수 개인에게 전적으로 맡겨져 있었던 통솔권한을 크게 제한하면서 국가가 직접 군사들을 통제하고 감독한다는 원칙을 구현시킨 것이다. 이렇게 해서 군사조직의 허소화나 사병화를 불식시킬 수 있는 제도적인 장치가 마련되었다.

義興三軍府로의 개편을 계기로 受田散官에 관한 정책도 이전 단계보다 강력하게 전개되었다. 受田散官의 번상시위가 조선에 들어와서도 제대로 시행되지 않고 있었다. 그리하여 태조 3년 1월(1394) 三軍府에 분속되었던 受田散官에 대해 점고를 실시하여, 上京하지 않고 외방에 그대로 남아 있던 사람들에게는 벌을 주었다.[46] 이렇게 의무적으로

---

44) 『太祖實錄』 卷5, 太祖 3年 2月 己亥, 1冊, 59쪽, "判義興三軍府事鄭道傳等上書 …… 其當番各司上將軍以下 義興三軍府 以時知委 毋致違忤 凡入直不許無故出入 違者罪之 …… 上從之".

45) 『太祖實錄』 卷5, 太祖 3年 2月 己亥, 1冊, 59쪽, "判義興三軍府事鄭道傳等上書 …… 軍事以嚴爲主 其不從判旨 凡於府衛之法有所犯者 令義興三軍府問備 重者啓聞 下法司科斷 其姦頑不革 沮毀成法 惑亂衆聽者 置之邊方 以充軍役 …… 上從之".

46) 『太祖實錄』 卷5, 太祖 3年 1月 乙丑, 1冊, 54쪽, "上如壽昌宮 命趙琦 點考諸節制使所領軍官及閑良人受田者 其在外不衛王室者 罪之". 위의 사료에 보이는 閑良人受田者는 受田散官을 지칭하는 것으로 생각된다.

居京하게 된 受田散官들은 府兵이나 成衆愛馬들과 마찬가지로 三軍
으로 나누어 소속된 다음 시위 근무를 해야 했다.

  국가에서 田地를 받은 大小人員을, 이름을 기록하고 牌를 만들어
  三軍에 분속시켜 왕실을 시위하게 하였다.47)

  田地를 받은 大小人員, 즉 受田散官의 이름을 기록하고 牌를 만들
어 三軍에 분속시켜 왕실을 시위하게 했다는 것은 당시 숙위 군사의
일반적인 예에 의거해서 조직체계를 구성하여 임무에 임하게 하려는
것이었다. 그러므로 受田散官이라고 하더라도 일단 三軍府에 분속되
면 일반 군사들과 같이 시위 근무를 해야 했다. 구가세족 출신이라도
이 점에서는 예외가 없었다.

  그러나 受田散官 중에는 늙고 병든 자들도 많았으므로 젊고 건장한
子·婿·弟·姪들로 대신케 하자는 의견이 일부 관리들 사이에서 제
시되었다.48) 그러나 이 의견은 채택되지 않았던 것 같다. 兩府 이하의
前銜品官들은 항상 居京하면서 왕실을 호위해야 한다면서 정해진 날
짜 안에 상경하라는 지시가 다시 내려졌다.49) 이 경우 노인이라도 예
외가 없었으며,50) 기한을 어긴 자에 대해서는 아무리 고위직을 지냈다
고 하더라도 敎旨에 의거해 직첩을 빼앗고 재산을 몰수했다.51) 그러므

---

47) 『太宗實錄』卷4, 太宗 2年 11月 癸巳, 1冊, 251쪽, "國家以受田大小人員 籍
  名作牌 分爲三軍 侍衛王室".
48) 『太祖實錄』卷6, 太祖 3年 8月 己巳, 1冊, 67쪽, "諫官全伯英等上疏曰 ……
  又受田贏老有疾者 亦令年壯子婿弟姪代之".
49) 『太祖實錄』卷11, 太祖 6年 4月 乙巳, 1冊, 105쪽, "令兩府以下前銜品官 常
  居京衛王室 兩府刻六月初一日 嘉善刻八月初一日". 위의 前銜品官은 受田
  散官과 동일한 것으로 생각된다.
50) 『太祖實錄』卷11, 太祖 6年 5月 庚辰, 1冊, 107쪽, "前商議門下府事姜箸·前
  三司左使金得齊·前密直金先致·金用鈞·朴思貴 以居京之令 詣闕肅拜 上
  嘉其老能及期 命賜米 仍給田宅".
51) 『太祖實錄』卷11, 太祖 6年 6月 壬午, 1冊, 107쪽, "憲司上言 在外品官 居京

로 受田散官들은 예외 없이 일단 '居京城衛王室'해야 했다.

受田散官들을 철저히 居京시키고 이들을 三軍府에 분속하여 왕실을 호위케 한 것은 첫째로는 과전법을 수호해야 한다는 명분에 따른 것으로 보인다. 만약 이를 제대로 시행하지 않는다면 애써 마련한 전제개혁의 이념이 퇴색할 것이며, 또다시 토지겸병이 재현될지도 모를 일이었다.

둘째로는 이를 통해 品官層에 대한 통제를 강화하고자 하였다. 산관들은 외방에 거주하면서 자신들의 지위와 영향력을 이용하여 향촌사회에서 자주 민들을 수탈하였다. 이러한 폐해를 제거하기 위해 산관들을 강제로 상경시킨 것이다. 즉, 산관층이 民을 함부로 수탈하지 못하도록 군사조직을 이용하여 통제를 강화하고 항상 경성에만 거주시킨다는 의도였다.

셋째로 역의 공평한 부과를 위해 受田者들에게도 예외를 인정하지 않는다는 것이다. 즉, 구가세족이라도 역을 부담해야 한다는 원칙에 충실했다. 만약 특권층임을 내세워 역을 부담하지 않는다면 이것은 불공평을 유발하는 원인이 되어 다시 전처럼 忌避·謀避者들이 속출하여 군사조직이 허소화될 수 있었다. 이를 막기 위해 우선적으로 受田散官들을 居京시켜 삼군부에 분속시키고 왕실을 호위하게 했다고 할 수 있다. 물론 이것에는 왕실과 수도의 경비를 강화하려는 현실적인 목적도 있었다. 하지만 그런 목적에서라면 힘들게 受田散官들을 징발하기보다는 정예 군사를 육성하여 투입하는 쪽이 더 현실적이었을 것이다. 따라서 受田散官의 '居京城衛王室'은 이보다 더 큰 정치적 목적 아래에서 시행되었다고 할 수 있다.

受田散官들이 三軍에 분속해서 왕실을 호위하는 것으로 역의 공평한 부과가 모두 이루어진 것은 아니었다. 受田하지 못한 산관들도 있었을 것이며 그 밖의 다른 계층들에 대해서도 역을 부과하는 문제가

侍衛 已有定日 前知門下府使崔濂·前和寧尹朴天祥·前密直全子忠·孫光裕等 皆不及期 請依教旨 收奪職牒 籍沒財産 上從之".

남아 있었다. 이는 대체로 주군에서 번상했던 侍衛牌를 통해서 해결해 보려고 했다.

侍衛牌에 대한 개편작업은 조선에 들어온 직후 上下番으로 나누어 교대로 번상하는 것으로부터 시작했다.[52] 이는 번상을 하고 난 뒤에 충분한 휴식기간을 확보해 주려는 배려에서 나온 조치로 보인다. 그리고 곧이어 八道의 軍籍을 작성해서 정확한 사정을 파악했다.[53] 고려 말에는 홍건적 등의 침입으로 호적이 훼손되어 마구 징발이 이루어진 관계로 一家 내에서 수효대로 侍衛軍이나 船兵으로 동원하여 역을 감당하기 어려워 亡匿한 사람들이 많았다.[54] 심지어 각 도의 절제사들이 貢賦 百姓이라든가 鄕社里長까지 동원해서 큰 말썽이 일어난 적도 있었다.[55] 이런 폐단을 불식하기 위해 일단 道別로 軍籍을 작성했던 것이다.

그런 다음에 실제로 번상 시위할 사졸들을 정했는데, 중간에 馬兵은 5丁에서 1軍을, 步卒은 3丁에서 1軍을 내게 하자는 건의가 제출되기도 했다. 특히 이 건의안에서는 無事時에는 일단 사졸을 풀어 농사를 짓게 하고 농한기에 兵具를 점검하며 武才를 隸習해서 都點에 대비했다가 유사시에 출동하게 되면 병사들도 정예화하고 식량도 부족하지 않게 된다고 주장했다.[56] 이 건의안은 助役을 충분히 지급하고 사졸의

---

52) 『太祖實錄』 卷2, 太祖 1年 9月 壬寅, 1冊, 31쪽, "侍衛軍及騎船軍士 令上下 輪番 上皆從之".

53) 『太祖實錄』 卷3, 太祖 2年 5月 庚午, 1冊, 44쪽, "各道上軍籍 先是遣南誾朴 葳陳乙瑞等八節制使 以備倭寇 寇退乃命南誾于慶尙道 朴葳于楊廣道 陳乙 瑞于全羅道 點軍成籍 其餘諸道 令按廉使點之 至是成績以上 京畿左右楊廣 慶尙全羅西海交州江陵 凡八道馬步兵及騎船軍 摠二十萬八百餘人 子弟及 鄕驛吏諸有役者十萬五百餘人".

54) 『太祖實錄』 卷6, 太祖 3年 8月 己巳, 1冊, 67쪽, "諫官全伯英等上疏曰 …… 前朝之季 戶籍不明 徵發爲軍者 勞逸不均 一家之內 或侍衛 或船兵 隨口爲 軍 役重難堪 稍稍亡匿".

55) 『高麗史』 卷81. 兵志1, 兵制, 恭讓王 2年 12月, 中冊, 792쪽.

56) 『太祖實錄』 卷6, 太祖 3年 8月 己巳, 1冊, 67쪽, "諫官全伯英等上疏曰 ……

수를 최대한으로 줄여 번상에 따른 부담을 덜어주며, 유사시에만 동원
하고 나머지 시간에는 생업에 종사하게 하자는 것이었다. 결국 이 건
의안은 侍衛牌를 대폭 축소하자는 것으로서, 당시 실질적으로 시위패
를 장악하고 있던 절제사들이 이 제안에 쉽게 찬성했을 것으로는 생각
되지 않는다. 그렇기 때문에 받아들여지지 않았던 것으로 보이며, 시위
패들의 번상에 따른 부담도 줄어들지 않았다. 따라서 노약자라든가 單
丁들도 주군에서 번상 숙위해야 하는 형편이었다.[57]

　이렇게 되니 侍衛牌들은 여전히 지역의 사정이라든가 家戶의 형편
에 따라 역을 불공평하게 부담할 수밖에 없었다. 특히 지역의 인구수
에 비해 사졸을 적게 배당받거나 장정을 많이 거느린 부유한 家戶들에
게 매우 유리했다고 볼 수 있다. 반면 역을 감당하기 힘든 호들도 있었
다. 따라서 이런 불균형을 해소시키지 않고 그대로 방치할 경우에는
또다시 고려 말과 같은 상황이 재현될 수 있었기 때문에 정부는 부득
이 다음과 같은 조치를 취하기에 이르렀다.

　　使司에서 上言하기를, "…… 앞으로는 各戶의 동거와 별거를 막론
　하고 그의 子婿·弟姪·族親으로서 그 나이 60 이하 16 이상인 자에
　게는 品官馬兵 1員에 奉足 4명을, 無職馬兵 1명에게는 奉足 3명, 步
　兵 1명에 奉足 2명을 정하게 하되, 이를 戶主의 이름 아래 시행하며,
　내외간 족친이 없는 單丁에게는 일반 單丁의 예에 의하여 奉足을 정
　해 주되, 평상시의 徒役에는 奉足을 따로 내보내지 못하게 하고, 군
　사와 관련되는 일이 있을 경우에만 그 긴급 여부를 감안하여 奉足人
　의 다소를 참작해 헤아려서 인솔해 가게 하소서. 奴子를 많이 거느리

　　願令各道 精選士卒 改成軍額 馬兵則五丁出一軍 步卒則三丁出一軍 以此爲
　　制 則行者免負戴之勞 居者有治生之資 如有緩急則居者亦當充軍矣 方其無
　　事 兵散於農 每於農隙 各令管牌 檢其兵具 隷習武才 以備都點 及其有事 命
　　將統率 則兵無不精 而食無不足矣".

57)『太祖實錄』卷8, 太祖 4年 10月 乙未, 1冊, 84쪽, "一 州郡之兵 番上宿衛 所
　以重根本而均勞逸也 然老弱困行役之勞 單丁無資糧之助 予甚憫焉 今後各
　道侍衛軍士 選遣强壯及奴婢雙丁者 其老弱單丁 毋得並遣".

고 사는 자에게는 별개로 봉족을 주지 말 것이며, 각 고을 수령이 혹 긴급한 병사 관계로 데리고 가는 이외의 奉足人을 따로 징발한 자는 그 죄를 논단하게 하옵소서.……"라고 하였더니, 임금이 그대로 따랐다.58)

우선 각 호별로 同居, 各居를 막론하고 반드시 족친으로만 奉足을 구성하게 해서 혹시 발생할지도 모르는 正軍의 봉족 침탈을 사전에 차단시켰다.59) 다만 족친이 없는 單丁만 예외로 취급해서 다른 일반 단정을 봉족으로 지급하도록 했는데, 이는 어쩔 수 없는 경우였다.

그런데 위 기사에 의하면 品官馬兵들이 無職馬兵이나 步兵에 비해서 봉족을 많이 지급받았기 때문에 다소 우대되었다고 볼 수도 있다. 그러나 奴子를 수다하게 거느리고 있는 자들에게는 봉족을 별도로 지급하지 말라는 규정도 있어서 어떤 면에서는 불리할 수도 있었다. 즉 奴子를 많이 거느린 品官馬兵들은 봉족을 전혀 받지 못하고 無職馬兵과 步兵들이 오히려 규정대로 다 받는 경우가 일어날 가능성이 매우 높았다. 결국 경제적인 수준이 비슷하면 신분에 따라 우대받는 일도 생기지만, 奴子를 많이 거느리고 있으면 아무런 혜택도 받지 못한 채 오히려 더 많이 부담해야 했다.60)

그리고 奉足에 대해서도 주현에서 평상시에 부과하는 徒役은 지지

---

58) 『太祖實錄』卷11, 太祖 6年 2月 甲午, 1冊, 100쪽, "使司上言 …… 今後各戶 同居各居勿論 以子婿弟姪族親 年六十以下十六以上者 品官馬兵一員奉足 四名 無職馬兵一名奉足三名 步兵一名奉足二名爲定 戶主名下施行 無內外 族親單丁 以一般單丁奉足定給 常時徒役 不令奉足人各別差發 有軍情事 緊 緩分揀 奉足人多少 酌量率行 奴子數多率居者 不給各別奉足 各官守令 如 有緊急軍情率行外 奉足人各別差發者 論罪 …… 上從之".

59) 李成茂, 1980, 「兩班과 軍役」, 『朝鮮初期 兩班研究』, 193쪽.

60) 이에 대해 아무리 많은 率丁을 거느리고 있는 兩班戶라 하더라도 둘 이상의 正軍을 내도록 되어 있지 않았기 때문에 양반에게 유리한 법제였다는 견해도 있다(李成茂, 1980, 「兩班과 軍役」, 『朝鮮初期 兩班研究』, 194쪽). 그러나 率 丁에 대해서 餘丁을 인정해 주라는 조항도 없기 때문에 奉足으로 정해진 이 상으로 壯丁을 거느리고 있으면 더 많이 부담했을 가능성도 있다.

않도록 했다. 다만 군사와 관계되는 일이 발생할 경우 그 긴급 여부를 분간해서 奉足人의 다소를 참작하여 솔행하도록 하고, 이를 어기는 守令이 있으면 처벌하도록 했다. 이는 수령들이 軍事와 徒役에 民을 마구 징발하여 영농에 지장을 주는 일이 많았기 때문에 이를 방지하기 위한 특별 조처였다.[61]

결국 군역을 지는 사람들은 正軍과 奉足을 막론하고 부담을 최소화시켜 영농에 곤란을 받지 않도록 하고, 이를 통해 자체적으로 필요한 식량이나 장비 따위를 마련할 수 있게 했다. 즉 토지를 분급하지 않는 대신 '兵農一致'의 이념을 내걸고 영농에 필요한 인력과 시간을 충분히 보장해 주겠다는 것이다.[62] 그것으로 군역의 부담에 필요한 각종 물품을 自辨하게 했다. 경제적인 고통을 최소한으로 줄여줌으로써 불만과 불평을 어느 정도 해소시킬 수 있다고 본 것이다.

주군에서 번상해야 했던 侍衛牌는 대개 品官馬兵, 無職馬兵, 步兵들로 구성되어 있었다. 이들에게는 각각 4, 3, 2명의 봉족을 지급해서 역 부담에 따른 경제적인 조력을 받을 수 있게 했다. 그러나 노비를 많이 거느린 사람들에게는 봉족을 정해주지 않아 부자에게 부담을 가중시키는 방법으로 역의 공평 부과를 도모했다. 특히 당시 품관 마병들이 무직 마병이나 보병에 비해 더 많은 奴子를 보유하고 있었을 것이기 때문에 그로 인해 오히려 더 큰 부담을 지게 되었다고 생각된다. 그리고 정군뿐만 아니라 봉족의 평상시의 도역 징발을 금지시키고 이를 어기는 수령을 처벌함으로써 역의 부담을 최소화시키고 영농을 위한 인력과 시간을 보장하여 토지를 분급받지 않고서도 복무에 필요한 식량과 장비를 自辨할 수 있게 했다.

---

61) 『太祖實錄』 卷11, 太祖 6年 2月 甲午, 1冊, 100쪽, "各道戶籍率居人口 已並載錄 各官守令 不顧立法大體 凡遇軍情及徒役事 盡數抄出 使不得農業 以致凋瘁".

62) 金鍾哲, 1992, 「朝鮮初期 徭役賦課方式의 推移와 役民式의 確立」, 『歷史敎育』 51, 41쪽.

2) 軍事敎育制度의 정비

府衛兵에 대한 개혁작업을 추진한 결과 새로운 조직편제가 수립되면서 그에 따라 군사들의 성격도 바뀌었다. 특히 內外의 品官들은 현임이 아닌 이상 어떤 형태로든 군사조직에 편입되어 숙위 임무를 수행해야 했다. 물론 侍衛牌의 無職馬兵, 步兵 등에 일반 양인들이 포함되었지만, 구가세족까지 일단 숙위군으로 편성된 이상 품관층이 차지하는 비중은 매우 커졌다. 따라서 숙위가 단순히 군사활동에만 국한되지 않고 개념이 확대되면서 일종의 정치행위로 간주될 정도였다. 이에 대해 당시 군제개혁을 주도하던 정도전은『朝鮮經國典』에서 숙위의 임무가 단순히 왕실을 파수하는 것만이 아니었다는 점을 분명히 했다.

六典이 모두 政인데 유독 兵典에서만 政이라고 말한 것은 사람의 부정을 바로잡는 것이기 때문이다. 그러나 오직 자기 자신을 바룬 사람이라야 남을 바룰 수 있는 것이다. 周禮를 상고하면, 大司馬의 직책은 첫째로 邦國을 바루는 것이요, 둘째도 邦國을 바루는 것이었다. 兵은 聖人이 부득이 마련한 것인데 반드시 正으로써 근본을 삼았다.[63]

六典 중에서 유독 兵典만을 政이라고 한 것은 사람의 부정함을 바로잡는 것이기 때문이라고 했다. 그러므로 자기 자신이 바른 사람이어야 남을 올바르게 할 수 있으며 그것이 곧 兵의 근본이 되는 것임을 강조했다. 그리고『周禮』에서 兵을 주관하던 大司馬는 邦國을 바르게 하는 것이 직책이라고 했다. 그러므로 군의 통수권자에게는 나라를 바르게 할 책임이 주어지고 있는 것이다. 바로 이 같은 兵에 관한 원칙이 宿衛에도 그대로 적용되었으며, 따라서 그 개념이 기존의 그것과는 크

---

63)『朝鮮經國典』下, 政典, 總序, "六典皆政也 獨於兵典言政者 所以正人之不正也 而惟正己者乃可以正人也 考之周禮 大司馬之職 一則曰正邦國 二則曰正邦國 兵非聖人之得已而 必以正爲本".

게 달랐다.

  그런 까닭에 궁궐문을 아홉 겹으로 만들어서 궁궐 안팎을 엄숙하게
하여 드나드는 사람들을 살펴 단속하되 오직 비상을 방비하고 간특한
무리들을 막을 뿐 아니라, 또한 內謁의 무리들도 난잡하게 들어가서
人君의 귀를 흐려 놓고 朝政을 어지럽히지 못하게 하는 것이다. 이렇
게 해야만 국가의 치안이 오래 지속될 수 있을 것이다.[64]

  즉, 宿衛는 궁궐에 드나드는 사람들을 단속해서 비상사태에 대비하
고 간특한 자들을 막는 것뿐만 아니라, 內謁의 무리들이 임금을 흐리
게 하거나 조정을 어지럽히지 못하게 하는 것으로 규정하였다. 다시
말해 숙위병의 역할은 단순한 파수가 아닌 임금과 조정을 바르게 하는
것이다. 즉 단순한 군사적 역할이 아닌 '正邦國'하는 정치행위였던 것
이다. 宿衛之士는 임금을 도와 이들을 바르게 하도록 유도해야 하는
존재였다.
  그런데 이들이 '正邦國之徒'가 되려면 당연히 무예에만 능해서는 안
되고 姦慝과 內謁之徒를 막을 수 있는 정치적 안목이 요구되었으며,
필요할 경우에는 학문도 겸비해야 했다. 그러나 정치적 안목과 학문이
모든 宿衛之士들에게 일률적으로 적용되는 것은 아니었다. 왜냐 하면
宿衛之士 자체가 구가세족 출신으로부터 일반 양인에 이르기까지 매
우 다양했고 임무 또한 달랐기 때문에 정치적 안목과 학문이 하나로
통일되기는 어려웠다. 따라서 지위와 신분에 맞게 조정될 필요가 있었
다. 이를 위해 별도의 장치가 마련되어야 했는데, 태조대에는 군사교육
제도의 정비를 통해 이 문제를 해결하고자 했다.
  먼저 조선에 들어오자 곧바로 武藝訓鍊 및 兵書·戰陣 등을 敎習
하는 기관으로 訓鍊觀이 설립되었다.[65] 訓鍊觀의 설립은 고려말 급진

---

64) 『朝鮮經國典』下, 政典, 宿衛, "故君門九重 內嚴外肅 譏訶出入 不惟備非常
  而弭姦慝 亦使內謁之徒 不得雜進 以誤君聽 而亂朝政 其所以爲長治久安之
  計得矣".

개혁파 사대부들의 兵學教育에 대한 열성에서 비롯되었다고 해도 과
언이 아니었다.66) 벌써 공양왕 1년에 十學教授官을 설치하면서 軍候
所에 兵學을 두었다.67) 당시 鄭道傳은 十學都提調로서 詳明太一諸筭
法을 직접 가르치기도 했다.68) 그러므로 十學教授官 설치에 주도적인
역할을 하면서 그 일부를 스스로 담당하기도 했다. 이런 것들이 訓鍊
觀 설립의 밑거름이 되었다고 생각된다.

그러나 軍候所에서 실시했던 兵學 교육은 큰 실효를 거두지 못했
다.69) 그리하여 訓鍊觀에서 軍候所를 대신하여 兵書·陣圖의 강습을
주도해 나갔다.70)

---

65)『太祖實錄』卷1, 太祖 1年 7月 丁未, 1冊, 24쪽, "訓鍊觀皆兼 掌訓鍊武藝教
習兵書戰陣等事 使一正三品 軍諮祭酒二從三品 司馬四從四品 司直四從五
品內一實差 副司直四從六品內一實差 參軍四從七品 錄事六正八品". 訓鍊
觀은 고려에는 없었고 조선에 들어와서 처음으로 설립되었다(閔賢九, 1983,
『朝鮮初期의 軍事制度와 政治』, 293~294쪽).

66) 급진개혁파의 대표자로 軍制改革을 주도했던 정도전은 兵學에 관심이 많아
일찍이『八陣三十六變圖譜』,『五行陣出奇圖』,『講武圖』,『陣法』등의 兵書
를 저술한 바 있었다(韓永愚, 1983,『改正版鄭道傳思想의 硏究』, 35~37쪽).

67)『高麗史』卷77, 諸司都監各色, 十學, 中冊, 694쪽, "恭讓王元年 置十學教授
官 分隷禮學于成均館 樂學于典儀寺 兵學于軍候所 律學于典法 字學于典校
寺 醫學于典醫寺 風水陰陽等學于書雲觀 吏學于司譯院".『高麗史』에는 十
學 中 八學만이 나타나 있는데 나머지 二學은 태종 6년의 十學을 참조해 보
면 譯學과 算學인 것이 분명하다(李成茂, 1971,「朝鮮初期의 技術官과 그 地
位」,『惠菴柳洪烈博士華甲紀念論叢』, 197쪽).

68)『太祖實錄』卷14, 太祖 7年 8月 己巳, 1冊, 134쪽, "(鄭)道傳 …… 戊辰(禑王
14 : 筆者註)上當國 召拜大司成 屢獻計 陞密直提學知貢擧 爲十學都提調
教詳明太一諸筭法".

69)『太祖實錄』卷4, 太祖 2年 7月 丙辰, 1冊, 46쪽, "前朝之季 法令廢弛 示爲餘
事 中軍軍候所陣圖之法教學之名 皆爲文具". 이는 兵學에만 국한된 문제가
아니었던 모양이다. 따라서 太祖 2年 10月에 十學에서 六學으로 개편되었다
(『太祖實錄』卷4, 太祖 2年 10月 己亥, 1冊, 51쪽, "設六學 令良家子弟隷習
一兵學 一律學 三字學 四譯學 五醫學 六筭學").

70) 얼마 지나서 않아서 태조 3년 1월에 마침내 中軍 軍候所를 罷하고 訓鍊觀에
倂合시켜 버렸다(『太祖實錄』卷5, 太祖 3年 1月 壬子, 1冊, 53쪽).

都評議使司에서 啓하기를, "…… 원하옵건대, 이제부터는 主掌하는 訓鍊觀에서 兩班子弟와 成衆官·領可敎者들을 모아서 兵書와 陣圖를 강습하게 하여, 그 중에 재주를 성취한 사람이 있으면 전에 내린 敎旨에 의거하여 試取해 擢用하도록 하고, 監察 한 사람은 날마다 訓鍊觀에 이르러 勤慢을 考察하게 하소서."라고 하였더니, 왕이 그대로 윤허하였다.[71]

訓鍊觀의 주관으로 兩班子弟를 비롯하여 成衆官, 各領可敎者들을 모아 놓고 兵書·陣圖를 강습시키고 어느 정도 성취된 자에 한해 시험을 실시하여 성적이 좋으면 탁용하도록 했다. 어느 곳에 어떻게 탁용하는지가 명확하게 규정된 것은 아니었지만 衛領職을 제수해서 숙위에 투입하려고 했다. 이는 다음의 자료에 의해서 확인된다.

判義興三軍府事 鄭道傳等이 上書하기를, "…… 마땅히 本府와 兵曹로 하여금 諸衛領의 현임자의 신체를 살펴보고 재주를 시험하게 하여, 건장하고 재주가 있는 사람은 그 직책을 다시 주고, 어리고 약한 사람과 늙고 병든 사람과 재주가 없는 사람과 雜類에 속한 사람과 어떤 일을 핑계대고 出勤하지 아니한 사람은 일제히 모두 削除하고, 다시 親軍衛에 소속된 原從侍衛員人과 訓鍊觀에서 兵法을 익힌 員人과 太乙習箅員人은 각기 소속 관원들로 하여금 保擧하게 하여, 앞에서와 같이 신체를 살펴보고 재주를 시험한 다음에 아뢰어 差備하게 할 것입니다. ……"라고 하니, 왕이 그대로 따랐다.[72]

---

71) 『太祖實錄』卷4, 太祖 2年 7月 丙辰, 1冊, 46쪽, "都評議使司啓曰 …… 願自今 主掌訓鍊觀 集兩班子弟及成衆官·各領可敎者 講習兵書陣圖 其有成才者 依前降敎旨 試取擢用 監察一人 日至訓鍊觀 考察勤慢 上允之".

72) 『太祖實錄』卷5, 太祖 3年 2月 己亥, 1冊, 59쪽, "判義興三軍府事鄭道傳等上書曰 …… 宜令本府及兵曹 諸衛領見任者 監身試藝 其壯有才者 復其職 幼弱者 老病者 無才者 雜類者 托故不仕者 一皆削之 更將親軍衛屬原從侍衛員人·訓鍊觀習兵法員人·太乙習箅員人 各令所屬官保擧 如前監身試聞差備 …… 上從之".

위에서 현재 諸衛領에 소속해 있던 인원들을 대상으로 선별 작업을 시행하여 적당치 못한 자를 제거하고 그 대신 훈련관에서 병법을 익힌 인물 등으로 보충하고자 했다. 이것으로 훈련관에서의 兵書·陣圖의 講習과 그 성적에 따른 탁용이 보다 확실해졌다. 衛領職은 여말선초에 주로 제도만 개혁되었고 소속 인원의 교체는 이루어지지 못했다. 그로 인해 이전에 들어왔던 乳臭子弟, 內僚, 工商雜類 등이 여전히 자리를 차지하고 있으면서 임무를 감당하지 못하거나 권세가에 의탁해서 근무하지 않으면서 녹을 받고 있는 실정이었다.[73] 따라서 제도의 개혁과 더불어 인원의 개편도 단행하고자 했다. 그 빈자리를 새로운 군사교육 기관에서 배출된 사람들로 채우려 했다.

太乙習筭員人의 경우도 訓鍊觀에서 병법을 익힌 員人과 비슷한 경로를 거쳐 衛領職을 제수받고 宿衛之士가 되었다. 본래 太乙은 별이름으로 太一星과 같은 것이다. 그런데 術家들은 이를 이용하여 점을 많이 쳤다. 정도전은 일찍부터 『太乙七十二局圖』, 『詳明太一諸筭法』 등을 저술하며 이에 대해 많은 관심을 보였다.[74] 더군다나 고려 말에는 十學都提調로 있으면서 詳明太一諸筭法을 직접 가르치기도 했다. 특별히 兵家에 요긴한 것이라고 해서 태조 3년(1394) 12월에 별도로 局을 설치하여 강습시키되 訓鍊觀에 예속시켰다.[75] 아마도 군에서 필요로 하는 전문가들을 양성하기 위한 조치였을 것이다. 그러므로 太乙習筭員人은 병법을 익힌 員人과 위상이 거의 비슷해졌다.

太一筭法은 일기예보의 성격을 지닌 것으로 생각되며,[76] 그 때문에

73) 『太祖實錄』 卷5, 太祖 3年 2月 己亥, 1冊, 59쪽, "判義興三軍府事鄭道傳等上書日 …… 一 前朝之季 乳臭子弟及內僚工商雜類 充衛領之職 猥徵冗雜 不堪其任 或托權勢 不事其事 廩祿徒費 侍衛虛疎 今承其弊 不早革之 非初服貽謀之善也 …… 上從之".

74) 韓永愚, 1983, 『改正版鄭道傳思想의 硏究』, 35~36쪽.

75) 『太祖實錄』 卷6, 太祖 3年 12月 乙亥, 1冊, 72쪽, "都評議使司啓日 太一筭 兵家要務 宜置局講習 隷於訓鍊觀 以時考察 成才者 武科內並試擢用 上從之".

76) 『世宗實錄』 卷39, 世宗 10年 3月 乙巳, 3冊, 122쪽, "禮曹據太一兵學習筭局

군대를 운용하는 사람들은 이를 매우 중요시했다. 유가, 그 중에서도 맹자는 군사 작전시에 유리한 날씨와 좋은 기회를 장악해야만 적을 제압하고 승리할 수 있다고 주장했다.77) 유가의 이 이념에 따라 특별히 군사에 있어서 太一籌法의 가치를 높이 평가하고, 이것을 익힌 인물들을 발탁해서 衛領職에 충당하고자 했다. 결국 衛領職에 있던 어리고 약한 사람, 늙고 병든 사람, 재주가 없는 사람, 雜類에 속한 사람, 어떤 일을 핑계대고 출근하지 아니한 사람들을 제거하는 대신 새로이 교육, 특히 兵學과 太一籌法을 익힌 사람들로 충당하고자 했다.

한편 군사관계의 교육을 받고 시험을 거쳐 자격과 능력을 갖추었다고 인정받은 자가 衛領職에 입속했다고 하더라도 비번일 경우에는 반드시 의무적으로 병법을 익히도록 했다.

　　判義興三軍府事 정도전 등이 上書하기를, "…… 一 무릇 衛領의 직책에 충원된 사람과 衛領에 분속된 각 成衆愛馬들을 모두 名籍에 이름을 기재하게 하고, …… 당번으로 숙위하고 巡綽하는 것을 제외하고는 兵陣法을 預習시켜서, 잘한 사람에게는 상을 주고, 잘하지 못한 사람은 처벌하게 할 것입니다.……"라고 하니, 왕이 그대로 따랐다.78)

위에서 비번인 사람에게 의무적으로 兵陣法을 익히게 해서 성적이 좋은 자는 포상을 하고 그렇지 못한 자는 벌을 내리게 했다는 것은 곧 학습 효과를 크게 신장하려는 것이었다. 특히 개개인이 혼자서 무술 실력을 익히는 것보다 병법, 진법 훈련을 통해 집단전술을 익히는

呈啓 前此太一籌法 記錄陰晴 委之訓導一人 每月 泛書幾日陰 幾日晴 以進 事雖不秘 恐有錯誤 請自今 輪定述者 與局中精籌者 同議磨勘 一年風雨陰 晴 逐日詳書 依冊曆例 每歲抄進 從之".

77) 김기동, 1993, 『중국 병법의 지혜』, 122쪽.

78) 『太祖實錄』卷5, 太祖 3年 2月 己亥, 1冊, 59쪽, "判義興三軍府事鄭道傳等上 書曰 …… 一 凡充衛領之職者及分屬衛領各成衆愛馬 皆置名籍 …… 除當 番宿衛巡綽外 預習兵陣之法 能者賞之 不能者罰之 …… 上從之".

것79)이 당시로서는 더 중요하다고 보고 있다.80) 그러므로 衛領職者와 成衆愛馬들은 숙위 근무와 함께 병법, 진법을 익히는 것이 기본 의무였다. 결국 이 과정을 통해 부정한 방법으로 입속했던 무능, 무자격자들이 제거되고 새로운 교육을 통해 능력이 배양된 자들만 남게 됨으로써 구래의 폐단이 점차 사라질 것으로 기대되었다. 그렇게 되면 앞서 지적한 대로 간특한 자나 內謁의 무리들이 임금을 흐리게 하거나 조정을 어지럽히는 것을 宿衛之士들이 막을 수 있게 되는 것이었다. 그것은 교육과정이 순전히 군사적인 능력만을 키워주는 것이 아니라 상당한 정도의 정치적 안목과 식견을 스스로 갖출 수 있도록 기본 소양을 길러주는 역할도 수행하기 때문에 가능하다.

그런데 지금까지 살펴본 訓鍊觀과 十衛에서 실시하는 兵學 및 太一筭法 교육, 그리고 병법, 진법 연습은 기본적으로 군사분야의 전문성을 제고시키는 것이었다. 따라서 전문적인 군인층을 양성하는 데는 매우 효과적이었다. 그런데 당시 숙위군사 중에는 구가세족 출신들도 있었다. 이들에게 군사분야의 전문교육을 받게 한 다음 시험을 치러 성적에 따라 위령직에 올라 숙위하라고 강요하기는 아주 곤란한 일이었다. 더구나 일반 양민과 같은 통로를 거쳐 숙위하라는 것은 강력한 반발을 야기시킬 것은 물론 정치적인 변란을 초래할지도 모르기 때문에

---

79) 鄭道傳이 주도한 習陣 訓鍊에서는 개인의 무예보다는 단체행동과 집단훈련을 강조하고 있다(河且大, 1989,「朝鮮初期 軍事政策과 兵法書의 發展」,『軍史』19, 108~122쪽 참조).

80)『經濟文鑑』下, 衛兵, "周官衛 …… 會其什伍 而敎之道藝 王昭禹曰 君子學道則愛人 小人學道則易使 惟愛人 然後可以使之近君 惟易使 然後可責(一本 作貴 : 細註)以宿衛 然不先會其什伍 則莫相勸督而務學". 위에서 정도전은 小人들에게도 道藝를 가르쳐야만 쉽게 부릴 수가 있어 宿衛를 책임지게 할 수 있으며, 학습의 능률을 올리기 위해서는 개인 하나 하나가 아니라 什伍, 즉 일종의 집단을 만들어서 실행해야 한다는 王昭禹의 해석을 받아들이고 있다. 정도전은 이에 근거해서 宿衛之士에 대한 교육을 입속 전후를 막론하고 모두 실시하려고 했다. 결국 국가에서 행하는 교육 과정을 통해 無能, 無資格者들이 제거되고 능력이 있는 자만이 남게 되기 때문에 과거의 폐단은 점차 사라질 것으로 보았다.

사실상 시행이 어려웠다. 또한 이는 사회의 신분질서를 위태롭게 하는 것이라고 반대파들로부터 비난을 받을 수도 있었다.

그리고 과전법 실시와 군제개혁으로 受田散官의 三軍 幷屬과 '居京城衛王室'이 확정되면서 그들 자제들도 어떤 형태로든 역을 부담해야 했다. 과거에 응시해서 합격하거나 성균관 등에서 학업에 종사하지 않는 이상 역의 부담을 피할 도리가 없었다. 그런데 자제들에게 일반 양민이나 군사들과 함께 군사교육을 받고 위령직을 제수받아 숙위하라는 것은 앞서 언급했듯이 여러 가지로 복잡한 문제를 발생시킬 가능성이 높았다. 이에 居京大小人員의 자제들을 별도로 교육시킨 다음 숙위에 충당했다가 적당한 절차를 밟아 관직을 제수하는 방도를 강구하였다. 그것은 곧 태조 6년(1397) 1월 의흥삼군부에 舍人所를 설치함으로써 실현되었다.81) 義興三軍府舍人所는 訓鍊觀과 달리 대소 양반의 子壻弟姪만을 모아 文武에 걸친 다양한 교육을 실시했다. 내용은 다음과 같다.

> 다-1) 三軍府令大小臣僚曁閑良人等 各以其子若弟若姪若孫若婿 具
>   名保擧 置舍人所 肄習文武之藝 材成者 各隨其高下擢用82)
>
> 다-2) 於是 得世族之冑若干百人 越明年(태조 6 : 인용자 註)春 始
>   置舍人所于三軍府 又置六學敎道官 分科隷業 其經學曰 明

---

81) 『太祖實錄』 卷11, 太祖 6年 1月 丁丑, 1冊, 100쪽, "置義興府舍人所 凡大小
    兩班子壻弟姪 皆屬之 肄習經史·兵書·律文·筭數·射御等藝 以備擢用".
82) 『陽村集』 卷12, 記, 義興三軍府舍人所廳壁記(『韓國文集叢刊』 7輯, 137쪽).
    본래 이 記文은 權近이 작성한 것이나, 義興三軍府에 舍人所를 설치하고 교
    육체제를 갖추도록 한 것은 당시 判義興三軍府事인 鄭道傳이었다. 그것은
    記文의 다음 구절을 통해서 알 수 있다. 즉 '恭惟我殿下 以英文神武之資 創
    業垂統 而判府事奉化伯鄭公道傳 以仁厚之德 高明之學 實贊襄之 以奧一代
    之典 凡所設施 必本於周官法度 立國規模 宏大且遠 擧此可觸其餘矣 鄭公
    命予誌所壁 以昭殿下求賢之意 作人之德於無窮 近不敢以鄙拙辭 畧叙今日
    之合於周官之意者 以爲記'가 그것이다. 따라서 義興三軍府舍人所의 교육내
    용이나 방식 등은 대체로 정도전의 구상에 따라 이루어졌던 것으로 보인다.

体適用之堂 兵學曰 先計制勝之堂 律學曰 欽恤之堂 筭學曰
詳明之堂 醫曰 濟生 射曰 觀德 公卿大夫至於士之子弟 成
童以上 居京未仕者 皆屬焉[83]

다-3) 置義興府舍人所 凡大小兩班子壻弟姪 皆屬之 肄習經史・兵
書・律文・筭數・射御等藝 以備擢用[84]

다-4) 今子弟之少也 各學於其學 稍長而可仕也 又升於三軍府 今
三軍府 卽古司馬之職也 教以道藝 且充宿衛 各論其材 而後
爵之 則賢材無所抑之患 仕進塞僥倖之路 無非周官之遺意
也[85]

위에서 舍人所에 입속하는 사람은 公卿大夫에서 士之子弟, 居京未
仕者(사료 다-2), 혹은 大小兩班과 閑良의 子壻弟姪(사료 다-1・3)이
었다. 아마도 기존의 서울 명문대가 자제들과 居京宿衛를 위해 상경한
受田散官의 자제들을 모두 포함한 것으로 생각된다. 이들이 학교[86]를
마치고 장성하여 벼슬할 나이가 되면 三軍府舍人所에 소속시켜 교육
을 시킨다는 것이다. 舍人所에는 국가에서 教道官을 임명하고(사료 다
-2) 經史, 兵書, 律文, 筭數, 射御, 醫學을 가르쳤다. 이것은 치자로서
의 사대부가 지녀야 할 종합교양과 기술관료직에 해당하는 내용을 모
두 가르치는 것으로, 한 마디로 관리양성을 위한 전문교육을 실시하는
것이다.

교육을 마친 자에 대해서는 사료 다-3에서는 '탁용을 대비한다'라고
만 서술되어 있으나 사료 다-4에서는 구체적으로 숙위에 충당하고 그
후 재질을 논하여 벼슬을 수여한다고 하였다. 즉 숙위에 충당하는 것

---

83)『陽村集』卷12, 記, 義興三軍府舍人所廳壁記/『韓國文集叢刊』7輯, 138쪽.
84)『太祖實錄』卷11, 太祖 6年 1月 丁丑, 1冊, 100쪽.
85)『陽村集』卷12, 記, 義興三軍府舍人所廳壁記/『韓國文集叢刊』7輯, 138쪽.
86) 四部學堂으로 생각된다.

이 탁용을 대비하는 것이며, 사인소 교육과 숙위 참여, 관리로의 승진을 일련의 연속된 과정으로 구상하였던 것이다. 이것은 또한 관리교육과 선발 방식이 숙위제도와 일치된 것이기도 하다.

그런데 사료 다-4에서는 다시 이 같은 제도를 마련한 이유에 대해 賢才가 벼슬길에서 침체되거나 官路가 僥倖에 의해서 오염되는 것을 막기 위한 것이라고 하고 있다.[87] 그리고 그러한 취지가 바로 周官의 遺制라고 단언했다. 이것은 바로 숙위를 위한 교육과 이를 거친 뒤에 수행하는 숙위 근무가 그의 인물됨을 파악하고 그 사람의 재능을 검증하는 중요한 통로가 되어야 한다는 것을 암시한다.

여기에는 두 가지 의미가 있다. 첫째로 義興三軍府舍人所에서 교육을 받고 숙위에 투입되었을 때 궁성에서 근시하므로 왕과 재상들이 가까이에서 이들의 인물과 재능의 됨됨이를 보다 정확하게 파악할 수 있다는 것이다. 그런 다음에 관작을 제수하여 등용한다면 賢才가 침체되거나 요행으로 출세하는 경우는 그만큼 줄어들게 되고 인사제도나 관행에서 발생하는 부정행위 등도 사전에 차단할 수 있을 것이다. 하지만 그것만으로는 '賢材無所抑之患 仕進塞僥倖之路'의 의미가 잘 이해되지 않는다. 어떤 면에서는 오히려 近侍하면서 맺어지는 개인적인 친분 때문에 관료 진출의 僥倖之路가 더 넓어질 수도 있기 때문이다. 따라서 또 다른 의미를 찾을 필요가 있다.

그런데 義興三軍府에 舍人所의 설치를 주도했던 사람들이 宿衛制가 인재 발탁의 기능을 수행할 수 있다고 본 것은 아마도 과전법이 제정된 이후 受田散官들이 숙위 근무를 하게 된 사실과 연관이 있지 않나 여겨진다. 賢才가 침체되고 요행이 통했던 가장 큰 이유는 인사권이 권문에 집중되어 지방의 한미한 사대부들이 관료로 입문할 수 있는 길이 극도로 제한당했기 때문이다. 그러나 이제 전국의 受田散官들이

---

87) 여기서 僥倖이 정확하게 무엇을 의미하는지는 분명치 않으나, 대략 능력에 의하지 않고 아부나 청탁, 가문이나 親故 등의 부정한 방법으로 출세하는 것을 가리키는 것으로 생각된다.

숙위에 참여하게 됨으로써, 근무하는 과정에서 자연스럽게 능력이 있는 산관과 그렇지 못한 산관이 어느 정도 분별될 수 있었다. 더구나 이는 소수의 권력자가 마음대로 결정할 수 있는 것이 아니었다. 그러므로 벽촌 출신의 受田散官이라도 숙위 근무를 통해 능력을 검증받아 차후에 발탁되어 출세할 수도 있었다. 비록 '居京城衛王室'이 힘들고 어렵지만 외방의 유능한 受田散官에게는 능력을 알릴 수 있는 기회가 되는 것이다. 만일 그런 기회를 부여한다면 '居京城衛王室'에 대한 열기도 크게 높아질 것이었다.

정도전을 비롯하여 義興三軍府舍人所의 설치를 주도했던 사람들은 이러한 원리를 관료 예비군에게 확대, 적용시키려고 했다. 大小人員의 자제들을 의흥삼군부 사인소에 모아 교육시키고 이를 마친 사람을 숙위에 투입하여 국왕과 재상들이 능력 정도를 직접 평가해서 관작을 제수하여 등용한다면, 賢才가 침체되고 僥倖이 통할 리가 없다고 보았다. 결국 관료 선발에서 경쟁의 논리가 강화되어 그만큼 훌륭한 재질을 지닌 인물들이 발탁될 수 있는 가능성이 높아진다고 할 수 있다. 숙위를 위한 교육, 숙위지사에 대한 평가, 관작의 제수 등 일련의 과정을 포함한 정도전 등의 숙위제 운영방침은 궁성경비를 강화하는 차원을 넘어서 정치개혁을 의도했던 것이다.

이 점은 정도전 등의 의흥삼군부 사인소 운영안에서 더욱 분명해진다. 당시 숙위를 담당하던 受田散官들의 선발기준은 분명하지 않았다. 이것은 왕조교체라는 격동기를 맞이하여 인심수습이라는 정치적인 고려와 기존의 산관층에 대한 배려 등으로 인해 빚어진 결과라 생각된다. 그러나 정도전은 새로이 보충되는 宿衛之士들에 대해서는 국가가 미리 소집하여 문무에 걸친 다양한 교육을 실시하여 이들을 직접 관리하고 평가하려고 했다. 이렇게 해서 양성하는 유능한 宿衛之士들은 단순한 파수꾼이 아니라 간특한 자와 內謁의 무리들이 임금을 흐리게 하거나 조정을 어지럽게 하는 것을 막는 '正邦國之徒'가 될 수 있었다.

결국 숙위와 교육, 관리선발 제도와의 연속적인 결합은 訓鍊觀・十

衛, 나아가 義興三軍府舍人所에 이르러 확립되었다고 할 수 있다. 衛 兵制의 개혁과 군사교육제의 정비를 통해 모든 병종마다 소속인의 직 분에 합당한 교육제도를 마련하고 군제 운영과 교육제도 운영을 일치 시켜 관료로서의 출사로를 마련하였다. 이렇게 함으로써 인사권이 소 수의 중앙세가들에게 독점되지 않도록 하고 넓은 층을 상대로 보다 공 정하고 엄격한 능력 검증을 통해 관리를 선임할 수 있을 것으로 기대 되었다. 이 점이 정도전 등이 주도한 태조대 군제개혁안이 가지는 핵 심이며, 커다란 특징이기도 했다.

宿衛之士에 대한 교육을 강화하고 衛領職者에 대한 교체작업이 본 궤도에 오르자 각 도에서 숙위하기 위해 번상하던 군사인 시위패에 대 해서도 개편을 시도하고, 그에 합당한 교육방식을 마련하려고 했다. 태 조 6년(1397) 4월 간관은 숙위의 임무를 甲士가 맡고 있으니 각도 군 사의 번상 숙위를 정지시키자는 건의안을 다음과 같이 제출했다.

諫官이 글을 올려 일을 말하기를, "…… 一 각 도의 군사가 역사에 체번하고 防戍에 교대하는 것이 1년에 대개 한 번이니 참으로 편한 것 같으나, 그러나 먼 지방의 사람은 上番하여 宿衛하고, 下番하면 禦侮하여 거의 편할 날이 없습니다. 저번에 항복한 왜적으로 인연하 여 겨울부터 여름까지 생업을 돌보지 못하고 배를 타고 바다에 나갔 기 때문에 노고가 지극합니다. 지금은 숙위하는 책임이 다행히 甲士 에게 있으니, 各道軍士는 원컨대, 숙위를 정지하고 몸을 쉬고 말을 길러 관찰사로 하여금 봄·가을 講武에서 精强한 것을 考閱하게 하 여, 만일 邊警이 있으면 기일을 정하여 모이게 함이 참으로 편익할 것입니다"라고 했더니, 임금이 兪允하여 시행하였다.[88]

---

88) 『太祖實錄』 卷11, 太祖 6年 4月 丁未, 1冊, 105쪽, "諫官上書言事 …… 一 各 道軍士 番役更戍 歲率一度 誠若有便 然遠方之人 上番宿衛 下番禦侮 殆無 寧日 頃緣降倭 自冬至夏 不謀生業 騎船下海 勞苦斯極 今宿衛之任 幸有甲 士 其各道軍士 願停宿衛 休身養馬 令觀察使 春秋講武 考閱精强 如有邊警 刻期而會 誠爲便益 上兪允施行".

간관들은 숙위하고, 禦侮, 즉 왜구 침입에 대비하기 위해 출동하는
관계로 하번시에도 휴식을 제대로 취하지 못해 어려움이 대단히 큰데
다행히 지금 갑사가 숙위를 맡고 있으니 각도 군사의 번상을 정지시켜
도 관계가 없다는 것이다. 그러나 아마도 이러한 표면상의 이유 이외
에 왕자·종친·공신들이 보유하던 병권을 혁파하려는 정도전 등의
의도가 내재되어 있었던 것으로 보인다.89) 당시 왕자들과 몇몇 훈신들
은 국가기구의 간섭을 받지 않은 채 侍衛牌들을 거느리고 있었다. 이
로 말미암아 시위패가 마치 왕자와 훈신들의 사병인 것처럼 인식되기
도 하였다.90) 따라서 군제개혁을 추진하던 정도전 등은 시위패의 번상
을 정지시켜 왕자들과 훈신들의 병권을 파하고 군사조직의 사병화를
해소하려고 했다. 그리고 이것으로 전군의 통수권을 의흥삼군부가 관
장하게 함으로써, 군제개혁을 일단락지으려 했다.

그런데 위 간관 상서에서는 시위패들에게 번상을 면제시켜 주는 대
신 각 도의 관찰사들의 주재 하에 봄·가을로 강무에 참가시키자고 했
다. 강무란 본래 수렵을 통해 군사들을 훈련시키는 것이다.91) 군사훈
련에 대해 많은 관심을 갖고 있었던 정도전은 이미 조선 태조 1년
(1392)에『講武圖』를 저술해서 왕에게 제출했다.92)『朝鮮經國典』에서
는 이를 이용하여『周禮』大司馬의 방식대로 군사들을 교습시키자고
했다.93) 그리고 그가 판사로 재직하던 의흥삼군부에서는 태조 5년
(1396) 11월에 歷代의 것을 참작하여 講武制를 새롭게 정비해서 경중
에서는 사철의 끝달마다, 외방에서는 봄·가을에 실시할 것을 건의하
여 국왕의 승인을 받았다.94) 결국 당시 판의흥삼군부사인 정도전의 주

---

89)『太祖實錄』卷14, 太祖 7年 8月 己巳, 1冊, 131쪽, "(鄭)道傳等 又嗾散騎卜
　　仲良上疏 請罷諸王子兵權 至再三 上不允".

90) 閔賢九, 1984,「朝鮮初期의 私兵」,『東洋學』14.

91) 朴道植, 1987,「朝鮮初期 講武制에 관한 一考察」,『慶熙史學』14.

92) 韓永愚, 1983,『改正版鄭道傳思想의 研究』, 36쪽.

93)『朝鮮經國典』下, 兵典, 敎習.

94)『太祖實錄』卷10, 太祖 5年 11月 甲申, 1冊, 98쪽, "義興三軍府上疏曰 謹按

도로 講武制가 전국에 걸쳐 확립되었다고 할 수 있다.

이렇게 講武制가 정비되면서 곧이어 태조 6년 4월에 번상을 면제시켜 주는 대신 각도 군사들을 봄·가을로 강무에 참가시키자는 간관의 상서가 제출될 수 있었다. 따라서 각도 군사의 번상 면제와 강무에의 참가는 왕자·훈신들의 병권을 박탈하는 문제와 함께 정도전이 구상했던 군제개혁의 일부였던 것으로 짐작된다.

또한 『朝鮮經國典』에서는 整點이라고 해서 『周禮』에 따라 중앙의 禁衛兵뿐만 아니라 州縣兵에 대해서도 매번 농한기에 군적을 조사하여 老幼·强弱을 分辨시키자고 했다.95) 즉, 평상시에 군사에 대한 관리를 철저히 행하면서 강무를 통한 훈련도 게을리하지 않도록 하여 군비를 갖추되 농시를 빼앗지 않아 생산에 지장이 없도록 했다. 이렇게 되면 비록 井田法에 기초한 것은 아니더라도 周나라와 비슷하게 兵農一致96)가 달성되어 병사와 농사가 모두 안정될 수 있다고 판단했던 모양이다.

訓鍊觀과 十衛는 成衆愛馬, 各領可敎者를 대상으로 兵學, 太一算

歷代講武之制 …… 恭惟殿下 以神武之資 肇造丕基 凡禮文之事 以次修擧 而講武之事 獨不行焉 豈非盛代之闕典歟 伏望 下敎中外 以講武事 示安不忘危之計 其講武之制 與疎數之節 時與勢殊 取古制而損益之 見作蒐狩講武圖 京中當四時之季 講武獲禽 以祭宗社 外方當春秋兩節 講武獲禽 以祭其州方社之神 如此則 武事熟 神人和矣 當講武時 乘輿親幸及攝行儀注 外方官員 監考之法 令禮官詳定啓聞 上從之".

95) 『朝鮮經國典』下, 政典, 整點, "夫器之弊也 由於久不治 習之忘也 由於久不肄 故國家無事 則因循玩愒 武備壞墮 兵籍耗損 如有緩急 不能及支 古今之通患也 周禮 大司馬 仲春辨鼓鐸鐲鐃之用 仲夏選車徒 仲秋辨旗物 仲冬大閱 自後宣王狩于東都 選車徒以成中興之業 整點之不可已也如此 國家 內之禁衛之旅 外之州縣之兵 每於農隙 按其籍 辨其老幼强弱 每月課軍器監所作弓矢戈甲 驗其利鈍堅弊 可謂得整點之意矣".

96) 『朝鮮經國典』下, 政典, 軍制, "周制 兵農一致也 無事則爲比·閭·族·黨·州·鄕 屬於司徒 有事則爲伍·兩·卒·旅·師·軍 屬於司馬 然當其無事之時 每於農隙 講武事 故當有司 則皆可爲用也 無養兵之費 徵兵之擾 而緩急易以應變 周制之善也".

法 등의 군사분야에 관한 전문교육, 義興三軍府舍人所는 대소 양반의 子壻弟姪만을 모아서 文武에 걸친 다양한 교육을 실시하는 데 반해, 각 도의 군사들이 참여한 講武는 수렵을 통한 일반 군사 훈련이었다. 병종에 따라 교육의 성격이 달리 정해졌던 것이다.

이처럼 병종별로 교육을 실시한 것은 유능한 군인을 양성하는 것과 더불어 그 지위에 적합한 사람들을 발탁하기 위함이었다. 또 하나 군인에 대한 관리통제를 강화하여 이탈자를 막음으로써 조직이 허소화되는 것을 막는 효과도 적지 않았다.

하지만 여기에는 또 하나의 중요한 의미가 숨어 있다고 생각된다. 그것은 군제개혁을 통해 모든 사람이 職役이나 軍役을 수행해야 했다는 점이다. 이 군역에 종사할 때는 자신의 신분과 능력에 따라 적당한 수준의 병종에 배속되고 그 과정을 통해서 적절한 교육과 평가를 받아야 했으며 그것이 仕路와 직결되었다. 이는 개인의 신분적 특권의 획득과 행사가 철저하게 국가의 역 수행 과정을 통해 규정되고 행사되어야 한다는 것을 의미했다. 본래 중세사회에서는 동일한 신분층이라도 개인이 처한 사회적·경제적 처지가 매우 달랐다. 아주 다양하다고 할 수 있다. 그런데 이 같은 역 편제와 운영방식을 통해 더 이상의 분화를 막고 전체적으로 통일을 기하고자 했다.

지금까지 검토해 온 태조대 정도전 등이 주축이 되어 추진하고자 했던 군제개혁은 숙위군 편제에서 교육 및 관직 진출과 밀접하게 연관되어 있었다. 우선 義興三軍府 舍人所와 관련해서는, ‘正邦國’의 기능을 수행하면서 사실상 중요한 入仕路의 역할을 하는 宿衛之士에 대소 양반의 子壻弟姪들이 입속하였다. 이것은 職役체제와 仕宦權에 있어 양반과 평민의 구분이 분명하였다는 것을 말해준다. 그러나 관료제 운영이 소수에 의해 장악되는 것에는 반대하여 숙위와 사인소에서의 교육제도를 통해 仕宦의 기회를 전국의 사족층으로 확대하고 재능과 능력에 따른 선발 원칙을 지키려고 하였다. 물론 사대부 내의 차별을 모두 불식시키는 것은 아니었지만 전체적으로 보아 동일 계층 내에서는 이들의 의무와 권리를 균평하게 부여하려고 하였다고 볼 수 있다.

한편 訓鍊觀과 十衛는 군사교육과 함께 吏才에 해당하는 전문교육을 실시하였다. 여기에는 사족의 자제와 양인층이 함께 입속하였다. 그러나 이들도 군역을 마친 후 재능에 따라 서리직이나 吏科制度를 통해 관료로 상승할 수 있었다. 이것은 능력과 노력에 따라 단계적으로 신분상승을 이룩할 수 있는 통로를 제공하는 역할도 하였다.

2. 三軍府의 개편과 宿衛軍制의 변경

1) 私兵革罷와 지휘체계의 개편

태조 7년(1398) 8월에 1차 왕자의 난이 일어나 鄭道傳, 南誾 등이 제거되고, 같은 해 9월 태조가 퇴위하고 定宗이 즉위함으로써 정권교체가 이루어졌다. 그런데 定宗 2년(1400) 1월에 2차 왕자의 난이 발발하고 여기서 승리한 靖安君(태종)이 같은 해 2월 世弟가 됨으로써 정치적인 실권을 장악하였다. 정안군의 주도로 그 해 4월 私兵이 혁파되고 이를 계기로 다시 한 번 전면적인 군제개혁이 단행되었다.

私兵革罷, 즉 태조 휘하의 친병과 토호 출신 개국공신의 사속인들을 국가기구로 흡수한다는 것은, 곧바로 왕자·훈신들의 병권 박탈을 의미하므로 이는 정치적 알력을 수반하였다.[97] 이성계는 물론이고 개국공신 중에는 양계의 토호 출신이 적지 않았다.[98] 그런 까닭으로 이전

---

97) 이에 관해서는 다음 논저가 참고된다. 麻生武龜, 1931, 「李朝の建國と政權の推移」,『靑丘學叢』5 ; 李相伯, 1935, 「三峰人物考」,『震檀學報』2·3(1947,『韓國文化史研究攷』에 재수록) ; 韓永愚, 1983, 「朝鮮建國의 政治·經濟基盤」,『朝鮮前期社會經濟研究』, 57쪽 ; 柳昌圭, 1992, 「太宗代 軍指揮體系의 변화와 집권층의 갈등」,『水邨朴永錫敎授華甲紀念韓國史學論叢(上)』.

98) 개국 공신의 출신에 관해서는 다음의 연구성과들을 참조할 것. 朴天植, 1977, 「朝鮮 開國功臣에 대한 一考察」,『全北史學』1 ; 鄭杜熙, 1983,『朝鮮初期政

부터 거느리고 있던 사속인들을 甲士나 侍衛牌로 편입시킨 뒤에도 계속해서 사적으로 통솔했다.[99] 이러한 私屬人의 대표적인 예가 바로 家別抄[100]로 이들은 태조의 친군[101]과 왕자 및 토호 출신의 훈신들이 거느린 시위 군사의 주축을 이루었다.[102] 가별초 및 이들의 시위 군사들은 지방 주현에서는 물론 중앙에서조차 국가기구의 통제에서 벗어나 오직 왕자·훈신들과 사속관계를 맺고 그들의 지시만을 따르고 있었다. 더구나 일정 지역에서 가별초라는 특수한 집단을 형성하고 있었기 때문에 여느 私兵과도 성격이 달랐다. 그렇기 때문에 이들을 해산하거나 의흥삼군부로 통수권을 일원화시킨다고 해서 곧바로 이러한 사병적 성격이 해소될 수 있는 것은 아니었다.

이 문제를 해결하기 위해 정도전은 먼저 諫官들을 움직여서 병권을 일원화시켜야 한다는 상소를 계속 올리게 하여 분위기를 조성하였다.[103] 또한 그는 태조 7년 가별초의 근거지인 東北面의 都宣撫巡察使로 나아가 이 지역의 지방행정체제를 대폭 개편하고[104] 軍丁을 정

治支配勢力研究』, 8~23쪽 ; 韓永愚, 1983, 「朝鮮 開國功臣의 出身에 대한 研究」, 『朝鮮前期社會經濟研究』; 朴天植, 1984, 「朝鮮建國의 政治勢力 研究」(上·下), 『全北史學』8·9. 토호 출신의 개국공신으로는 李之蘭, 張思吉 등을 들 수 있는데 이성계의 집안이 가장 전형적인 예에 속했다고 할 수 있다(柳昌圭, 1984, 「李成桂의 軍事的 基盤」, 『震檀學報』58).

99) 柳昌圭, 1985, 「朝鮮初 親軍衛의 甲士」, 『歷史學報』106.

100) 家別抄는 加別赤라고도 했는데, 이에 관해서는 다음의 연구성과를 참고할 것. 金九鎭, 1973, 「麗末鮮初 豆滿江流域의 女眞分布」, 『白山學報』15 ; 金九鎭, 1977, 「尹瓘 九城의 範圍와 朝鮮 六鎭의 開拓」, 『史叢』21·22合.

101) 柳昌圭, 1984, 「李成桂의 軍事的 基盤」, 『震檀學報』58.

102) 柳昌圭, 1985, 「朝鮮初 親軍衛의 甲士」, 『歷史學報』106, 156~157쪽.

103) 『太祖實錄』卷14, 太祖 7年 8月 己巳, 1冊, 131쪽, "(鄭)道傳等 又嗾散騎卞仲良上疏 請罷諸王子兵權 至再三 上不允".

104) 『太祖實錄』卷12, 太祖 6年 12月 庚子, 1冊, 112쪽, "以奉化伯鄭道傳爲東北面都宣撫巡察使 敎曰 …… 凡所以奉安園陵者 悉從盛典 擧行無遺 繕完城堡 以安居民 量置站戶 以便往來 區劃州郡之境 以杜紛爭 整齊軍民之號 以定等級 自端州盡孔州之境 皆隷察理使治內 其戶口額數 軍官材品 具悉以聞 所有便民條畫 從宜擧行"; 『太祖實錄』卷13, 太祖 7年 2月 庚辰, 1冊, 115쪽,

비하여 翼屬軍으로 간주할 수 있는 기반을 조성하였다.[105] 결국 동북
면 일대의 지배구조는 이전에 비해 크게 변화했고, 이에 상응하여 정
부는 家別抄와 그 곳 출신의 侍衛 軍士 사이의 사적인 결합관계를 단
절시키고 양자를 국가기구로 편입시키려는 계획을 추진한 것으로 보
인다.[106] 또한 陣圖 교육을 통해 宿衛軍士에 대한 교육과 지휘권을 장
악하려 했다. 그리하여 軍官으로 진도를 모르는 자가 없다고 할 정도
로[107] 성과가 있다고 판단하자 곧바로 태조 7년 8월에 왕자들의 병권
을 정식으로 박탈했다.[108]

이 조치는 왕자·훈신은 물론, 그 동안 국역에서 제외되었거나 중앙
에 진출해서 출세할 수 있었던 侍衛 軍士와[109] 家別抄 등에게도 커다
란 충격이었다. 또 일부 개국공신들은 그간의 개혁이 왕의 권한을 약
화시킨다는 불만을 갖고 있었다.[110] 그리하여 이들은 군제개혁을 둘러

"東北面都宣撫巡察使鄭道傳 分定州府郡縣之名 遣從事崔兢以聞".

105) 閔賢九, 1983, 『朝鮮初期의 軍事制度와 政治』, 228~231쪽.

106) 柳昌圭, 1985, 「朝鮮初 親軍衛의 甲士」, 『歷史學報』106, 154~155쪽.

107) 『太祖實錄』卷14, 太祖 7年 8月 庚戌, 1冊, 130쪽, "諸道陣圖敎訓者 至各杖
一百 乃選通陣圖者五人 分遣各道 京中侍衛軍官 無不習陣圖者".

108) 『太祖實錄』卷14, 太祖 7年 8月 己巳, 1冊, 131쪽, "時命罷諸王子所領侍衛牌
已十餘日矣 唯芳蕃摠兵如舊 靖安君 初罷兵盡燒營中軍器".

109) 이는 다음의 사례를 통해서 그 정도를 짐작할 수 있다. 즉, "寧城君吳思忠卒
…… (南)誾曾爲三陟萬戶 故多有故舊 及其掌江陵道兵也 官軍越次授職者
甚衆 思忠痛加考覈 其越次者 悉令差馬 以充進獻盤纏之數 誾連請勿問 思
忠亦不從"(『太宗實錄』卷11, 太宗 6年 2月 辛未, 1冊, 349쪽)이라고 해서 개
국공신이었던 南誾이 江陵道兵을 관장하고 있을 때 그 곳 출신의 官軍들이
次序를 뛰어넘어 授職하는 경우가 많았다. 여기서 官軍이란 侍衛 軍士를 지
칭하는 것으로 보이며, 南誾의 후광을 업고 빨리 출세할 수 있었다. 하지만
吳思忠의 考覈으로 次序를 뛰어넘은 자들은 일종의 벌로서 馬를 내게 했다.
하지만 다른 사람들도 吳思忠처럼 처리할 수 있었던 것은 아니었다. 그러므
로 당시 王子·勳臣 들과 연계된 侍衛 軍士들은 이를 이용해서 次序를 뛰어
넘을 수 있을 정도로 출세하는 것도 가능했다.

110) 군제개혁의 추진과 병권의 관장 문제를 놓고 宗親·開國功臣 들 사이에서
갈등이 일어나기도 했는데(鄭杜熙, 1983, 『朝鮮初期 政治支配勢力研究』, 24

싸고 정도전 등과 대립하게 되었다. 이러한 상황에서 제1차 왕자의 난
이 발생하여 정도전 등이 제거되면서 개혁의 주체와 방향도 바뀌게 되
었다.

　1, 2차 왕자의 난으로 권력을 장악한 정안군(태종)은 다시 私兵革罷
를 필두로 군제 개혁작업을 시도하였다. 정종 2년 4월 대간인 權近과
金若采 등이 兵權은 국가의 大柄이므로 마땅히 統屬이 있어야 한다면
서 典兵者가 많으면 각기 徒黨을 만들어 세력다툼을 벌이기 때문에
禍亂이 일어나 결국 同氣마저 해치고 공신들도 보존하기 힘들게 되며,
더구나 人臣이 私兵을 거느리면 참람해져서 人君을 위협하게 된다는
논리를 내세워 사병 혁파를 주장하는 상소를 올렸다.[111] 그리고 私兵

　~27쪽), "囚殿中卿卞仲良于巡軍獄 命大司憲朴經巡軍萬戶李稷等鞠之 初
　仲良與兵曹正郎李薈曰 自古政權兵權 不可兼任一人 兵權宜在宗室 政權宜
　在宰輔 今趙浚鄭道傳南誾等 旣掌兵權 又掌政權 實爲不可 仲良以此言於義
　安伯和 和告于上 上召仲良問之 仲良對以實 且曰 朴苞亦謂殿下失爲國之體
　屢致星變 上怒曰 此數人 皆我股肱之臣 終始一心者也 如或可疑則唯可信者
　爲此言者 必有以也 卽命鞠仲良及苞薈"(『太祖實錄』 卷6, 太祖 3年 11月 庚
　子, 1冊, 71쪽)라고 해서 兵權은 政權과 분리되어 宗室에 있어야 함에도 불
　구하고 정도전 등이 독점하고 있어 문제가 크다고 비판의 소리가 있었다. 특
　히 개국공신이었던 朴苞는 태조가 국가의 체통을 잃어 버렸다고 주장할 정도
　로 정도전 등의 독주를 방치하는 데 따른 불만을 토로하기도 했다. 심지어 나
　중에는 조준까지도 정도전 등과 대립하게 되었다(『太祖實錄』 卷14, 太祖 7年
　8月 壬子, 1冊, 130쪽). 그러나 태조대에 왕권이 허약했다는 구체적인 사례나
　증거는 발견되지 않으며(崔承熙, 1987, 「朝鮮 太祖의 王權과 政治運營」, 『震
　檀學報』 64), 정도전의 방안에도 왕권 자체를 제약하는 요소는 없었다(柳昌
　圭, 1993, 「高麗末 趙浚과 鄭道傳의 改革 방안」, 『國史館論叢』 46, 153쪽).
　다만 재상이 義興三軍府의 책임자로서 군의 통수권을 행사하는 데 있어서
　중추적인 역할을 수행하며 中外의 軍士를 일원적으로 통솔할 수 있게 만들
　고자 했다. 그러나 정도전에 반대하는 입장에서는 그것이 마치 국왕의 통수
　권 행사를 제한하여 왕실의 권위를 약화시키려는 의도가 있었던 것으로 보았
　다.
111) 『定宗實錄』 卷4, 定宗 2年 4月, 1冊, 169쪽, "罷私兵 司憲府兼大司憲權近 門
　下府左散騎金若采等 交章上疏曰 兵權 國家之大柄 當有統屬 不可散主 散
　主無統 是猶太阿倒持 授人以柄 難可以制 故典兵者衆 各樹徒黨 其心必異

을 혁파한 뒤 人君은 가능한 한 적은 수의 典兵者만을 거느리고 병권
을 관장해야만 정치적 안정을 이룰 수 있으므로, 京外 軍馬는 모두 三
軍府에 속하여 公家之兵으로 만들자고 건의하였다.

　원하건대, 이제부터 留京하는 여러 節制使를 모조리 혁파하고, 서
울과 외방의 軍馬를 모두 三軍府에 붙이어 公家의 군사를 삼아서, 體
統을 세우고 국권을 무겁게 하고, 인심을 편안케 할 것입니다. 兩殿
의 숙위를 제외하고는, 私門의 直宿은 모두 禁斷하고, 朝路에서 私伴
으로 하여금 병기를 가지고 根隨하는 일이 없게 하여, 예전의 집에
병기를 감추지 않는다는 뜻에 부응하도록 하십시오.112)

　위에서 公家之兵의 임무는 오로지 兩殿을 숙위하는 것이므로 私門
에 直宿해서는 안 된다고 했다. 그리고 朝路에서 私伴113)들이 무기를
가지고 수행하지 못하도록 했다. 이 논리는 결국 정치 및 사회 질서의
안녕을 위해서 군사는 임금만이 거느려야 한다는 것이었다.
　이와 같은 건의의 배경은 다음과 같다. 즉 위에서 말한 各道의 留京
諸節制使란 주군에서 번상 숙위하는 侍衛牌들의 통솔자로 종친이나
훈신 중에서 담당했다. 이는 고려 말에 원수를 혁파하면서 그 대신 병
권을 독점하기 위해 태조의 측근 인사들이 諸道兵을 분장한 데서 비롯
된 것이다. 그런데 조선에 들어와서도 이들은 여전히 三軍府에 통속되

其勢必分 交相猜貳 以成禍亂 同氣之相殘 功臣之不保 恒有於此 古今之通
患也 故孔子曰 古者 家無藏甲 言無私兵也 禮記曰 兵革藏於私家 非禮也 是
謂脅君 言人臣而有私兵 則必至於强僭 以脅其君也 聖人立法垂訓 以防後患
可謂至矣".

112) 『定宗實錄』 卷4, 定宗 2年 4月, 1冊, 169쪽, "願自今 悉罷各道留京諸節制使
以京外軍馬 盡屬三軍府 以爲公家之兵 以立體統 以重國柄 以攝人心 除兩
殿宿衛外 私門直宿 一皆禁斷 朝路毋令私伴 持兵根隨 以應古者家不藏兵之
意".

113) 私伴이란 私伴倘(儻, 黨), 私伴人 또는 伴倘, 伴儻, 伴人, 伴兒 등으로 불리
기도 한다(韓嬉淑, 1986, 「朝鮮初期의 伴倘」, 『歷史學報』 112).

지 않은 채 다만 도평의사사에 呈報해서 임금의 윤허를 받은 다음 군대를 징발했던 것이다.114)

이러한 구조였으므로 왕자난 때 節制使들이 도평의사사에 대한 呈報조차 생략하고 마음대로 군대를 동원할 수 있었고 侍衛牌들도 마치 사병처럼 행동했던 것이다. 따라서 정치적인 안정을 이룩하기 위해서는 各道의 留京諸節制使를 혁파하고 시위패의 통솔권을 三軍府로 이속시켜야 한다고 대간들이 주장하였다. 이 건의가 받아들여져 各道 留京諸節制使들이 거느렸던 侍衛牌의 명부라고 할 수 있던 牌記와 武器가 모두 三軍府로 옮겨졌다.115)

시위패의 삼군부 이속과 함께 私伴 또는 伴倘도 국가에서 흡수했다. 이들도 고려 후기에 군조직이 허소화되고 유력자들이 자체적으로 군병력을 조달하면서 크게 증가한 사병화한 존재였다.116) 태종 8년 (1408) 11월에 伴倘을 복구하여 駙馬·諸君·三功臣에게 각각 10인씩 차정하고, 뒤에 품관에게도 품계에 따라 차정해주는 조치가 있었다.117) 그러나 復設한 伴倘은 이전과는 성격이 달라졌다.118) 이들은 국가에서 직접 차정하고 관리·포상하는 엄연한 公兵이었던 것이다.119)

또한 宮中甲士 및 國王의 原從侍衛牌도 삼군부로 이속했다. 정종 2년 6월 成均樂正 鄭以吾는 궁중에 별도로 三軍府鎭撫를 설치하고 宮中 甲士를 양성하는 것은 옳지 않으니 혁파해야 하며, 그 대신 司楯을 비롯한 成衆愛馬들을 숙위시키도록 건의했다.120) 이 상소는 당시 동궁

---

114) 『太祖實錄』卷2, 太祖 1年 9月 己亥, 1冊, 31쪽.

115) 『定宗實錄』卷4, 定宗 2年 4月, 1冊, 169쪽.

116) 韓嬉淑, 1986, 「朝鮮初期의 伴倘」, 『歷史學報』112, 12~13쪽.

117) 韓嬉淑, 1986, 「朝鮮初期의 伴倘」, 『歷史學報』112.

118) 『經國大典註解』에서는 "革高麗私兵之弊 設伴倘"(『經國大典註解』後集, 吏典, 伴倘)이라고 해서 私兵이 혁파된 이후에 伴倘이 설치되는 것으로 보았다. 따라서 새로이 설치된 伴倘은 私兵과는 상관이 없었다. 그러므로 사병 혁파를 계기로 해서 伴倘의 성격이 크게 변했다는 것을 알 수 있다.

119) 韓嬉淑, 1986, 「朝鮮初期의 伴倘」, 『歷史學報』112, 34~35쪽.

120) 『定宗實錄』卷4, 定宗 2年 6月, 1冊, 176쪽, "成均樂正鄭以吾上書 略曰 ……

이면서 군사를 관장하던 태종의 입장을 반영한 것으로 곧 왕의 재가를 얻어 시행되었다.

임금이 말하기를, "(정)이오의 말이 심히 내 뜻에 맞다"고 하고, 곧 鎭撫所 甲士 三百을 혁파하고, 軍器·鎧仗을 모두 三軍府로 보냈다. 다만 潛邸 때의 휘하 1백 인만 머무르게 하였다.[121]

그리고 얼마 지나지 않아 잠저 때의 휘하 1백 인, 즉 原從侍衛牌마저 삼군부로 이속시켰다.[122] 이렇게 해서 定宗이 사적으로 통솔하던 병력은 모두 삼군부로 넘어가고, 이 과정을 통해 태종은 병권을 장악할 수 있었다. 그런데 宮中甲士나 原從侍衛牌는 정종만 거느렸던 것은 아니다. 이미 즉위하기 전인 태조대부터 거느리고 있던 휘하 친병 중 일부를 宮中甲士나 原從侍衛牌로 삼아 숙위하게 했던 것이다.[123] 그들에 대한 지휘체계는 각도 시위패들을 留京諸節制使들이 국가기구의 간섭 없이 통솔한 것과 매우 흡사했던 것으로 보인다. 극단적으로 말한다면 국왕이 거느리는 사병이라고 할 수 있었다. 그렇기 때문에 사병 혁파를 맞이해서 이들도 모두 삼군부로 하여금 관장하게 했다. 여기에는 물론 태종의 병권 장악이라는 정치적인 의도가 내포되어 있었으나 국왕을 비롯하여 그 누구도 앞으로는 일체 사적으로 군사를 양성할 수 없다는 점을 분명히 한 것이다. 따라서 군사로서는 오직 국가에 등록된 公家之兵만이 존재하게 되었다.

殿下旣任東宮以撫軍 乃於宮中 別置三軍府鎭撫 而多養宮甲 東宮監撫之意 安在 願殿下 罷宮甲之養 周廬陛楯 環以司楯成衆愛馬 日接賢士大夫 朝夕 與居 强於政治 以永國祚幸甚 時甲士多芳幹麾下人 世子出入 常懷戰慄 故 以吾上此書".

121) 『定宗實錄』 卷4, 定宗 2年 6月, 1冊, 176쪽, "上曰 (鄭)以吾之言 甚合予志 卽 罷鎭撫所甲士三百 軍器鎧仗 皆送三軍府 只留潛邸麾下百人".

122) 『定宗實錄』 卷5, 定宗 2年 9月, 1冊, 184쪽, "罷原從侍衛牌 悉送于三軍府 因 門下府所啓也".

123) 柳昌圭, 1985, 「朝鮮初 親軍衛의 甲士」, 『歷史學報』 106 참조.

이외에도 몇 가지 추가조치가 더해졌다. 먼저 三軍府에게 武臣家의
奔競을 금지시키는 조치를 내려 근친 이외의 방문자는 즉시 체포하게
했다.124) 지휘자와 군사 사이에 남아 있는 사적인 유대관계를 끊기 위
한 법령이었다.

시위패의 병기를 삼군부로 이관하면서 工作을 제외한 諸色匠人을
司令이나 丘從으로 삼는 것도 금지했다.125) 工匠을 두고 사사로이 병
기를 제작하는 일을 막기 위한 조치였다.

이상의 조치로 위상이 높아진 三軍府의 운영문제가 중요한 과제로
등장했다. 태종의 입장에서는 정도전의 방식대로 義興三軍府의 判事
職을 겸임한 재상이 大司馬가 되어 병권을 장악하고 ‘正邦國’하게 할
수는 없었다. 이에 그것을 대신할 수 있는 새로운 방안이 모색되어야
했다. 정종 2년 4월 또다시 대간은 사병 혁파와 맥락을 같이하는 ‘兵權
不可散而無統 亦不可偏而獨專’126)을 전제로 내세우며 종전의 의흥삼
군부에서 해 오던 방식을 비판했다. 즉 당시 의흥삼군부가 군무를 장
악하면서 재상의 군정 참여를 못하게 하고, 중추원은 군기를 장악하지
못하게 하여 옛 법에 어긋났다는 것이다.127) 따라서 개편이 불가피하
다면서 일단 古制에 따라 宰相·摠制·受命以行者가 각각 發命·發
兵·掌兵을 나누어 맡는 방안을 제시했다.

---

124) 『太宗實錄』卷1, 太宗 1年 5月 戊申, 1冊, 204쪽, “禁奔競 上軫念災異 命三
軍府 禁武臣家奔競者 司憲府 禁執政家奔競者 三軍府及司憲府 使吏守其家
人至則無問尊卑及其來故 皆執囚之 人人疑懼 論議紛紜 司憲府請 同姓則限
再從昆季祖父 異性則限同三世之親而禁 上曰 親表皆限同五世之親而禁之
其犯令者 有職事則除申聞收職牒罷職 散人則聽其自願 竄于外方”.

125) 『太宗實錄』卷29, 太宗 15年 3月 丙午, 2冊, 55쪽, “議政府六曹議啓 和人心
條目 …… 一 諸色匠人 除工作外 使令及丘從禁斷 …… 上皆從之”.

126) 『定宗實錄』卷4, 定宗 2年 4月, 1冊, 170쪽.

127) 『定宗實錄』卷4, 定宗 2年 4月, 1冊, 170쪽, “先是 臺省復上交章曰 …… 惟
我太祖開國之初 兩府合坐 沿襲不革 置義興三軍府 專掌軍務 由是 宰相不
得聞軍政 中樞不得掌軍機 有乖古法”.

원하건대, 이제부터 中樞를 혁파하고 三軍府로 祿官을 삼아서, 省宰 이상으로서 겸직할 수 있는 자는 곧 節制를 겸하고, 祿官은 中樞의 예에 의하여 知三軍·同知三軍·簽書學士 각 1員으로 하되, 모두 文·武 중에서 善謀能斷者로 시켜서, 使司의 직함을 띠고 合坐하여 軍國의 정사를 더불어 의논하게 할 것입니다. 무릇 軍事에 관한 일이 있으면 使司에서 承禀하여서 上命을 三軍府에 옮겨, 재상이 명령을 발하는 법에 응하게 할 것입니다. 여러 節制使는 省宰가 겸하는 것을 제외하고, 三軍에 각각 1인을 祿官으로 하여, 비록 中樞를 지내 位次가 知·同知의 위에 있더라도 다만 一軍만 節制하게 하고, 三軍을 통솔할 만한 정도는 못 되니, 使司의 직함을 띠는 것을 허락하지 말고, 직접 本府에 앉아 京外의 軍務를 다스리게 하여, 摠制의 직책을 존중하게 할 것입니다. 여러 衛의 上·大將軍은 합하여 三軍府에 붙이어 그 일에 이바지하게 할 것입니다. 여러 節制使와 上·大將軍 이하는 番을 나누어 宿衛하여 不虞의 변에 대비하고, 군사를 맡는 직임에 이바지하게 할 것입니다.128)

위 방안은 우선 中樞院을 혁파하고 三軍府를 祿官으로 삼아 省宰 以上으로 가히 兼할 만한 자는 節制使를 겸하게 하고, 이들로 하여금 使司의 職銜을 띠고 合坐해서 軍國의 政事를 의논하되 軍事가 있으면 도평의사사에게 承禀해서 上命을 三軍府에 移文하게 하자고 했다. 이렇게 하면 宰相이 發命權을 행사하는 것과 같은 효과를 거둘 수 있다고 주장했다.

다음으로 三軍마다 각각 1명의 절제사를 두되 使司의 職銜을 띠지

128)『定宗實錄』卷4, 定宗 2年 4月, 1冊, 170쪽, "願自今 罷中樞 以三軍府爲祿官 省宰已上可兼者 卽兼節制 其祿官 則依中樞例 知三軍·同知三軍·簽書學士各一員 皆以或文或武 善謀能斷者 爲之帶使司銜合坐 與議軍國之政 凡有軍事 使司承禀 上命移三軍府 以應宰相發命之法 諸節制使 除省宰兼外 三軍各一爲祿官 雖曾經中樞 位在知同知之上 然只爲一軍節制 非統三軍之比 不許帶使司銜 直坐本府 以治京外軍務 以尊摠制之職 諸衛上大將軍 合屬三軍府 以供其事 諸節制使 與上大將軍以下 分番宿衛 以備不虞 以供掌兵之任".

못하게 하고 오로지 본부에 앉아 중외의 군무를 다스리도록 했다. 하지만 담당 軍 이외의 他軍의 업무에는 관여하지 못하게 함으로써 兵權이 분산되는 효과를 거두었다. 그리고 諸衛의 上·大將軍은 三軍府에 합속하는데 諸節制使와 함께 번을 나누어 숙위케 하여 掌兵의 임무를 제대로 수행할 수 있게 하려고 했다.

이 방안은 發命과 掌兵의 직책을 구분해서 전자는 도평의사사의 구성원이 되어 군국의 정사에 참여케 하고, 후자에게는 참여를 불허하고 오직 군무만 처리하게 하는 것이었다. 또한 發命者라 하더라도 국왕에게 명을 받아 三軍府에 전달해서 군대를 동원할 뿐이며, 직접적으로 거느리는 것은 아니었다. 따라서 兵權이 한 군데로 집중되는 것을 방지하였다.

그러나 여기서 중요한 점은 이러한 표면상의 목표 이상의 것, 즉 정도전 등이 추구해 온 것을 와해시킬 수 있는 장치가 마련되었다는 사실일 것이다. 일단 중추원을 대신하게 된 三軍府는 아무래도 격이 떨어질 수밖에 없었다. 거기에 祿官으로 省宰 이상의 高官이 節制를 겸하고, 知三軍·同知三軍·簽書學士의 직에 제수된다고 하더라도 그 위상은 결코 정도전의 判義興三軍府事에는 미칠 수 없었다. 그러므로 재상의 發命權 발휘에서 그 성격이 크게 변한다.[129]

그런데 이 개편안은 재상의 發命權을 변모시킨다는 목표에도 불구하고 그 내용에서 새로운 문제가 싹틀 소지가 컸다. 즉, 고려말 군제개혁을 실시하기 이전에 도평의사사에서 宰樞들이 合坐해서 군사문제를 처리하던 것과 외형상 큰 차이가 없어져 버린다는 사실이다. 특히 재상급 인사들이 절제사직을 겸임하고 도평의사사의 직함도 함께 갖

---

[129] 이에 대해 재상보다는 오히려 국왕이 군 통수권을 장악할 수 있는 계기가 마련되었다고 보는 견해가 있다. 특히 공신 재상들의 군 통수권을 박탈하고 나면, 그러한 권한이 제도적으로 中樞院에 귀속될 수밖에 없기 때문에 이를 사전에 방지하려고 중추원을 혁파했고 그로 인하여 국왕이 군 통수권을 장악할 수 있는 계기가 마련될 수 있었다는 것이다(鄭杜熙, 1989,「朝鮮建國初期 統治體制의 成立過程과 그 역사적 意味」,『韓國史研究』67, 60쪽).

게 되면, 정사와 군사의 구분이 모호해질 가능성이 매우 높았다. 더구나 도평의사사가 삼군부보다 우월한 지위를 점하기 때문에 언젠가는 재상들이 원수를 겸하면서 掌軍의 임무까지 함께 장악하게 될 수도 있다. 그렇게 되면 發命, 發兵, 掌兵의 구분이 모호해지면서 고려 말처럼 재상이 양자를 모두 관장하여 군사를 자의적으로 운용하게 될 수 있었다. 그렇게 될 경우 이 개편안은 오히려 개혁 이전의 舊制로 회귀하는 것이 되어 버린다. 이것은 태종의 입장에서 절대로 용납할 수 없는 것이었다.

河崙이 주도한 官制更定 때 三軍府가 다시 개편된 것은 이 때문이다.

> 도평의사사를 고쳐 議政府로 하고, 중추원을 고쳐 三軍府로 하여, 직임이 三軍을 맡은 자는 三軍에만 전적으로 나가게 하고, 의정부에는 合坐하지 못하게 하였다.[130]

외형상 대간의 건의대로 중추원을 삼군부로 삼았으나, 도평의사사를 의정부로 개편하면서 삼군부의 관원들은 의정부에 합좌시키지 않았다. 따라서 삼군부의 祿官이 의정부의 職銜을 띠고서 軍國의 政事를 논의하기 위해 합좌하는 것은 아니었다. 그러므로 군사 문제가 의정부에서 처리되지 않게 되었다.[131] 대신에 삼군부가 군사를 전담하면서 정사를 총괄하던 의정부와 대등한 입장에 서게 되었다.[132]

---

130) 『定宗實錄』 卷4, 定宗 2年 4月, 1冊, 170쪽, "改都評議使司爲議政府 改中樞院爲三軍府 職掌三軍者 專仕三軍 不得坐議政府".

131) 『太宗實錄』 卷8, 太宗 4年 9月 丁巳, 1冊, 306쪽, "今國之朝廷 乃議政府也 所謂摠百官 而調元之任也 又有承樞府 別一朝廷 凡有軍兵奉旨施行 朝廷未得知也".

132) 태종이 즉위하고 얼마 지나지 않아 判義興三軍府事 이하 甲士牌頭에 이르기까지 宦者를 차등 있게 하사해 주기도 했다. 즉, "賜判義興三軍府事李茂・門下贊成事趙英茂・參判義興三軍府事趙溫・摠制辛克禮・李叔蕃・趙狷等宦者有差 宦者凡二百餘人 上大將軍 以至甲士牌頭 亦皆受賜"(『太宗實

태종이 즉위하면서 三軍府가 또다시 개편되었다. 먼저 재상들을 發命權 행사에 참여시키는 문제가 다시 거론되었다. 이에 門下府 郎舍의 상소에 따라[133] 태종 1년(1401) 7월에 義興三軍府를 承樞府로 개편하고[134] 정승이나 그에 버금 가는 지위를 지닌 인물들로 判事職을 겸임하게 했다.[135] 하지만 이 방안도 재상의 發命權을 지나치게 강화하고 掌兵之任을 약화시킨 것처럼 되어 버려, 태종 3년 6월에 다시 中軍·左軍·右軍에 각각 都摠制府를 설립하여 각 군을 관장하게 했다. 그리고 도총제부를 承樞府에 매이지 않도록 해서 掌兵之任이 약화되지 않도록 했다.[136] 그 결과 發命은 承樞府로, 掌兵은 各軍都摠制府로 분산되어 아예 三軍府의 조직과 기능 자체가 분리되었다.

그러나 이 방식은 얼마 가지 못했다. 태종 5년(1405) 1월에 承樞府를 兵曹에 병합시켰다. 원래 병조는 무관의 인사를 비롯한 군정에 관한 사항을 모두 장악했는데, 이번 조치로 군령까지 총괄하게 된 것이다. 이어서 屬衙門制度를 통해 三軍과 十司 등도 모두 병조에 소속시켜, 병조가 군정과 군령을 총괄하는 최고기관이 되었다. 동시에 기밀사항이나 친히 稟할 일은 의정부를 거치지 않고 왕에게 직접 보고하게 되었다.[137] 전부는 아닐지라도 제도상으로는 이제 재상이 軍事에 참여하지 못하는 일이 가능하게 되었다.[138] 그러므로 이 조치의 성격은 宰

錄』卷1, 太宗 1年 6月 癸未, 1冊, 207쪽)가 그것이다. 무슨 이유로 宦者를 하사했는지는 不明이나 三軍府와 주요 지휘자들을 특별히 우대할 필요가 있었거나 또는 환심을 사기 위한 일종의 무마책으로 실시했을 가능성이 있다. 그러나 이것은 당시 三軍府의 위상이 매우 높았다는 것을 반영하고 있다.

133)『太宗實錄』卷1, 太宗 1年 6月 癸酉, 1冊, 206쪽.

134)『太宗實錄』卷2, 太宗 1年 7月 庚子, 1冊, 208쪽.

135)『太宗實錄』卷4, 太宗 2年 11月 庚寅, 1冊, 251쪽, "以左政丞河崙兼判承樞府事 右政丞李茂兼判承樞府事".

136)『太宗實錄』卷5, 太宗 3年 6月 乙亥, 1冊, 270쪽.

137)『太宗實錄』卷9, 太宗 5年 4月 癸未, 1冊, 325쪽, "命兵曹 如有機密給親稟之事 勿報政府 直自施行 仍下旨議政府 以諭之".

138) 柳昌圭, 1992,「太宗代 軍指揮體系의 변화와 집권층의 갈등」,『水邨朴永錫

相·摠制·受命以行者가 각각 發命·發兵·掌兵을 나누어 맡게 했던 종래의 개편안과는 완전히 다른 것이었다. 다만 병조판서로 하여금 三軍摠制를 겸임하지 못하게 함으로써 發命者와 發兵·掌兵者의 구분만큼은 분명히 하였다.[139]

그런데 태종 8년(1408) 1월에 六曹直啓制를 시행하자 병권의 병조 집중이 문제가 되었다.[140] 이에 태종 9년 8월에 三軍鎭撫所를 설치했다.[141] 삼군진무소는 掌兵之任을 맡았던 三軍의 都摠制府와는 별도로 병조가 兵權을 專掌하는 데 따른 문제를 해소하기 위해 태조대의 義興三軍府를 본떠 설립되었다.[142] 그로 말미암아 일시적으로 義興府로 개칭되기도 했으나,[143] 태종 14년경에 다시 三軍鎭撫所가 復設되었으며, 그 뒤 병조와 양립하면서 軍令을 처리했다.[144]

이상과 같은 복잡한 개폐 절차를 거쳐 兵曹와 三軍鎭撫所가 서로 양립하는 체제가 성립되었다. 그 아래에는 各軍別로 都摠制府를 두고, 또 그 예하에 十司를 분속시켜 실제 병력은 이들이 거느리면서 상부의

教授華甲紀念韓國史學論叢(上)』, 607쪽.

139) 『太宗實錄』卷9, 太宗 5年 5月 癸丑, 1冊, 327쪽, "司諫院上疏 請使兵曹判書 兼三軍摠制 不允".

140) 柳昌圭, 1992, 「太宗代 軍指揮體系의 변화와 집권층의 갈등」, 『水邨朴永錫 教授華甲紀念韓國史學論叢(上)』, 610~611쪽.

141) 『太宗實錄』卷18, 太宗 9年 8月 庚戌, 1冊, 502쪽, "置三軍鎭撫所 時兵曹摠 軍政 上欲於傳位之後 親掌軍政 乃曰 兵曹皆以儒臣充選 不宜於指畫軍事 以贊成事李天祐爲都鎭撫 都摠制朴子青爲上鎭撫 豊山君沈龜齡爲副鎭撫 上護軍車指南等二十七人爲鎭撫".

142) 『太宗實錄』卷18, 太宗 9年 8月 丁卯, 1冊, 504쪽, "今設鎭撫所 盖欲法古者 兵權不偏屬之意也 太祖之時 三軍府 專掌兵事 然諸道軍兵進退 則從政府號 令 權勢兩立 革爲承樞 近來軍務 全屬兵曹 其法稍輕 今則三軍動作 先告領 三軍 次告三軍摠制 此不偏屬之意也".

143) 『太宗實錄』卷18, 太宗 9年 8月 丁卯, 1冊, 505쪽, "改三軍鎭撫所爲義興府 秩正二品 置兼判事知事同知事各一人 三品以下依舊稱鎭撫 盖取太祖之時 義興三軍府之名也 …… 自是 銓選儀仗禀名移文等事 兵曹掌之 其餘軍機侍 衛巡綽等事 皆屬義興府 義興府簡閱軍士 令兵曹考察".

144) 閔賢九, 1983, 『朝鮮初期의 軍事制度와 政治』, 279~280쪽.

명령을 받아 출동하는 체제가 구축된 것이다.[145] 이것은 한 마디로 정도전이 시행한 '宰相發命之法'을 폐지하고 국왕의 통수권을 강화시킨 체제였다.[146] 국왕은 三軍府·兵曹를 통해 군사조직을 직접 장악하게 되어 이전보다 더 강력한 힘을 발휘할 수 있게 되었다.[147] 이 체제의 특징은 국왕을 정점으로 그 아래에 發兵을 맡은 摠制들과 掌兵을 책임진 護軍들이 마치 피라미드 같은 형태로 포진한다는 점에 있었다. 따라서 이것은 정도전이 구상하여 태조대에 시행하려고 했던 군의 통수체계와는 많은 차이가 있었다.

2) 兵種의 개편과 宿衛軍의 성격변화

사병을 혁파하고 국왕을 정점으로 군 통수체제를 일원화하는 작업을 마쳤으나, 이것으로 군제개편이 끝난 것은 아니었다. 기존의 숙위군 조직과 편제를 다시 고쳐야 한다는 과제가 남았다.

사병을 혁파했으므로 왕궁에 위급사태가 발생하면 전처럼 왕실과 연결되었던 宰相이나 典兵者들도 구원할 수 없게 되었다. 이제부터는 왕실이 스스로를 방어해야 했다. 또한 宿衛之士가 어떤 한 조직에 한꺼번에 소속되어서도 안 되었다. 견제장치가 없는 가운데 군사력이 한 군데로 집중된다는 것은 대단히 위험하기 때문이다.

그러나 고쳐야 할 것은 이뿐만이 아니었다. 급진개혁파 사대부의 방안이 지닌 가장 큰 특징은 군제개혁을 사회모순의 해결방안과 구조적으로 연계시켜 처리했다는 점인데, 태종과 그 重臣들은 이를 인정하면

---

145) 『太宗實錄』卷24, 太宗 12年 7月 戊申, 1冊, 644쪽, "一 軍令 兵曹奉敎行移 各軍 各軍行移十司 各其司上護軍護軍同議施行 司中公事 傳報其軍 其軍報 兵曹".

146) 李喜寬, 1988, 「朝鮮初 太宗의 執權과 그 政權의 性格」, 『歷史學報』120, 37 ～38쪽.

147) 柳昌圭, 1992, 「太宗代 軍指揮體系의 변화와 집권층의 갈등」, 『水邨朴永錫 敎授華甲紀念韓國史學論叢(上)』, 620～621쪽.

서도 사회문제에 대한 인식과 해결방식이 정도전 계열과는 달랐다. 이러한 이유로 태종과 그 중신들은 태조대에 이루어진 숙위군 제도를 그대로 수용할 수가 없었다.

태종은 즉위 후 본격적으로 숙위군 제도에 대한 개편작업을 실시했다. 첫째 숙위군의 기간조직인 十司를 개편했다. 태조대 정도전 등의 주도로 漢의 방식을 도입해서 宮門侍衛 담당의 4侍衛司와 京城 巡檢 담당의 6巡衛司로 구성했던 十司148)를 태종 9년 10월 개편하여 4侍衛司 중 忠武侍衛司만 巡禁司로 바꾸고, 6巡衛司는 모두 侍衛司로 개칭했다.149) 9侍衛司 1巡禁司로 개편하여 王宮 護衛의 기능을 대폭 강화한 것이다.150)

둘째 成衆愛馬를 대대적으로 개편했다. 定宗 2년 6월 成均樂正 鄭以吾가 宮中甲士를 혁파하는 대신 司楯을 비롯한 성중애마에게 숙위를 시키자고 건의한 이후151) 이에 대한 재정비 작업이 활발하게 추진되었다. 태조대에는 司楯을 비롯한 宮官系統의 성중애마만을 존속시키고 국왕 경호를 담당하는 忽赤, 迂達赤 등을 혁파했다.152) 이것은

---

148) 『太祖實錄』卷5, 太祖 3年 2月 己亥, 1冊, 59쪽, "一 今將侍衛 分屬侍衛巡衛 等諸司 盖法漢朝南北軍之遺制也 漢南軍掌宮門侍衛 北軍掌京城巡檢 此內 外相制 長治久安 禍亂不生 已然明驗 今將義興忠佐雄武神武爲侍衛司 屬中 軍 以寅申巳亥上大將軍 各率其領將軍以下闕門輪番 以効漢南軍之制 龍驤 龍騎龍武及虎賁虎勇虎翼爲巡衛司 屬左右軍 上大將軍使其領將軍以下 於 梁直 更巡四門把截 輪番上直巡綽 以効漢北軍之制".

149) 『太宗實錄』卷18, 太宗 9年 10月 戊辰, 1冊, 516쪽, "改忠武侍衛司爲巡禁司 龍驤虎賁等六巡衛司 改爲侍衛司". 이 당시에는 忠武侍衛司가 아니라 神武 侍衛司였지만, '神武'는 太宗 13年 정식으로 '忠武'로 바뀌었다(千寬宇, 1979, 『近世朝鮮史硏究』, 67쪽).

150) 閔賢九, 1983, 『朝鮮初期의 軍事制度와 政治』, 120~121쪽.

151) 『定宗實錄』卷4, 定宗 2年 6月, 1冊, 176쪽, "成均樂正鄭以吾上書 略曰 …… 殿下旣任東宮以撫軍 乃於宮中 別置三軍府鎭撫 而多養宮甲 東宮監撫之意 安在 願殿下 罷宮甲之養 周廬陛楯 環以司楯成衆愛馬 日接賢士大夫 朝夕 與居 强於政治 以永國祚幸甚 時甲士多芳幹麾下人 世子出入 常懷戰慄 故 以吾上此書".

宿衛之士를 부병으로 일원화시키려는 의도에서 추진한 것이다. 하지
만 태조대와 달리 정종대에는 忽赤(近侍), 忠勇衛를 복구시켰으며,[153]
태종대에는 이를 이어 성중애마에 대한 개편작업과 함께 새로운 군사
조직체도 설립했다.

　태종은 즉위하자 곧 司楯·司衣를 혁파하여 삼군부로 이속하고 경
호를 주 임무로 하는 別侍衛를 창설했다.[154]

　　처음으로 別侍衛를 설치하고, 司楯·司衣를 혁파하였다. 司楯·司
　衣 등이 1300인이었는데, 別牌朝士로 司楯의 임무를 대신하게 하고,
　內侍向上으로 司衣의 임무를 대신하게 하였다. 처음에 判三軍府事
　李茂가 청하기를, "司楯·司衣를 혁파하여 삼군부에 소속시키고, 자
　제 중에 武才가 있는 자를 선발하여 別侍衛라 이름하고, 左右로 나누
　어 三分하여 入直하게 할 것입니다. 주상께서 正殿에 앉으시면, 활과
　화살을 차고 左右에 나누어 서게 하소서" 하였다.[155]

　원래 고려 말에 생긴 司楯·司衣는 宮官系統의 성중애마이므로 숙
위 이외의 다른 업무도 겸하고 있었다. 그러나 위 기사에 따르면 이후
1300명에 달할 정도로 인원이 갑자기 크게 늘어났고 맡은 바 임무도
다양하기 때문에 三軍府에 분속해서 숙위한다는 것은 효율적이지 못
했다. 더구나 宮中之任까지 겸하고 있어 삼군부가 제대로 통제하거나
감독했다고 보기 어렵다.

---

152)『世宗實錄』卷3, 世宗 1年 2月 己亥, 2冊, 303쪽, "高麗事元以來 府衛之職
　　皆近習請託 不肯任職 乃置忽赤于達赤等成衆愛馬 以備宿衛 國初悉罷之".
153)『太祖實錄』卷15, 太祖 7年 12月 庚子, 1冊, 140쪽, "復近侍忠勇衛".
154) 別侍衛에 관해서는 다음의 연구성과를 참조할 것. 鄭淸柱, 1983,「朝鮮初期
　　의 別侍衛」, 전남대 석사학위논문 ; 尹薰杓, 1993,「朝鮮初期 別侍衛 硏究 -
　　麗末鮮初 軍制改編과 關聯하여」,『國史館論叢』43.
155)『定宗實錄』卷6, 太宗 卽位年 12月, 1冊, 188쪽, "初置別侍衛 革司楯司衣 司
　　楯司衣等一千三百人 以別牌朝士 代司楯之任 以內侍向上 代司衣之任 初判
　　三軍府事李茂 請罷司楯司衣 屬三軍府 選子弟有武才者 號別侍衛 分爲左右
　　三分入直 上坐正殿 佩弓矢 分立左右".

그러므로 이러한 문제점을 해결하기 위해 宿衛之任과 宮中之任을 분리시키는 쪽으로 조직개편을 추진하여, 宿衛之任은 別侍衛를 설치해서 맡기고,156) 司楯의 宮中之任은 別牌朝士가, 司衣의 것은 內侍向上이 맡도록 했다. 이처럼 태종대의 병종 창설은 단순한 군액의 확장이 아닌 임무의 분장까지도 도모한 것이었다.

별시위에는 자제 중에서 무재가 있는 자를 선발해서 충보하게 했다. 하지만 위 기사에서는 어떤 자제인지가 명확하게 규정되어 있지 않다. 다만 이 시기 다른 성중애마의 입속례를 볼 때 대개 한량자제일 것으로 추정된다. 별시위의 기본 임무는 국왕의 근시에 따른 호위를 맡는 것이었다.

별시위의 설치와 사순·사의의 혁파는 각 성중애마에 대한 조직개편의 출발 신호로서, 병종별로 업무와 기능을 세분화시키고 명령 계통을 다양하게 만들어주는 개편 방향을 명확히 보여주는 것이다. 또한 업무 분장에서 身分과 武才라는 이중적인 기준을 적용시켜 신분이 확실하고 무재가 있는 정예 분자들을 성중애마로 吸收하여 국왕 가까이에 배치했다.

별시위의 설치를 기화로 다른 성중애마들도 정비하기 시작했다. 숙위를 담당한 성중애마로는 별시위 외에도 別司禁과 鷹揚衛가 있었다.157) 먼저 別司禁은 태조대 車沙兀을 개칭한 司禁158)이 그 기원으로 추정된다. 태종이 즉위한 뒤에 別司禁으로 바뀌어 국왕의 호위를 담당했다.159) 특히 왕이 幕次에 있을 경우에는 좌우에서 떠나지 못하

---

156) 이 때 別侍衛의 定員이 얼마였는지 확실히 알 수 없지만, 세종 1년 12월까지 四番에 각 50명씩 총 200명이었던 점을 감안해 보면(『世宗實錄』卷6, 世宗 1年 12月 丙子, 2冊, 348쪽), 초창기에는 이 수준에서 크게 벗어나지 않았을 것이다.

157) 『太宗實錄』卷11, 太宗 6年 2月 丙寅, 1冊, 348쪽, "至於成衆愛馬 有別侍衛 別司禁 則鷹揚衛可革也".

158) 『太祖實錄』卷6, 太祖 3年 7月 戊申, 1冊, 66쪽.

159) 『太宗實錄』卷1, 太宗 1年 6月 辛未, 1冊, 206쪽 ; 『太宗實錄』卷16, 太宗 8年 10月 乙酉, 1冊, 457쪽.

게 했다.160) 따라서 別司禁 역시 근접경호가 주 임무였다. 근무방식도 별시위와 마찬가지로 左右邊으로 나뉘어 提調의 통솔 아래 교대로 근무했다.161)

鷹揚衛는 태종 4년 8월 기존의 受田牌와 無受田牌를 혁파하고162) 愛馬人과 閑良子弟들 가운데 적당한 자를 선발하여 만든 것이다. 다음 기사가 그에 관한 것이다.

　비로소 鷹揚衛에 四番을 두었다. 처음에 임금이 知申事 朴錫命에게 명하여 傳旨하였다. "……受田牌와 無受田牌를 혁파하고, 愛馬人 가운데 각기 원하는 바에 따라, 그 强壯하여 가히 벼슬할 수 있는 자나 한량자제 가운데 入仕하기를 자원하는 자를 골라, 前朝愛馬의 예에 의하여 四番으로 나누어 그 額數를 정하고, 愛馬의 名號와 各品의 都目·遷轉·去官法은 主掌官이 啓聞하라. 그 중에 연로하거나 병이 심한 사람 등은 모두 향리로 放還하여 그 業에 편안하게 하고, 받은 바 田地는 還收하지 말도록 하라."163)

위 기사로 볼 때 愛馬人內에 원하는 사람 중에서 강장하여 벼슬살이를 할 수 있는 자와 한량자제로서 입사를 자원하는 자들로 鷹揚衛를 구성하되, 고려의 愛馬例에 따라 四番으로 나누고 군액을 정하였다. 아마도 조금 앞선 시기에 창설된 別侍衛와 그 성격이 비슷했을 것이

---

160) 『太宗實錄』 卷21, 太宗 11年 2月 丙辰, 1冊, 577쪽, "上將放鷹于東郊 以衛士 不及 怒曰 予在幕次 別司禁 當不離左右 今無一人 不可不徵".
161) 『太宗實錄』 卷24, 太宗 12年 7月 戊申, 1冊, 644쪽, "置三軍別侍衛鷹揚衛節 度使別司禁提調 …… 別司禁左邊提調河久權希達 右邊提調柳殷之黃祿".
162) 하지만 受田牌와 無受田牌들이 이 때 완전히 혁파된 것은 아니며 곧 부활되었다(韓永愚, 1983, 『朝鮮前期社會經濟研究』, 285쪽).
163) 『太宗實錄』 卷8, 太宗 4年 8月 丁酉, 1冊, 305쪽, "始置鷹揚衛四番 初上命知 申事朴錫命傳旨曰 …… 受田牌及無受田牌革罷 愛馬人內 各從所願 擇其强 壯可仕者 閑良子弟 自願入仕者 依前朝愛馬之例 分爲四番 定其額數 愛馬 名號及各品都目遷轉去官之法 主掌官啓聞 其中年老篤疾人等 並放還鄉里 使安其業 所受田地 勿令還收".

다.164)

그런데 위에서 중요한 점은 受田牌와 無受田牌가 혁파되었다는 사실이다. 이는 단지 숙위군 조직의 변화를 의미하는 것이 아니었다. 즉 이 조치는 이전의 受田散官들의 '居京城衛王室'을 중지시켜 고려 말의 군제, 또는 전제 개혁에서 군역 부담자에게는 토지를 분급해준다는 원칙을 변경한 것을 의미한다. 더구나 受田散官인 受田牌와 無受田牌를 대신하는 것이 고려의 성중애마를 본뜬 鷹揚衛였다는 점은, 오히려 군제개혁 이전 체제로의 복귀를 시사하는 것으로도 볼 수 있다. 결국 이 개편작업으로 성중애마들이 이전처럼 숙위군 조직 내에서 커다란 비중을 차지하는 결과를 낳았다. 그리고 그 대신 受田散官의 '居京城衛王室'이 지니는 정치적·사회적 의미가 서서히 퇴색해 갔다. 물론 受田牌와 無受田牌는 곧바로 회복되어 군제개혁의 원래 목표가 완전히 없어진 것은 아니지만, 受田散官의 임무인 居京城衛王室의 기피는 점차로 노골화되었다. 말하자면 토지를 매개로 한 軍役制의 운영방식은 이제 그 수명을 다해 가고 있었다. 그리고 그 빈자리를 태종대에는 성중애마들로 채우려고 했다. 그것은 모두 태종대 군제 개편작업의 결과였다.

성중애마로 출발하지는 않았지만 시간이 흐른 뒤 점차 비슷한 성격을 지니게 된 숙위군으로 內禁衛와 內侍衛를 들 수 있다. 양자도 태종대의 군제 개편작업 과정에서 창설되거나 조직이 변모되었다. 먼저 태종 7년 2월 內上直이 內禁衛로 개편되었다.165) 내금위는 궁중에서 무질서하게 입직 숙위하던 군사를 한데 묶어 하나의 專擔衛로서 성립시킨 것이었다.166) 이 역시 당시 추진된 일련의 숙위군 조직 개편작업의

---

164) 鷹揚衛는 別侍衛처럼 四番으로 구성되어 있으면서 各番의 節制使에 의해 통솔되었다(『太宗實錄』卷24, 太宗 12年 7月 戊申, 1冊, 644쪽). 또한 鷹揚衛의 軍額은 300명 정도로 추정되며 公廨田을 지급받았다(『太宗實錄』卷21, 太宗 11年 1月 壬申, 1冊, 574쪽).

165) 『太宗實錄』卷14, 太宗 7年 10月 辛丑, 1冊, 419쪽, "改內上直爲內禁衛".

166) 車文燮, 1973, 『朝鮮時代軍制研究』, 55쪽.

하나로서 단행된 것이었다. 그런데 式暇·服制 등으로 내금위 군사들이 빠지는 일이 많아 시위가 허소해지는 폐단이 발생한다고 해서[167] 이를 보완하기 위해 태종 9년 6월 별도로 內侍衛 三番을 설치하고 三軍에 분속시켰다.[168]

內禁衛와 內侍衛는 거의 같은 역할을 했는데, 가장 가까운 거리에서 국왕을 시위하는 것이 기본 임무였다. 그렇기 때문에 왕이 가장 신임하는 武才卓異者들로 구성되었다.[169] 그리고, 왕의 행차시에도 호종을 담당했다.

> 이에 內禁衛·內侍衛·別侍衛에 入直하는 자는 大駕 앞에 있고, 出直한 자는 大駕 뒤에 있게 한 것으로 例를 삼도록 啓請하니, 그대로 따랐다.[170]

扈從할 때에는 內禁衛·內侍衛·別侍衛의 入直者와 出直者가 모두 동원되었다. 그러므로 내금·내시위의 지휘계통이나 맡는 역할 등도 별시위의 그것과 매우 유사했다.[171] 따라서 내금·내시위와 별시위를 필두로 한 성중애마들은 신분이 우월한 소수 정예부대로서 궁중에서 국왕을 측근에서 호위하는 것을 주 임무로 하였다.

성중애마, 내금·내시위와 함께 태종대의 군제개편에서 크게 변모를 겪은 것이 갑사였다. 甲士는 앞서 정종 2년 6월 成均樂正 鄭以吾의 상소로 宮中甲士가 혁파되었다가, 태종 즉위년 12월에 甲士 2000명을 복

---

167)『太宗實錄』卷17, 太宗 9年 閏4月 己巳, 1冊, 487쪽, "(韓)尙德曰 內禁衛軍士 侍衛虛疎 當其入番 皆除式暇服制 上曰 是則未可也".
168)『太宗實錄』卷17, 太宗 9年 6月 庚戌, 1冊, 492쪽, "初置內侍衛三番 每番四十人爲額 分屬三軍".
169) 車文燮, 1973,『朝鮮時代軍制硏究』, 53~57쪽.
170)『太宗實錄』卷17, 太宗 9年 6月 庚戌, 1冊, 492쪽, "乃啓請使內禁衛內侍衛別侍衛入直者 在駕前 出直者 在駕後 以爲例 從之".
171) 나중에는 內禁衛도 別侍衛와 함께 成衆愛馬에 포함되었다(金昌洙, 1966, 「成衆愛馬考」,『東國史學』9·10, 29쪽).

립하여 1000명을 諸衛의 職에 충당하였다. 이 때 이들은 1년마다 遞番하며 근무하는 정식 府兵이 되었다.[172] 이 개편은 甲士의 사병적인 성격을 없애는 것이 목표였다.[173] 그러나 갑사는 內甲士와 外甲士로 구분되어 내갑사는 고관의 통솔 하에 주로 왕궁에서 윤번 입직했으며, 외갑사만이 三軍에 분속되어 護軍들이 장악했다.[174] 따라서 외갑사만 부병의 위상을 지닐 뿐이고[175] 내갑사는 아직 과거의 유풍을 남기고 있었다.

그런데 태종 7년 12월에 이러한 內外의 구분을 없애고 갑사를 十司에 분속하여 전체가 부병의 위상을 획득하였다.[176] 이후 태종 10년 3월에 인원을 3000명으로 증액하고 上下番으로 番上遞代하는 계획을 세워[177] 동년 4월에 이를 확정했고,[178] 5월에는 정식으로 宿衛・下番之法을 시행했다.[179] 따라서 상번은 상경하여 숙위하면서 녹을 받고

172) 『定宗實錄』卷6, 太宗 卽位年 12月, 1冊, 187쪽.

173) 車文燮, 1959・60, 「鮮初의 甲士」, 『史叢』 4・5(1973, 『朝鮮時代軍制研究』에 재수록), 10쪽 ; 柳昌奎, 1985, 「朝鮮初 親軍衛의 甲士」, 『歷史學報』 106, 163 ~164쪽.

174) 『太宗實錄』卷3, 太宗 2年 6月 癸亥, 1冊, 237쪽, "置三軍都摠制以下官 每一軍 置都摠制一 摠制二 同知摠制二 以十司分屬之 皆爲之甲士 內甲士四百 外甲士六百 內甲士分爲四番 左右各二百 輪番入直 李叔蕃掌左番 趙涓掌右番 外甲士 則分屬三軍 每軍各二百 分爲三牌 上大護軍爲牌頭 護軍掌之".

175) 『太宗實錄』卷3, 太宗 2年 4月 辛未, 1冊, 232쪽, "以摠制李敷韓長壽閔無咎 分領外甲士 上日議武事 謂趙英茂曰 欲以府兵爲外甲士何如 英茂對曰善 內甲士五百 外甲士五百 幷一千 則兵勢稍足 又無府兵甲士之異 人心一矣 卽命上護軍朴淳 聚府兵於馬巖 試騎步射爲甲士".

176) 『太宗實錄』卷14, 太宗 7年 12月 丁亥, 1冊, 426쪽, "每一衛 統甲士一百五十人".

177) 『太宗實錄』卷19, 太宗 10年 3月 戊辰, 1冊, 531쪽, "上曰 予將使甲士 更迭番上 當番者 受祿 下番者 歸農 戶曹判書李膺對曰 如此則藩鎭及侍衛 皆不實矣 且司直司正 則中國千戶百戶之職 不可輕以與人 又豈可令受祿者 迭爲上下番乎".

178) 『太宗實錄』卷19, 太宗 10年 4月 丁巳, 1冊, 543쪽, "司諫院上言曰 今欲加定甲士一番 一番歸農".

하번이면 귀농하게 되었다.

여기서 매우 중요한 것은 갑사가 시위패와 같은 방식으로 운영되었다는 사실이다. 갑사는 앞서 '居常宿衛之兵'했는데, 이제는 侍衛牌처럼 下番時에는 귀농하는 층에 속하게 되었다. 그것은 갑사가 크게 증액되면서 사전의 분급 대상에서 제외되었기 때문이다.[180] 따라서 갑사는 부병으로서 시위패의 방식으로 운영되었다.

甲士는 取才로 선발되는 것이 통례였다. 다만 초창기에는 대상이 그리 넓지 못해서 府兵 중에 騎·步射에 뛰어난 자를 선발해서 갑사로 삼았다.[181] 또한 甲士取才를 掌軍摠制 1, 2명이 담당했다.[182] 그러나 이런 식으로 취재를 실시하면, 담당 掌軍摠制와 甲士 사이에 다시 사적 관계가 맺어질 가능성이 농후했다. 그리하여 武官保擧法을 제정하여 京中 東班 6품, 西班 4품 이상이 각각 3품 이하 武才有能者를 천거하고, 外方에서는 수령이 천거하여 기록해 놓았다가 갑사에 빈 자리가 생기면 受點하고 서용했다. 적당치 못한 자를 천거하면 擧主도 처벌하도록 했다.[183] 하지만 이런 규정에도 불구하고 고관이 추천한 사람이

---

179) 『太宗實錄』卷19, 太宗 10年 5月 戊寅, 1冊, 548쪽.

180) 甲士에게도 科田을 지급했다는 연구성과가 있어 주목된다(金鍾洙, 1996, 『朝鮮後期 訓鍊都監의 設立과 運營』, 서울대 박사학위논문, 15~16쪽). 그러나 甲士에게 지급해야 할 科田이 경기내 科田의 64%에 달할 정도였다는 분석 결과에서 알 수 있듯이 당시 사전분급의 실정에서 볼 때 불가능했다. 더구나 甲士는 侍衛牌, 船軍 등과 함께 奉足戶가 지급되었다(『太宗實錄』卷7, 太宗 4年 5月 癸亥, 1冊, 297쪽). 주지하듯이 侍衛牌·船軍에게는 私田이 지급되지 않았다. 그런데 甲士에게만 科田도 지급하고 奉足戶도 정해 주었다는 것은 이해하기 힘들다. 또한 번상제도에 따라 1년에 절반밖에 근무하지 않는데도 과전을 받았다는 것은 다른 受田者들과의 형평성에서도 커다란 문제가 되었을 것이다. 따라서 甲士는, 특히 정액이 3000명으로 늘어나면서 上·下番으로 교대로 번상하게 된 이후에는 受田에서 제외되었다고 생각된다.

181) 『太宗實錄』卷3, 太宗 2年 4月 辛未, 1冊, 232쪽.

182) 『太宗實錄』卷18, 太宗 9年 11月 壬午, 1冊, 517쪽, "先是 甲士取才 唯掌軍摠制一二人 第其能否 以充其額".

183) 『太宗實錄』卷9, 太宗 5年 3月 乙巳, 1冊, 321쪽.

많이 입속하여 파벌을 조성한다는 의심을 받기 쉬웠다.[184] 이 폐해를 막기 위해 兵曹와 義興府가 掌軍摠制와 함께 甲士取才를 담당하도록 했다.[185] 이것은 개인이 아니라 국가기관이 甲士取才를 담당하는 체제를 확립한 것으로, 이러한 방식은 이후 조선의 軍士取才方式의 모범이 되었다는 점에서 그 의의가 깊다.

甲士의 정원을 크게 늘린 것도 또 하나의 변화였다. 태종 10년 3월에는 군액을 늘려 자원자에게까지 문호를 개방했다.[186] 이 때 사간원이 祖係를 문제 삼지 않고 오직 弓矢膂力의 能함만 취하여 工商賤隷들이 다수 입속했다고 지적하고, 兵曹에게 四祖를 살피고 責人保擧케 한 다음 取才를 허락하자고 주장할 정도로[187] 이 때는 工商賤隷에게까지 개방하였다.[188] 이처럼 병종과 기능에 따라 신분과 경제적 지위에 대한 기준과 운영방식, 그리고 개방성과 포용성을 달리 적용한 것이 태종대 개혁의 큰 특징이다. 이는 크게는 계서적이고 신분제적인 원리에 의한 군제운영이란 원칙을 관철하는 것이면서 동시에 이것이 야기할 하층민의 불만을 흡수하기 위한 장치였던 것 같다. 왜냐 하면 아직까지 왕조의 초창기였으며, 그에 따라 麗末鮮初期에 자신의 무력적 실력을 기반으로 하층민에서 성장한 계층이 잔존했기 때문이다. 이

---

184)『太宗實錄』卷17, 太宗 9年 5月 辛丑, 1冊, 490쪽.
185)『太宗實錄』卷18, 太宗 9年 11月 壬午, 1冊, 517쪽, "命兵曹義興府同掌軍摠制 考試甲士".
186)『太宗實錄』卷19, 太宗 10年 3月 戊辰, 1冊, 531쪽, "傳旨義興府曰 新甲士取才者幾何 韓珪對曰 自願者多 故已取才者幾於一千 更一二日 可以充數".
187)『太宗實錄』卷19, 太宗 10年 4月 丁巳, 1冊, 543쪽, "憲府又疏曰 今甲士取才之際 不問祖係 唯取弓矢膂力之能 工商賤隷 亦得受職 與縉紳子弟 比肩並立 縉紳子弟 羞與爲齒 乞令兵曹 考其四祖 責人保擧 乃許取才 …… 疏下政府 皆謂迂闊 事遂寢".
188) 그러나 세종대에는 家系와 신분에 대한 조사를 강화하기 시작했다. 즉 甲士取才 응시자의 四祖 家系를 조사하는 것이 세종 5년 7월에 이르러 법제화되었다(『世宗實錄』卷21, 世宗 5年 7月 癸卯, 2冊, 550~551쪽). 그로 말미암아 兩班子弟에 限해 추천받고 시험을 보아 입속하는 것이 관례가 되었다(『世宗實錄』卷47, 世宗 12年 1月 丙午, 3冊, 212쪽).

들을 국가기구에서 배제할 경우 또다른 불만계층으로 남게 될 가능성을 고려한 것이 이러한 정책을 추진하게 된 기반이 되었다고 보인다.

甲士는 주로 宮門, 특히 中門 밖에서 把守하는 일을 맡았다.[189] 그러나 갑사가 이를 불평하다가 本鄕의 軍役으로 쫓겨간 사례[190]도 있는 것으로 보건대 근무여건은 그리 좋지 않았던 것 같다. 그러나 갑사들은 근무 일수가 많은 사람들 순으로 遷轉할 수 있었다. 특히 歲抄都目에는 그 衛에서 일수가 많은 자가, 6월에는 諸衛 중에서 많은 자가 遷轉했다.[191] 갑사의 여건이 이러했으므로 世蔭子弟들은 할 바가 못된다고 여겨지거나[192] 常僕 취급을 받기도 했다.[193] 그러나 태종은 갑사는 衛士이므로 일반민과 달리 특별대우를 해 줄 것을 강조했다.[194] 그리고 이를 통해 부병으로서의 위상을 갖추고자 배려한 것이다. 이는 갑사의 위신을 높이고 그에 기초하여 숙위를 강화하려는 정책이었다.

태종대에 행해진 군제 개편작업에 의해 侍衛牌도 일정하게 영향을 받았다. 그것은 주로 국가관리를 강화하는 방향으로 개편되었다. 시위패도 갑사처럼 上下番으로 나뉘어 番上遞代했다. 번상할 때는 他官守令을 點送差使員으로 임명해서 군기·마필의 부실 여부를 점검하

---

189)『定宗實錄』卷2, 定宗 1年 12月, 1冊, 159쪽, "憲司上疏論時務三條 疏曰 一
宮闈者 至尊之處 今時座所 垣墻淺狹 帶弓劒者 出入無常 無差備者 進退無
時 宮闈之禁 固如此 願自今 中門之內 守以宦官 中門之外 把以甲士 諸公
侯內相外 自非召見 無得擅入".

190)『太宗實錄』卷25, 太宗 13年 3月 辛巳, 1冊, 664쪽, "命甲士朱和 充本鄕軍役
和守宮門曰 甲士無坐臥之具 不亦苦乎 我若爲王 則不令甲士如此受苦 其徒
告於承政院以啓 上宥之 金汝知等啓曰 請治和罪 上曰 不必治罪 有是命".

191)『太宗實錄』卷27, 太宗 14年 5月 甲申, 2冊, 16쪽.

192)『太宗實錄』卷 6, 太宗 3年 11月 丙申, 1冊, 284쪽, "初奉常注簿河演 戱謂甲
士梁潔金出等曰 甲士之職 卑汚賤辱 豈世蔭子弟之所爲乎".

193)『太宗實錄』卷24, 太宗 12年 7月 戊戌, 1冊, 643쪽, "下甲士崔天命及牌頭于
巡禁司瞷罪 奉禮郎張思儀 嘗罵甲士爲常僕 甲士等御之 方思儀入禁門 甲士
崔天命等十四人 擅行歐打 代言以聞 命並牌頭囚之".

1194) 金鍾洙, 1996,『朝鮮後期 訓鍊都監의 設立과 運營』, 서울대 박사학위논문,
9쪽.

고 다시 그 道의 都事가 점검했다. 전직 관료가 摠牌가 되어 인솔했
다.195) 서울에서는 각 도별로 마련한 軍營에 소속되어196) 各道侍衛軍
節度使와 鎭撫의 통제를 받았다.197) 이런 방식으로 시위패는 삼군부
및 병조와 연결되었다.198)

지금까지 살펴본 것처럼 갑사나 시위패는 모두 '居常宿衛之兵'이 아
닌 番上兵이며, 奉足制나 자신의 경제기반에 의존해서 군역을 부담했
다. 그러므로 숙위군 조직에서 맡았던 역할이나 신분적 위상도 대체로
비슷했을 것이다. 다만 갑사는 시취를 거치므로 개인적 실력이 더 나
았으며 번상시 녹봉을 받고 去官遷轉할 기회가 있었다.

한편 갑사와 성중애마, 내금·내시위를 비교해 보면 태종대 숙위군
제의 개편작업이 지니는 특성을 보다 선명하게 파악할 수 있다. 먼저
이들 부대의 성격은 선발대상에서 잘 드러난다. 성중애마의 경우 주로
愛馬人과 閑良子弟 중 무재가 있거나 强壯한 자를 선발해서 입속시켰
다. 특히 세종 초년까지 소수의 정액을 유지하면서 갑사처럼 工商·賤
隷에게까지 문호를 개방한 적은 없었다. 따라서 성중애마에 속한 자들
은 대개 신분상 갑사에 비해 높았다고 할 수 있다. 이 점은 성중애마의
신분적 성격을 말해주는 것이다.

또한 명령계통에서도 成衆愛馬, 內禁·內侍衛와 甲士는 차이가 있

---

195) 『太宗實錄』 卷14, 太宗 7年 8月 丁未, 1冊, 411쪽, "至前判事吳琓名曰 予不
　　知此人 石璘及茂 合辭譽之 琓貪汚無武才 嘗任星州 政迹無可稱 又爲密城
　　侍衛軍摠牌 士卒離心".

196) 『太宗實錄』 卷34, 太宗 17年 11月 己未, 2冊, 192쪽, "議造軍營 兵曹啓 各道
　　番上侍衛軍營 以散材假造 年久並皆頹落 祁寒暑雨 難苦尤甚 宜以來春改造
　　乞以江原及忠淸道侍衛軍人 斫木流下 從之".

197) 『太宗實錄』 卷16, 太宗 8年 11月 丙辰, 1冊, 463쪽, "改命各道侍衛軍節度使
　　…… 又改色掌爲鎭撫".

198) 『太宗實錄』 卷15, 太宗 8年 2月 甲辰, 1冊, 430쪽, "命禮曹 詳定領三軍事體
　　統禮度 禮曹上言 凡軍令兵曹掌之 行移三軍都摠制府及十司 三軍護軍十司
　　鎭撫各道都節制道掌 卽詣領三軍事處 告課施行 十司甲士各一員 各道軍
　　官各一員 每日進領三軍事處 伺候聽令".

었다. 별시위, 내금·내시위는 처음에는 갑사와 마찬가지로 삼군에 분속되어 있었는데, 태종 14년 6월 병조의 건의로 모두 中軍에 소속되었다.[199] 다시 말해 갑사처럼 삼군부 휘하의 中·左·右軍에 분속되었던 것이 아니라, 중군에만 속해 있었다. 따라서 좌·우군은 별시위, 내금·내시위를 통솔할 수 없었고 오히려 그들과 대등한 위치에서 명령을 받았다. 그러므로 별시위, 내금·내시위는 갑사와 함께 모두 삼군부에 속해 있었으나 명령계통은 서로 달랐던 것이다.

성중애마, 내금·내시위는 주로 측근에서 국왕을 호위하는 것이 주 임무였다. 반면에 갑사는 상대적으로 다수의 군액을 거느리고 宮門을 把守하는 것을 주된 임무로 하였다. 말하자면 같은 宿衛之士라 하더라도 성중애마, 내금·내시위와 갑사는 다소간 차이가 있었다. 이는 신분 상에서뿐만 아니라 임무에서도 구별이 되었다는 것을 반증한다. 이렇게 볼 때 전자가 宿衛之士로서 그 지위가 우월했다고 할 수 있다. 하지만 그들조차 임무의 성격이 태조대에 강조되었던 '正邦國之徒'가 아닌, 현실적으로 충실하게 파수하고 호위하는 것만으로 변화했다. 이것은 이전의 숙위군이 지닌 정치지배충적인 성격의 탈각을 의미하는 것이었다. 다시 말해 정치적 성격을 지닌 부대가 아닌 순수하게 '숙위'라는 군사적 목적만으로 변모하였다는 뜻이다. 그리고 개인이 지닌 사회적 능력 등에 따른 편제를 의미하는 것이기도 했다.

태조대에는 정도전 등이 주축이 되어 의흥삼군부에 舍人所를 설치해 놓고 大小人員의 자제들을 모아 교육시키는 방법으로 宿衛之士들을 양성하려고 했다. 그러나 정도전 등이 제거되고 태조가 왕위에서 물러나면서 의흥삼군부 사인소의 교육기능은 자료상 나타나지 않는다. 아마도 폐기되었을 것이다. 대신 宿衛之士로서 중요한 역할을 담당한 것은 태종대의 군제개편으로 창설되거나 조직이 변모된 별시위, 별사금, 응양위 등의 성중애마와 내금·내시위였다.[200] 이들은 대개 한량

---

199) 『太宗實錄』卷27, 太宗 14年 6月 戊辰, 2冊, 24쪽.
200) 甲士도 宿衛之士로서 매우 중요한 존재였으나, 工商·賤隷에게까지 문호를

자제로 구성되었다. 이 경우 교육을 통한 양성보다는 원래 일정 정도
의 교육을 받은 사람을 대상으로 하거나 개인적 사회적 능력을 기준으
로 선발하는 방식이 이용되었다. 따라서 이것은 이전부터 기득권을 가
지고 있던 사람들이 선발 과정이나 그 이후의 官界 진출에서 유리해짐
을 의미하는 것이다.

결국 이상과 같은 작업을 통해 숙위군의 기능을 군사적인 것에 중점
을 두며, 편제와 구성 면에서 철저하게 階序化한다는 구상이 일단 마
무리되었다. 즉 국왕을 가까이에서 호위하는 성중애마, 내금·내시위
에는 신분도 확실하고 실력도 뛰어난 인물을 배속시키고, 편제상으로
도 중군에 두었으며, 외곽을 경비하는 갑사에는 신분보다는 어느 정도
능력을 갖춘 사람들을 선발해서 배치했다. 결국 국왕을 정점으로 해서
신분과 능력 순으로 階序化된 병종들이 차례로 배치되는 체제가 수립
되기 시작했다.

3) 受田散官의 番上侍衛 중단과 軍役賦課方式의 변모

사병의 혁파와 태종의 즉위로 본격화되었던 새로운 군제 개편작업
이 점차 틀을 갖추어 나가자 그 과정에서 또 다른 문제가 발생하였다.
가장 심각한 것은 재정문제였다. 새로운 병종을 창설하고 조직을 개편
하자 다양한 관리자층이 필요해졌다. 그리고 지휘자와 군사 사이의 사
적 관계를 단절시켰으므로 이 양자를 연결시키기 위한 제도나 장치가
필요해졌다. 그 결과 군사기구와 관리의 수를 늘려야 했고, 이로 인한
재정부담은 가중될 수밖에 없었다. 더욱 처리 곤란한 문제는 늘어난
관리들에게 과전법에 따라 私田을 분급해 주어야 하는 것이었다. 그러
나 당시 상황에서 私田의 분급량을 늘린다는 것은 불가능했다. 대신
祿俸을 加給해주는 방도도 생각해 볼 수 있었다.

개방하고, 다수의 軍額을 거느리고 宮門을 把守하는 일을 주로 담당하는 등
宿衛之士로서의 면모가 약화되었다.

하지만 녹봉을 늘려 준다는 것은 당시 재정의 지출상태를 보았을 때 너무 무리였다. 이미 숙위군의 조직개편을 추진할 때부터 冗官革罷가 거론될 정도로 재정문제는 심각했다. 이 때 東班은 520여 員, 西班은 4170여 人으로 이들만으로도 중국 관리수의 3배에 달했다.201) 여기에 成衆官, 上林園, 圖書院, 司楯·司衣·司幕·司饔·忠勇·近侍, 內侍府·掖庭·典樂·雅樂署 등의 녹관 및 檢校散秩者까지 합하면 그 수는 대폭 늘어나게 된다.202) 정종 2년(1400) 4월에 京官의 祿이 거의 10만 석에 달했으며,203) 태종 3년(1403) 6월에는 1년치 녹봉이 12만여 석이나 되었다.204) 冗官汰去는 문무의 관리 모두에게 해당되는 것이나 성중애마를 포함해서 무관이 문관의 8배 이상이었기 때문에 무반을 먼저 대폭 감축해야 했다. 그 중에서도 제일 수가 많았던 宿衛之士가 1차 대상이 될 수밖에 없었다. 그러나 2차 왕자의 난을 수습하는 과정에서 단행된 사병의 혁파로 일부 공신들의 불만이 강하게 표출되었으며 정치적인 불안 상태도 완전히 가시지 않은 상태였기 때문에 숙위지사에 대한 감축은 쉽지 않았다. 오히려 늘려야 할 형편이었다.

따라서 태종은 즉위 직후에 갑사 2000명을 복구했다. 그 대신 1300명에 달하는 司楯·司衣를 혁파하고 別侍衛를 세웠다. 즉, 성중애마를 소수 정예로 개편함으로써 갑사 복립에 따른 재정부담을 해결하고자 한 것이다. 재정부담을 늘리지 않고 숙위지사를 정예화하려는 의도였다. 그러나 이런 방식은 미봉책이었다. 병종이 늘어나면서 병력과 관리자의 수가 증가하고 그에 따라 운영비용도 증액해야 했다. 결국 冗官

---

201) 『定宗實錄』 卷4, 定宗 2年 4月, 1冊, 168쪽, "門下府上疏 請汰冗官 疏曰 …… 我朝東班 自判門下領三司 至九品 五百二十餘員 西班 自上大將軍 至隊長隊副 四千一百七十餘人 文武官吏之數 固三倍於中朝之制矣".

202) 『定宗實錄』 卷4, 定宗 2年 4月, 1冊, 168쪽, "加以成衆官上林園圖書院司楯司衣司幕司饔忠勇近侍內侍府掖庭典樂雅樂署 各有祿官 而檢校散秩 則亦增其數 祿俸之不周 實由此也".

203) 『定宗實錄』 卷4, 定宗 2年 4月, 1冊, 168쪽, "京官之祿 幾於十萬石".

204) 『太宗實錄』 卷5, 太宗 3年 6月 壬子, 1冊, 267쪽, "故一年祿俸之數 無慮十有二萬餘石".

革罷의 주장이 다시 거세지면서 신설 병종도 혁파대상으로 거론되었
다. 그런 상황을 잘 보여주는 것이 다음의 자료이다.

사헌부에서 상소하여 冗官을 汰去하도록 청하였다. 상소는 대략 이
러하였다. …… 三軍에는 都摠制·摠制·同知摠制 각 1인을 두는 것
이 마땅하나 僉摠制는 없애는 것이 가하며, …… 十司에는 각각 上護
軍 1員, 大護軍 2員을 두었으나, 巡禁·扈衛司에는 마땅히 他官으로
겸임하게 할 것입니다. 이뿐만이 아니라 그 여러 관료에서 없앨 만한
것과 감할 만한 것이 어찌 없겠습니까? 成衆愛馬에 이르러서는, 別
侍衛·別司禁이 있으면, 鷹揚衛는 혁파하는 것이 가합니다.[205]

사헌부가 冗官의 汰去를 요청하면서 三軍의 일부 摠制員 및 鷹揚
衛 등의 혁파를 건의했다. 이 건의안은 그대로 수용되지는 않았으나,
삼군부의 개편 및 병종의 신설 등으로 당시 재정이 상당한 부담을 안
게 되었던 사실을 알기에 충분하다. 따라서 재정을 획기적으로 확충하
거나 宿衛之士를 대폭 정리해야만 했다. 아니면 재정부담이 크지 않으
면서도 숙위군을 정예화시키는 방도를 찾아야 했다.

결국 태종 14년(1414)에는 冗官革罷를 내세워 숙위군을 감축했
다.[206] 그 결과 十司의 호군 및 그에 분속되어 있던 甲士들도 3000명
에서 1000명으로 대폭 감축되었다.[207] 하지만 숙위가 허술해질지도 모
른다는 염려에서 혁파된 갑사 2000명을 도로 別牌로 만들어 輪番으로

---

205) 『太宗實錄』卷11, 太宗 6年 2月 丙寅, 1冊, 348쪽, "司憲府上疏 請汰冗官 疏
略曰 …… 三軍宜置都摠制摠制同知摠制各一人 而僉摠制可汰也 …… 十司
則各置上護軍一員 大護軍二員 而巡禁扈衛司 則宜以他官兼任 不寧惟是 其
於庶僚 豈無可汰可省者乎 至於成衆愛馬 有別侍衛別司禁 則鷹揚衛可革
也".

206) 『太宗實錄』卷28, 太宗 14年 8月 辛酉, 2冊, 32쪽.

207) 『太宗實錄』卷28, 太宗 14年 8月 辛酉, 2冊, 32쪽, "命各品科田仍舊 汰京外
冗官 …… 除十司護軍各一 除甲士二千 稱別牌 番上侍衛 選精銳者一千爲
甲士 分爲二番".

시위하게 했다. 別牌는 갑사와 달리 受祿軍士가 아니었다. 따라서 이
조치는 受祿軍士의 수만 줄여 군사에게로 부담을 떠넘긴 셈이 되었고,
군사들의 불만도 커질 수밖에 없었다. 그렇다고 私田을 분급할 수도
없고 受祿軍士를 늘릴 수도 없었다. 결국 군사 자신의 경제력으로 숙
위 근무에 필요한 것들을 조달하고, 국가는 이들에 대해서 수조지 분
급 이외의 다른 운영방식을 찾아야 했다.

태종 4년 5월 各道 各官別로 所耕田의 多寡를 기준으로 民戶의 貧
富強弱을 나누어 군역을 부담하는 자들에게 助戶를 지급했다.208) 즉,
국가가 군사들에게 토지를 분급해주는 대신 助戶를 지급해서 숙위 근
무에 필요한 경제적 원조를 받도록 조치했다. 그러나 일정 규모 이상
의 토지를 보유한 자들에게는 奉足戶를 지급하지 않고, 자신의 경제력
으로 근무에 필요한 것들을 마련하게 했다. 이 조치는 국가의 호구 파
악과 깊은 관련이 있었으므로, 호구가 제대로 파악되지 않은 상태에서
이를 그대로 시행할 경우 커다란 불만을 낳을 수도 있었다. 더구나 소
경전을 많이 가진 지주층에게는 불리한 조치였다.

이에 태종 13년(1413) 9월부터 號牌法을 시행하여 호구 파악과 成籍
에 박차를 가했다. 그 과정에서 차역의 기준을 놓고 혼선이 빚어지자
이를 수습하기 위해 태종 15년(1415) 11월 軍丁奉足之數를 소경전과
인정의 다소를 참작하여 정하는 법이 제정되었다.209) 이 조치는 태종
4년 5월의 조처를 수정하여 인정의 다소도 반영되도록 한 것이다. 그

---

208) 『太宗實錄』 卷7, 太宗 4年 5月 癸亥, 1冊, 297쪽, "命各道各官 分其民戶貧富
    強弱 以給助戶 …… 一 甲士二三結以下 給奉足二戶 四五結以下一戶 六七
    結以上不給 一 侍衛軍及完山子弟牌一二結以下 給奉足二戶 三四結以下給
    奉足一戶 五六結以上不給 …… 凡諸奉足戶 皆用二三結以下者 不許用四五
    結以上者 上項奉足定給外 各色有常役者 俱不給奉足 從之".

209) 『太宗實錄』 卷30, 太宗 15年 11月 甲辰, 2冊, 90쪽, "定軍丁奉足之數 六曹疑
    議啓曰 甲士奉足 以所耕及人丁多少參酌 所耕三四結人丁二三名以下者 及
    奉足二戶 五六結四五名以下者 給一戶 十餘結七八名以上者 不給 三四十結
    十名以上者 加定他役 已有敎旨 別牌侍衛牌騎船軍 亦依此例定給 其號牌加
    現人丁 依敎旨毋定 軍役戶別有雙丁者 別定軍役何如 從之".

리고 甲士 및 船軍, 그리고 그 助戶에게는 특별히 他役을 부과하지 말라는 법을 제정했다.210) 그런데 이를 이용해서 下番甲士戶가 雜役이 아닌 田賦差役까지 거부하는 일이 발생하자, 태종 12년(1412) 7월부터 일단 平民例에 따라 부담케 하고 봉족을 노비처럼 부리는 것도 금지시켰다.211) 그리고 上番일 경우에는 이들의 田賦差役을 면제시킨 것으로 여겨진다.212) 이처럼 면역을 통해 지주층의 군역 부담에 따른 보상과 佃戶의 지배를 보다 용이하게 하였다.

그리고 別侍衛・別司禁・鷹揚衛 등의 成衆愛馬와 內禁・內侍衛들은 소수 정예로서 국왕 측근에서 호위하는 경우가 많았다. 따라서 대부분 給料兵이라도 소수이기 때문에 재정에는 큰 부담이 되지 않았을 것이다. 결국 숙위군에 대한 경제적 처우를 다양하게 만듦으로써 재정 부담은 키우지 않으면서 많은 군사를 거느리게 되었다.

이 방법은 확실히 효과가 있었다. 태종 9년(1409) 6월 禮曹佐郎이던 鄭孝復은 지금 田野民들이 모두 병사가 되기를 원하고 농사짓는 것을 수치스럽게 여겨 처자를 돌보지 않고 농기구를 녹여 병기로 만들고 農牛를 팔아 戰馬를 구입하는 실정이라고 상서하기도 했다.213) 그만큼 병사에 대한 선호도가 크게 높아진 것이다.

그러면 병사의 선호도가 이렇게 높아진 까닭은 무엇일까? 당시 收租權에 기초한 私田 지급이 점차 축소되고 양전・호구조사가 계속되어 국가의 田民把握이 강화되는 추세에 있었다. 이에 발맞추어 國役賦課의 기준이나 방식도 변경되고 있었다. 결국 사전의 취득이 점차 어

---

210) 『太宗實錄』 卷22, 太宗 11年 閏12月 丁巳, 1冊, 615쪽.

211) 『太宗實錄』 卷24, 太宗 12年 7月 壬子, 1冊, 645쪽.

212) 『世祖實錄』 卷3, 世祖 2年 1月 乙未, 7冊, 112쪽, "內禁衛朴鐵山等上言 甲士 別侍衛 則更休番上 旣給助丁 又完恤本家". 위의 完恤本家란 곧 上番時 田 賦差役의 免除를 가리킨다고 생각된다.

213) 『太宗實錄』 卷17, 太宗 9年 6月 丙寅, 1冊, 495쪽, "親覽各品上書 上見禮曹 佐郎鄭孝復書 …… 田野之民 皆願爲兵 恥爲農事 不顧妻子之養 鑄農器 爲 兵械 賣農牛 爲戰馬".

려워지고 국역 부담의 가능성은 점점 더 높아졌다. 따라서 국역의 부담을 될 수 있는 한 줄이고 관직에 오르는 것과 같은 효과를 거둘 수 있는 병종에 입속하기를 바라는 사람이 크게 증가했다. 이것이 병사의 선호도를 높이는 데 일조를 했을 것이다. 특히 갑사와 성중애마에 대한 관심이 많았다. 그런데 국가는 이들에게 토지를 분급하기보다는 자신의 재원으로 역을 감당케 했다. 그리고 교육의 기회를 마련해주기보다는 일정 규모 이상의 田民을 보유하고 신분이 확실한 자에 한해서 시험으로 선발했다. 그러므로 이는 기득권층에게 크게 유리한 방식이었다고 할 수 있다.

태종대에 단행된 군제개편으로 宿衛軍의 성격, 兵種의 구성방식과 편성원리, 군역에 대한 반대급부의 내용 등이 모두 새롭게 바뀌고 있었다. 이렇게 되자 受田散官의 처리가 난제로 등장했다. 우선 수조지 지급이 큰 과제였다. 토지가 부족할 뿐만 아니라 受祿軍士와 奉足制로 운영하는 다른 병종과의 형평성도 문제가 되었다. 그리하여 受田散官의 居京侍衛制를 재정비하는 작업이 숙위군제 개편과 동시에 진행되었다.

태종의 즉위 후 바로 三軍府에서 受田散官들을 籍名作牌하여 受田牌를 구성하였다.214) 표면적으로는 나태해진 숙위근무의 강화가 목적이었다. 태종 1년(1401) 11월에 三軍府를 개칭한 承樞府가 府兵과 함께 受田牌를 毬庭에 모아 놓고 老少·强弱을 분간하는 등의 점검을 실시했다.215) 그리고 承樞府는 受田하고도 牌에 속하지 않은 자들을 날짜를 정해 놓고 親點作牌를 실시하여 누락자 200여 명의 토지를 몰수했다가 사간원의 요청으로 되돌려주기도 했다.216)

그럼에도 불구하고 여전히 많은 受田散官들이 외방에서 거주하면서

---

214) 韓永愚, 1983, 『朝鮮前期社會經濟硏究』, 280~281쪽.

215) 『太宗實錄』 卷2, 太宗 1年 11月 戊申, 1冊, 218쪽.

216) 『太宗實錄』 卷4, 太宗 2年 11月 癸巳, 1冊, 251쪽, "疏略曰 國家以受田大小人員 籍名作牌 分屬三軍 侍衛王室 此誠良法也 其有受田而未屬牌者 承樞府定日親點作牌 其不及者 幾二百人 收其所受之田 所以懲不恪也".

子壻弟姪, 심지어 奴子를 弟姪이라고 망칭하며 대립시키고 있어 숙위가 허소했다. 더욱이 이로 인해 尊卑가 혼잡스러워졌다는 비난이 가해졌다. 이에 태종 4년 6월, 정부는 다시 기한을 정해 외방에 거주하는 受田散官에게 居京侍衛를 명하고, 만약 기한에 미치지 못한 자는 거주지의 군역에 충당하기로 했다. 아울러 이들이 받은 田地는 給田司를 시켜 子壻弟姪 가운데 숙위에 가당한 사람에게 科에 의거해서 체급하고, 그 나머지와 子壻弟姪이 없는 인사의 전지는 新來從仕者에게 지급하고 三軍京牌에 분속시켜 숙위하도록 하였다.217) 또한 奴子가 대신한 사람은 다른 사람들이 이들에 대해 陳告遞受하는 것을 허락했다. 그러나 이는 제대로 시행되지 못했다. 아마도 受田散官들이 이에 대해 거세게 반발했던 모양이다. 그로 인해 受田牌와 無受田牌가 혁파되었다.218) 그러나 이는 인심수습책으로 내려진 일시적인 조처였고, 그 후 다시 부활되었다.219)

마침내 태종 6년(1406) 5월에 의정부의 啓에 의거해서 受田散官의 居京侍衛가 다시 시행되었다.220) 하지만 이는 前銜 3품 이하의 受田人員에만 해당되었다. 이에 대해 사헌부는 兩府 以上者 모두를 포함하자고 건의했다.

217) 『太宗實錄』 卷7, 太宗 4年 6月 戊寅, 1冊, 299쪽, "申嚴閑良官宿衛之法 承樞府上言 以爲田制 閑良官 除父母喪葬疾病外 無故不赴 三軍府宿衛 滿百日者 其田許人陳告科受 今京牌屬大小人員 居於外方 代以子壻弟姪 甚者代之以奴 妄稱弟姪 宿衛虛疎 尊卑混雜 其受田在外人員 八月初一日 不及赴京者 各於所居處充軍 所受田地 令給田司 其子壻弟姪可當宿衛者 依科遞給 其餘田及無子壻弟姪人 所受之田 給於新來從仕者 牒呈本府 分屬三軍京牌 以實宿衛 其代以奴者 許人陳告遞受". 여기서 三軍京牌란 三軍에서 受田散官들을 籍名作牌하여 구성한 受田牌를 지칭하는 것으로 보인다.
218) 『太宗實錄』 卷8, 太宗 4年 8月 丁酉, 1冊, 305쪽, "初 上命知申事朴錫命傳旨曰 經濟六典一款內 閑良官 除父母奔喪疾病外 無故不赴三軍府宿衛 滿百日者 其所受田 許人陳告科受 受田牌及無受田牌革罷".
219) 韓永愚, 1983, 『朝鮮前期社會經濟研究』, 285쪽.
220) 『太宗實錄』 卷11, 太宗 6年 5月 壬辰, 1冊, 356쪽, "申受田侍衛之法".

司憲府大司憲 許應 등이 時務七條를 올렸다. "…… 그 다섯째는, 前銜 3품 이하 가운데 受田한 인원은 모두 居京侍衛하도록 하였습니다. 그러나, 兩府 이상은 아울러 擧論하지 않았기 때문에, 왕실을 호위하지 아니하고 農莊에 물러가 있으면서 官府에 드나들며 수령을 凌辱하고, 鄕曲을 誅求하여, 백성들에게 해를 끼치는 자가 간혹 있습니다. 원하건대, 모두 糾理하여 서울로 오게 하소서.……" 임금이 의정부에 내려 의논하여 아뢰게 하니, 의정부에서 의결하였다. 사헌부의 狀申은 "제1조에서 제5조까지는 모두 시행하는 것이 가합니다. ……"라고 하니, 임금이 그대로 따랐다.[221]

결국 兩府 이상자들이 왕실을 시위하지 않고 외방에 있는 농장에 퇴처하면서 관부에 출입하여 수령을 능욕하며 민폐를 끼친다고 해서 모두 규리해서 赴京하게 해야 한다는 사헌부의 건의는 의정부에 의해 받아들여졌다. 이로 말미암아 受田散官들의 불만이 극에 달하면서 이 제안의 주창자로 알려진 河崙에 대한 비난이 급증했다.[222] 그럼에도 정부는 5결, 10결밖에 받지 못해 京城에 머물기 어려운 자들은 子孫 · 壻姪 등에게 遞給하는 것을 허락하는 선에서 이들의 반발을 무마하고 당초의 계획을 그대로 밀고 나갔다.

한편 태종 9년 12월에 受田牌가 都城衛로 개편되었다.[223] 이어서 受田散官을 나누어 18개의 牌로 만든 다음 2품 이상의 2명을 節制使로 삼고,[224] 更番 直宿하게 했다.[225] 이들도 다른 군사들과 마찬가지

---

221) 『太宗實錄』 卷 11, 太宗 6年 6月 丁卯, 1冊, 360쪽, "司憲府大司憲許應等上 時務七條 …… 其五 前銜三品以下 受田人員 並令居京侍衛 而兩府以上 並 無擧論 故不衛王室 退處農莊 出入官府 凌辱守令 誅求鄕曲 貽害於民者 間 或有之 乞皆糾理赴京 …… 下議政府 擬議以聞 政府議得 司憲府狀申 自第 一至第五條 皆可施行 …… 從之".
222) 『太宗實錄』 卷12, 太宗 6年 閏7月 癸亥, 1冊, 366쪽.
223) 『太宗實錄』 卷18, 太宗 9年 12月 壬戌, 1冊, 522쪽.
224) 『太宗實錄』 卷20, 太宗 10年 7月 癸酉, 1冊, 557쪽.
225) 『太宗實錄』 卷24, 太宗 12年 9月 丁酉, 1冊, 649쪽, "司諫院上疏 疏略曰 前 銜受田者 更番直宿 所以衛王室也".

로 숙위와 순작을 담당했는데, 만약 거짓으로 근무를 기피하면 二品已
上은 取旨, 三品已下는 鎭撫所로 넘겨 처벌했다.226) 즉, 고관이라고
예외를 두지 않았던 것이다.227) 따라서 都城衛는 표면상으로는 숙위군
조직으로서의 변모가 갖추어졌다. 하지만 이로 인해 受田散官의 정치
적 위상이 격하당한 채 二品已上의 고관까지도 모두 일반 군사처럼
숙위 근무하는 데 대한 불만이 적지 않았다.

또한 태종대에 진행된 군제개편과 관련해서 양반 자제의 처리문제
가 큰 과제였다. 이제는 양반 자제라도 무술 실력이 뛰어나지 않으면
성중애마나 갑사에도 입속하지 못하고 결국 시위패나 선군이 되어야
했다. 하지만 시위패나 선군에 속하게 되면 朝士가 되기 힘들었다.228)
이는 신분하강을 의미한다. 따라서 양반들의 불평·불만은 증폭될 수
밖에 없었고, 위정자들도 더 이상 이 문제를 방치해 둘 수 없었다. 태
조대에서는 의흥삼군부 사인소에서 大小人員의 子壻弟姪들을 교육해
서 숙위에 충당했으나 정도전 등이 제거당한 뒤로는 완전히 유명무실
해졌다. 그러므로 의흥삼군부 사인소를 대신할 만한 새로운 방안이 강
구되어야 했다.

마침내 功臣·品官子弟들만 입속하는 조직체를 따로 설립하여 다
른 군사들과 구별하자는 방안이 대두되었다. 태종 15년(1415) 3월 의정
부에서는 인심화합의 차원에서 功臣의 子婿弟姪로 구성된 功臣子弟

---

226) 『太宗實錄』 卷29, 太宗 15年 4月 丙戌, 2冊, 59쪽, "兵曹啓 考察軍士事宜 啓
日 大小人員 宿衛巡綽外 無他職事 而其中或有詐稱疾病式暇者 非但宿衛虛
疎 致軍政不嚴 今後告忌者 取其忌案 考驗虛實 告病者 遣醫胗候 如有罔冒
者 二品已上取旨 三品已下 移鎭撫所 直行決罰 凡有犯法者 亦依上項例論
罪 從之".

227) 年老한 전직 고관이 국왕에게 田庄으로 돌아가게 해 달라고 上箋했으나, 法
을 사사로이 폐할 수 없다는 이유로 거절당하기도 하였다(『太宗實錄』 卷25,
太宗 13年 1月 丁未, 1冊, 661쪽).

228) 『太宗實錄』 卷29, 太宗 15年 4月 丙戌, 2冊, 59쪽, "前署令金滌上書 — 各道
散在官民子壻弟姪 定屬侍衛騎船軍 則不得爲朝士 而永爲庶人者 猶多有
之".

衛, 大小各品의 子壻弟姪 가운데 無役者들이 입속하는 各品子弟衛,
受田各品官으로 66세 이상이 된 자와 질병이 현저한 자들은 子壻의
代立을 허용하자는 건의안을 제출하여 국왕의 승인을 얻었다.[229] 곧이
어 태종 15년 4월 병조가 子弟侍衛法을 상정하였다.

兵曹에서 子弟侍衛法을 올렸다. ― 三功臣의 子壻弟姪 212를 나
누어 左右 1番으로 하고, 原從功臣의 子壻弟姪 533을 나누어 左右
2, 3番으로 하여, 每番 2品 이상 節制使 2員으로 6일씩 서로 교대하
여, 시위하게 하고, 그 중에 內禁衛, 內侍衛, 別侍衛, 鷹揚衛, 甲士,
別牌, 外牌, 內侍茶房行首를 제외하고, 受田, 無受田, 私伴儻 등은
子弟衛에서 시위하게 하소서. ― 各品의 役 없는 子壻弟姪 1056을
나누어 左右 5番으로 하고, 每番에 역시 2品 이상의 節制使 2員을
두어 10일마다 서로 교대하여 시위하게 하소서. ― 上項의 子壻弟姪
로 成均館과 小學堂, 外方鄕校에 就學하는 자는 각각 그 番內에서
빼어 놓고 시행하여 학문을 권장하소서. ― 上項人等의 入直所는 돈
화문 밖 各司의 朝房 아래 行廊으로 하여, 左邊은 功臣子弟衛로 하
고, 右邊은 各品子弟衛로 하여 宿直을 分給하소서. ― 上項의 子弟
內에 혹시 질병이나 상중에 있는 자 및 外方에 있어서 미처 單子를
바치지 못한 자는 모두 贖으로 시행함이 어떠하겠습니까? 임금이 依
允하였으나 일이 마침내 시행되지 못하였다.[230]

---

229) 『太宗實錄』 卷29, 太宗 15年 3月 丙午, 2冊, 54~55쪽, "議政府六曹議啓 和
人心條目 …… ― 功臣子壻弟姪 三品以下 稱爲功臣子弟 許令分番侍衛
― 大小各品子壻弟姪 無役者 亦依上項例 稱爲各品子弟衛 分番侍衛 ― 受
田各品官 年六十六歲以上 及疾病現著者 許令子壻代立侍衛 …… 上皆從
之".

230) 『太宗實錄』 卷29, 太宗 15年 4月 庚辰, 2冊, 58~59쪽, "兵曹上子弟侍衛法
― 三功臣子壻弟姪 二百十二 分爲左右一番 原從功臣 子壻弟姪 五百三十
三 分爲左右二三番 每番二品以上節制使二員 六日相遞侍衛 其中除內禁內
侍衛別侍衛鷹揚衛甲士別牌外牌內侍茶房行首 受田無受田私伴儻等於子
弟衛侍衛 ― 各品無役子壻弟姪 一千五十六 分爲左右五番 每番亦置二品以
上節制使二員 十日相遞侍衛 ― 上項子壻弟姪內 成均館小學堂外方鄕校赴
學者 各其番內頉下施行勸學 ― 上項人等入直所 敦化門外 各司朝房下行廊

위에서 功臣子弟衛와 各品子弟衛를 설립해서 子弟에게 별도로 직숙하게 하려고 했다가 결국 중지되고 말았다는 사실을 알 수 있다. 비록 세종대에 忠義衛, 忠順衛가 설립되면서 이러한 체제가 실행되었으나,[231] 그 필요성은 이미 태종대에도 절실했음을 알 수 있다. 따라서 실행되지는 못했으나 검토해 볼 가치는 충분하다.

그런데 자제위의 인원은 취재로 선발하는 것이 아니라 대상자의 자격을 심사해서 받아들이도록 계획했다. 그리고 자제위에 속한다고 하더라도 赴學者일 경우에는 근무를 면제시켜 주는 등 여러 면에서 특별 배려를 해주려고 했다. 이를 통해 국가는 고려와 같이 閑人田을 분급하거나 義興三軍府舍人所를 운영할 필요 없이 자제들에 대한 특혜와 관리를 동시에 할 수 있었다. 이렇게 되면 공신 및 각품 자제들이 설사 군역을 진다고 하더라도 신분의 하강을 걱정할 필요가 없고 오히려 이를 이용해 빨리 출세할 수도 있게 되었다. 결국 이런 체제 하에서는 기존의 신분, 가문, 지위가 중요해지므로 대소 인원의 자제를 모두 받아들인 태조대의 의흥삼군부 사인소의 운영방안과는 의미가 분명히 다른 것이다.

하지만 위 방안대로 자제위가 구성될 경우 성중애마나 갑사와 같은 기존 병종들은 크게 위축될 수밖에 없을 것이며, 이것이 자제위의 실행을 가로막았던 것으로 생각된다. 왜냐 하면 한량자제들은 당연히 取才도 없고 근무조건도 좋은 功臣 및 各品子弟衛를 선호할 것이기 때문이다. 반면 한량자제의 이탈로 각 성중애마 및 갑사는 상당한 타격을 받게 될 것이다. 그렇다고 성중애마, 갑사의 대우를 갑자기 크게 개선해줄 수도 없었다. 이런 사정 때문에 숙위군의 군사적 기능도 함께 중시한 태종대에는 이 방안을 끝내 시행할 수 없었고 이후의 과제로

左邊功臣子弟衛 右邊各品子弟衛 分給直宿 一 上項子弟內 或疾病在喪及在外未及呈單字者 皆曠施行何如 依允 事竟不行".

231) 車文燮, 1967,「鮮初의 忠義·忠贊·忠順衛」,『史學研究』19(1973,『朝鮮時代軍制研究』에 재수록), 91~92쪽.

남겨지게 되었다. 따라서 양반 자제의 처리문제는 다시 원점으로 되돌
아왔다. 하지만 태종 15년 4월에 병조가 마련한 子弟侍衛法의 원칙만
큼은 그대로 살아 머지않은 시기에 실행될 것이 틀림없었다. 왜냐 하
면 태종대의 군제 개편작업이 이미 그런 상황을 잉태하고 있었기 때문
이다.

한편 군역제와 밀접한 연관을 지닌 토지제도에도 역시 많은 변화가
있었다. 그 변화는 다시 군역제에 특히 많은 영향을 주게 되고 그로 말
미암아 군제도 바뀌게 되었다. 원래 과전법 제정시 토지가 부족하여
科不足者 및 아예 받지 못한 자가 계속 늘어났다. 이의 처리를 위해
科의 구분을 조정하거나[232] 京畿를 확장하는[233] 등 여러 시책을 사용
했다. 이것은 軍田에도 그대로 반영되었다. 그 결과 다음과 같은 수정
작업이 이루어졌다.

> 外方에는 軍田을 설치하되, 資品을 논하지 않고 才藝의 高下에 따
> 라 각각 田을 혹은 10結 혹은 5結을 지급한다. 무릇 科田·功臣田은
> 畿內에 지급한다. 軍田은 畿外에 지급한다.[234]

위에서 軍田의 지급기준으로 資品을 논하지 않는 것은 과전법의 조
문과 같으나 才藝의 高下에 따른다고 한 점은 달라진 부분이다. 따라
서 과전법을 처음 시행할 단계에서는 閑良官吏라는 사실만 확인되면
지급되었던 군전도 이제부터는 어느 정도 실력을 갖추어야만 받을 수
있었다.[235] 이는 군전을 무제한으로 지급할 수 없음을 분명히 하고,[236]

---

232) 李景植, 1986, 『朝鮮前期土地制度硏究』, 173~174쪽.
233) 李景植, 1986, 위의 책, 170쪽.
234) 『龍飛御天歌』8卷 72章, 816쪽(아세아문화사), "外方置軍田 不論資品 隨至
　　高下 各給田或十結 或五結 凡科田功臣田支給於畿內 軍田支給於畿外".
235) 李景植, 1986, 앞의 책, 174쪽. 軍田支給基準의 이러한 변경은 본래 고려말
　　조준의 제1차 私田改革上疏에서의 "軍田 試其才藝 二十而受 六十而還"(『高
　　麗史』卷78, 食貨志1, 田制, 祿科田, 禑王 14年 7月, 中冊, 717쪽)이 이 때에
　　이르러 실현된 것이라고 한다.

가능하면 재예가 있는 사람에게 지급함으로써 군사의 질을 향상시켜
보려는 의도에서 추진된 것이었다. 그러나 결과는 매우 저조하였다.

　　─ 廣興倉使 柳蒙 등이 陳言하기를, "軍田折受者는 모두 늙어서
　소용이 없고, 군인으로 종사하는 자는 모두 田地를 받지 못하였으니,
　원컨대, 各道의 軍田을 모두 軍資에 붙이고 그 租를 거두어 水軍에
　게 주소서" 하였습니다.[237]

　위 사료의 내용을 통해 軍田折受者들은 모두 늙고 쓸모가 없었다
는 것이 확인된다. 수정된 軍田 지급기준이 제대로 시행되지 않았거나
그렇지 않으면 재예에 대한 시험이 완전히 형식적인 것에 지나지 않았
던 모양이다. 예컨대 군전이라는 명목은 존재하되 그에 걸맞은 군사는
사실상 존재하지 않았던 셈이다.[238] 결국 군전의 지급을 통해서 재예
있는 군사들을 선발하겠다는 의도는 크게 빗나가고 말았다.
　그런데 태종 3년(1403) 6월부터는 사전의 외방 이급 논의가 시작되
어 마침내 태종 17년(1417) 7월에 1/3을 외방으로 이급시켰다.[239] 이
조치는 受田散官들의 '居京城衛王室'의 의무 이행에 많은 영향을 끼
쳤다. 즉 그 이전부터 척박한 땅을 받아 수입이 적어서 거경 생활에 필
요한 양식을 대기 어렵다거나[240] 科不足의 상태에서 '居京城衛王室'

---

236) 柳承源, 2000, 「朝鮮 建國期 前衛官의 軍役」, 『韓國史論』 41·42, 서울대,
　　　511~512쪽).
237) 『太宗實錄』 卷18, 太宗 9年 7月 己丑, 1冊, 499쪽, "一 廣興倉使柳蒙等陳言
　　　軍田折受者 皆老無用 而從戎者 則皆未受田 願各道軍田 皆屬軍資 公收其
　　　租 以給水軍".
238) 이를 계기로 軍田이 완전히 혁파되어 軍資田으로 편입되었다고 보는 견해가
　　　있다(韓永愚, 1983, 『朝鮮前期社會經濟研究』, 297쪽). 그러나 軍田은 外方에
　　　거주하던 閑良官吏들에게 단순히 경제기반을 마련해 준다는 의미를 넘어서
　　　군신관계를 보장해 주는 제도적인 장치였기 때문에 折授者들이 年老하거나
　　　無用하다고 해서 몰수한다는 것은 당시의 사회분위기로 보아서 쉽지 않았을
　　　것이다.
239) 韓永愚, 1983, 『朝鮮前期社會經濟研究』, 181~153쪽 참조.

하는 것이 힘들다고 불평하던 受田散官들에게 사전의 외방 이급은 불
만을 증폭시키는 계기가 되었다. 지금보다 훨씬 먼 곳에서 물품을 조
달해야 하므로 숙위의 과중한 업무를 도저히 감당하기 어렵다는 이야
기가 나올 만했다. 따라서 처음에는 연로한 전직 고관들이 먼저 외방
거주를 허용해 달라고 요구하기 시작했다. 국왕은 이를 허용했다가는
법이 무너질지도 모른다고 보고 일단 거부했다.241) 그러나 상황이 점
점 더 악화되었기 때문에 태종 15년 6월에 연로한 전직 고관들의 외방
거주를 허용하고242) 都城衛 受田入直人들의 直宿도 파하였다.243)

이 조치는 심한 가뭄을 당하여 행한 일시적인 것이었다. 그러나 태
종 17년(1417)에 私田 1/3의 외방 이급을 단행하면서 都城衛 受田入
直人들의 귀농을 허용했다.244) 하지만 이것으로 '居京城衛王室' 체제
가 완전히 폐기된 것은 아니었다. 그것은 과전 분급에 따른 의무 사항
이었기 때문에 함부로 폐기할 수 없었다. 하지만 실제로 居京城衛王室
은 지극히 형식적인 것으로 되어 갔다.

受田牌의 소속 人員들은 백일 후에 한 번 上直하였다가 혹은 京中
에서 혹은 外方에서 편안하고 한가롭게 생업을 경영한다.245)

위에서 受田牌, 즉 都城衛에 속해 있던 인원들은 100일에 한 번씩

---

240) 『太宗實錄』卷24, 太宗 12年 9月 丁酉, 1冊, 649쪽, "司諫院上疏 疏略曰 前
　　衛受田者 更番直宿 所以衛王室也 然受磽薄之田者 豈能恒居京城 以繼其食
　　乞限今年秋冬 權罷直宿 以悅人心 從之".

241) 『太宗實錄』卷25, 太宗 13年 1月 丁未, 1冊, 661쪽, "前開城留後柳湛 以老上
　　箋乞身歸田庄 不允 …… 然二品以上 不許居外 已有著令 不可以私廢之".

242) 『太宗實錄』卷29, 太宗 15年 6月 癸酉, 2冊, 68쪽 ; 『太宗實錄』卷29, 太宗
　　15年 6月 癸未, 2冊, 71쪽.

243) 『太宗實錄』卷31, 太宗 16年 6月 辛酉, 2冊, 120쪽.

244) 『太宗實錄』卷33, 太宗 17年 閏5月 丁卯, 2冊, 167쪽.

245) 『世宗實錄』卷28, 世宗 7年 6月 辛酉, 2冊, 675쪽, "受田牌屬人員 百日後 一
　　度上直 或京或外安閑營業".

上京해서 宿直하는 것 이외에는 특별히 맡은 일이 없어 京外에서 한가하게 營業했다는 것을 알 수 있다. 따라서 사전의 외방 이급이 단행된 이후 受田牌들의 숙위군사로서의 기능은 훨씬 더 약화되었다.

게다가 태종대의 개편으로 受田散官들이 都城衛에 소속되어 임무를 수행한다고 해도 특별히 출세할 수 있는 길이 보장되어 있는 것은 아니었다. 그것은 순전히 受田에 따른 의무사항일 뿐이었다. 오히려 지방에 머물러 있을 경우에는 受田者임을 내세워 외방 군역의 부담을 거부하면서 사실상 아무런 役도 지지 않는 특혜를 누릴 수 있었다.246) 그리고 並作制 경영은 사전보다 더 많은 수입을 보장하였다.247) 그렇기 때문에 受田散官들은 어떻게 해서든지 번상을 피하려 하였다.

이에 대해 처음에는 居京과 居外를 원하는 자를 확실히 가려서 전자는 시위, 후자는 군역에 충정시키고,248) 鰥寡孤獨과 자식이 없거나 노비를 거느리지 못한 채 3, 4결 이하의 전지를 경작하는 사람을 제외하고 並作半收를 철저히 금지시켰다.249) 따라서 품관이라도 외방에 거주할 경우에는 군역을 지는 동시에 농업경영에 대해서도 여러 가지로 간섭을 받아야 했다. 결국 이는 자진해서 居京侍衛를 하도록 유도하는 정책이었다고 볼 수 있다. 하지만 受田散官들의 반발과 집요한 요구,

---

246) 『太宗實錄』卷11, 太宗 6年 5月 壬辰, 1冊, 356쪽, "受田品官 全爲居京城衛 王室 載在六典 無識之徒 不顧立法之意 累年在外 以致侍衛虛疎 又憑受田 不肯應當外方軍役 本府曾受敎旨 以禁止 顧乃不畏成法 只求自便 切見外方 侍衛軍騎船軍 未受一畝之田 尙且長年從軍 受田品官 則於京於外 一無所役".

247) 『太宗實錄』卷12, 太宗 6年 11月 己卯, 1冊, 379쪽, "左政丞河崙等 上祛民弊 數條啓曰 …… 又品官鄕吏 廣占土田 招納流亡 並作半收 其弊甚於私田 私田一結 豊年只收二石 並作一結 多取十餘石 流移者托此避役 影占者托此容隱 賦役不均 專在於此".

248) 『太宗實錄』卷11, 太宗 6年 5月 壬辰, 1冊, 356쪽, "申受田侍衛之法 …… 乞取納狀 願居京者 恒令侍衛 願居外者 悉定軍役 老病者 許令子壻弟姪代立 如有亂雜論說者 痛行禁理 從之".

249) 『太宗實錄』卷12, 太宗 6年 11月 己卯, 1冊, 379쪽, "田地並作 除鰥寡孤獨無子息無奴婢三四結以下作者外 一行禁斷 …… 從之".

그리고 受田牌가 100일에 한 번씩 상경해서 숙직하는 방식이 되면서 이런 조치도 소용 없게 되었다. 그러므로 受田散官의 居京侍衛는 더욱 더 형식화되어 갔고 결국 세종대를 지나면서 중단되었다.

受田散官의 거경시위 중단은 수조지 분급을 전제로 한 군역 부과방식의 해체를 의미함과 동시에 태종대에 행한 군제개혁이 일원적인 편제원리로 완결된 것을 의미한다. 물론 수조지분급제가 완전히 해체된 것은 후대의 일이나 그 중요한 한 축을 이루던 수전에 따른 군역부과는 비교적 초창기에 붕괴된 것이다. 그러므로 이는 수조지분급제 자체가 머지 않은 장래에 해체될 것임을 미리 암시해주기도 했다. 동시에 이는 새로운 군역제 부과방식이 그 내부에서 서서히 태동하고 있음을 보여주고 있다. 그것은 수조권이 약화되고 사적 소유권이 강화되는 것과 밀접한 관련을 맺고 있다. 즉 강화된 사적 소유권에 기반을 둔 군역제가 서서히 자리를 잡아가고 있었다. 이러한 사회적 배경 하에 추진된 조선 초기 군제개혁의 원칙들은 여러 차례의 대립과 변경을 통해 성립되었으며, 이후 군제 운영의 중요한 기본 원리로 작용하였다.

3. 船軍組織의 확장과 운영방식의 변동

1) 船軍組織의 정비와 연해지역의 개발

조선왕조 성립 이후에도 船軍에 대한 개혁은 계속되었다. 이 역시 급진개혁파 사대부들이 추진해 오던 방안의 계승으로부터 출발했다. 鄭道傳은 태조의 즉위교서를 작성하면서 선군에 관한 일련의 개혁조치들을 보완했다.

騎船軍은 위험한 곳에 몸을 맡기고 힘을 다하여 적을 방어하니, 불쌍히 여겨 矜恤해야 될 처지이다. 그 所在官司로 하여금 賦役을 면

제해 주고 助戶를 加定하여 輪番으로 배를 갈아타게 하고, 그 생선과
소금에서 나는 이익은 그들이 스스로 取하도록 허용하고 公榷하지
못하게 할 것이다.[250]

먼저 선군은 각종 위험을 무릅쓰고 근무하므로 특별한 긍휼 조치를
내려야 한다는 차원에서 부역을 蠲免해 주도록 했다. 그런데 이 조치
는 토지를 분급해주는 것과 같은 효과를 지닌 개간지 지급방식을 파기
하고 새로이 긍휼책을 실시한다는 뜻은 아니다. 개간 장려와 개간자의
안정을 위한 추가조치의 성격이 강했다. 또한 선군 중에서 아직까지
개간지를 확보하지 못한 戶도 있었을 것이므로, 이들에게는 부역의 蠲
免도 큰 도움이 되었을 것이다.

경제적인 보상책이 실시되었다고 하더라도 실제 역을 부담하는 군
호가 부실하면 아무런 소용이 없었다. 고려 말에 정한 船軍戶의 기준
은 '三丁爲一戶'였다. 보통 同居 子·壻를 합쳐 3丁으로 만드는 것이
기본이었다. 하지만 고려 말의 혼란한 상황에서 그렇지 못한 선군호도
상당히 많았다. 더구나 호구 파악이 제대로 이루어지지 않았기 때문에
子·壻가 아닌 別戶를 助戶로 삼는 경우가 많았다. 다음에 보이는 '奉
足定給人'이 바로 그 대표적인 실례이다.

　　其騎船軍戶內子壻及奉足定給人外 挾持漏戶 當差他役 …… 上從
　之[251]

위 기사에 나오는 奉足定給人은 子·壻가 아닌 사람들로 구성된 것
이 분명하다. 그뿐만 아니라 일부 선군호는 호적에 누락되어 있던 漏
戶도 거느리고 있었다. 그러므로 호마다 助戶의 보유가 고르지 않았

---

250) 『太祖實錄』卷1, 太祖 1年 7月 丁未, 卽位敎書, 1冊, 22쪽, "騎船軍 委身危險
　　　盡力扞禦 在所矜恤 其令所在官司 蠲免賦役 加定助戶 輪番遞騎 其魚鹽之
　　　利 聽其自取 毋得公榷".
251) 『太祖實錄』卷11, 太祖 6年 2月 甲午, 1冊, 100쪽.

다. 이에 태조의 즉위교서에서는 일단 우선 貧乏者들을 대상으로 助戶를 가정해주도록 했다. 가난한 선군호에 대한 긍휼을 먼저 실행하여 역의 균평 부과체제를 확립한 다음 생활안정을 이룩해서 이탈을 방지하고자 한 것이다. 그렇게 한 뒤에 시간을 두고 군적을 작성해 가면서 누호를 추쇄하여 타역에 차정하는 순서로 일을 진행했다.

그리고 즉위교서에는 '輪番遞騎'라고 하여 돌아가며 병선을 타도록 했는데, 곧 제도화되었다. 태조 1년(1392) 9월부터 선군을 상번과 하번으로 나누어 윤번으로 근무하게 했다.[252] 종전의 장번 근무에서 上下 2번 교대제로 전환된 것이다.[253] 그만큼 휴식기간이 늘어나면서 생산활동에 종사할 수 있는 시간도 많아져 생활에 보탬이 되었을 것이다.

다음으로 즉위교서에서는 선군은 魚鹽之利를 스스로 취해서 필요한 양식을 스스로 마련하게 하였다. 동시에 '毋得公權'의 원칙을 분명히 밝혀 정부는 선군이 취하는 魚鹽之利 만큼은 보장하겠다는 의지를 표명했다. 이 역시 선군에 대한 적극적인 긍휼책이었다. 결국 정도전은 적극적인 긍휼책을 통해 선군의 생활안정을 도모하고, 이에 기반하여 선군을 효율적으로 관리해서 이탈하지 않도록 만들려고 했다. 이 같은 원칙은 선군의 조직개편이나 관리 및 통제방식의 개정에 중요한 지침으로 계속 활용되었으며, 고려와 다른 조선적인 것의 특징을 이루었다.

선군의 개혁작업이 계속되면서 조직망도 전국으로 확대되었다. 공양왕대에는 대체로 하삼도 중심으로 구축되었으나 태조대에는 경기를 포함해서 서해·교주·강릉도로 확대되었다. 이후 義州道에도 군적의 개정과 함께[254] 선군 조직이 구축되었을 것으로 생각된다.[255] 태조 6년(1397)경에는 平壤이나 安州,[256] 다음 해에는 東北面까지도 조직망

---

252) 『太祖實錄』卷2, 太祖 1年 9月 壬寅, 1冊, 31쪽, "侍衛軍及騎船軍士 令上下輪番".
253) 崔永昌, 1989, 「朝鮮初期의 水軍과 水軍役」, 고려대 석사학위논문, 20쪽.
254) 『太祖實錄』卷4, 太祖 2年 7月 乙巳, 1冊, 46쪽.
255) 『太祖實錄』卷12, 太祖 6年 8月 己酉, 1冊, 110쪽.
256) 『太祖實錄』卷11, 太祖 6年 5月 癸酉, 1冊, 106쪽.

이 늘어났다.[257]

이 같은 조직망의 확대로 다양한 계층의 선군이 입속하게 되었다. 먼저 6품 이상의 閑良官이 騎船軍官으로서 활동하던 사례가 있다.

> 도평의사사에서 王旨를 받들어 各道에 移牒하였다. "6품 이상으로 나이 70 이하의 閑良官은, 鄕校訓導와 騎船軍官을 제외하고는 일체로 방문하여 갖추어 기록하여 아뢰라."[258]

위 기사를 통해 6품 이상으로 70세 이하의 한량관 중에는 騎船軍官도 있었다는 사실이 확인된다. 본래 한량관들은 과전법에 의해 군전을 지급받고 上京宿衛해야 했다. 하지만 그 중의 일부는 그 대신 騎船軍官으로 재직했다. 선군을 증강시키는 과정에서 긴요한 군관들을 한량관에서 선임한 것으로 보인다. 水陸軍官들은 수령·만호·천호와 함께 중앙에서 실적을 점검하였다.[259] 말하자면 포폄의 대상이라는 점에서 한량관에서 선임된 기선군관들도 예외는 아니었다. 이 사실은 그들의 조직내 위치가 만호·천호와 같은 지휘관급에 해당함을 말하는 것이며, 지방세력가로서 군관에 임명되어 지휘자들과 함께 선군을 통솔했음을 의미한다. 이들에게도 태조 7년(1398) 윤5월 武資에 따라 정식으로 水軍官職이 제수되었다. 즉, 萬戶는 3품 이상, 千戶는 4품 이상, 百戶는 6품 이상의 武資로 差任하게 했다.[260]

---

257) 『太祖實錄』 卷14, 太祖 7年 閏5月 庚寅, 1冊, 125쪽.

258) 『太祖實錄』 卷8, 太祖 4年 11月 辛未, 1冊, 86쪽, "都評議使司奉王旨 移牒各道 六品以上 年七十以下閑良官 除鄕校訓導及騎船軍官外 一皆訪問具錄以聞".

259) 『太祖實錄』 卷8, 太祖 4年 11月 辛巳, 1冊, 86쪽, "都評議使司奉王旨 移牒各道 大小守令·水陸軍官·萬戶·千戶·儒醫敎授·鹽·鐵場官·驛丞得失備錄以聞".

260) 『太祖實錄』 卷14, 太祖 7年 閏5月 辛卯, 1冊, 126쪽, "設水軍官職 萬戶三品以上 千戶四品以上 百戶六品以上 皆以武資差 國家以騎船軍官 寄命水上 勞苦終身 特設之".

266 266 麗末鮮初 軍制改革研究

일반 병사는 양인들이 대다수를 차지했을 것이다. 그러나 이들 외에 보다 하급 계층의 입속인들도 존재하였다. 예컨대 태조 3년(1394) 8월에 왜적이 영광군을 침입했을 때 鹽夫 30여 명이 이를 격퇴한 적이 있었던 것으로 보아,[261] 鹽夫가 선군에 입속했을 가능성이 많다. 당시 鹽夫들이 연해지역에서 활동하면서 자주 왜적들과 싸웠기 때문에 다수 입속시켰을 것이다. 이들 염부 중에는 身良役賤에 해당하는 鹽干들이 있었지만, 이들도 선군으로 받아들였다.[262] 그러므로 선군은 양인을 주축으로 한 매우 다양한 층으로 구성되었다고 할 수 있다.

선군에 이렇게 다양한 계층이 입속하게 된 이유는 특별한 근무조건으로 인해 여러 가지 역할이 필요했기 때문이다. 즉 고위 한량관 중에서 선임된 군관 등의 지휘관급, 鎭撫·領船·頭目·知印 등 문자를 이해하는 중간 실무자급,[263] 전투를 주임무로 했던 射官, 키를 잡고 배를 조정하는 沙工(篙工), 노를 젓는 格軍, 海路를 안내하는 引海 등 다양한 직종이 필요했다.[264] 그런데 이들을 역할과 신분을 관련시켜 배치한다는 점에 그 특징이 있었다. 먼저 射官 이상에는 무술이라든가 문자 이해의 능력을 갖추고 있는 적어도 양인 이상이거나 전직자 및 그의 자제들이 입속했을 것이고, 格軍에는 양인과 염간, 노비들이 속해 있었다.[265] 한편 各浦 근처에 거주하면서 해로 사정에 익숙한 염간들을 每兵船마다 篙工, 引海에 각각 1명씩 배치하기도 했다.[266]

이와 같이 작게는 병선 내에서, 크게는 선군 조직 내에서 신분에 따

---

261) 『太祖實錄』卷6, 太祖 3年 8月 己丑, 1冊, 69쪽.

262) 『世宗實錄』卷17, 世宗 4年 9月 己卯, 2冊, 503쪽 ; 卷19, 世宗 5年 2月 丙子, 2冊, 528쪽.

263) 『世宗實錄』卷68, 世宗 17年 6月 戊申, 3冊, 633~634쪽, "禮曹與議政府諸曹 同議 各品陳言 …… 一 船軍三丁爲戶 一年番上 不過二朔 獨鎭撫領船頭目 知印等解文字者 各有所掌 未得隨例遞番 一年番上 乃至六朔 而仕到 則依 他船軍 只給二朔 願盡給番上月數之仕".

264) 崔永昌, 1989, 앞의 논문, 7쪽.

265) 盧永九, 1995, 「朝鮮初期 水軍과 海領職의 변화」, 『韓國史論』33, 108쪽.

266) 『世宗實錄』卷19, 世宗 5年 2月 丙子, 2冊, 528쪽.

라 맡은 직책이나 역할이 달랐다. 즉, 같은 선군이라도 병선 내, 조직 내에서의 위치에 따라 맡은 임무에 차이가 나며 국가로부터 받는 대우도 달랐다. 원래 병종별로 신분과 역할에서 차이가 존재한 것은 일반적이었지만, 선군에서는 그것이 보다 더 세분화되어 鹽干의 경우처럼 각인의 임무까지도 개인의 職役別 특성과 밀접하게 연관되어 부여되었다. 특히 射官과 格軍의 차이 같은 것은 船軍役을 통해 양인층 내부에서도 사회적 지위를 세분화·차별화시키면서 그것에 의해 歇役과 苦役을 부과했음을 알 수 있다.

하지만 같은 양인임에도 불구하고 같은 병종 내에서조차 심한 차별 대우를 받는다는 것은 장기적으로는 선군역의 안정성을 해칠 위험성이 매우 컸다. 이미 선군역 자체가 다른 군역에 비해서 苦役이었으므로 그 안에서 다시 천시되었다는 것은 그 격차가 한층 더 벌어졌다는 의미로 볼 수 있다. 그렇게 되면 표면상 良人役이라 하더라도 실제로는 거의 賤人役에 가깝게 되고 만다. 이로 인해 역의 담당층이 고착되면서 임무의 수행 과정을 통해 양인층 일부가 완전히 천인화되어 버릴 가능성이 커졌다. 이것은 다시 선군의 사기저하와 그로 인한 도피를 가져오게 되므로 마침내 조직의 허소화를 초래하는 결과를 낳게 된다. 실제로 이후 船軍은 賤役化하여 조선 후기에는 七班賤役의 하나가 되고 말았다. 하지만 이러한 군역제 운영방식은 태조대 군제개혁을 주도했던 정도전 등의 숙위군 편제에서 보인 구상과 어긋난다.

이런 문제를 기술적으로 해결하기 위해 고안한 방식이 海領職이었다. 이것은 육군에는 없는 독특한 散職體系였다.[267] 海領職을 만든 것은 선군 편제의 위험성, 즉 賤役化·賤人化와 밀접한 관련이 있었다. 海領職은 『經濟六典』에 수록되었는데,[268] 그 내용은 다음과 같다.

---

267) 海領職이 처음 설치될 때에는 船軍 이외의 다른 兵種에게는 授職, 去官 規定이 없었다(盧永九, 1995, 앞의 논문, 105쪽).

268) 연세대 국학연구원 편, 1993, 『經濟六典輯錄』, 231~234쪽.

다-5) 改船軍賞職之法 議政府啓曰 經濟六典一款 船軍不顧家産
　　　長年赴防 最爲苦務 然職賞無門 勸懲無路 宜置海領之職 其
　　　滿四十箇月者 以次 陞一級 至嘉善而止 然惟官爵 名分所係
　　　不可不重[269]

다-6) 兵曹啓 今考各道船軍受職格例 元六典 洪武三十年(太祖 6 :
　　　인용자 註) 二月日 都評議使司受判內 船軍賞職 正三品折衝
　　　將軍 從三品保義將軍 四品宣節將軍 五品忠毅校尉 六品敦
　　　勇校尉 七品敦勇副尉 八品承義副尉 九品隊長差下 滿四十
　　　箇月者 隨其前職高下 陞一級 無職人滿四十箇月者 差隊長
　　　又滿四十箇月者 差散員 以次遷轉 官至嘉善去官[270]

『經濟六典』은 수교집이므로 일반 법조문과 달리 서문이 길고 장황
하다. 그 형식은 대개 먼저 수교처와 수교연월일을 밝히고, 법의 취지
를 설명하는 서문이 있고 다음에 본격적인 내용을 서술한다.[271] 그러
므로 사료 다-5와 사료 다-6을 비교하면 사료 다-5는 첫 부분을 생략
하고 서두 부분을 인용하면서 본문은 '海領之職 其滿四十箇月者 以次
陞一級 至嘉善而止'라고 간단하게 서술했다. 사료 다-6은 반대로 서

---

269) 『太宗實錄』卷17, 太宗 9年 1月 辛未, 1冊, 473쪽. 『經濟六典』은 조선왕조
　　최초의 법전으로 태조 6년 12월에 간행되었다(연세대 국학연구원 편, 1993,
　　『經濟六典輯錄』참조). 따라서 船軍賞職에 관한 법은 『經濟六典』편찬 이
　　전, 즉 태조 6년 12월 이전에 제정되었다. 그러므로 海領職도 船軍賞職에 관
　　한 법이 제정될 무렵에 설치되었을 것이다. 그런데 태종 9년 1월에 이르러 태
　　조 때 제정된 船軍賞職에 관한 법에 문제가 있다며 개정을 하게 된 것이다.
270) 『世宗實錄』卷40, 世宗 10年 6月 戊申, 3冊, 136쪽. 태조 6년 2월에 처음으로
　　제정된 船軍賞職에 관한 법은 태조 6년 12월에 간행된 『經濟六典』에 법제화
　　되었다. 그리고 태종 9년 1월에 이르러 태조 때 제정된 船軍賞職에 관한 법
　　을 일차 개정했다. 그 뒤 세종 10년 6월에 이르러 船軍賞職에 관한 법에 다
　　시 문제가 있다며 한 번 더 재검토하게 되었다. 그것을 위해서 兵曹가 과거
　　의 법 내용, 즉 『經濟六典』에 실려 있던 船軍賞職에 관한 법의 本文을 거론
　　했던 것이다.
271) 연세대 국학연구원 편, 1993, 『經濟六典輯錄』, 14~15쪽.

론 부분을 생략하고 첫머리와 본문을 충실하게 인용했다. 그러므로 양
자를 합하면 비교적 원문에 가까워질 것이다.

이렇게 복원한 조문을 가지고 海領職의 내용을 살펴보면 해령직을
설치한 직접적인 동기는 사료 가-5에서 말하듯이 다른 병종의 군역에
비해 고역을 부담하는 수군에게 특별히 형평성을 확보해 주기 위한 것
이다. 그러나 문제는 보상방식이다. 위 내용에 따르면 40개 월 동안 입
역한 선군을 전직의 고하에 따라 일급씩 승급하는데, 전직자는 자신의
품계에서 한 계를 더 올려주고 그렇지 않은 사람은 隊長에 差下한 다
음, 계속해서 40개월을 더 복무할 때마다 陞品하여 嘉善大夫에 이르러
거관하게 하였다.[272] 그런데 태종 9년 海領職을 개정하면서 그 이유로
'勿論公績有無 悉授之職'[273]이라고 하였다. 그러므로 선군은 다만 근
무일수만 채우면 이 같은 승진이 가능하였다.

중요한 점은 海領職이 태조 1년 7월에 제정된 武散階와 일치한다는
것이다. 따라서 해령직이라고 별도로 船軍의 위계를 설치하여 구분한
것은 아니다. 그럼에도 굳이 '海領職'이라는 표현을 사용하여 구분하고
선군의 특별한 규정으로 언급한 것은 그 운영상의 특징 때문이다. 즉
船軍의 散職體系는 무직자라도 단지 일정 기간 동안 근무만 하면 散
階를 올려받아 종2품 嘉善大夫까지도 나갈 수 있다는 특징을 가지고
있었다.

다만 여기서 유의해야 할 것은 海領職은 산계이므로 관직을 주는
것은 아니라는 점이다. 관원의 자격과 문음과 같은 각종 신분적 특혜
는 散官이 아니라 實職을 기준으로 하므로[274] 위의 조치가 바로 평민

---

272) 그런데 사료 B) 기록에서는 武散階를 차례로 언급해 놓고 다시 무직자는 처
음에 9품 隊長을 받고 40개월을 근무하면 8품 承義副尉가 아닌 散員을 받는
다고 기록하였다. 散員은 고려시대 이래 8품의 軍官職인데 고려시대에는 武
散階를 사용하지 않았으므로 散員이 實職이면서 8품의 散階를 표현하는 것
으로 혼용되었던 것 같다. 그러므로 여기서 散員이 된다는 것은 곧 8품계를
받는다는 것의 관용적 표현으로 보인다.
273) 『太宗實錄』卷17, 太宗 9年 1月 辛未, 1冊, 473쪽.

에서 양반으로의 신분상승을 의미하는 것은 아니다. 때로 散官이 기준이 되는 경우도 있었는데, 이 때도 보통 兩府 이상과 嘉善大夫가 특혜수여의 획기가 되어, 嘉善大夫 이하는 특별한 대접을 받지 못했다. 예를 들면 按廉使가 지방을 고찰할 때 兩府 이상은 감금한 후 왕에게 보고하여 처리하지만, 嘉善大夫 이하는 안렴사가 자의로 처결할 수 있었으며, 태조 6년에 외방에 거주하던 2품 이상 전함 품관들을 모두 상경시킬 때도 兩府 이상과 嘉善大夫를 구분하였다. 조회 때도 典書 이하가 먼저 뜰에 도열한 후에 兩府 이상이 참석했다. 이 때 典書의 官階가 嘉善大夫였다.275)

그러므로 海領職의 상한을 가선대부로 정한 것은 외형상으로는 대단히 높아 보이고, 어느 정도 예우와 특혜도 따랐겠지만 그렇다고 평민신분을 뛰어넘는 특혜를 보장한 것은 아니었다. 또 시간적으로 계산해 보아도 무직자가 2품까지 가는 데는 약 360개월(30년)이 필요하다. 실제 양번제인 점을 고려하면 60년이 걸린다. 한 사람이 역에 복무하는 기간은 16세부터 59세까지 44년이므로 한 번도 빠짐없이 선군으로 복무해도 공을 세워 특별 승진을 하거나 중간에 別仕를 받고 혹은 교대 없는 장번 근무를 몇 번 해야 겨우 여기에 이를 수 있다. 따라서 海領職은 武散階의 호칭을 그대로 원용하였을 뿐, 실제로는 선군 내부에서 근무 연한에 따른 계급과 이들 내부에서의 상대적인 예우와 특혜를 획정해 주는 역할을 했다고 볼 수 있다.

하지만 일단 해령직을 받은 자가 합당한 능력이 있으면 仕路에 진출할 수도 있었다.276) 따라서 해령직 획득으로 사회적 대우나 선군 내에서의 지위가 높아지고, 사족의 직역에까지 나갈 가능성이 보다 커지는 셈이 된다. 이 점은 상당한 특혜가 아닐 수 없었다.

여기서 누가 해령직의 수혜대상이 되는가가 아주 중요한 문제인데,

---

274) 연세대 국학연구원 편, 1993,『經濟六典輯錄』, 22~24쪽.
275) 南智大, 1993,『朝鮮初期 中央政治制度硏究』, 서울대 박사학위논문, 167쪽.
276)『世宗實錄』卷52, 世宗 13年 5月 乙酉, 3冊, 319쪽.

사료 다-5, 6 모두 이에 대해 특별한 언급이 없고 다만 '船軍'이라고만
되어 있다. 그것은 해령직의 수령대상에 특별한 제한을 두지 않았다는
것이 된다. 그러나 정말로 賤人에게까지 근무 일수만 채우면 해령직을
수여했는지는 분명하지 않다. 실제로 해령직을 수여한 기록은 定宗 때
들어서야 발견된다.

> 騎船格軍의 職을 처음으로 주었다. 慶尙道水軍都節制使가 請하기
> 를, "騎船格軍은 鹽干 같은 천한 자가 아니니, 射官의 예에 의하여
> 職을 賞 주소서" 하니, 그대로 따랐다.277)

이 때 비로소 射官의 예에 의거해서 格軍에게도 해령직을 주었는데
염간 같은 천인은 제외했다. 이 기록대로 해석하면, 이전에는 해령직의
수혜대상을 射官으로 제한했던 것이 된다.

그러나 『經濟六典』의 법전 조문에는 이런 제한규정이 전혀 보이지
않는다. 그렇게 중요한 문제에 대해서 아무런 언급도 하지 않았다는
것이 이상하다. 그런데 해령직을 제정한 것은 태조 6년(1397) 2월이지
만 실제로 『元典』이 간행된 것은 6년 12월이다. 그리고 다음 해 태조
7년 8월에 정도전 등이 제거되고 정권이 바뀌었다. 都目政은 보통 연
말에 하는 것이 상례이므로 법전 간행 후 1년도 집권하지 못한 정도전
등이 해령직의 제수를 실현하지 못했을 가능성이 높다. 이 해 연말에
는 이미 태종(그 당시는 世弟)이 권력을 장악하고 있었으므로, 해령직
을 제수할 때 새로운 제한규정을 만들었을 가능성이 높다. 태종 9년
(1409)에 정식으로 이 법을 개정하여 『續六典』에 수록하는데 여기서는
수혜대상을 射官으로 한정해서 분명히 명시하고 있다.278) 이 같은 내

---

277) 『定宗實錄』 卷1, 定宗 1年 1月, 1冊, 144쪽, "初授騎船格軍之職 慶尙道水軍
都節制使請曰 騎船格軍 非鹽干賤者 依射官例 賞職 從之".

278) 『世宗實錄』 卷10, 世宗 2年 11月 辛未, 2冊, 397쪽, "禮曹啓 元續六典內 各
年判旨 …… 永樂七年(太宗 9: 筆者註) 議政府受判 諸浦各船射官 防禦年
月最久者 大船二人 小船一人式 水軍都節制使 驗其年月 各其名下 俱錄申

용상의 일치점으로 미루어 볼 때 射官이라는 제한을 단 것은 정도전 계열이 아니라 새로운 집권층으로 보인다. 즉 정도전 제거 후에 변경 되었을 것으로 생각된다.

그렇다면 위 기사에서 말하는 "射官例에 의해서 職을 賞으로 준다" 라는 것은 오래 된 관행이 아니라 바로 직전에 새 집권층에 의해 시행 된 조치를 말한다고 볼 수 있다. 따라서 이는 처음 법이 만들어졌을 때 의 취지와는 달라진 것이고, 선군들의 불만은 컸을 것이다. 그래서 水 軍都節制使가 射官과 마찬가지로 格軍에게도 賞職을 주자고 상언하 였고 정부도 이를 받아들인 것이라고 해석할 수 있다.

여기서 賞職 대상으로 射官과 格軍이 논란이 된 것은 射官은 분명 히 양인 이상층이 입속하는 병종인 반면 格軍에는 양인과 염간 같은 천인 등이 혼재하였기 때문이다. 그러므로 賞職에 이런 제한을 두지 않는 것이 『元六典』의 본래 뜻이었다면 그 규정의 의도는 최소한 職 役에 의한 신분의 세세한 차별화를 방지하거나 오히려 군역운영을 통 해 이런 차별을 불식시키려 한 것이었다고 보아야 한다.

그렇다면 賤人에 대해서도 좀더 적극적으로 생각할 수 있다. 賤人이 란 원래 노비를 의미하고, 鹽干 등은 身良役賤이라 하여 본래의 신분 은 양인인데 고역에 종사하기 때문에 천시받게 된 존재였다. 그러므로 『元六典』의 상직 규정이 役種에 의한 이 같은 차별화를 줄이는 데 주 안점이 있었다면, 役種과 결합하여 양인 하층의 賤人化를 방지하고 이 들을 다시 양인층으로 환원시키려는 시도였다고 생각할 수 있다.

聞 隨其前職 陞一級 其中才能出衆 爲人所服者 許令次第遷轉 官止折衝 水 陸軍官 臨敵制勝者 不拘此例 從其將帥所報 並皆除職 將帥任情好惡者 申 聞論罪". 『經濟六典』을 편찬하는 과정을 보면, 최초로 간행된 것은 태조 6년 12월에 나온 이른바 '元六典'이었다. 이를 개정해서 편찬한 것을 '續六典'이라 고 하는데 '續六典' 중에서 처음으로 간행된 것은 태종 13년 2월에 나온 '續 集詳節'이었다(연세대 국학연구원 편, 1993, 『經濟六典輯錄』 참조). 따라서 永樂 7년, 즉 태종 9년에 제정되었던 船軍賞職에 관한 개정 법은 '續六典'에 실리게 되었다.

설사 이러한 추정이 잘못되었고 定宗 때의 기록이 원래의 구상과 일치한다고 보아도 최소한 분명한 것은 船軍役을 부담하던 양인들은 단지 근무 일수에 따라 海領職을 받아 散階를 지니고 이를 발판으로 仕路에 진출할 수도 있게 되었다는 사실이다. 이것은 선군 내부에서 특수한 경우 양인과 천인의 역종이 분리되는 것을 인정한다고 해도 일반적으로 선군에 입속한 양인은 嘉善大夫까지는 승진할 수 있으므로 他軍役에 비해 천시되거나 천역화되는 것은 막는 효과를 거둘 수 있었다.

따라서 海領職의 운영을 포함하여 선군의 편제를 생각해 보면, 선군 내에서 사대부층의 역할과 양인, 혹은 사대부, 양인, 천인의 기능이 크게 나누어지지만, 양인층 안에서는 職役의 종류를 불문하고 동일한 지위를 보장하며, 능력에 따라서는 사대부 직역으로의 신분상승도 가능하게 하는 방식을 숙위군과 동일하게 채택하고 있었다.

선군과 그 외 일반 양인의 군역과의 관계에서도 동일한 구상이 적용되고 있다. 얼핏 내용만 비교하면 선군은 업무 수행 과정이 대단히 힘든 반면 개간지 지급이나 해령직 수여와 같은 반대급부가 상대적으로 육군보다도 우월했다. 또한 이것을 평면적으로 보면 양인계층의 역을 차별화하는 것이 된다. 그러나 군역제 운영에서 沿海民은 船軍, 山郡民은 陸守軍이라는 지역 분할방식을 적용했으므로 한 지역 안에 선군과 육군이 혼재되지 않았다. 따라서 업무나 관리, 통제체계, 포상방식이 달라도 실제 주민이 부담해야 하는 역은 하나이므로 두 역이 서로 비교되거나 한쪽이 천역화할 위험은 크게 감소하게 된다.

한편 船軍의 지휘통솔체계에 대한 개혁도 독립성을 강화하는 방향으로 추진되었다. 선군의 조직이 전국 연해지역으로 확충되면서 지휘통솔체계도 점차 독자성을 확립하게 되었다. 특히 고려말 선군의 道內 최고 지휘자인 都萬戶[279]보다 상위 직책인 水軍都節制使[280]와 僉節

279) 權寧國, 1994,「고려말 지방군제의 변화」,『한국중세사연구』1, 259쪽.
280)『太祖實錄』卷3, 太祖 2年 3月 甲子, 1冊, 42쪽 ;『定宗實錄』卷1, 定宗 1年

制使[281]를 설치했다. 먼저 京畿를 左右道로 나누고 水軍都節制使를 임명했다.[282] 아울러 병선의 크기에 따른 전투수칙을 제정하고, 水軍 節制使는 '取旨' 없이 육지에 상륙해서는 안 되며, 항상 船上에 머물면서 적의 공격에 대비해야 하며 이를 위반할 때에는 즉각 처벌받도록 했다. 이 때 都觀察使는 이를 감독하면서 節制使와 萬戶・千戶의 能否를 고찰하는 일도 맡았다.[283] 이 조치는 종전과 다른 전술 및 지휘체계였다고 할 수 있다. 또한 육군과 마찬가지로 선군의 조직망에 대한 최종 감독책임을 도관찰사에게 부여해 혹시 있을지도 모르는 지휘자의 이탈 및 군벌화를 사전에 차단하도록 하였다. 이렇게 해서 육군에 버금 가는 지휘통솔체계가 확립되었고, 그만큼 독자성이 강화되었다고 할 수 있다.

그러나 급격한 개혁의 추진으로 많은 문제점이 발생하였다. 첫 번째의 큰 문제는 빠른 시간 안에 무리하게 선군을 확충한 데서 발생했다고 볼 수 있다. 선군의 입속대상을 연해지역의 주민으로 한정했는데, 이 지역이 개간되고 인구가 증가하기 위해서는 상당한 시일을 필요로 했다. 그러나 태조가 즉위하자 왜구에 대해 적극적인 공세를 펼치고자 단시일 내에 軍船을 증설하고[284] 선군의 확충을 서둘렀다. 그 결과 외방 선군에 처음 군액을 정할 때 父가 左領이 되고 子가 右領이 되며, 兄이 左領이 되고 弟가 右領이 되어 한 집안의 사람이 끊임없이 번을 서는 일이 벌어지기도 했다.[285] 결국 늘어난 군액을 채우기 위해 '三丁

1月, 1冊, 144쪽.

281) 『太祖實錄』卷5, 太祖 3年 2月 癸未, 1冊, 55쪽 ; 卷5, 太祖 3年 3月 丙辰, 1冊, 60쪽 ; 卷6, 太祖 3年 6月 己巳, 1冊 63쪽.

282) 『太祖實錄』卷3, 太祖 2年 3月 甲子, 1冊, 42쪽.

283) 『太祖實錄』卷6, 太祖 3年 7月 丁卯, 1冊, 66쪽, "都評議使司上言 京畿各浦守禦 尤不可不重 今後以大船分泊要路 以備不虞 以快船分載精銳 窮捜諸島追捕 節制使有故 申聞取旨 方許下陸 違者論罪 其節制使及萬戶千戶能否都觀察使 無時考察糾理 嘉靖以上 申聞論罪 從之".

284) 金在瑾, 1977, 『朝鮮王朝軍船研究』, 28~31쪽.

285) 『太祖實錄』卷14, 太祖 7年 閏5月 丙戌, 1冊, 124~125쪽.

爲一戶'라는 원칙이 준수되지 않았다.286) 또한 왜적의 침입을 이유로
輪番制를 무시하고 1년 이상 배를 타는 경우도 많았다.287) 따라서 船
軍들이 逃潰하게 되고 이는 수령이 책임지고 채워야 했다. 자연히 무
리한 충원에 따른 소동이 벌어졌다.288)

두 번째로 漕運, 造船, 營田, 燔鹽 등의 역사로 선군의 부담이 과도
해졌다. 그리고 魚鹽 생산에 선군을 동원하면서 군량을 제때 공급해주
지 않은 것이 상황을 더 악화시켰다. 이 때문에 船軍을 조발하고 番遞
할 때가 되면 온 집안이 도망하여 숨는 경우가 종종 발생했다.289) 결국
처음부터 무리하게 군액을 충당하고 그 위에 계속해서 부담을 가중시
키자 고된 역사를 견디기 어려워진 선군들이 마침내 유망해 버리고 말
았다. 군역제의 모순이 선군에 그대로 드러난 것이다.

선군의 유망은 육군보다도 더 복잡한 문제를 안고 있었다. 왜냐 하
면 선군은 병선을 타야 하는 관계로 경험을 절대적으로 필요로 하였
다. 그런데 '各道軍民所苦 騎船爲最'290)라는 실정에서 자원자가 있을
리 없었다. 이처럼 다른 병종에 비해서 보충이 어려웠기 때문에 소수
의 유망자가 발생하더라도 상황은 극히 심각했다. 그에 대비해 정부로
서는 보다 철저한 관리와 통제를 가했다. 따라서 당시 위정자들은 적
은 수의 유망자나 기피자가 발생했을 때부터 이 문제를 심각하게 고려
하여 그에 관한 대책 마련에 부심했다. 그 방안은 선군에 대한 직접적
인 통제를 강화하는 것과, 수고에 대한 보상책인 獎勸策 및 矜恤策으
로 나타났다.

---

286) 權寧國, 1994, 앞의 논문, 262쪽.
287) 『太祖實錄』卷11, 太祖 6年 4月 丁未, 1冊, 105쪽.
288) 『太祖實錄』卷14, 太祖 7年 閏5月 丙戌, 1冊, 124~125쪽.
289) 『太祖實錄』卷11, 太祖 6年 4月 丁未, 1冊, 105쪽, "一 各道軍民所苦 騎船爲
最 今以魚鹽之利 以供軍食 役使甚苦而糧餉不給 故調發番遞之時 舉家亡匿
者 比比有之 願自今騎船軍糧 依舊給之 其魚鹽所利 以爲贏餘 以贍其身 其
節制萬戶 托名魚鹽 役使困苦 以自奉者 痛懲以法".
290) 『太祖實錄』卷11, 太祖 6年 4月 丁未, 1冊, 105쪽.

첫째, 관리통제책은 이미 고려말 개혁작업을 실행하면서부터 강구되었다. 먼저 軍丁에게 號牌를 지급하고 항상 이를 휴대케 하는 조치가 있었는데, 이는 공양왕대에 실시한 적이 있다.[291] 軍丁을 錄籍시키고 호패를 휴대케 한 것은 국가가 이들을 직접 관리하고 통제하기 위해서였다.[292] 船軍의 경우 '三丁爲一戶'에 의거해서 船軍戶를 구성하여 이를 籍에 올리고 호패를 지급해서 국가가 직접 관리하려고 했다. 그렇게 하면 이탈을 하더라도 추쇄하기가 용이하였다. 그러나 태조 7년 1월에 도평의사사의 요청에도 불구하고 호패법이 실시되지 못했다.[293] 아마도 민들이 호패를 받으면, 戶籍과 軍籍에 올려지면서 동시에 軍丁으로 抄定되는 것으로 여겨 크게 반발했기 때문으로 생각된다.[294] 따라서 호패의 지급 및 휴대를 통해 선군을 포함한 모든 군정을 직접 관리하거나 통제하려는 방안은 실패했고, 다른 방법을 모색해야 했다.

선군도 다른 병종과 마찬가지로 各官別로 일단 군적을 작성해 놓고 관리하다가[295] 이탈자가 발생할 경우 다음과 같이 처리하도록 도평의사사가 건의하여 왕의 허락을 받았다.

船軍에 혹 도망하거나 신체에 사고가 난 자가 있으면, 萬戶・千戶가 수령에게 공문을 보내 즉시 그 수효를 충당하게 하고, 都觀察使와

---

291) 『高麗史』 卷81, 兵志1, 兵制, 恭讓王 3年 7月, 中冊, 793쪽.

292) 李基白, 1969, 『高麗史兵志譯註一』, 166쪽. 號牌란 壯丁을 籍에 올렸다는 증거로 주는 牌로서 이를 항상 차고 다니게 하였다. 그런데 고려 말기에는 各道에 수명씩 임명된 元帥들이 징병을 독자적으로 행하여 그 군대를 사병과 같이 부리고 있었으므로, 이성계 일파가 정권을 장악한 뒤에 兵權의 집중을 위하여 元帥를 폐지하고 三軍都摠制府를 설치하여 여기서 全國의 군대를 총지휘케 하였다. 본 號牌法의 실시도 이러한 병제개혁의 일환으로서 중앙에서 전국의 군대를 직접 파악하기 위한 것이라고 한다.

293) 『太祖實錄』 卷13, 太祖 7年 1月 甲子, 1冊, 115쪽, "都評議使司 請行號牌之法 事竟不行".

294) 李光麟, 1955, 「號牌考」, 『庸齋白樂濬博士華甲記念國學論叢』, 555쪽.

295) 閔賢九, 1983, 『朝鮮初期의 軍事制度와 政治』, 217쪽.

都節制使는 정한 때가 없이 수시로 點考하여, 수령이 만약 船軍 세우는 것을 빠뜨리면 1名에 笞10을 집행하고, 매 1명마다 1等을 가하여 죄를 杖90에 이르게 하되 還任시키고, 10명 이상이 되면 杖100으로 처벌하고 罷職시킬 것입니다.296)

위의 조치로 선군의 거주지를 관할하던 수령들은 감시와 통제를 철저히 하여 이들의 이탈을 막아야 했다. 육군도 수령에게 책임을 부과했지만, 이처럼 단 한 명의 이탈만 갖고도 가혹하게 처벌할 정도는 아니었을 것이다. 그만큼 선군의 이탈에 대해 정부는 많은 신경을 쓰고 있었다. 그런데 정도전이 작성한 태조 즉위교서에 나오는 선군의 긍휼을 관장하는 所在官司와 위의 자료에서 수령이 거느리는 機構는 동일한 것이라고 생각된다. 따라서 수령이 중심이 되어 선군에 대해 긍휼을 베풀되, 만약 그것이 제대로 이루어지지 않아 도망하거나 사고로 闕人이 생길 경우 모든 책임을 져야 했다. 결국 所在官司와 수령이 책임을 지고 선군의 이탈을 막도록 했다.

선군의 경우 황폐해진 연해지역의 개발과 방어를 위해 해변 인민을 소모해서 조직했기 때문에 자연히 생활이 불안정하여 이탈할 소지가 많았다. 따라서 통솔조직과 행정기구가 상호 협력해서 감시하고 수령에게 전적인 책임을 부여하여 이탈을 방지하려고 했다. 이것이 『經濟六典』에 법제화되면서297) 선군 통제의 원칙으로 자리잡게 되었다.

둘째 船軍에 대한 獎勸策과 矜恤策을 살펴보면, 먼저 장권책으로는 앞서 살펴본 海領職이 두드러진다. 하지만 해령직은 일부 장기 근무자에 한정되는 것으로 모든 인원에게 골고루 혜택이 돌아가는 것은 아니었다. 그 점이 한계였다. 그러므로 해령직의 제수와 병행하여 좀더 넓은 층을 대상으로 직접 도움을 줄 수 있는 긍휼책을 펼칠 필요가 있었

296)『太祖實錄』卷4, 太祖 2年 11月 己巳, 1冊, 52쪽, "船軍或有在逃身故者 萬戶千戶 移文守令 卽充其額 都觀察使都節制使 無時點考 守令如有闕立船軍者 一名笞一十 每一名加一等 罪止杖九十還任 十名以上 杖一百罷職".
297) 연세대 국학연구원 편, 1993,『經濟六典輯錄』, 246~247쪽.

다. 그리하여 태조 6년 2월에 도평의사사는,

> 庚寅年 이후로 해적이 난동을 부려서 연해의 州郡이 모두 蕭然한
> 데, 근년 이래 兵船을 만들어 연변을 수비하고 막으매, 도적이 감히
> 가까이 오지 못했고, 居民들도 토착하여 사니 戰艦의 공이 참으로 큽
> 니다. 각 병선의 軍官·軍人은 긴 세월을 두고 배를 타서 물 위에 붙
> 어 사니 심히 불쌍하온데, 배 안에서도 陸物諸緣과 雜役을 오로지 騎
> 船軍에게 시키니, 苦役이 과중합니다. 소재지의 각 고을에서는 그 폐
> 해를 돌아보지 아니하고 騎船軍戶에게 徭役을 지정하여 괴롭히니,
> 騎船 가호가 이 때문에 도망하여 흩어져서 군사의 수가 날마다 줄어
> 듭니다. 금후로는 騎船各戶의 出斂과 雜凡差役은 일체 면제하여 完
> 護하되, 여전히 條令을 좇지 않는 수령과 간악한 아전은 王旨不從律
> 로 논죄하고, 騎船軍戶內의 아들·사위와 奉足으로 정하여 준 사람
> 외의 挾持하는 漏戶는 마땅히 다른 역사를 시킬 것입니다[298]

라고 했다. 이미 즉위교서에서 선군에 대해 所在官司로 하여금 부역을
견면해 주도록 했으나,[299] 거행하지 않을 경우 관리들을 처벌한다는
조항이 없었기 때문에 제대로 시행되지 못했던 것 같다. 그러므로 이
번에는 즉위교서의 모호한 부분을 정리해서 선군호에 대해서는 어떤
경우라도 요역을 지정하지 말고, 이를 어기는 수령이나 이서가 있으면
즉시 처벌한다는 규정을 만든 것이다.

이 법을 시행하면 요역에 지정되는 것을 피하기 위해 기선군호가 아
닌 자들이 불법적으로 입속하는 문제가 발생할 소지가 있었다. 이 때

---

298) 『太祖實錄』 卷11, 太祖 6年 2月 甲午, 1冊, 100쪽, "自庚寅年以後 海寇作耗
　　沿海州郡 悉皆蕭然 近年以來 營造兵船 沿邊守禦 賊不敢近 居民土着 戰艦
　　之功 誠爲最大 各船軍官軍人 長年騎船 寄生水上 甚爲可哀 船內陸物諸緣
　　及雜役 專以騎船軍人備用 苦役尤重 所在各官 不雇其弊 騎船軍戶徭役 指
　　定侵勞 騎船戶因此逃散 軍數日減 今後騎船各戶出斂及雜凡差役 一皆減除
　　完護 如前條令不從守令及奸吏 以王旨不從論罪 其騎船軍戶內 子壻及奉足
　　定給人外 挾持漏戶 當差他役".
299) 『太祖實錄』 卷1, 太祖 1年 7月 丁未, 1冊, 22쪽.

문에 특별히 선군호 내에서 子壻와 奉足으로 정해진 사람이 아닌 漏戶를 挾持하고 있으면 그들을 他役에 배정하라고 규정하였다. 즉, 이를 빙자하여 요역에서 빠져나가는 것을 막으려고 했다. 이 역시『經濟六典』에 법제화되었다.300)

이 같은 요역 견면조치에는 또 다른 배경이 있었다. 원래 고려 말에 계획했던 개간지에 대한 20년 면세규정은 조선에서는 실행되지 않았다. 연해 개간지 면세기간은 크게 축소되어 개간 첫 해는 田租를 全免, 이듬해는 그 半을 징수, 그 다음 해에는 全收해주기로 하고 이를『經濟六典』에 법제화하였다.301) 이는 그만큼 토지문제가 심각했음을 반영하며 동시에 면세조항을 이용해 선군호들이 개간지를 확대하는 것을 방지하려는 것이었다. 결국 처음 약속과는 달리 개간지 면세기간이 많이 짧아졌기 때문에 요역을 지정하는 문제가 선군에게 더 중요해졌다. 만약 이마저 제대로 시행되지 못한다면 선군은 피폐하고 파산해 마침내 유망으로 발전하는 사태가 예상되었다. 따라서 반대급부인 요역의 견면을 강조하였다.

또한 요역의 견면 등과 함께 선군 근무자에 대한 優恤조치도 이루어졌다. 선군은 해상생활로 인한 질병, 조난사고 등으로 다수의 희생자를 내는 일이 많았다. 鄭地가 海道元帥로 군대를 거느리고 있던 고려 말에도 질병이 대단히 유행하여 선군 사망자가 태반이 되었던 적이 있다. 이 때 鄭地는 해상에서 죽은 시체를 육지로 운반하여 매장하였으므로 사졸들이 감격하여 따르게 되어 나중에 큰 공을 세웠다.302) 따라서 이 시기에는 기선군관·군인들이 질병으로 이탈하는 것을 줄이고, 그들의 사기를 높여주는 것이 큰 과제가 되었다.

정도전은 이 문제에 대한 방안도 제시했다. 그는 軍旅에서 老幼者

300) 연세대 국학연구원 편, 1993,『經濟六典輯錄』, 215~217쪽.
301)『世宗實錄』卷65, 世宗 16年 7월 戊子, 3冊, 580쪽, "元典 各道海邊開荒田稅 初年全免 二年半收 三年以後全收".
302)『高麗史』卷113, 列傳, 鄭地, 下冊, 496쪽.

를 放歸시키고 飢寒者에게는 衣食을 제공해 주며, 질병에 걸린 사람
은 치료해 주고, 사망자는 매장해 주어야 한다는 점을 강조했다. 이렇
게 은혜를 베풀면 사졸들이 감사하는 마음으로 죽을 힘을 다해 싸운다
는 것이다.[303] 고려 말기에는 군대조직의 특성상 족친이나 기타 사적
인 관계를 바탕으로 하고 있어 이 같은 조치를 별도로 규정할 필요가
없었다. 그러나 군제개혁으로 사적인 결합과 관행을 철폐했을 때 어떻
게 상하 간의 두터운 신뢰를 이룩하는가가 문제가 된다. 그러므로 存
恤策을 제도적으로 규정할 수밖에 없었다.

태조 6년 2월에 도평의사사에서는 다음과 같이 건의해서 왕의 재가
를 받았다.

　軍法에 군사를 거느리는 자는 사졸로 더불어 고락을 함께하고, 항
상 질병을 걱정하여 정성껏 구호해서 군인으로 하여금 마음이 떠나지
않도록 해야 적에 임하여 공을 세울 수 있는데, 各道의 兵船頭目은
한때의 喜怒로써 불법으로 濫刑하고, 또 여러 달 배를 타서 瘴氣와
飢寒에 시달려 병이 난 자나, 혹은 몸이 피곤하고 힘이 지치어 하루
이틀 곤하게 누워 있는 자를 溫疫이라 하여 구제해서 치료하지는 아
니하고, 숨도 끊어지지 않은 자를 혹은 무인도에 버리고, 혹은 물 속
에 버리어 夭死하게 하며, 비록 평시라 할지라도 마시는 물까지 고루
주지 않아서 이것으로 인하여 병이 되니, 이런 일을 살피고 存恤하지
않는다면, 군인은 마음이 떠나서 적을 만나도 마음을 쓰지 않고 접전
하여도 성공하지 못할 것이니, 금후로는 명령을 내려 엄금하고 만일
병을 얻은 군인이 있으면 구호 치료를 가볍게 하지 말고, 병이 깊어
치료하기 어려운 자는 兵船이 머무는 근처 각 고을에 하륙하여, 그
官으로 하여금 사람을 시켜 구호 치료하게 하고, 불행히 사망한 자가
있으면 팻말에 써서 표를 세워 근접한 곳에 매장하되, 病故에 대한

---

303) 『朝鮮經國典』下, 政典, 存恤, "夫力者 下之所以事上 恩者 上之所以撫下 交
　　相報也 其在軍旅 老幼者放歸之 飢寒者衣食之 疾病者醫療之 死亡者瘞埋之
　　恩之所施博矣 則爲士卒者 感恩之 必出於至誠 莫不踴躍以效死力 臣故曰
　　交相報也".

사연을 관찰사에게 보고하여 使司에 傳報하고, 使司는 임금에 轉聞
하여 그 집을 存恤하되 해를 한정하여 역사를 면제하고, 마음을 써서
구호 치료하지 않아서 사망하는 자가 있으면 各官의 差人과 여전히
條令을 좇지 않고 폐해를 만든 萬戶·千戶·領船頭目을 大明律內의
軍士撫馭無方條에 의하여 決杖100에 처하여 변방에 보내 군졸에 편
입하소서.304)

이 조치의 요지는 해상에서 근무하는 관계로 많은 어려움을 겪고 있
던 선군에 대해 여러 가지 존휼조치를 베풀어야 한다는 것이다. 당시
상황에서는 闕人의 보충이 쉽지 않아 선군이 줄어들고 나아가 입역을
기피하는 요소가 될 수 있었다. 따라서 救療方案을 다각도로 마련하고
病故者라 할지라도 이전과 달리 戰死者에 준하여 대우해서 監司를 통
해 국왕에게 보고하여 일정 기간 동안 復戶를 베풀어 주었다. 그리고
만약 치료가 제대로 이루어지지 않아 病故者가 발생할 경우 그 책임자
들을 모두 처벌하도록 했다. 이는 所在官司의 수령과 吏胥를 처벌하는
것과 대응된다. 이 역시 船軍의 病故者에 관한 부분을 중심으로 『經濟
六典』에 법제화되었다.305)

지금까지 살펴본 방안을 정리하면 賞職으로서의 해령직 제수라든
가, 船軍戶에 대한 完護, 濱海開墾地免稅, 存恤 등이 『經濟六典』에서
모두 법제화되었다는 것을 알 수 있다. 海領職 제수, 完護, 存恤 등은

304)『太祖實錄』卷11, 太祖 6年 2月 甲午, 1冊, 100쪽, "軍法 將兵者 與士卒同甘
苦時 常存恤疾病 盡情救護 不令軍人離心 乃可以臨敵立功 各道兵船頭目
以一時喜怒 非法亂刑 又累朔騎船瘴氣飢寒所逮成疾者 或身勞力瘁 一二日
困臥者 以爲溫疫 不爲救療 氣息不絶者 或棄無人之島 或棄水中 以致夭死
雖在半時 全於飮水 不曾均給 因此成病 以如此等事 不爲存恤 軍人離心 逢
賊不肯用心 接戰不得成功 今後出令嚴禁 如有得病軍人 不輕救療 病深難治
者 兵船到泊近處各官下陸 令其官差人救療 不幸有死亡者 題牲立標 埋葬接
處 病故辭緣 報都觀察使 傳報使司 轉聞于上 存恤其家 限年除役 不爲用心
救療致死者 各官差人及如前條令不從作弊萬戶千戶領船頭目 依大明律內軍
士撫馭無方條 決杖一百 邊鄙充軍".
305) 연세대 국학연구원 편, 1993, 『經濟六典輯錄』, 222~223쪽.

모두 선군만을 대상으로 한 법이었다. 선군역이 워낙 고역이었기 때문에 그런 법들을 별도로 제정해야만 했던 것이다. 그러므로 원리는 비슷하다 하더라도 병종의 특성이나 배치지역에 따라 각자 다른 방식의 관리책을 제정하였던 것이다.

선군에 대한 개혁에는 군사적 측면뿐만 아니라 연해민 안집, 연해지역의 개간과 국가재정의 확보라는 목표도 들어 있었다. 그 점이 고려말 급진개혁파 사대부들의 방안과 태조대에 시행된 정책들의 특징이었다. 고려 말의 정책과 아울러 조선에 들어와 선군 조직이 정비됨에 따라 몇 가지가 더 추가되었다. 정종 1년 1월에 忠淸道監司 李至가 올린 啓에서는,

船軍은 漕運·造船·營田 등의 일로도 역사가 번다하고 폐해가 큽니다. 漕運할 때는 자주 익사하게 되고, 造船·營田, 그리고 소금을 구울 즈음에는 農牛가 지쳐 죽습니다[306]

라고 했다. 즉, 전국화된 조직을 이용하여 선군들을 漕運, 造船, 營田, 燔鹽 등 역사에 직접 동원한 것이다. 그 중에서도 營田은 軍營에 설치된 둔전을 뜻하는 것으로 諸浦에 설치되어 선군을 동원해 경작했다.[307] 이 때 耕牛·農器 등을 스스로 마련해야 했다.[308] 원래 태조의 즉위교서에서는 고려 말에 많은 말썽을 일으킨 屯田을 혁파한다고 선언했으나[309] 얼마 지나지 않은 태조 3년 1월에 屯戍軍의 屯田과 燔鹽을 군자에 충당한다는 명목으로 부활시켰다.[310] 선군이 경작하는 둔전

---

306) 『定宗實錄』卷1, 定宗 1年 1月, 1冊, 143쪽, "船軍漕運造船營田等事 役繁弊鉅 漕運之時 屢至溺死 造船營田燔鹽之際 農牛羸斃".

307) 崔永昌, 1989, 앞의 논문, 42쪽.

308) 『太宗實錄』卷29, 太宗 15年 6月 庚寅, 2冊, 73쪽.

309) 『太祖實錄』卷1, 太祖 1年 7月 丁未, 1冊, 22쪽, "卽位敎書 …… 一 國屯田 有弊於民 除陰竹屯田外 一皆革罷".

310) 『太祖實錄』卷5, 太祖 3年 1月 戊午, 1冊, 54쪽.

이 곧 營田이었다.

그런데 여기서 선군을 소금 굽는 일에 동원하는 것은 곧 '公權'으로, 이는 선군에게 魚鹽之利를 스스로 取하는 것을 허용하고 '毋得公權'한 다고 한 태조 즉위교서의 원칙과 어긋난다. 이렇게 된 근본원인은 고 려말 사전개혁을 단행할 때 추진했던 軍資田의 확보가 계획대로 이루 어지지 못했기 때문이다.311) 즉, 軍資田을 통한 조달이 어렵게 되자 屯田 및 燔鹽 등을 부활시켜 해결하려고 했다. 이 때 둔전경작과 소금 굽는 작업에 필요한 노동력은 주로 선군을 동원해서 충당했다.

어떻든 이상의 조치들이 어울려 연해지역의 개발과 개간은 상당한 효과를 거두었다. 군사력도 강화되어 왜구에 의한 피해를 상당히 줄였 다. 이것은 다시 거주민의 토착화를 촉진하였다.312) 그리하여 태조 4년 (1395)경이면 南道에는 주민이 안심하고 살게 되어 호구가 늘면서 濱海나 島嶼에서 개간이 이루어져 남은 땅이 없다는 표현이 나올 정도였 다.313) 그리고 어염 생산도 활기를 띠기 시작해서 태조 7년 1월에는 朝官을 沿海邊 여러 고을에 파견하여 公私의 魚鹽과 各浦의 所産을 모 두 조사하여 기록해 두었다가 해마다 세를 거두어 國用에 대비하라는 조치가 내려지기도 했다. 이는 현지 수령의 반대로 실행되지는 못했으 나,314) 魚鹽의 생산이 증가하고 있음을 반영하고 있다. 또한 태조 7년 5월에는 고려 말에 실시하지 못했던 연해지역에 대한 量田을 戶曹給田司의 요청으로 곧 단행하려고 했다. 이는 왕의 재가를 얻었으나 왕 자의 난과 태조의 퇴위 때문에 시행되지는 못했다. 그러나 실제로 개 간이 활발히 추진되었고, 그 성과도 대단히 컸다는 것을 반증한다.315) 이는 왜적의 방어와 연해지역에 대한 개발이라는 두 가지 목표를 가지

---

311) 李章雨, 1988,「朝鮮初期 軍資田에 대한 一考察」,『歷史學報』118, 39~40쪽.
312)『太祖實錄』卷11, 太祖 6年 2月 甲午, 1冊, 100쪽.
313) 李景植, 1991,「朝鮮初期의 農地開墾과 大農經營」,『韓國史研究』75, 60쪽.
314)『太祖實錄』卷13, 太祖 7年 1月 己未, 1冊, 114쪽.
315) 李景植, 1991, 앞의 논문, 60~61쪽.

고 시작한 선군의 조직망 개편사업이 거둔 성과였다.

2) 船軍 편제방식의 변화와 役軍化

태조 7년(1398) 8월 왕자의 난으로 정도전 등이 제거되고 동년 9월에 태조가 퇴위하면서 정권이 바뀌었다. 이 때 집권한 인사들은 처음에는 태조대에 급속하게 확장된 선군을 감축시키려 했다.316) 무리한 充定에 따른 선군들의 불만을 해소시켜 준다는 명분을 내세워 호응을 받아 새로 등장한 자신들의 입지를 강화하려고 했다.

그러나 선군의 감축은 일시적인 정책이었을 뿐이다. 定宗 1년(1399) 9월에 감축했던 각 도의 선군을 다시 복구시키는 조치가 있었다.317) 나아가 선군의 확장정책을 재개했다. 선군 조직을 확대하고 군액을 늘려 연해지역에 대한 방어력을 강화하는 한편, 개발을 촉진해서 생산기반을 확장한다는 기본 방향도 별로 바뀌지 않았다. 하지만 그것을 수행하는 방법과 각각의 정책이 지니는 사회경제적인 의미는 바뀌기 시작했다.

이러한 변화는 선군의 감축을 천명하던 초창기부터 암시되어 있었다. 定宗은 즉위교서에서 다음과 같이 선군에 관한 대책을 천명하였다.

騎船軍은 나라를 위하여 外侮를 막고 水上에서 목숨을 붙이고 있으므로 고생이 더욱 심하니, 兵曹에서 마땅히 각 도의 軍戶人口 多少를 상고하여 매 3丁에 군인 1명을 세워 2番으로 나누어 輪番으로 교대하게 하고, 그 집에 다른 役은 면제하게 할 것이다.318)

---

316) 『定宗實錄』 卷1, 定宗 1年 3月, 1冊, 146쪽.

317) 『定宗實錄』 卷2, 定宗 1年 9月, 1冊, 156쪽.

318) 『太祖實錄』 卷15, 定宗 卽位年 9月 丁亥, 卽位教書, 1冊, 137쪽, "騎船軍 爲 國禦侮 寄命水上 難苦尤甚 兵曹宜考各道軍戶人口多少 每三丁立一軍 分爲 二番 輪番更代 其家許免他役".

위에서 2番으로 나누어 교대로 근무케 하고 다른 역을 면제하라는 것은 태조대의 정책과 동일하다. 즉 무리한 운영을 지양하고 기존의 원칙에 충실하겠다는 뜻이다. 그러나 여기에는 중요한 조치 하나가 추가되었다. 병조로 하여금 各道의 軍戶人口의 多少를 고찰하게 하여 '三丁立一軍'의 원칙을 지킨다는 것이 그것이다. 이 말만으로는 내용이 좀 불확실하다. 하지만 태종 4년 漢城尹 閔繼生과 前戶曹典書 嚴億 등이 陳言하기를, 이 때 해변에 살지 않는 사람들을 선군으로 차정했던 것이 결국 선군의 중요한 폐단으로 작용했다는 사실을 지적하였다.

　　— 漢城尹 閔繼生, 前戶曹典書 嚴億 등이 陳言한 것 가운데에, "연해에 거주하는 사람은 물가에서 生長하여 배 타고 노 젓는 데 便하고 익숙하나 육지에 사는 사람은 하루 걸리는 程途인데도 왕래하는 데 폐단이 있고, 海路 보기를 마치 死地에 빠지는 것 같이 합니다. 원하건대, 이제부터 연해에 거주하는 자는 職의 有無를 논하지 말고, 다 船軍에 속하게 하고, 육지에 거주하는 자는 오로지 侍衛에만 속하게 하면, 水陸의 임무가 각각 거행되어질 것입니다"라고 하였다.[319]

위의 기사로 육지의 거주민이 선군에 充定되어 많은 어려움을 겪게 되었음이 확인된다. 따라서 閔繼生・嚴億 등은 이전처럼 연해민은 선군에, 육지민은 시위군에 속하게 하자고 건의하였다. 이것으로 미루어 보건대 定宗의 즉위교서에 따라 병조가 각 도의 군호 인구를 고찰했다는 것은 사실상 선군 충정에서 연해지역에 제한을 받지 않는다는 원칙을 제시한 것에 분명하다. 즉위교서에 나타난 이 규정은 그 후 계속 준수되어 태종대 『經濟六典』을 수정하여 편찬한 『續集詳節』에도 그대

319) 『太宗實錄』 卷8, 太宗 4年 9月 丁巳, 1冊, 307쪽, "一 漢城尹閔繼生・前戶曹典書嚴億等陳言內 沿海所居之人 生長水邊 便習舟楫 陸地居民 隔日程途 往來有弊 其視海路 如陷死地 願自今 沿海而居者 勿論職之有無 盡屬船軍 陸地居者 專屬侍衛 則水陸之務各擧矣".

로 수록되었다.320)

이것은 대단히 중요한 변화로, 선군 강화를 처음 주장한 고려 공민왕대 李穡의 방안에서 기본적인 원칙으로서 언급된 연해민의 船軍充定原則을 파기하는 것이었다. 그 결과 항해에 전혀 익숙하지 않는 사람들이 선군에 들어오게 되었다. 이것은 선군의 전력을 약화시켜 큰 문제가 되었다. 그러나 여기에는 더 큰 문제가 내재되어 있었다. 즉 이로 인해 선군의 편성기준이라든가 임무의 내용 등이 이전에 비해 크게 바뀌어야 했으며, 마침내 양인의 군역이 차별화되면서 선군역의 성격도 변모되는 것이었다.

이 문제를 살피기 위해서는 먼저 군역 부과방식의 변화를 살펴야 할 것 같다. 태종 4년(1404) 5월 所耕多少를 기준으로 軍丁을 成籍하는 法을 제정하였다. 이 때 船軍의 경우 2~3결 이하는 奉足 2호, 4~5결 이하는 奉足 1戶, 7~8결 이상은 自立 1領, 15결 이상은 自立 2領하게 했다.321) 그리고 이 조치도 '每三丁立一軍'과 마찬가지로 『續六典』에 법제화했다.322)

이것은 군역의 대가로 토지를 지급한다는 고려시대 이래의 원칙을 파기하는 조치였다. 국가의 토지분급을 전제로 하는 것이 아니라 개별 호의 보유 토지 현황을 근거로 해서 군정을 차출했기 때문이다. 즉, 토지를 매개로 하여 군정을 뽑아 낸다는 점에서는 동일했으나, 그 전제는 달라지고 있었다.

그렇게 됨으로써 선군도 그 운영원칙이나 차정대상이 다른 병종 및 일반 국역자들과 함께 전체 國役體制의 일환으로 운영되게 되었다. 종래까지 선군은 연해 주민을 대상으로 해서 차정하는 특수한 병종에 머물렀으나, 차후에는 그 이외 지역에서도 뽑는 보편적인 것으로 확대되었다.

---

320) 연세대 국학연구원 편, 1993, 『經濟六典輯錄』, 215~217쪽.
321) 『太宗實錄』卷7, 太宗 4年 5月 癸亥, 1冊, 297쪽.
322) 연세대 국학연구원 편, 1993, 『經濟六典輯錄』, 226~227쪽.

이것은 일견 국역의 편제와 운영을 일원화한 것이라고도 할 수 있겠지만, 船軍役이 苦役이었다는 점을 감안한다면, 외형적으로는 평등해지나 실질적으로는 차별화·賤役化하게 만드는 단초를 열었다고도 할 수 있다.

정부에서는 이런 점을 고려해서 선군에 대한 군정 차정과 봉족의 지급기준에 약간의 차등을 두었다. 즉, 7~8결을 기준으로 4개 등급으로 나누고 그에 따라 奉足戶323)의 지급 여부를 결정했는데, 이것은 다른 병종에 비해서 하나 이상 등급이 더 많은 것이었다. 특히 맨 아래 등급에는 '每三丁立一軍'의 원리를 적용시키고, 그 위로 올라갈수록 축소시키는 식으로 戶首의 貧富强弱을 감안하여 奉足戶의 지급을 조절했다. 이로 인해 아주 가난한 호에게는 奉足戶를 加定하고 그 대신 매우 부강한 호는 부담을 늘렸다. 이것으로 상호 균형이 이루어지도록 했다.

이 방식은 외면상으로는 경제력의 차이에 따라 균평하게 역을 부담시키는 방안으로 보인다. 그러나 이 체제는 貧富强弱의 기준이 되는 民戶의 保有 所耕田이 고정되어 있어야만 제 구실을 할 수가 있었다. 그리고 증감이 발생했을 시에는 즉시 파악이 가능해야만 한다. 그렇지 않으면 貧富强弱의 기준이 흔들려서 제 역할을 할 수 없다는 문제를 안고 있었다.

당시 토지의 취득·처분은 사적으로 자유롭게 이루어지고 있었다.324) 따라서 船軍의 所耕田을 마음대로 처분하도록 방치할 경우, 貧富强弱에 따라 助戶를 지급하는 체제가 제대로 유지되기 어려웠다. 정부는 이 사실을 알고 있었으므로 船軍의 所耕田 放賣를 불허했다. 이 조치가 船軍에게만 적용된 것은 아니지만, 선군역이 고역이었던 만큼 타역종에 비해 비교적 오랫동안 지켜졌다. 세종 6년 3월 경기도에 대

---

323) 여기서는 自然戶로써 正丁戶와 奉足戶를 設定했다고 한다(北村明美, 1992, 「李朝初期國役制度'保法'의 成立について」, 『朝鮮史硏究會論文集』 30, 177쪽).

324) 李景植, 1994, 「朝鮮前期 土地의 私的 所有問題」, 『東方學志』 85, 70쪽.

한 토지매매의 통제를 해제하면서도,325) 船軍의 所耕田 방매는 계속 금지시켰다.326)

이와 같이 전대와 비교해 보면, 군호의 편성에 나타난 변화가 적지 않은 것임을 알 수 있다. 특히 山郡의 주민들이 船軍으로 입속하면서 군제개편이나 호구조사, 양전사업의 결과에 따라 군액이 확대될 가능성이 많아졌다.

이런 기초작업을 마친 후 태종 8년(1408)부터 본격적인 선군 확장사업이 시작되었다. 표면상 위정자들은 선군을 증가시킨 일차적인 요인을 왜구 침입의 격화에서 찾았다. 태종 8년 3월에 忠淸監司가 왜적의 침입이 치열해지는 데 반해 도내에 병선이 적어 적을 감당할 수 없다고 보고하자327) 8道에 걸쳐 185隻의 병선을 加造하겠다는 계획을 발표했다.328) 그러나 단번에 兵船 加造가 이루어진 것은 아니고 태종 12년(1412)에야 그 목표가 달성되었다.329) 병선의 수가 증가하는 것과 함께 선군도 늘어나면서 그 조직망도 자연히 전국으로 확대되었다. 그러나 세종대에 들어와서도 여전히 各道 各浦의 兵船數가 적어 방어가 허술하므로 갑작스레 변을 만나면 적과 싸우기 어렵다는 의견이 제출되었다.330) 또한 對馬島 원정 후에도 재침을 우려해서 병선의 加造事業을 계속 진행하였다.331) 결국 왜구에 대한 방어를 강화한다는 명목으로 선군을 늘렸다.

---

325) 『世宗實錄』 卷23, 世宗 6年 3月 己亥, 2冊, 589쪽.
326) 『世宗實錄』 卷29, 世宗 7年 8月 丙申, 2冊, 691쪽, "一 今後船軍都府外侍衛 別牌皂隷螺匠等項 有軍役人田地 勿令任意放賣 或因父母喪葬 或因宿債收 贖 或家貧不能自存等項 不得已放賣 眞僞覈於隣里人 立案成給 其欲避役逃 亡 妄稱緣故賣買者 幷其隣里通同誣證人 依律科罪 其放賣田地 移給無田地 人".
327) 『太宗實錄』 卷15, 太宗 8年 3月 丁巳, 1冊, 431쪽.
328) 『太宗實錄』 卷15, 太宗 8年 3月 庚午, 1冊, 433쪽.
329) 金在瑾, 1977, 앞의 책, 25쪽.
330) 『世宗實錄』 卷4, 世宗 1年 5月 戊午, 2冊, 316쪽.
331) 金在瑾, 1977, 앞의 책, 26~27쪽.

그러나 선군의 증액에는 경제적 이유도 크게 작용했다. 취약지역에까지 개발·개간을 확대하기 위해서는 군사력의 보강이 필요하고 그것을 위해서는 군액을 늘려야 했다. 세종 즉위년(1418) 8월 慶尙道水軍都節制使는 왜적의 침입이 뜸해지면서 南海·巨濟島에 역을 피해 돌아와 거주하는 사람들이 크게 늘었는데, 적변이 일어날 경우 노략질을 당하기 쉬워 대책마련이 시급하다고 보고했다. 그러므로 이 곳에다가 守城軍을 두고 兵船을 배치하여 방어를 엄하게 해야 한다고 건의했다. 이 때 婦人·小兒는 쇄출시키고 丁壯들은 남아서 농사를 짓게 했다.332) 당시 濱海 및 島嶼에 대한 개발·개간이 시급했기 때문에 이를 계기로 군사적으로 취약한 지대라도 일단 丁壯을 들여보내 농사를 짓게 하고 주변의 병선을 동원해서 방어를 공고히 하고자 노력했다.333)

이처럼 취약지구에 대한 방어력의 강화에 힘입어 개간작업이 海中島嶼로까지 확대되자 태종 17년(1417)에는 海島의 新開墾地를 조사하여 田籍에 올리는 작업을 실시했다.334) 뿐만 아니라 海島 등에 숨어 있던 피역민을 추쇄할 때에도 선군을 이용했다.335) 이를 통해 島嶼 및 연해 지역에서 새로 개발된 곳을 찾아 내고, 그 곳에 조세를 부과할 수 있는 기반을 조성했다. 이러한 작업들은 모두 선군 조직의 확대를 전제로 실행할 수 있는 것들이었다. 또한 고려말 왜구로 인해 위축되었던 漁業336) 및 대외무역을 활성화시키는 것도 해군력의 증강을 전제로 가능했다.337) 결국 선군과 병선은 계속 늘어나게 되었다.

그러나 실제로 船軍額이 증가할 수 있었던 가장 큰 요인은 充定方

---

332) 『世宗實錄』 卷1, 世宗 卽位年 8月 丙申, 2冊, 263쪽.
333) 『世宗實錄』 卷7, 世宗 2年 閏1月 丙申, 2冊, 371쪽 ; 卷15, 世宗 4年 2月 壬子, 2冊, 475쪽.
334) 李景植, 1991, 앞의 논문, 62~65쪽.
335) 『成宗實錄』 卷15, 成宗 3年 2月 庚午, 8冊, 633쪽.
336) 朴九秉, 1975, 『韓國漁業史』, 49~64쪽.
337) 오봉근·손영종, 1991, 『조선수군사』, 237쪽.

式의 변모였다. 태종 4년 5월에 民戶의 貧富强弱에 따라 助戶를 지급한 이후 일어난 큰 변화는 태종 13년(1413) 9월부터 호패법을 실시하여 호구파악과 成籍에 박차를 가한 것이다. 이 때 忠淸一道에만 加現人이 16,297명에 달할 정도로 새로이 많은 인구가 파악되었다.[338] 그렇게 되자 일부 관리들이 田地와 人口의 다소를 相考해서 均定하라는 敎旨를 따르지 않고 號牌付人口數로만 역을 정해서 문제가 발생한다는 주장이 제기되기도 했다.[339] 差役의 기준을 놓고 혼선이 빚어지자 이를 수습하기 위해 태종 15년(1415) 11월 軍丁奉足之數를 所耕田과 人丁의 多少에 의거해서 정하는 법이 제정되었다.[340] 이는 태종 4년 5월의 조처와 달리 人丁의 다소도 반영되도록 했던 점이 특징이다. 활발한 호구조사로 인정의 파악이 어느 정도 이루어졌기 때문에 이를 반영할 필요성이 커졌고, 또한 이를 구실로 인정을 다수 거느리고 있는 사람들에게도 소경전을 다량 보유한 자들과 마찬가지로 좀더 무거운 부담을 부과해서 역의 균평 부과를 이룩하겠다는 의도였다.

이와 더불어 군역 부담자에 대한 토지분급의 원칙은 閑良官吏들에 대한 軍田 지급이 소멸하는 것과 마찬가지로 사라졌다. 그리하여 이미 지급되었던 특수한 군전마저 회수하는 사례가 발생했다. 그것이 바로 喬桐·江華의 船軍田地 문제였다. 이 곳은 수도로 통하는 길목을 차단하는 전략 요충지이자 수군기지였다. 그리하여 고려 우왕 때 왜구의 방어를 위하여 전라도의 정예 선군을 喬桐·江華로 이주시키고 田地를 지급하며 長番勤務케 하였다.[341] 그러나 태종 17년(1417) 8월 전지

---

338) 李樹健, 1976, 「朝鮮初期戶口硏究」, 『韓國史論文選集Ⅳ』, 119쪽.

339) 『太宗實錄』 卷29, 太宗 15年 6月 庚寅, 2冊, 73쪽, "一 晉山府院君河崙等二十九人陳言 各戶差役 以田地人口多少 相考均定 曾有敎旨 官吏只以號牌付人口數定役者 請以不從敎旨論".

340) 『太宗實錄』 卷30, 太宗 15年 11月 甲辰, 2冊, 90쪽, "定軍丁奉足之數 六曹疑議啓曰 甲士奉足 以所耕及人丁多少參酌 所耕三四結人丁二三名以下者 及奉足二戶 五六結四五名以下者 給一戶 十餘結七八名以上者 不給 三四十結十名以上者 加定他役 已有敎旨 別牌侍衛牌騎船軍 亦依此例定給 其號牌加現人丁 依敎旨毋定 軍役戶別有雙丁者 別定軍役何如 從之".

를 받지 못한 다른 곳의 선군들과 비교해 볼 때 불공평하다며 이를 몰
수했으며,342) 그에 따라 장번 근무가 아니라 左·右領으로 나누어서
번상하게 했다.343) 즉, 전지의 지급이라는 방식이 존재할 필요가 없다
는 것을 천명한 것이다.

그러나 새로운 충정방식을 가지고 선군의 수를 늘리는 과정에서 많
은 물의가 빚어졌다. 즉, 철저한 호구조사를 실시한 결과 인정이 많은
군호의 부담이 갑자기 크게 늘어났던 것이다. 심지어 아들이 2~3丁에
이르러 左·右領에 분속시켜 번갈아 근무시키고 있는데, 혹시 다른 한
아들이라도 군적에서 빠져 있으면 漏丁이라고 하여 타인의 奉足으로
정해 버리는 일도 벌어졌다. 이에 대한 불만이 높아지자 그에 대한 보
완조치가 재차 강조되었다.344) 즉, 餘丁으로 인정해서 軍籍에 올리지
못하게 했다. 하지만 실제로는 제대로 이루어지지 않았다. 선군을 보충
할 때 無役之民을 파악해서 채우는 것이 이상적이었으나 그 추쇄가
쉽지 않았기 때문에,345) 손쉽게 파악되는 船軍戶의 餘丁을 활용할 수
밖에 없었다.

새로운 充定方式을 채택함으로써, 이제는 船軍에도 總額制의 운영
방식을 적용할 수 있게 되었다. 그 결과 沿海와 山間을 불문하고 各官
別로 인원을 배정했다. 따라서 船上生活에 적응하기 힘든 山郡出身들
이 다수 선군에 입속되었는데, 이로 인해 적지 않은 부작용이 발생했
다. 즉, 왜적이 침구했을 때 막상 선군이 배를 타지 못해 싸우지도 못

---

341) 盧永九, 1995, 앞의 논문, 86~87쪽.

342) 『太宗實錄』 卷34, 太宗 17年 8月 壬子, 2冊, 184쪽.

343) 『世宗實錄』 卷1, 世宗 卽位年 9月 乙亥, 2冊, 271쪽.

344) 『世宗實錄』 卷10, 世宗 2年 11月 辛未, 2冊, 416쪽, "禮曹啓 元續六典內 各
年判旨 …… 永樂十五年 全羅道觀察使啓 船軍寄命水上 不顧家産 其苦倍
他 一人之子 雖二三丁 分屬左右領 更相遞立 或一子不付軍籍 則稱爲漏丁
移定他人奉足 有違優恤之義 今後 三子已立軍役者 雖一子不付軍役 勿定役
以養其親".

345) 『定宗實錄』 卷1, 定宗 1年 1月, 1冊, 143쪽.

하는 일까지 벌어졌다. 이 때문에 세종 3년(1421) 6월에 忠淸道水軍都安撫處置使의 건의를 받아들여 沿海 및 山郡之民을 균분해서 諸浦에 소속시켜 한쪽으로 편중되는 데서 오는 폐단이 해소되도록 했다.346) 그러나 山郡出身이 근무지인 諸浦까지 왕래하는 데 따른 부담이 매우 크기 때문에 문제가 완전히 해결된 것은 아니었다. 결국 總額制의 운영방식을 船軍에 적용시킨 데서 많은 문제가 생겼다.

또 다른 문제는 무리한 증액에서 오는 것이었다. 즉, 갑자기 많은 閑丁을 추쇄하는 것 자체가 당시로서는 대단히 어려웠다. 따라서 다른 방도를 모색할 필요가 있었다. 새로운 모색은 정종 2년 4월 權近 등의 私兵革罷上疏를 계기로 해서 진행된 군제의 전면적 개편과 관련되어 추구되었다. 군제개편에 따라 경군의 편성에 변화가 일어나면서 시위패의 번상시위가 축소되었다.347) 이렇게 되자 시위패를 선군으로 이속시켜 지방의 방어력을 강화하려는 움직임이 일어났다.348) 태종 3년 10월 慶尙道都觀察使 南在가 이 방안을 처음으로 제기하였고,349) 태종 8년 이후 선군액의 확장과 함께 이 방법이 결국 채택되었다.350)

하지만 이 방법은 또 다른 문제를 안고 있었다. 원래 侍衛軍의 船軍移屬은 양자의 역에 아무런 차이가 없다는 것을 전제로 한 것이다. 그러나 실제로는 큰 차이가 있다는 주장이 강력하게 대두되었다. 먼저 태종 13년(1413) 9월 李安愚는 선군은 射御의 능력을 取才해서 선발하지 않았을 뿐만 아니라 陸物諸緣·營田·煮鹽의 역도 담당하고 있어 일종의 役軍과 같은 성격을 지니고 있다고 하였다. 그런데 당시 侍衛軍의 船軍移屬으로 일찍이 현직을 지냈거나 兩府를 거친 자들의 자

346)『世宗實錄』卷12, 世宗 3年 6月 乙卯, 2冊, 440쪽.

347) 태종대 內禁衛·別侍衛·甲士와 같은 兵種들을 신설 내지 復設하여 京軍을 크게 보강하는 대신 시위군들의 번상을 점차로 축소시켰다(尹薰杓, 1994,「朝鮮初期 京軍의 編成에 관한 硏究」,『서울학연구』2, 214~217쪽).

348) 李載龒, 1984, 앞의 책, 116~117쪽.

349)『太宗實錄』卷6, 太宗 3年 10月 甲戌, 1冊, 282쪽.

350) 閔賢九, 1983, 앞의 책, 215쪽.

손들도 옮겨 가야만 했다. 문제가 되는 점은 이들에게 선군역을 부과
할 경우 역사를 감당할 수 없을 뿐만 아니라 尊卑의 差等에 기초해서
마련된 門蔭法에도 저촉된다는 것이었다.[351] 결국 선군과 시위군에는
위상의 차이가 있다며 고위관료의 자제, 이른바 有蔭子孫의 船軍移屬
을 강력하게 반대했던 것이다.

李安愚의 건의는 정부에 의해 타당성이 있다고 인정받았다. 따라서
'曾經顯職者及兩府子孫'은 시위군에서 선군으로 이속되지 않았다. 결
국 侍衛軍과 騎船軍의 신분적 차이를 공인해 버린 셈이 되어 고위 신
분층, 부유층들이 선군을 기피하는 구실이 되었다. 이는 또 선군으로
편성되어 있던 다른 자제들과의 형평성 문제를 낳았다. 즉, 태종 15년
(1415) 4월 金滌가 各道에 산재한 官民의 子壻弟姪들이 선군에 한 번
배속되면 朝士가 될 수 없어 불편하니 자원자에 대해서 從仕할 수 있
는 길을 열어 달라고 요구했다. 이 역시 정부에 의해서 허락되었다.[352]
결국 이를 계기로 官民의 子壻弟姪들도 船軍에서 빠져나올 수 있었
다.

이렇게 되자 船軍의 富實者가 侍衛軍으로 옮겨 가기 시작했다. 즉,
세종 즉위년 9월에 忠淸道兵馬都節制使는 시위패의 상층부를 이루고
있던 마병인 別牌[353]가 射御에 능숙하지 못하고 鞍馬도 부실한 자가
많다면서 選揀을 요청했다. 그리고 步射에는 약하나 槍劍에 능하고 멀
리까지 달릴 수 있는 자는 그대로 別牌에 속하게 하되 步射에는 능하
나 鞍馬가 부실한 자는 水軍으로 이속시키고, 한 가지 재주도 없는 자
는 雜色軍에 소속시킬 것을 건의했다. 아울러 水陸軍丁 중에서 富實
者와 勇敢者를 別牌로 선발해야 한다고 했다.[354]

이 방안은 다음 해인 세종 1년(1419) 10월부터 시행되었다.[355] 따라

---

351) 『太宗實錄』 卷26, 太宗 13年 9月 丁丑, 1冊, 686쪽.
352) 『太宗實錄』 卷29, 太宗 15年 4月 丙戌, 2冊, 59쪽.
353) 閔賢九, 1983, 앞의 책, 124쪽.
354) 『世宗實錄』 卷1, 世宗 卽位年 9月 戊辰, 2冊, 269쪽.

서 경제력이 취약한 자를 선군에 소속시키는 결과를 가져왔다. 이렇게
되자 세종 1년 12월 柳廷顯은 그 전에 선군들은 모두 有實했으나 근래
侍衛別牌로 選擇됨으로써 점차 無實하게 되어 장차 문제가 될 것이라
는 우려를 표시했다.356) 이에 대해 병조는 선군의 주축을 이루는 沿海
各官만이라도 侍衛別牌 내에서 武才와 恒産이 있는 자를 가려내어 不
實船軍과 바꾸도록 했다.357) 이 조치는 아직도 왜적에 대한 방어가 필
요한 상황에서 선군의 전력을 약화시켜서는 안 된다는 생각에서 나온
것이었다.

마침내 侍衛軍으로의 이속으로 인해 선군에는 힘없고 가난한 인물
들만 충당되는 결과를 가져왔다. 그런데 형편이 더 나쁜 고을의 경우
에는 선군의 교체시 인원을 채울 수가 없기 때문에 人吏・官奴로 대
신하기도 했다. 하지만 고역을 견디지 못하여 연속으로 망명하는 자가
늘어나 사정이 더 악화되었다.358) 즉, 人吏・官奴의 도망으로 지방행
정이 마비되어 버렸던 것이다.

반면 선군 가운데 유능한 자는 계속해서 수령이나 절제사에게 간청
하여 육군으로 이속해 갔다.359) 그런 일은 주로 軍籍을 작성할 때 벌
어지는데, 富強者들이 뇌물 따위를 주고 歇役으로 빠져 버리고 貧賤
者들이 대신하는 경우가 많았다.360) 따라서 어떻게 해서든지 선군에
배속되는 것을 피하려고 했고, 심지어 선군으로 배정되었다고 자살하
는 사람까지 나오는 실정이었다.361) 늘어난 선군을 보충하는 과정에서

355)『世宗實錄』卷5, 世宗 1年 10月 壬午, 2冊, 341쪽.
356)『世宗實錄』卷6, 世宗 1年 12月 辛未, 2冊, 347쪽.
357)『世宗實錄』卷6, 世宗 1年 12月 丙戌, 2冊, 351쪽.
358)『世宗實錄』卷20, 世宗 5年 5月 丁未, 2冊, 543쪽, "至於船軍遞番之時 不能
    充額 則或以人吏官奴代充 以致連續亡命 殘官之苦 莫此爲甚 願將各道各官
    軍丁元額 令其監司節制使 審其丁口之殘盛 推移增減 平均差定".
359)『世宗實錄』卷28, 世宗 7年 6月 辛酉, 2冊, 676쪽.
360)『世宗實錄』卷40, 世宗 10年 閏4月 己丑, 3冊, 128쪽.
361)『世宗實錄』卷37, 世宗 9年 7月 辛亥, 3冊, 84쪽, "近者有定船軍而縊者 其厭
    苦之甚 至於如此 予不知所以救之".

富强者들은 제외되고 힘없고 가난한 사람들만 배속되는 데 따른 불만과 반발이 거세게 일어났다.

하지만 船軍의 군액 증가는 계속되었다.『世宗實錄』地理志에 따르면, 선군이 49,317명에 달해 全軍丁의 절반을 차지할 정도였으며, 지방군의 주력으로 확고하게 자리잡았다.362) 그리고 바다에서 아주 멀고 북방방어의 임무를 띠고 있던 平安道나 咸吉道의 몇몇 산간 또는 국경 연변을 제외한 전국 300여 개의 고을에 선군이 배정되었다.363) 이제 선군은 전국에서 징발되었다고 할 수 있다.

船軍의 充定方式을 개편하고 전국의 대부분 고을에 군역 부담자를 배정하는 체제의 확립으로 종래 海邊人民을 대상으로 役을 부과하던 지역적 특수성이 사라지고 船軍役은 보편적인 役種이 되었다. 이로 인해 곧 船軍役이 단지 역의 쉽고 어려움만으로 他役種과 비교되는 결과를 낳았다. 이렇게 되면 근무상의 어려움이 컸던 船軍役은 상당히 불리한 입장에 놓일 수밖에 없다. 위정자들이 이런 사태를 예상하지 못했다고는 볼 수 없다. 船軍이 苦役이라는 것은 처음부터 누누이 지적되었고 태조대에는 苦役을 지고 있던 船軍戶를 보호하기 위해 별도의 특혜조치를 마련하기 위해 많은 노력을 쏟았는데, 그것은 주로 양인의 役種이 차별화되는 것을 방지하기 위한 조치였다.

그러므로 왕자의 난으로 정권이 바뀐 이후에 船軍役의 賤役化를 예견하면서 山郡民의 선군 편입과 군액 확장을 강행한 것은 처음부터 역제의 편성과 운영 원리에 대한 구상, 더 나아가 사회편제와 신분제 운영방법에 대한 생각이 태조대의 군제개혁자들과 달랐기 때문이다. 海領職에 대한 개정조치는 이 점을 잘 보여준다.

태조 6년 12월에 간행된『經濟六典』에 수록되어 있던 해령직 제수 조항은 대대적인 선군의 군액 확장사업이 시행된 바로 다음 해인 태종 9년(1409)에 개정되었다. 그 내용은 다음과 같다.

---

362) 李載龒, 1984, 앞의 책, 117~118쪽.
363) 오붕근·손영종, 1991, 앞의 책, 177쪽.

船軍에게 職으로 상을 주는 법을 고쳤다. 의정부에서 아뢰었다. "經濟六典의 한 조목에, '船軍은 家産을 돌보지 아니하고 오랜 햇수를 赴防하므로 가장 일이 고되나, 職으로 賞 주는 길이 막혀서 권하고 징계할 방법이 없으니, 마땅히 海領職을 설치하여 40개월이 차는 자는 차례로 1級을 올려서, 嘉善에 이르면 그치게 한다' 하였습니다. 그러나 관작이란 名分에 관계되는 바이니 중하게 여기지 않을 수 없습니다. 만일 各道의 수다한 船軍 가운데 40개월이 찬 자에게 功績의 有無를 막론하고 모두 관직을 준다면, 관작이 가볍고 천하게 될 뿐만 아니라, 平民이 적어져서 명분이 문란해질 것입니다. 후일에 만약 戰功을 세운 자가 있으면 권장하여 상을 줄 수 없습니다. 금후로는 箇月法을 없애고, 各船射官 가운데서 몸소 赴防한 年月이 가장 오래된 자는, 大船 2인 小船 1인 식으로 水軍都節制使가 각각 그 이름 밑에 갖추 기록하여 申聞하면, 그 前職의 높고 낮은 데 따라 1級을 올리되, 3년에 한 차례씩 差下할 것입니다. 그 가운데 재능이 특별히 뛰어나서 여러 사람이 추앙하고 복종하는 자는 차례대로 遷轉하도록 허락하되, 折衝에 이르면 그치게 할 것이며, 적을 만나서 싸워 이긴 자는 이러한 例에 구애되지 않게 할 것입니다." 임금이 그대로 따랐다.364)

개정된 내용을 살펴보면 이 단계에서 크게 세 가지가 수정되었음이 확인된다. 첫째로 賞職의 수여대상자가 射官으로 명시되었다. 이로써 格軍 등은 상직 대상에서 제외되었다. 格軍에 주로 양인 하층민이나 身良役賤 계층이 섞여 입속했기 때문에 상직의 수여가 곤란했다고 판

364)『太宗實錄』卷17, 太宗 9年 1月 辛未, 1冊, 473쪽, "改船軍賞職之法 議政府 啓日 經濟六典一款 船軍不顧家産 長年赴防 最爲苦務 然職賞無門 勸懲無路 宜置海領之職 其滿四十箇月者 以次陞一級 至嘉善而止 然惟官爵 名分所係 不可重 如將各道數多船軍滿四十箇月者 勿論功績有無 悉授之職 則非徒官爵輕賤 平民稀少 名分紊亂 後日如有立戰功者 無以勸賞 今後除箇月之法 各船射官 當身赴防 年月最久者 大船二人 小船一人式 水軍都節制使 各其名下 具錄申聞 隨其前職高下 陞一級 三年一次差下 其中才能特出 衆所推服者 許令次第遷轉 至折衝而止 臨敵戰勝者 不拘此例 從之".

단했던 모양이다. 格軍에 대해 군역 종사의 대가로 관직을 받을 수 없다고 한 것은 같은 선군역을 부담한다고 하더라도 조직 내에서 맡은 역할에 따라 그 사회적 지위나 진출에 있어 분명히 차이가 나도록 조치했다는 사실을 의미한다. 그것은 양인층 내에서 군역을 통해 신분이나 지위의 서열이 결정되고, 관직 진출과 곧바로 연계되게 만들었다.

둘째로 海領職을 주는 방식과 인원수를 고쳐 40개월이 아니라 근무 연한이 오랜 순으로, 그리고 인원도 射官 중에서 대선 2명, 소선 1명으로 제한하고, 제수하는 횟수도 3년 1차로 한정했다. 근무 일수만 채우면 상직을 수여했던 체제와 이처럼 철저하게 제한하는 체제 사이에는 큰 차이가 있었다. 이런 변화로 船軍役에 복무하면서 관직을 획득하거나 승진하는 것은 대단히 어려워지고 수혜자도 엄청나게 축소되었다.

이렇게 수혜대상자를 축소한 이유에 대해서 위의 기록에서는 관작이 가볍고 천해지고, 평민이 희소해지며 명분이 문란해지는 것을 막기 위함이라고 주장했다. 여기에는 표현되어 있지 않지만 선군이 전국으로 확대됨에 따른 일반 군역과의 형평성 문제와도 관련이 있었을 것이다.

그런데 여기서 평민이 희소해진다는 말에 주목할 필요가 있다. 平民이 희소해진다는 것은 곧 船軍役을 담당할 양인의 수가 감소한다는 뜻이다. 이것은 관작을 보유하게 되면 평민이 아니며, 그는 선군역에서 면제된다는 의미가 내포되어 있다.

앞서 살펴본 것처럼 태조대 군제개혁을 주도했던 정도전 등의 구상에서 중요한 원칙은, 모든 계층은 합당한 직역에 종사해야 하며 신분적 특권은 그 직역에 종사하는 대가로 주어진다는 점이었다. 이를테면 품관층의 숙위 의무와 그 반대급부인 사전 획득, 숙위 근무를 통한 관직 획득의 기회 부여가 모든 품관층을 대상으로 균등하게 제공되었다. 따라서 품관층 중에서 居京宿衛할 것이냐, 지방군이나 기선군의 군관으로 복무할 것이냐의 역할 분담과 이를 매개로 한 관직 획득에는 각자의 능력, 직역의 수행태도와 교육제도 등을 통해 검증될 수 있는 경쟁의 원리가 작용하였다. 이러한 원리는 양인층에게도 그대로 적용되었다. 즉 한 사람의 선군이 역의 수행 과정을 통해 품계를 얻고 지위를 상승시켜 경우에 따라 그 자신이나 자제가 품관의 역을 획득하거나 관직자로 진출할 수도 있었다. 즉 양인이라도 능력이 탁월하면 보다 나은 대우를 받거나 진급해서 사회적 존경과 권위를 취득할 수 있었지만 그렇다고 역에서 빠져나가 면역계층이 되는 것은 아니었다. 왜냐 하면 품관층이라도 職役이 부과되었기 때문이다.

그러나 태종이 집권하고 군제를 개편하면서 다양한 軍役과 兵種에 따라 입속하는 자의 신분지위와 특권을 세밀하게 나누고 차별화시켰다. 그리하여 宿衛와 같은 직역 수행 과정을 통해 정계에 참여할 수 있는 기회는 축소되고 사대부층 간에서도 그들의 가문 배경, 그리고 중앙과 지방이라는 지역적 기반에 따라 상당한 차이가 나게 만들었다. 즉 이러한 군역편제와 운영방식은 군역제를 통해 같은 신분층 내에서도 다양한 처지와 기능을 보유한 채 존재하는 사람들을 균일화하는 것이 아니었다. 반대로 이런 차이를 토대로 군역을 세밀하게 편제하고 임무 수행에 대한 보상을 축소하는 방식이었다. 따라서 士族이나 富强者들은 직역 수행을 통한 私田 획득이나 정치 참여의 권한을 포기하는 대신 힘든 軍役에서 제외되는 것을 요구하게 되었고, 국가도 이를 용인하는 방향으로 나갔다. 따라서 이들의 신분적 지위는 국가가 부여하는 직역 수행을 통해서 획득되고 표현되는 것이 아니라 차츰 免役이 사대부와 평민을 가르는 중요한 기준이 되어 갔던 것이다.

軍役의 운영원리가 이렇게 바뀌게 되면 군역 종사의 대가로 관작을 수여한다는 방식 자체가 큰 문제가 될 수밖에 없다. 이 때는 관작이 면역이나 신분상승을 의미하기 때문이다. 거기다가 선군이 전국으로 확대되었으므로 海領職이 연해지역에 거주하는 선군 내부의 軍階級이 아니라 보편적인 신분기준으로 작용하게 된다. 태종 말년과 세종대에 해령직 수직자와 그 자손의 他役으로의 이속이나 타 병종에의 從仕

문제가 크게 논란이 된 것도 이런 사정 때문이다.[365] 그리고 정부가 해령직 보유자의 자손에게 한량자제의 예에 따라 갑사 등의 취재에 응시하는 것을 허용할 수밖에 없었던 것[366]도 마찬가지였다. 군역에 대한 보상을 아주 철폐할 수는 없었지만, 그것이 신분상승이나 면역을 의미하는 것인 만큼 그 수는 최소화하지 않을 수 없었다.

세 번째로 해령직을 통해 상승할 수 있는 한계가 종2품 嘉善大夫에서 정3품 折衝將軍으로 하향 조정되었다는 점이다. 이것은 태종 5년 (1405)경부터 宰樞로 인정하는 경계를 嘉善大夫까지로 확정하고[367] 武散階는 3품까지만 두는 방식을 확정한 것과 관련이 있어 보인다.

해령직 제수가 이렇게 축소되자 당장 선군들로부터 불만이 터져나왔다. 또 이는 선군의 사기를 저하시켜 가뜩이나 山郡民 입속으로 인한 전력 약화를 가속화시켰다. 그리하여 태종 16년 6월에 주요 지역에 대해서는 해령직 제수자를 약간 늘리는 조치를 취했다.

> 船軍敍用法을 거듭 밝혔다. 임금이 말하였다. "경기·충청도와 경상좌도 울산·남포 이남과 전라도 船軍 등은 매년 行船하는 데 勞苦함이 다른 곳보다 배나 되니, 3년에 한 차례 大船에는 5인, 小船 3인씩을 敍用하고, 경상좌도 長鬐 이북과 다른 도의 船軍은 하나같이 續六典에 의하여 서용하라."[368]

京畿, 忠淸 및 慶尙左道의 蔚山·藍浦 이남과 全羅道의 해령직 제수자에 대해서만 大船, 小船 모두 2명씩을 증액했다. 그러나 전체 취지가 달라진 것은 아니다. 따라서 이후 선군은 점차 賤役化되고, 『經

365)『世宗實錄』卷52, 世宗 13年 5月 乙酉, 3冊, 319쪽.
366)『世宗實錄』卷52, 世宗 13年 5月 乙酉, 3冊, 319쪽.
367) 南智大, 1993, 앞의 논문, 168쪽.
368)『太宗實錄』卷31, 太宗 16年 6月 丙子, 2冊 123쪽, "申船軍敍用法 上曰 京畿 忠淸及慶尙左道蔚山藍浦以南 與全羅道船軍等 每年行船 勞苦倍他 三年一次 大船五人 小船三人敍用 慶尙左道長鬐以北及他道船軍 一依續六典敍用".

國大典』에 水軍役의 세습화가 법제화되면서[369] 해령직은 사라지게 된다.

선군의 편제와 운영원리가 이렇게 바뀜에 따라 방어활동을 비롯한 선군의 기본 임무 수행에도 상당한 변화가 초래되었다. 이는 '且守'와 '且耕' 업무 모두에 해당된다.

먼저 船軍의 지휘통제계통에 변화가 생겼다. 지금까지의 개혁방안은 선군 조직과 지휘체계의 독자성을 강화하는 데 주안점이 두어졌다. 그러나 태종대가 되면 갑자기 선군 지휘체계의 독자성이 흔들리기 시작한다. 태종 8년 12월에 水軍節制使가 그 동안 담당해 왔던 各浦萬戶·千戶의 能否에 대한 고찰에 근래에는 本道의 觀察使와 兵馬都節制使가 관여함으로써 혼선이 왔다는 全羅道水軍都節制使의 건의에 따라 다시 이전과 같은 방식으로 환원시키고, 아울러 도내의 각관에 거주하는 水軍都萬戶·萬戶·千戶들도 率領防禦하도록 했다.[370] 이에 의하면 태종 초반에는 水軍都節制使의 水軍都萬戶·萬戶·千戶에 대한 포폄권과 통솔권이 觀察使와 兵馬都節制使에게로 넘어갔거나 이들에게서 간섭을 받았던 모양이다.

그 이유는 다름 아니라 정종 즉위교서에서 병조로 하여금 '各道軍戶人口多少'를 고찰하여 船軍戶를 세우라는 지침[371]에 의해 선군역의 부담자가 전국으로 확산되고 山郡民이 선군으로 입속하게 된 것과 관련이 깊다고 본다. 실제 이 조치는 내륙 군현의 군정을 선군으로 이속시키는 조치이므로 그 과정에서 觀察使와 兵馬都節制使가 당연히 많은 역할을 담당했을 것이고, 都萬戶·萬戶 등이 관장하는 군정도 이들

---

369) 李載襲, 1984, 앞의 책, 141쪽.

370) 『太宗實錄』卷16, 太宗 8年 12月 丁酉, 1冊, 469쪽, "全羅道水軍都節制使 上事宜數條 …… 一 道內各官接 曾任水軍都萬戶萬戶千戶者 久在船上 慣於捕賊 乞并率領防禦 一 各浦萬戶千戶能否 在前專委水軍節制使考察 近來本道觀察使兵馬都節制使 各執所見 互有行移 雖有小失 更相詰問 萬戶千戶 悉皆缺望 乞今後 專委水軍節制使考察".

371) 『太祖實錄』卷15, 定宗 卽位年 9月 丁亥, 卽位敎書, 1冊, 137쪽.

의 관할지역에 존재하게 되므로 아무래도 도 전체를 관장하는 관찰사
와 병마도절제사가 수군도절제사를 누르고 일선 수군 지휘관들을 통
제하는 현상이 발생하게 되었다고 생각된다.

이런 현상은 선군의 독자성과 통제력을 모두 약화시킬 우려가 있었
다. 그런데 태종대 이후 선군의 조직은 더욱 확대되었으나 오히려 선
군역에 대한 보상은 줄어들었기 때문에 선군역은 상대적으로 갈수록
더 苦役化되어 도피자가 증가할 수밖에 없었다. 중앙정부로서는 선군
의 독자성과 통제력이 약화되는 이 같은 현상을 용납할 수 없었다. 그
리하여 선군 조직 및 지휘체계의 독자성을 강화하는 조치가 그 이전보
다도 더욱 강조되었다.

水軍都節制使는 도내의 各浦萬戶·千戶는 물론 前職의 都萬戶·
萬戶·千戶들까지도 통제할 수 있게 되었으며, 태종 16년(1416) 3월에
는 都觀察使·兵馬都節制使例에 의거해서 諸道의 水軍都節制使에게
도 虎符를 지급했다.[372] 虎符는 發兵할 때 왕명에 의한 것임을 확인하
는 증표로서 중국 고대부터 사용되었다. 虎符의 사용은 중앙의 명령없
이는 함부로 發兵하지 못하게 하려고 장치였다. 따라서 이는 지방절제
사의 병권을 제약하려는 것이었다.[373] 하지만 다른 각도에서 보면 군
령 상으로 중앙과 직결된 것을 보여주는 상징성을 지니고 있었다. 그
러므로 수군도절제사에게도 호부를 지급했다는 것은 兵馬都節制使와
군령상 그 위치가 대등하게 되었음을 말해준다.

나중에 虎符는 兵符로 대체되었는데, 이 때에도 육군과 마찬가지로
發水軍符 및 水軍符가 주어졌다.[374] 또한 왜적이 출현했을 때에는
『續六典』에 따르면 都觀察使, 兵馬都節制使, 水軍都節制使가 각각
따로 傳報하도록 했다. 이를 위해 馬牌를 지급하여 驛馬를 사용하도록

---

372) 『太宗實錄』 卷31, 太宗 16年 3月 癸卯, 2冊, 106쪽.

373) 閔賢九, 1983, 앞의 책, 268쪽.

374) 吳宗祿, 1985, 「朝鮮初期 兵馬節度使制의 成立과 運營(下)」, 『震檀學報』 60,
     114~118쪽. 위 연구에 水軍의 發兵符에 관한 상세한 내용이 기술되어 있다.

했으나,375) 이후 세종 11년(1429) 4월에 수군도절제사만이 이를 수행하게 했다. 그리고 行船할 때에는 병마도절제사가, 倭使 및 商船의 경우에는 도관찰사가 예조에 移文하도록 했다.376) 따라서 수군도절제사가 왜적의 처리에 대해 1차적으로 책임을 지도록 했다. 그러므로 이제부터는 水軍都節制使가 선군 조직의 최고 책임자로서 왜적방어라는 고유의 업무를 관장하게 되었다.

한편 수군절제사가 주재하는 군영의 기구는 회계 처리까지 수행할 정도로 확충되었다. 먼저 태종 8년 9월에 그 동안 水軍都節制使營에서 新進錄事가 업무를 관장하는 관계로 불편한 점이 많이 발생했다면서, 各道 水軍都節制使의 首領官을 파견하도록 했다.377) 이를 계기로 水軍都節制使營의 조직이 크게 정비되어 육군의 그것에 버금 갈 정도로 발전했다. 이는 처리해야 하는 업무의 양이 그만큼 많아졌다는 것과 그 내용이 변하고 있음을 반영한 것이다. 즉, 태종 14년 12월 全羅道水軍都節制使의 요청에 따라 앞으로는 各浦萬戶·千戶의 解由文字에 兵船·軍器數目을 具錄한 다음 水軍都節制使에게 보고하면, 이를 해당 營中에서 회계 처리한 후 병조에 移文하고, 다시 병조는 이조에 移文하게 했다.378) 즉 解由를 水軍都節制使의 營에서 회계 처리한 뒤 중앙에 보고하게 한 것이다. 그런데 그 절차가 수령이 관찰사에게 한 것과 동일했기 때문에, 만호·천호와 수군도절제사 사이에서도 유사한 관계가 성립되었다고 할 것이다. 즉, 지휘·통제뿐만 아니라 회계에 관한 감찰도 받았다고 할 수 있다.

---

375) 『世宗實錄』 卷70, 世宗 17年 10月 丙寅, 3冊, 657쪽.
376) 『世宗實錄』 卷44, 世宗 11年 4月 戊戌, 3冊, 177쪽.
377) 『太宗實錄』 卷16, 太宗 8年 9月 甲寅, 1冊, 450쪽, "命差各道水軍都節制使首領官 政府啓曰 水軍都節制使營 只差掌務錄事一人 然水陸防禦一體 乃以未嘗更事新進錄事 爲掌務 似爲未便 乞擇幹事一人 經歷都事中差送 以爲恒式".
378) 『太宗實錄』 卷28, 太宗 14年 12月 己卯, 2冊, 47쪽, "全羅道水軍都節制使 報萬戶千戶解由之式 今後各浦萬戶千戶 於解由文字 具錄兵船軍器數目 報于使 該准營中會計然後 移文兵曹 兵曹遂移吏曹 以爲式 從之".

그리고 造船用으로 쓰였던 海島의 鐵物을 종전까지는 관찰사가 관리했었으나, 원래 수군으로 하여금 吹鍊하게 했기 때문에 태종 8년 12월부터는 節制使가 출납을 관장하도록 했다. 동시에 海道의 營田·燔鹽에서 나온 것도 節制使가 差使員을 정해 놓고 출납을 감독하도록 했다.[379] 말하자면 선군이 작업한 성과물은 모두 수군절제사가 책임지고 그 출납을 관장했던 것이다. 그러므로 수군절제사와 軍營의 기구들이 군사활동을 위해 선군을 지휘 통제할 뿐만 아니라 선군의 조직망을 통해 이루어지는 각종 경제활동에도 관여하게 되었다. 이렇게 해서 선군은 기존의 지방기구라든가 육군을 보조하는 위치에서 벗어나 독자적 운영을 영위하게 되었다.

선군편제의 변화에 따라 선군의 지휘체제에서 새로운 변화를 보인 것은 일선 지휘관인 萬戶·千戶職이었다. 만호·천호는 예하 군졸과 병선을 인솔하여 방어활동을 펼치는 것을 기본 임무로 하였다. 그러나 선군의 편성기준이 달라지고 연해민이 아닌 사람들도 들어옴으로써 맡은 바의 임무 및 기능이 조금씩 변했다. 이에 萬戶들도 여러 부가적인 임무를 아울러 관장하게 되었다.[380] 그로 인해 단순히 군대의 지휘자가 아닌 수령에 가까운 존재로 변모해 가고 있었다. 말하자면 이들의 역할이 군사적인 것에서 끝나는 것이 아니라 행정적 측면까지 겸임하는 것으로 변모하였다. 그것은 선군이 국가의 역 징발과 관련한 기본조직으로의 변화와 궤를 같이하는 것이었다.[381]

---

379) 『太宗實錄』卷16, 太宗 8年 12月 丁酉, 1冊, 469쪽, "全羅道水軍都節制使 上事宜數條 …… 一 造船鐵物 觀察使 或時停滯出納 以致廢事 其海島鐵物 元係水軍吹鍊 乞令節制使收貯支費 一 海道營田燔鹽所出 本以添補軍糧 今節制使 不得區處 軍官軍卒 撫養無路 今後乞令節制使 直定差使員 監其出納 如有汎濫虛費者 許人陳告論罪 上皆從之 唯水營移排一節 下都觀察使同議 啓聞".

380) 張學根, 1987, 「朝鮮前期水軍萬戶考」, 『海士論文集』26.

381) 태종 16년 8월에는 各道水軍僉節制使·各浦萬戶千戶 중 평계를 대고 辭免하거나 부임하지 않는 자는 官敎를 還收하게 하고, 守令例에 따라 實仕月數에 근거해서만 敍用하도록 했다(『太宗實錄』卷32, 太宗 16年 8月 丁卯, 2冊,

그에 따라 세종 5년(1423) 12월에는 各道의 萬戶·千戶 등에 대한 考績法이 정해졌다.[382] 이는 만호·천호의 근무성적을 평가하여 이를 褒貶과 人事行政에 반영시키는 것인데, 같은 해에 개정된 守令 및 京官의 考績法에 준해서 이루어졌다는 점이 특징이다.[383] 이것으로 수령 및 육군의 지휘관들과 대등한 직위를 갖게 되었으며, 그에 따른 임무 및 지휘 절차들이 상세히 규정되기 시작했다.

이에 앞서 태종 13년 7월에 3품은 萬戶, 4품은 副萬戶, 5품은 千戶, 6품은 副千戶로 개정했다. 이전에는 3품 이상은 萬戶, 4품에서 6품까지는 千戶라고 칭했는데, 그 내부에 마치 차등이 없는 것과 같은 인상을 심어주어 권위를 세우기 어렵다고 보고 그 차이를 분명히 해 두고자 이 같은 조치를 취한 것이다.[384] 이 역시 이들의 소관지역이 넓어지고 기능이 수령에 근사해짐에 따라 수령과 마찬가지로 品秩을 階序化하려는 시도였다고 생각된다.

선군의 조직망이 늘어나고 군액이 증가하며, 그에 따라 지휘통솔체계의 독자성이 강화되는 것과 더불어 국가의 통제력도 한층 더 철저해졌다. 특히 태종 8년 선군의 대대적인 증액을 계기로 국가의 통제력을 강화하기 위한 조치가 내려졌다. 군액이 증가하는데도 관리와 감독이 오히려 소홀해졌다는 것은 부실화를 야기하는 주된 요인이 될 수 있었다. 따라서 선군에 대한 통제력 강화는 당시 상황에서 매우 중요한 문제였다.

131쪽). 이후 세종 4년 11월에는 마침내 各浦의 萬戶·千戶에게도 印章이 지급되었다(『世宗實錄』卷18, 世宗 4年 11月 癸亥, 2冊, 510쪽). 印章의 지급을 통해 이들은 명실공히 임시의 직책에서 독립된 부서장의 성격을 띠게 되었다.

382)『世宗實錄』卷22, 世宗 5年 12月 癸亥, 2冊, 568쪽.

383) 尹薰杓, 1999,「朝鮮初期 外方武班의 褒貶制」,『實學思想硏究』10·11, 329 ～330쪽.

384)『太宗實錄』卷26, 太宗 13年 7月 丙戌, 1冊, 677쪽, "定水軍萬戶千戶稱號 議 政府啓曰 三品以上稱萬戶 四品至六品稱千戶 似無差等 今後 三品稱萬戶 四品稱副萬戶 五品稱千戶 六品稱副千戶 從之".

더구나 조직망이 확장되고 군액이 증가하자 水軍萬戶·千戶 중에는 뇌물을 받고 富强한 사람들을 사사로이 방환시켜 주고, 貧者와 老弱者만으로 防戍하게 하는 인물도 있었다.[385] 태종 7년 1월 領議政府事였던 成石璘은 심지어 船軍의 正軍들이 스스로 兵船을 타지 않고 배타는 일의 능부를 묻지도 않고 奉足으로 대신시켰다가 적을 만나 해를 당하는 일도 많았다고 주장했다.[386] 그리고 각 도에서 올린 보고서를 자신이 본 결과 죽은 자는 모두 이 代立者들이었다고 했다. 그런데 만호·천호들은 이익을 얻으려고 군사들과 함께 作弊하는 경우가 많기 때문에 王官, 즉 京官을 파견해야만 이를 금지시킬 수 있다고 강조했다.

성석린의 상서가 있은 바로 다음 달에 사간원에서는 程驛察訪例에 의거, 水軍察訪을 설치하여 날마다 각 포를 순찰해서 군사를 무휼하고 만호·천호의 비리를 적발해 내도록 건의했다.[387] 사간원에서는 성석린의 건의에 찬동하면서 그 강도를 한층 더 높이자는 입장이었다. 사간원의 건의가 받아들여져 태종 8년 1월 下三道에 海道察訪이 파견되

385) 『太祖實錄』 卷13, 太祖 7年 2月 癸巳, 1冊, 116쪽.

386) 『太宗實錄』 卷13, 太宗 7年 1月 甲戌, 1冊, 383~384쪽, "領議政府事成石璘上書陳時務二十條 命下議政府議得 書曰 …… 一 騎船之役 號爲最苦 故令三戶爲一 一戶之內 豈皆一人 其爲正軍者 不自騎船 皆令奉足者 不問能否而代之 遇賊之際 皆伏船底 拱手就死 臣何以知之 往往見各道報狀 其死者盡是代立 願於各道 各遣一剛明之人 巡行兵船在處 常加點考 無令不習無用者充騎 無辜被害 其爲萬戶千戶者 與其軍人 相陷以利 通同作弊 若非王官其何以能禁 如此數年 可使兵船完固 軍士精强".

387) 『太宗實錄』 卷13, 太宗 7年 6月 癸未, 1冊, 396쪽, "諫院又上疏言 …… 至於修政之事 恤民之目 謹具于後 下議政府擬議 …… 一 騎船軍 …… 至於親管軍人者 萬戶千戶也 朝廷猶以慣於船上者任之 此輩豈能上體委任之意撫恤軍士乎 或勞役而營求私利 或給暇而因求所産 是以民不聊生 乃至流亡也 棄其家室 長居海上者 非人情之所樂也 撫之雖厚 尙有憚勞 而規避者 而況於侵漁乎 臣等願依程驛察訪例 置水軍察訪 使之日巡各浦 專以撫恤軍士 其萬戶千戶 有私役軍人 私受餉遺者 凡不動不廉 不勝其任者 隨卽具聞 依律施行 以懲豪猾 以慰船軍 政府議得 依狀申施行".

었다. 그 당시 海道察訪이 가지고 간 事目은 다음과 같다.

一 船軍의 奉足이 많고 적은 것이 고르지 않으니, 한결같이 定數에 의하여 평균하게 나누어 정하소서.

一 萬戶·千戶·色掌이 함부로 船軍을 사역시켜 私益을 도모하거나, 건장한 자는 放還하고, 다만 아무것도 모르는 부리기 쉬운 자만 남기기 때문에, 한 번 賊變을 만나면 싸우지 못할 뿐 아니라 모두 船底에 엎드려 손을 모으고 죽기만 기다릴 뿐입니다. 察訪이 엄하게 推劾하여 만일 上項과 같은 일이 있으면, 重한 자는 아뢰어서 軍法으로 논죄하고 輕한 자는 직접 決斷하게 하소서.

一 各官의 수령들이 船軍을 點考하여 보낼 즈음에, 壯實하고 穎悟한 사람은 여러 가지 방법으로 연고를 청탁하여 머물러 두고 官中의 使役에 이바지하며, 다만 늙고 약하여 쓸모 없는 자만 보내고, 萬戶와 千戶도 함께 통하여 군이 推劾하려 들지 않으며, 설혹 추핵함이 있다 하더라도 수령이 가볍게 여기고 무시하여 聽從하지 않으려 하니, 上項의 일을 끝까지 추궁하고 다스리소서.

一 各浦의 船隻들이 만든 지가 이미 오래 되어 썩고 낡아서 쓸 수가 없는데, 萬戶·千戶·色掌 등이 내버려두고 곧 改造하지 않으며, 陸物諸緣·火㷊·火藥도 지극히 허소하니, 이 같은 무리는 죄를 논하여 뒷사람을 경계하소서.

一 賊船이 各浦에 들어와 침노하면 만호·천호가 마음을 써서 방어하지 않고, 賊船이 경과하는 各浦에서도 邀擊을 행하지 않고 경과하도록 내버려두니, 심히 設立한 뜻을 잃었습니다. 비옵건대, 들어와 침노한 곳과 경과한 곳의 만호·천호를 推考하여 논죄하소서.

一 騎船軍 가운데에 여러 해 동안 功이 있고 壯勇하고 재주가 있어도 褒賞을 받지 못한 자는 訪問해서 아뢰게 하소서.

一 烽火와 海望은 軍情의 긴급한 重事이니, 만일 허소한 것이 있거든 엄하게 考察하여 허술하지 않게 체제를 정하소서.

一 水軍僉節制使 이하로 軍事를 陵夷한 자는 3품 이상은 申聞하고 4품 이하는 각각 罪狀의 輕重에 따라 直斷하게 하고, 各官의 수령이 騎船事에 대하여 더디고 늦게 처리한 자는 4품 이상은 申聞하고,

5품 이하는 또한 모두 直斷하게 하소서.388)

위의 사목에 따르면 海道察訪은 船軍의 奉足에서 시작해서 萬戶·
千戶·色掌 및 守令, 兵船, 褒賞, 烽火, 水軍僉節制使以下에 대한 처
벌에 이르기까지 모든 분야를 망라해서 처리할 수 있었다. 다만 觀察
使·節制使와 같은 최고위층에 대한 적발과 논죄는 제외되었다. 이것
은 도의 행정기구나 군사조직의 기강 유지를 위해 불가피한 조치로 보
인다. 만약 최고위자가 察訪에게 治罪된다면, 각 도의 행정이나 군사
가 상당한 혼란을 겪게 될 것이고, 나아가 道制 중심의 지방 행정·군
사체제의 개편작업에도 큰 타격을 줄 것으로 예상되기 때문이다. 결국
海道察訪이 觀察使·節制使들을 제재하는 조항을 빼 버렸다. 그 대신
선군 운영의 세세한 문제를 중앙에 건의해 시정할 수 있는 권한을 부
여하였다. 따라서 해도찰방은 선군 조직에 관한 모든 분야를 감찰할
수 있는 권한과 지위를 가지게 되었다. 말하자면 이는 京官을 파견하
여 감찰을 강화한다는 중앙정부의 처리방향을 잘 보여주는 셈이다.389)

---

388) 『太宗實錄』卷15, 太宗 8年 1月 辛亥, 1冊, 427쪽, "一船軍奉足 多少不均 一
依定數 平均分定 一萬戶千戶色掌 擅役船軍 以營己私 壯者放還 只留無知
易使者 一遇賊變 不惟不戰 皆伏船底 拱手就死 察訪嚴加推劾 如有上項之
事 重者申聞軍法論罪 輕者直斷 一各官守令 於船軍點送之際 將壯實穎悟之
人 多方托故 留以供官中役使 只遣老弱無用者 萬戶千戶通同 不肯强推 雖
或有推 守令輕蔑 而不肯聽從 上項之事 窮推禁理 一各浦船隻 造作已久 朽
惡不用 而萬戶千戶色掌等 任置不卽改造 陸物諸緣火㷁火藥 至爲虛疎 如此
之輩 論罪鑑後 一賊船入侵各浦 萬戶千戶 不爲用心防禦 經過各浦 不行邀
擊 任其過行 殊失設立之意 乞入侵處經過處 萬戶千戶 推考論罪 一騎船軍
中累年有功壯勇有才未蒙褒賞者 訪問申聞 一烽火海望 係是軍情緊急重事
如有虛疎 嚴加考察 不輕定體 一水軍僉節制使以下軍事陵夷者 三品以上申
聞 四品以下 各以罪狀輕重直斷 各官守令 於騎船事遲晚者 四品以上申聞
五品以下 亦皆直斷".

389) 그러나 海道察訪이 파견된 이후에도 京官을 敬差官·行臺監察에 임명하여
諸道에 파견해서 軍卒의 不精이라든가 器械의 不備狀況을 감찰했다. 특히
敬差官의 위상을 높여 水軍節制使의 能否도 고찰해서 啓聞하도록 조치했다
(『太宗實錄』卷24, 太宗 12年 7月 壬辰, 1冊, 643쪽). 그러나 敬差官들은 軍

조직망이 확장되고 군액이 증가하자 지휘관뿐만 아니라 아예 京官을 파견해서 선군에 관련된 사항을 철저히 감독하고 감찰하게 했다. 결국 이는 국가의 통제력을 강화시켜 구조적인 모순으로 선군이 부실화되는 것을 막아보려는 의도를 지닌 것이었다. 태종대의 군제 개편작업에서는 이 점을 매우 중시했다.

선군의 편제방식과 구성원의 변화는 임무와 기능에도 큰 변화를 야기했다. 그 중에서도 특히 군사업무가 아닌 '且耕' 부분의 업무도 크게 달라졌다. 그 결과 船軍은 점차 役軍化되었다.

선군은 평소에는 군전 경영이나 어염의 업무에 많이 종사하였다.[390] 그것은 국가재정의 수입을 확충하고 고역인 선군의 생계를 돕는다는 이중의 의미가 있었다. 그러나 이 두 업무는 상호보완적이면서 한편으로는 대립적이었다. 그러나 태조대부터 선군에 대한 부역감면이나 면세조치, 公權制 폐기 등의 공약이 잘 지켜지지 않았던 관계로 '且耕'에 관한 船軍의 업무는 국가 재정수입의 부분이 강조되는 경향을 보여주었다.

그리하여 정종 즉위 후 처음에는 선군의 부담을 감소시켜 주는 조치가 이어졌다. 定宗 1년 1월에는 李至의 건의에 의해서 선군의 부담을 덜어준다며 漁鹽之役을 면제해 주기도 하였다.[391] 그리고 태종 6년 4

人・衣甲・軍器・火烔・旗麾・船體의 實과 不實만을 실질적으로 고찰할 뿐 그 나머지에 대해서는 제대로 손대지 못했다. 즉 "左代言卓愼 上兵備事宜 …… 其五 兵船因倭寇久息 制敵之具 怠弛不修 每等敬差官 但考其軍人衣甲軍器火烔旗麾船體實不實而已 其餘器械 焉能悉考"(『太宗實錄』卷30, 太宗 15年 7月 辛亥, 2冊, 75쪽)가 그것이다. 전문지식의 결여와 한정된 인원으로는 정밀한 점검이 사실상 어렵기 때문에 그런 결과가 나왔다고 볼 수 있다.

390)『太宗實錄』卷13, 太宗 7年 1月 丁卯, 1冊, 382쪽, "其役使船軍營田燔鹽捉魚等事".

391)『定宗實錄』卷1, 定宗 1年 1月, 1冊, 143쪽, "免船軍漁鹽之役 忠淸道監司李至啓 船軍漕運造船營田等事 役繁弊鉅 漕運之時 屢至溺死 造船營田燔鹽之際 農牛贏斃 伏望令船軍 改造破船 漕運營田外 免漁鹽二事 以優其生 從之".

월에 船軍의 屯田·採藿·捕魚之役을 혁파하고,392) 동년 7월에 屯田烟戶米法을 수립해서 그 둔전의 소출로 선군의 식량을 지급하겠다고 천명했다.393) 그런데 정종의 즉위교서에서 水陸軍의 둔전은 그대로 두고 평민을 역사시키는 둔전을 모두 혁파하라고 했으나,394) 태종대에는 정반대로 선군 대신에 농민의 노동력을 이용하여 둔전을 경영하며, 거기에서 얻은 수입은 선군의 군량으로 활용하도록 했다.395) 후자의 방안은 선군의 부담을 덜어주면서 동시에 군량 문제도 해결하려는 것이었다.

이 방안에 따라 태종 7년(1407) 1월에 戶給屯田之法을 발효시키고 每朔 騎船의 군량을 題給하며 또한 선군의 營田·燔鹽·捉魚 등을 혁파했다.396) 그러나 이 방안은 실시한 지 6개월 만에 중단되고 말았다.397) 다시 태종 7년 7월에 의정부가 屯田煙戶米法을 부활시키자고 상서했으나 받아들여지지 않았다.398) 그렇게 된 주된 이유는 戶給屯田法이 실제로 둔전을 조성하지 않은 채 다만 종자를 농민에게 나누어주고 그 수확을 屯田稅로 납부하라는 것으로 사실상 '官實無田'이고 '其實加賦'였기 때문이다. 그 결과 새 부담을 안게 된 농민층의 거센 저항이 따랐다.399) 결과적으로 戶給屯田之法은 부담을 농민에게 전가

---

392) 『太宗實錄』 卷11, 太宗 6年 4月 庚辰, 1冊, 355쪽, "命罷船軍屯田·採藿·捕魚之役".

393) 『太宗實錄』 卷12, 太宗 6年 7月 丁未, 1冊, 364쪽, "立屯田烟戶米法 初上求言 令議政府採擇施行 願復前朝屯田烟戶米法 以屯田所出 給船軍食".

394) 『太祖實錄』 卷15, 定宗 卽位年 9月 丁亥, 卽位敎書, 1冊, 137쪽, "屯田之法 始自屯軍塞下 非役平民 除水陸屯軍且戰且耕外 役事平民 號稱屯田者 一皆罷之".

395) 李景植, 1978, 「朝鮮前期 屯田의 設置와 經營」, 『韓國史硏究』 21·22, 74쪽.

396) 『太宗實錄』 卷13, 太宗 7年 1月 丁卯, 1冊, 382쪽, "立戶給屯田之法 議政府啓 前年七月本府受旨 罷各官各浦各鎭屯田 …… 每朔題給騎船軍糧 以爲恒式 其役使船軍營田燔鹽捉魚等事 一皆痛禁 從之".

397) 李載龒, 1984, 앞의 책, 129쪽.

398) 『太宗實錄』 卷14, 太宗 7年 7月 癸丑, 1冊, 402쪽, "議政府上書 復屯田煙戶米法 不允".

시키는 것이 되었다. 따라서 이 조치는 더 큰 사회문제를 일으키게 되어 중단할 수밖에 없었다.

이미 선군에 대한 개간지 지급규정이 사문화된 상태에서 船軍役의 부담을 덜어주고 선군에 대한 별도의 지원책을 마련하는 조치는 거의 성과를 거두지 못했다. 반대로 시간이 감에 따라 이런 시도는 사라지고 대신 선군에 대한 부담은 가중되었다.

정도전은 軍中에서 행하는 토목공사는 병졸에게, 三農은 농사에만 전력시켜야 한다고 했다.[400] 하지만 태종대에 들어와 이 원칙이 바뀌면서 선군은 거의 모든 토목공사를 맡았다. 여기에는 선군이 연해지역에 포진했던 태조대와 달리 전국의 군현에 균일하게 분포하였고, 선군의 구성원이 하층민으로써 충당된 것이 중요 요인이었다.

마침내 태종 11년 윤12월에 甲士·船軍 및 그의 助戶는 他役에 동원하지 말라고 했지만 開渠軍을 조달할 수 없기 때문에 그들 戶에 人丁이 많으면 抄出하게 했다.[401] 이제 법을 어기면서까지 船軍 및 그의 助戶를 토목공사에 동원했다. 이후에 선군은 본격적으로 각종 역사에 동원되었다.[402] 그러한 역사로는 都城의 左右行廊의 구축,[403] 城과 같은 방어시설,[404] 鐵의 製鍊,[405] 기타 여러 작업이 있었다. 또한 건축에 필요한 재목을 벌채하거나[406] 궁궐의 수리,[407] 각종 營繕·工役,[408]

---

399) 李景植, 1978, 앞의 논문, 77~78쪽.

400)『朝鮮經國典』下, 政典, 功役.

401)『太宗實錄』卷22, 太宗 11年 閏12月 丁巳, 1冊, 615쪽.

402) 선군의 각종 역사에의 동원은 다음의 논고에 잘 정리되어 있다. 李載龒, 1984, 앞의 책, 128~132쪽 ; 崔永昌, 1989, 앞의 논문, 40~50쪽.

403)『太宗實錄』卷28, 太宗 14年 7月 壬辰, 2冊, 28쪽.

404)『世宗實錄』卷46, 世宗 11年 10月 甲午, 3冊, 202쪽 ; 卷64, 世宗 16年 4月 戊辰, 3冊, 559쪽 ; 卷65, 世宗 16年 8月 己酉, 3冊, 585쪽 ; 卷69, 世宗 17年 8月 戊辰, 3冊, 649쪽.

405) 柳承宙, 1993,『朝鮮時代鑛業史研究』, 19~20쪽. 태종 7년에 처음으로 투입되었다고 한다.

406)『太宗實錄』卷35, 太宗 18年 6月 癸巳, 2冊, 235쪽 ; 卷36, 太宗 18年 8月 癸

山陵軍으로도 선군을 징발했다.409) 심지어 세종 5년 9월에는 船軍과 守城軍을 동원해서 朝鮮通寶를 주전하기도 했다. 그 때 내세운 이유는 왜적을 소탕하여 변경이 一掃되었으므로 선군이 하는 일이 없다는 것이었다.410)

하지만 이외에 採金,411) 進獻을 위한 捕鷹,412) 竹栽培를 試驗하는 일,413) 牧場馬匹의 點檢時에 징발되는 驅馬軍이나414) 牧場木柵의 수리,415) 藏氷416) 등에도 동원되었다. 선군이 이렇게 각종 역사에 동원되자 군역 자체가 徭役化되었다는 지적도 제기되었다.417)

한 마디로 선군의 동원이 증가된 것은 대체로 民의 役期縮小에 따른 노동력 징발의 공백을 메우는 방편으로 사용되고 있었기 때문이다. 즉 태종대 이후 군역제 전반에 걸쳐 군역 종사자에 대한 정부의 반대

未, 2冊, 244쪽 ; 『世宗實錄』 卷6, 世宗 1年 12月 甲申, 2冊, 351쪽.

407) 『世宗實錄』 卷3, 世宗 1年 1月 乙卯, 2冊, 297쪽 ; 卷4, 世宗 1年 5月 辛亥, 2冊, 315~316쪽 ; 卷59, 世宗 15年 3月 癸酉, 3冊, 460쪽 ; 卷61, 世宗 15年 7月 丁丑, 3冊, 496쪽 ; 卷61, 世宗 15年 8月 乙未, 3冊, 498쪽 ; 卷63, 世宗 16年 2月 己酉, 3冊, 541쪽 ; 卷121, 世宗 30年 8月 甲戌, 5冊, 96쪽.

408) 『世宗實錄』 卷64, 世宗 16年 4月 戊辰, 3冊, 559쪽 ; 卷65, 世宗 16年 7月 壬午, 3冊, 579쪽 ; 卷65, 世宗 16年 7月 己亥, 3冊, 581쪽 ; 卷67, 世宗 17年 2月 壬申, 3冊, 616쪽 ; 卷71, 世宗 18年 2月 辛丑, 3冊, 665쪽.

409) 『世宗實錄』 卷9, 世宗 2年 8月 辛亥, 2冊, 393쪽.

410) 『世宗實錄』 卷23, 世宗 6年 2月 癸丑, 2冊, 579쪽 ; 卷26, 世宗 6年 10月 辛酉, 2冊, 634쪽.

411) 『世宗實錄』 卷45, 世宗 11年 9月 甲子, 3冊, 198쪽.

412) 『世宗實錄』 卷39, 世宗 10年 3月 庚戌, 3冊, 122쪽.

413) 『世宗實錄』 卷81, 世宗 20年 4月 己未, 4冊, 139쪽.

414) 『世宗實錄』 卷82, 世宗 20年 8月 乙卯, 4冊, 158~159쪽.

415) 『太宗實錄』 卷27, 太宗 14年 2月 庚午, 2冊, 8쪽.

416) 『世宗實錄』 卷82, 世宗 20年 8月 辛酉, 4冊, 159쪽.

417) 有井智德, 1985, 『高麗李朝史の硏究』, 185~192쪽. 이에 대해 요역은 民戶를 대상으로 하여 민간의 노동력을 징발하는 戶役이었지만, 군역은 특정의 人身을 대상으로 하여 특정한 役을 부과하는 身役이었다고 해서 구분하는 견해도 있다(尹用出, 1986, 「15・16세기의 요역제」, 『釜大史學』 10, 5쪽).

급부나 보상책을 축소하는 과정에서 민의 불만이 높아지자, 良人役 중의 일부를 차별화하여 이들에게 보다 집중적으로 사역을 부과하는 방식을 사용하게 된 것이다. 이를 위해 지목된 것이 선군이었다. 그리하여 선군 조직 자체가 노동력을 수취하는 기구로 변모하게 된다. 이러한 경향은 법에 의해서 뒷받침되었다. 『續六典』에서는,

　　各浦의 船軍은 일없는 때를 당하여 燔鹽, 營田, 海産採取 등의 일을 적당히 거행한다[418]

라고 했다. 각 포의 선군은 법에 의거해서 無事時에는 소금을 굽고 營田, 해산물을 채취해야 했다. 그런데 대마도 정벌 이후 왜구의 침입이 급격히 감소되면서 선군에게는 유사시에 대비하는 것보다도 무사시에 해야 하는 작업들이 더욱 큰 비중을 점하게 되었다. 특히 船軍의 燔鹽과 해산물 채취는 흉년에 대비하는 구황물의 채집과 깊은 연관을 가진 것이었다.[419] 아울러 선군은 失農地域에 兵船을 이용해서 구황물을 운반하기도 했다.[420] 이처럼 선군을 동원한 역사는 荒政에까지 이르렀던 것이다.

　이렇게 선군이 여러 역사에 동원되자 그에 따른 많은 문제가 발생하였다. 첫 번째로 貢納과 결부된 문제였다. 원래 各浦에는 進上 및 各司貢物이 배정되어 이를 납부해야만 했다. 납부지역은 慶尙右道・全羅左道와 같은 왜적 방어의 중심지로부터,[421] 京畿各浦에 이르기까지[422] 전국적이었다.[423] 이에 각 포의 책임자인 만호・천호는 병사 조

---

418) 『世宗實錄』卷86, 世宗 21年 7月 丙寅, 4冊, 227쪽, "各浦船軍當無事時 燔鹽營田海産採取等事 隨宜擧行".

419) 『太宗實錄』卷14, 太宗 7年 7月 辛巳, 1冊, 408～409쪽 ; 『世宗實錄』卷6, 世宗 1年 12月 丙戌, 2冊, 351쪽 ; 卷78, 世宗 19年 9月 癸卯, 4冊, 106쪽.

420) 『世宗實錄』卷19, 世宗 5年 2月 丙寅, 2冊, 524쪽.

421) 『世宗實錄』卷67, 世宗 17年 3月 甲申, 3冊, 618쪽.

422) 『世宗實錄』卷82, 世宗 20年 8月 辛酉, 4冊, 159쪽.

련과 함께 貢物·進上의 조달에도 책임을 지고 있었다.[424] 따라서 선군들은 공물·진상품의 생산에 동원되어 노동력을 징발당하거나[425] 아니면 기타 필요한 여러 도구를 직접 조달해야 했다.

그런데 貢物은 중앙에서 지방의 각 官府를 대상으로 分定했고, 進上은 觀察使·兵馬節度使·水軍節度使들을 대상으로 했다. 文武長官은 자신의 管下州縣에 대한 分定을 맡고 있었다. 이 때 民戶에 대한 貢物의 分定賦課를 위임받은 수령은 그것을 빙자하여 民戶를 수탈하는 일이 많았다. 마찬가지로 水使·僉使·萬戶 등은 부과된 貢物·進上의 上納을 구실로 휘하 군졸들을 자연스럽게 수탈하였던 것이다.[426]

둘째로는 대마도 정벌 이후 왜적의 침입이 뜸해진 틈을 타서 연해의 진황지에 대한 개발·개간이 활발하게 진행되었는데, 이 때 선군을 동원하는 일이 많았다.[427] 이와 관련된 것으로 江原道의 國屯田에 한정된 것이지만 수확의 반을 분배해준다는 조건으로 선군을 비롯한 당번 군인들을 경작에 투입시킨 일도 있다. 즉, 경작농민층과의 대립을 해소하고 생산을 증가시키기 위해 경영방식을 바꾸었던 것이다.[428] 여기서 강원도의 경작지 분포상을 볼 때 선군이 거주하는 지역에 國屯田이 많았을 것이므로, 선군이 이를 더 많이 담당했을 가능성이 높다. 또한 취약지역의 개발·개간을 위해 선군을 동원하는 일은 이 시기에도 계속되었다.[429] 이처럼 개간 등을 이유로 선군을 사역시키는 일은 줄어들지 않았다.

지금까지 살펴본 것처럼 선군의 '且耕'은 그 성격이 크게 변모했다.

423) 『世宗實錄』卷86, 世宗 21年 7月 丙寅, 4冊, 227~228쪽.
424) 田川孝三, 1964, 『李朝貢納制の研究』, 75쪽.
425) 李載龒, 1984, 앞의 책, 130쪽.
426) 田川孝三, 1964, 앞의 책, 260쪽.
427) 『世祖實錄』卷24, 世祖 7年 4月 辛巳, 7冊, 458쪽 ; 卷26, 世祖 7年 12月 辛未, 7冊, 500쪽.
428) 李景植, 1978, 앞의 논문, 111쪽.
429) 方相鉉, 1991, 『朝鮮初期水軍制度』, 91쪽.

그리고 선군이 동원되어 수행한 역사라든가 작업의 성과물들은 모두 국가로 귀속되었다. 이것이 연해지역의 개발을 추진하던 단계와 크게 달라진 점이다. 이제 왜구의 침입과 주민의 유망으로 황폐해진 연해지역을 개발·개간하기 위해서가 아니라 국가의 재정을 확충하고 부역제를 보완하기 위해 선군이 동원되었던 것이다. 그리고 荒政에 대비하기 위한다는 구실로 아예 법으로 그 동원을 규정해 놓았다. 따라서 이 시기 선군을 통한 노동력의 수취는 부세 수취의 일환으로 이루어졌다고 할 수 있다. 즉, 선군의 역사가 국역 수취의 한 부분으로 기능하게 된 것이다. 결국 이것은 선군 조직이 국가의 對民支配의 매체라는 것을 의미한다.

선군 조직의 확대와 역사의 동원은 그 자체의 존속과 관련한 여러 문제를 낳게 마련이었다. 일차적으로 힘없고 가난한 사람들이 선군에 다수 입속하여 국가재정을 위한 여러 역사에 동원되자, 기피하고 유리하는 자들이 급증했다.[430] 예컨대 세종 5년 5월경 忠淸道內 7000여 流移人口 가운데 船軍男女가 4339명에 달하는 실정이었다.[431] 상황이 이렇게 심각한데도 정부는 자신의 경리기반이 없는 雇工,[432] 나아가 他道에서 유망해 온 사람들도 추쇄해서 선군에 충당하여 부방하게 했다.[433] 그리고 사정이 어려우면 雜色軍 중에서 장실한 자와 日守로 대신하기도 했다.[434] 늘어난 선군을 채우고 流移者를 억지로 보충하는 과정에서 어쩔 수 없이 수반되는 문제였다. 그러나 이렇게 충당한 인

---

430) 方相鉉, 1991, 위의 책, 32쪽.

431) 『世宗實錄』 卷20, 世宗 5年 5月 辛丑, 2冊, 542쪽, "忠淸道監司啓 道內流移 船軍男女共四千三百三十九 驛子男女共四百五十九 補充軍男女共八十八口 各司奴婢共一千三百七十五口 私奴婢共七百五口 一道流亡之數 尙至七千 餘口".

432) 『世宗實錄』 卷5, 世宗 1年 8月 癸未, 2冊, 331쪽.

433) 『世宗實錄』 卷4, 世宗 1年 7月 辛未, 2冊, 328~329쪽 ; 卷25, 世宗 6年 9月 乙未, 2冊, 624쪽 ; 卷29, 世宗 7年 8月 甲申, 2冊, 688쪽.

434) 『世宗實錄』 卷13, 世宗 3年 8月 丁酉, 2冊, 446쪽.

물들은 본래 선상 생활에 익숙하지 않아서 적응하기 어렵거나 경리기
반이 없어 지탱하기 힘들어 또다시 유망하는 악순환이 거듭되었다.

　결국 船軍을 充定하는 과정에서 다수의 빈핍자가 들어오고 이에 따
라 그 내부의 빈부 차이가 크게 심화되었다. 반면 富强者들은 만호 등
과 결탁해서 빠져나가거나 아니면 부실한 奉足으로 대신 근무하게 했
다. 이 때문에 근무중에 많은 희생자가 발생하기도 했다. 한편 선군의
역사가 연해지역에 대한 개발이나 개간에 필요한 노동력을 확보하는
차원에서 벗어나 국가의 재정 확충을 위해 부세제의 일환으로 운영됨
으로써 그 부담이 가중되어 점차로 苦役化되면서 견디지 못해 이탈하
는 자가 증가했다. 그런데 중앙에서는 이 문제를 京官의 파견 등 감찰
과 감독활동의 강화를 통해 해결하고자 했다. 그러나 이는 커다란 성
과를 얻지 못하고 지방민의 부담만 가중시키는 결과를 낳았다. 그 결
과 代立이나 放軍收布 등과 같은 새로운 방법으로 이탈하는 자들이
더욱 증가하였다. 이는 당시의 집권적인 軍制 하에서 선군 조직이 안
고 있던 구조적 모순을 통제책의 강화로 해소시켜 보려 한 시도의 한
계였다고 할 수 있다.

결 론

麗末鮮初의 사회변동기를 맞이하여 단행된 軍制改革을 그 개혁방안이 제기되었던 배경과 내용 및 성격, 그리고 개혁이 추진되어 가는 추이에 중점을 두고서 검토해 본 결과 다음과 같은 결론에 이르렀다.

中世社會에서 軍制란 단순히 군대조직의 운용만을 의미하는 것이 아니라 軍役 및 身分制, 土地制度, 政治 등 국가와 사회체제 전반과 밀접한 관련을 맺고 있었다. 그런데 고려 후기에 들어와 사회가 변동하면서 軍制上에 여러 가지 심각한 문제들이 발생하였다. 특히 사회경제적인 여건이 크게 변화하면서 收租地分給制가 마비되는 가운데 '田無役主 亡丁多矣'의 현상이 널리 확산되었다. 그 결과 役制 전반에 걸쳐 혼란이 발생하는 가운데 軍役制도 크게 동요했다. 한편 대토지겸병이 확대되면서 軍人田에 대한 占奪도 급증했다. 결국 경제기반을 상실하게 된 군인들은 役을 감당할 수 없게 되어 급속하게 조직을 이탈하였다. 그로 말미암아 軍事組織은 허소화될 수밖에 없었다.

군인의 조직 이탈로 인한 군사력의 약화, 元의 정치적 간섭 등으로 정치혼란이 심화되자 이에 불안을 느낀 왕실의 주도로 元의 宿衛組織인 怯薛制가 수용되어 전에 없이 宿衛機構들이 濫設되었으며, 近侍機構들도 점차 성격이 바뀌면서 숙위 업무를 겸하게 되었다. 元도 일본원정을 계기로 고려에 설치되었던 萬戶府 운영에 깊숙이 관여했으며, 그 과정에서 宰相에게 직접 군대를 거느릴 수 있는 권한을 부여하는 계기가 조성되기도 했다. 그 결과 군사조직들에 대한 일원적인 통제가 불가능해지면서 통수체제에서의 사병화 경향이 심화되었다.

군사조직이 허소화되고 지휘통솔체계가 혼란한 상태였음에도 불구하고 治安確保, 外敵防禦를 위해 군대출동은 계속되어야 했다. 그러나 병력과 장비가 부족했기 때문에 募軍을 자주 실시해야 했는데, 그 과정에서 운영상의 모순으로 부유층은 제외되고, 가난한 농부들만 대거 징발되었다. 징병 과정을 둘러싸고 빈부 간의 갈등이 고조되었으며, 농민생활마저 불안하게 만들었다. 마침내 정책에 대한 불신이 증폭되면서 국가에 대한 民의 불만과 불평이 증대되었다.

결국 고려 말에 이르면, 그 동안 二軍六衛라든가 州縣軍의 역할을 대신했던 別抄軍·萬戶府마저 募軍 과정에서의 문제 등으로 유명무실해졌다. 船軍도 勞役에 동원되는 일이 잦아지면서 견디지 못하고 도피하는 자들이 늘어나 거의 허소화되었다.

군대 운용이 극도로 혼란스럽고, 元의 정치적 간섭으로 군사력이 약화되었던 상황에서 국내외에 걸쳐 위기감은 갈수록 높아졌다. 국왕 및 집권층은 서둘러서 그 대처에 나서지 않을 수 없었는데, 특히 군제개혁은 그 시대상을 반영하듯 항상 최우선 과제로 다루어졌다.

고려 말기 들어 軍制에 관한 전면적인 개혁을 추진하게 된 것은 忠宣王代였다. 충선왕은 일차적으로 군인들의 생활안정을 이룩하여 조직에서 이탈하는 것을 줄이기 위해 사회경제면의 개혁도 수반하려고 했다. 더불어 軍의 통수체계를 개편하여 중간에 재상 등을 거치지 않고 국왕이 직접 西班의 최고 책임자인 班主를 통해 軍政을 관장하려고 했다. 이 시도는 元과 附元勢力의 개입으로 곧 중단되지만 이것은 이후에 전개될 개혁의 방향을 예고하는 것이기도 했다.

군제개혁은 공민왕대에 본격적으로 재개되었다. 이 때는 元이 쇠퇴함에 따라 동아시아의 국제질서가 크게 변동하여 外患이 극도로 우려되는 시점이었고, 마침내 왜구가 수도 근교에까지 출몰하였다. 정부로서는 군제개혁과 군비강화를 서두르지 않을 수 없었다. 이 때 군제개혁안을 제시한 사람이 李穡이다. 그의 방안은 기존의 사회체제는 변혁하지 않으면서 기술적으로 군사력의 강화를 모색한 것이었다. 武科의 설치를 통한 精兵의 육성, 船軍을 재건하여 陸守와 海戰을 동시에 수행하면서 倭賊을 물리칠 것을 건의했다. 이색의 방안은 충선왕대 군제개혁의 목표와 달리 대외적 위기에 대한 국가체제의 보존이라는 측면에 보다 중점을 둔 것이었다. 이러한 이색의 방안은 즉시 실천에 옮겨지지는 않았으나 당면한 현실적인 필요에 바탕한 것으로서 이후 군제개혁론에 계승되어 많은 영향을 끼쳤다.

군제개혁을 실천에 옮겨 군사력 강화에 본격적으로 착수한 것은 공민왕 5년 反元政治를 단행하면서였다. 이 때 元의 간섭을 배제하는 동시에 舊制로의 복귀가 시도되었다. 일단 二軍六衛와 軍戶連立을 회복시켜 현안이었던 군사조직의 허소화를 극복하려고 했다. 그러나 전제가 되어야 할 軍人田의 分給制度가 토지문제의 미해결 등으로 제대로 시행되지 못하여 개혁작업은 한계에 부딪혔다. 이에 공민왕은 辛旽을 등용해서 田民辨整事業을 추진했다. 우선 豪强之家들이 탈점했던 田民에 대해 辨整事業을 실시하여 본래의 주인에게 되돌려주고, 賤隷訴良者들을 모두 양인으로 만들었다. 이 중에는 군인들도 포함되었을 것이며, 訴良했다가 양인으로 된 사람들에 대해서는 軍役을 부담시키고자 했다. 국가는 먼저 首都의 閑良品官 및 各司各愛馬들을 五軍에 예속시키는 동시에 諸道의 散官들도 赴京宿衛하게 했다. 이들로 하여금 허소화된 군사조직을 보충하고자 한 것이다. 그러나 변정사업은 토지를 새로이 분급하는 것이 아니라 권세가에게 탈점당했던 것을 회복시키는 것이 목표였다. 이러한 한계점을 지닌데다가 辛旽이 제거되면서 사업 자체는 무산되었다.

신돈 제거 이후 기존의 빈부격차를 그대로 인정하되, 다만 경제적으로 우위에 있는 사람에게 좀더 많은 부담을 지게 하고 대신 가난한 사람들에 대해서는 그만큼 부담을 덜어주는 체제를 수립하고자 했다. 즉 현실의 빈부격차를 그대로 용인하면서도 상호 공조할 수 있는 방안을 찾으려 했다. 이는 三等戶制에 기반해서 軍役 및 각종 賦稅를 부과하는 체제의 수립으로 현실화되었다. 三等戶制는 공민왕 21년 윤11월에 城中諸戶를 大·中·小戶로 나누어 出丁시키는 것으로부터 출발했다. 얼마 지나지 않아 공민왕이 암살당하고 우왕이 등극한 직후에는 京中에서만 실시되었던 三等戶制가 外方으로 확대되었다. 그러나 호구성적 사업이 제대로 시행되지 못하고, 호구수와 함께 경제력을 파악하는데 있어 가장 중요한 요소였던 토지의 보유 현황도 양전사업의 불철저, 양안의 미비 등으로 제대로 파악되지 못했다. 이런 상태에서는 外方에서 三等戶制를 시행하는 것은 불가능했다. 결국 3등호제는 도성을 대상으로 가옥의 間架數로써 호의 등급을 나누어 징병하는 형태로 일단 실시되었다. 따라서 확고한 제도적인 장치로서 정착되지 못했다. 그러나 수조권이 약화되고 토지의 사적 소유권이 강화되면서, 그로 인해 조세·국역 부담자의 빈부격차가 확대되는 추세에서는 家戶의 경제적인 능력에 기준을 두고 설정된 3등호제의 기본적인 운영원리는 큰 의미를 지니고 있었다.

하지만 상황이 극도로 악화되는 가운데 외세의 대규모 침공이 예상되자 결국 총체적인 동원체제라 할 수 있는 翼軍制가 우왕 4년 12월 전국에 걸쳐 확대, 실시되었다. 익군제는 모든 계층의 사람들을 대상으로 强弱을 分揀해서 軍籍에 등록시켜 군인으로 동원하는 체제였다. 그런데 익군의 등록 과정이 매우 혹독했다. 그로 인해 상대적으로 경제력이나 권력이 취약한 농민이나 하층 양반일수록 더 무거운 부담을 지게 되었다. 설사 똑같은 양을 부과받았다고 하더라도 이미 기반이 미약하기 때문에 사실상 고통은 더 컸다. 결국 군역과 공부를 동시에 부담하게 된 농민들이 견디다 못해 도산해 버리는 일이 증가했다. 문제가 심각해지자 兩界를 제외한 모든 지역의 翼軍을 혁파했다.

翼軍制의 확대 실시가 중단되자 위정자들은 일단 이전의 방식대로 운영할 것을 모색해 보았다. 그러나 軍民에 대한 統屬體制가 제대로 구축되지 않고 혼란만 가중되었기 때문에 군인을 동원하는 과정에서 더 큰 문제가 발생했다. 軍役 부담의 不均이 극심해졌고 民의 불평·

불만도 그만큼 더 커지게 되었다. 統帥體制가 제대로 구축되어 있지
않은 상태에서 징집된 군사들과 지휘관 사이의 관계는 한층 더 私的인
색채가 농후해졌다. 이런 현상은 船軍에서도 마찬가지였다. 萬戶府 예
하에 있던 千戶所, 百戶所의 長들에게 空名牒을 지급해서 병력의 충
원 문제를 스스로 해결하게 하고, 운영체계 전반에 대해서는 지휘관의
자의적인 통솔에 맡겨 버렸다. 결과적으로 이는 군사 분야는 물론 사
회 내부의 문제까지 한층 더 심각한 상태로 몰아 갔다.

마침내 군사동원에 따른 民의 불만이 극도로 높아진 가운데 위화도
회군이라는 커다란 정치적인 사건이 일어나면서 정권이 교체되었다.
권력을 장악한 李成桂와 그와 제휴했던 급진개혁파 사대부들은 심각
한 사회 내부의 모순을 해소하고 계층 간의 갈등을 완화시키기 위해
전면적인 체제개편을 추진했다. 그 중에 軍制改革도 포함되었다.

급진개혁파들은 田制를 비롯해서 신분제, 정치제도 등의 문제와 연
계시킨 군제개혁안을 내놓고 이에 의거해서 사업을 추진했다. 먼저 私
田의 혁파 및 재분급과 관련해서 宗親과 添設職者를 포함한 時散品官
들에게 口分田을 지급하되 現職이 아닌 경우에는 五軍에 소속시키자
고 했다. 그리고 부득이 외방에 거주해야 하는 品官에게는 단지 軍田
을 주고 役에 충당할 것을 주장했다. 그 役은 軍田을 받았던 관계로
곧 軍役을 의미했다. 또한 府兵에 대해서는, 군사조직이 허소화된 중
요한 이유 중의 하나가 選軍이 제대로 이루어지지 않아 무능하거나 자
격이 없는 자들이 대거 입속한 때문이라고 보고, 才藝를 시험 보여 선
발된 군인에 한해 軍田을 분급하되 20세가 되면 지급하고 60세가 되면
회수하자고 했다. 受田者는 반드시 國役을 부담해야 한다는 원칙에 입
각해서 우선 軍을 충실히 하고, 종래 토지를 받고서도 아무런 역도 지
지 않았거나 실제로 근무하면서도 受田하지 못하는 인물이 발생하는
폐단을 제거하려고 했다. 그리고 이를 통해 재지세력의 분화 과정에서
발생한 신분제의 혼란을 수습하려고 했다. 즉, 소정의 심사절차를 거쳐
品官에 합당한 자에게는 軍役을, 그렇지 못한 자에게는 본래의 役, 예

를 들어 鄕吏에게는 鄕役을 부과할 것을 주장했다.

이어서 조직의 개편을 주장했는데, 먼저 各成衆愛馬를 府兵組織인 八衛에 합속시켜 軍簿司에서 八衛를 통해 일원적으로 통솔할 수 있도록 계획했다. 軍의 인사제도도 개혁해서 권세가에게 밀착하여 근무하지 않으면서 祿을 먹거나 출세하는 자가 나오지 않도록 했다.

이상과 같은 개혁을 단행하면, 受田에 따른 역의 공평한 부담과 신분별 조직편성, 精兵의 육성, 軍의 人事에 대한 권세가의 관여 차단 등의 목표가 달성될 것으로 기대했다. 그렇게 되면 軍의 허소화와 私兵化의 문제가 동시에 해결되면서 사회의 안정 및 통수권의 확립에 따라 정국의 불안도 해소될 수 있을 것으로 보았다. 하지만 이 개혁안이 그대로 실행될 경우 이제까지 受田하고도 사실상 아무런 役도 지고 있지 않았던 권세가들이 다른 사람들과 똑같이 역을 부담하게 되고, 특히 중요시했던 免役의 특권이 상실된다. 따라서 개혁에 대한 반발도 거셌다.

급진개혁파는 공양왕의 옹립을 계기로 본격적인 작업에 착수했다. 먼저 통수권의 확립을 위해 『周禮』에 따라 五軍에서 三軍으로 개편하면서 中外의 軍士를 통솔하는 三軍都摠制府를 설치했다. 이를 계기로 元帥의 軍權을 박탈하고 그들에게 私的으로 예속되었던 軍民들을 放還시켰다. 또한 三軍都摠制府에 受田品官을 비롯해서 居新舊京坊者, 四十二都府, 各成衆愛馬 등의 중요한 군사조직체들을 분속시켰다. 동시에 각 병종마다 입속자의 자격요건을 마련하고 실병력을 확보하는 작업을 병행했다. 그 중에서 가장 획기적인 것이 受田品官의 幷屬이었다. 이전에는 私田을 받고도 아무런 역을 지지 않았던 구가세족들도 현임자가 아닌 이상 군적에 편입되어 군역을 부담하게 되었다. 아울러 국왕이 궁중의 숙위를 위해 별도로 설립해서 운영했던 各成衆愛馬에 대한 개편작업도 이루어졌다. 이는 宮中의 '宿衛近侍之任'의 지나친 비대화를 막으려는 것이었다.

그러나 이 단계의 군제개혁에서는 몇 가지 중요한 과제가 남아 있었다. 첫째 舊家世族들의 반발과 계층 간의 갈등을 해소하는 일이었다.
둘째 墾田이 50만 결에도 못 미치는 量田 결과로 인해 軍田의 지급을
그대로 실천하기 어려웠다는 점이다. 셋째 三軍都摠制府에 여전히 소
속되지 않았던 군사조직체들도 남아 있어 일원적인 통수체제의 수립
에는 아직까지 상당한 거리가 있었다. 결국 남은 과제들은 조선에 들
어와서 다시 처리되어야 했다.

급진개혁파들은 沿海民의 安集을 전제로 하여 船軍 육성방안을 수
립했다. 즉, 濱海地域 개간자에게는 20년 간의 免稅와 國役을 면제해
주는 대신에 水軍萬戶府를 중심으로 왜구방어와 연해지역의 개간에
징발되어야 했다. 결국 '且耕且守'에 근거해서 船軍을 육성하여 황폐
된 濱海地域을 개발하고 왜구를 방비하자는 것이 기본 구상이었다. 이
경우 개간지에 대한 소유권이 장차 船軍에게 돌아갈 가능성이 매우 컸
다.

이러한 구상에 의거해서 공양왕 3년 海邊民들을 召募하여 3丁을 1
戶로 삼아 水軍에 充定하며, 諸道濱海之田에 대해서는 水軍 妻子의
부양을 위해 조세를 거두지 않는다는 조치를 취했다. 이는 군역의 부
담에 따른 보상이라고 할 수 있다. 그런데 諸道濱海之田의 免稅上限
線이 규정되어 있지 않기 때문에 능력만 있으면 최대한으로 개간할 수
있었다. 따라서 이는 沿海民의 船軍 入屬을 유도하는 일종의 권장책
이라고 볼 수 있다.

조선왕조가 성립된 직후 국가의 면모를 일신하기 위해 통치체제의
개편이 추진되었다. 그 일환으로 단행된 군제개혁은 麗末부터 해 왔던
것을 계속하면서 세부적인 부분에 대한 정비도 병행했다. 이는 급진개
혁파 사대부의 핵심인 정도전이 주도했기 때문에 그의 구상이 많은 영
향을 주었다.

먼저 고려 말에 최고의 軍政機構로 설치되었던 三軍摠制府가 義興
三軍府로 개편되고 重房이 혁파되어 통수체제에 상당한 변화가 초래
되었다. 의흥삼군부의 判事를 겸임한 재상은 국왕에 의해서 군의 통수

권을 부여받아 發命權을 장악했다. 그리고 의흥삼군부를 통해 發兵者와 掌兵者에 해당하는 節制使와 各衛의 上·大將軍, 그리고 各領將軍 등에게 명령을 내릴 수 있게 되었다. 이는 군권이 분산 운영되어 많은 혼란을 야기시켰던 폐단을 제거하는 동시에 군의 통수체제를 확립하기 위해 兵權을 집중시키려는 것이었다.

의흥삼군부로 통수권을 집중시키는 것과 함께 숙위군 조직을 개편했다. 정도전은 숙위를 경호 업무로 한정시키지 않고 교육 및 仕路와 연결시켰다. 먼저 受田散官을 숙위에 참여시키고 이를 통해 관료직으로 진출하는 통로로 삼으려고 하였다. 訓鍊觀에는 各領에 소속된 軍士들과 成衆愛馬를, 義興三軍府舍人所에는 居京大小人員의 자제들을 모아 놓고 교육을 시키고 그것이 끝나면 숙위에 투입하며 이를 통해 각자의 재능을 고찰하고 나중에 능력에 따라 관직으로 나아가게 했다. 그는 이렇게 함으로써 관료직이 소수의 중앙세가에 집중되는 폐단을 막을 수 있을 것으로 보았고 적어도 동일한 신분 내에서는 공평한 기회 부여와 능력에 따른 선발원리를 유지하려고 하였다.

그런데 왕자의 난으로 정도전과 그 계열 인사들이 제거되면서 사정이 바뀌었다. 새로 집권한 태종과 그의 重臣들도 군제개혁을 제대로 추진하기 위해서는, 국가와 사회체제 전반에 걸친 변화가 함께 추구되어야 한다는 점을 인정하였다. 그러나 통치체제나 신분제 운영의 방안에 대해서는 정도전 계열과는 사뭇 달랐다. 그리하여 군제개혁의 내용과 성격도 변하게 되었다.

태종 및 그의 중신들은 私兵을 혁파하고 모든 군사는 公家之兵이 되어야 할 것을 강조했다. 이 점은 정도전도 마찬가지였지만 태종은 정도전이 주도한 '宰相發命之法'을 폐지하고 국왕을 정점으로 해서 그 아래 發兵을 맡았던 摠制들과 掌兵을 책임진 護軍들이 마치 피라미드 형태로 포진되는 일원적인 통수체제를 수립했다. 따라서 이제부터는 국왕이 군사조직을 직접적으로 관장하게 되었다.

私兵의 혁파를 계기로 군의 통수체제가 바뀌면서 숙위군 조직도 개편되었으며 그 과정에서 성격이 크게 변했다. 즉, '正邦國'을 위한 일종의 정치행위로 간주하고자 했던 정도전의 구상과 달리 숙위는 현실적으로 충실하게 왕실을 파수하고 호위하는 것으로 변했다. 동시에 이는 정도전이 三軍府에 숨人所를 설치해서 大小人員의 자제들을 교육시키는 방법으로 宿衛之士를 양성하려고 했던 정책의 폐기를 의미했다.

한편 숙위군에 대해서는 병종별로 업무와 기능을 세분화시키고 명령계통을 다양하게 하는 방향으로 개편했다. 특히 업무 분장에서 身分과 武才라는 이중적인 기준을 적용시켜 신분이 확실하고 武才가 있는 정예분자를 成衆愛馬로 흡수하여 국왕 가까이에 배치해서 호위하게 했다. 그리고 신분은 다소 낮더라도 실력이 있는 자들은 甲士로 선발해서 宮門의 파수를 비롯하여 외곽의 경비에 활용했다. 양인의 의무병종인 侍衛牌도 주로 외곽의 경비를 담당했는데, 甲士와 달리 試取를 통해 선발되지 않았으며 번상시 祿도 지급받지 못했다. 이런 작업을 통해 편제와 구성에 있어서 신분층 간의 차별성이 강조되는 것은 물론 동일 계층에 속하더라도 그 안에서 이들의 특권과 지위, 역의 정도가 다시 階序化되었다. 그러므로 이런 체제 하에서는 갈수록 출신성분이 중시될 수밖에 없었고, 변화된 숙위군 운영체계 하에서는 이러한 차이를 국가가 나서서 해소시키는 것이 아니라 오히려 軍役制의 운영을 통해 차별을 조장·강화하는 방향으로 운영되었다.

사병 혁파와 宿衛軍에 대한 조직개편으로 군에 대한 국가의 통제가 강화되자 새로이 많은 관리자층이 필요했으며, 군사의 수도 늘려야 했다. 하지만 그로 인해 발생한 재정의 추가 부담과 私田의 지급이 크게 문제가 되었다. 이 문제를 해결하기 위해 국가는 收租地의 분급이 아닌 다른 방식을 찾으려 했다. 먼저 소수 정예의 成衆愛馬는 給料로, 甲士 이하는 所耕田의 多寡를 기준으로 助戶를 지급받아 그들로부터 도움을 얻거나 자신의 경제력으로 필요한 것을 마련하도록 했다. 그 결과 일정 규모 이상의 田民을 보유하고 신분이 확실한 地主들이 입속하게 되었다. 이들은 군역 부담에 따른 대가로 免役을 보장받았고,

그를 이용해서 佃戶에 대한 지배를 강화시킬 수 있었다. 이렇게 군역에 대한 반대급부의 내용이 새롭게 바뀌게 되자 受田散官의 처리가 과제가 되었다. 우선 계속해서 수조지를 지급하기가 어렵고, 受祿軍士와 奉足制로 운영하는 다른 兵種과의 형편성도 문제가 되었다. 마침내 태종 17년 7월의 私田의 外方移給은 受田散官들의 居京侍衛에도 크게 영향을 미쳤다. 순전히 형식적인 절차에 따라서 番上하도록 했다. 이로 인해 受田散官의 番上侍衛는 사실상 중단되고 말았다. 이는 收租地 분급을 전제로 한 軍役 부과방식이 해체됨과 동시에 태종대에 행한 군제개혁이 일원적인 편제원리로 완결된 것을 의미한다.

船軍에 대한 개혁도 조선에 들어와서 계속되었다. 우선 선군은 늘상 생명의 위험을 무릅쓰고 근무해야 하는 관계로 특별한 矜恤措置를 내려야 한다며, 所在官司로 하여금 賦役을 蠲免해주고, 船軍戶마다 助戶의 보유 여부를 조사하여 부족할 경우 加定하도록 했다. 또한 輪番으로 배를 타게 해서 휴식기간도 충분히 갖도록 했다. 그리고 魚鹽之利를 自取하여 필요한 양식을 스스로 마련할 수 있게 했다. 아울러 陸軍에는 없는 독특한 海領職을 만들어서 40개 월 동안 立役한 船軍을 前職의 高下에 따라 1급씩 陞級시켜 주었는데, 無職人도 隊長에 差下한 다음, 계속해서 40개월을 더 복무할 때마다 陞品하여 嘉善大夫에 이르러 去官하게 하였다. 주로 양인이 담당하는 射官과 格軍까지 授職대상이 되었으며, 賤人은 제외하였다. 이로 미루어 보면 무직자에는 양인까지도 포함되어 있었다. 따라서 海領職을 통해 보면 船軍 내에서 良人 및 賤人의 기능이 분리되어 있었지만, 양인층 안에서는 직역의 종류를 불문하고 동일한 지위를 보장하며, 능력에 따라서는 신분상승도 가능하도록 만들었다. 이런 방식은 宿衛軍制의 개혁방안과 원리상 동일하다고 할 수 있다.

하지만 빠른 시간 안에 무리하게 선군을 확충함으로써 문제도 많았다. 역을 견디지 못해 逃潰한 사람들이 많았다. 船軍은 兵船을 타야 하는 관계로 流亡은 육군의 경우보다도 더 복잡한 문제를 안고 있었다. 따라서 당시 위정자들은 이에 관한 대책으로 船軍에 대한 직접적인 통제를 강화하고 그 보상책으로 獎勸策 및 矜恤策을 실시하도록 했다. 즉 船軍에 闕立者가 발생할 경우 수령을 처벌한다든가, 선군으로 오랫동안 근무한 사람에 대해 賞職, 즉 海領職을 제수해서 장려하기도 했다. 그리고 船軍戶에 대해서는 요역을 비롯하여 잡역을 減除시켜주었다. 또한 船軍에 대한 救療方案을 다각도로 마련하고 病故者라 할지라도 이전과 달리 戰死者에 준하게 대우해서 일정 기간 復戶를 베풀었다. 이는 모두 『經濟六典』에서 법제화되었는데, 대개 船軍만을 대상으로 한 법들이었다.

船軍의 개혁에는 군사적 기능뿐만 아니라 沿海民의 安集과 開墾, 국가재정의 확보라는 목표가 있었다. 따라서 船軍들은 漕運, 造船, 營田, 燔鹽 등에 역사되었다. 결국 船軍에 의해서 왜구의 침입과 주민의 유망으로 황폐화된 연해지역이 다시 개발되고 개간되기 시작했다. 그러므로 선군의 조직망 정비는 연해지역의 개발을 위한 노동력의 확보와도 깊은 관련성을 맺고 있었다.

王子亂으로 정도전 등이 제거되고 태조가 퇴위하고 定宗이 즉위한 뒤 船軍의 편제방식이 바뀌기 시작했다. 특히 兵曹로 하여금 各道 軍戶의 人口多少를 헤아려 반드시 每 3丁에 1名의 軍을 세우게 해서 모든 船軍戶가 균평하게 役을 부담하도록 했다. 그러나 이를 계기로 연해민이 아닌 사람들도 선군에 들어오게 되었고, 편성기준이라든가 임무 등도 변하면서 船軍役의 성격이 변모하게 되었다.

우선 貧乏者들이 助戶를 얻기 힘들어 불균등이 심화되자 정부는 所耕多少를 기준으로 軍丁을 成籍하는 법을 제정해서 이에 대처했다. 船軍도 일정 규모 이상의 所耕田을 보유한 자들로 편성시켰다. 이를 계기로 船軍役도 이제 국역체제의 일환으로 편입되어 외형적으로는 서로 평등하게 역을 부담하는 것처럼 보였다. 그러나 山郡地域民은 陸軍으로, 沿海民은 船軍으로 입속시키는 것과 같은 군역 부과에서의 지역적 구분이 사라지면서, 육군에 비해 상대적으로 근무가 힘들었던 船

軍役이 점차적으로 천역시되었고, 이를 계기로 차별대우를 받는 단초가 열리게 되었다. 따라서 船軍에게 지급되던 海領職도 대폭 축소되었다. 그리하여 육군과 선군 모두 내부의 편제원리가 동일하게 형성되면서 船軍役이 육군에 비해 하위 역종으로 위치지어졌다.

船軍役의 差別化와 賤役化는 태종대의 군제개혁에서 볼 수 있는 현상, 즉 군사조직 내에 편성되어 있던 각 신분층 간의 차별은 물론 비록 같은 계층에 속한다고 하더라도 그 안에서 다시 階序化되는 점과 맥락을 같이한다. 이를 계기로 船軍의 '且耕'에 해당하는 업무는 계속 확장되어 결국 徭役化하였다. 이로 인해 船軍에서 도피하는 사람들이 증가했으나 정부는 이 문제가 안고 있던 구조적인 모순을 선군에 대한 감독, 감찰을 강화하는 방식으로 해결하고자 했다. 이러한 군사조직의 편성 및 운영 원리는 이후 朝鮮軍制의 확립 과정에서 매우 중요한 비중을 점했다. 즉, 다음 시기에 전개될 개편작업도 이 연장선상에서 추진되었을 것이며, 원리 면에서 다소 변화가 있을 수 있으나 근본적인 것은 바뀌지 않았다.

參考文獻

1. 史料

『高麗史』　　　　　　『高麗史節要』　　　　『高麗圖經』
『高麗名賢集』　　　　『朝鮮王朝實錄』　　　『經國大典』
『經國大典註解』　　　『大典續錄』　　　　　『大典後續錄』
『經濟六典拾遺』　　　『經濟六典輯錄』　　　『龍飛御天歌』
『三峯集』　　　　　　『陽村集』　　　　　　『訥齋集』
『李朝名賢集』　　　　『東文選』　　　　　　『新增東國輿地勝覽』
『兵政』　　　　　　　『陣法』　　　　　　　『制勝方略』
『增補文獻備考』　　　『武科總要』

2. 著書

姜晉哲, 1980,『高麗土地制度史硏究』, 高麗大出版部.

軍史硏究室, 1968,『韓國軍制史(朝鮮前期篇)』, 陸軍本部.

軍史硏究室, 1983,『高麗軍制史』, 陸軍本部.

金光哲, 1991,『高麗後期世族層硏究』, 東亞大出版部.

金南奎, 1989,『高麗兩界地方史硏究』, 새문社.

金塘澤, 1998,『元干涉下의 高麗政治史』, 一潮閣.

金錫亨, 1957,『朝鮮封建時代 農民의 階級構成』, 과학원출판사.

金容燮, 1988,『朝鮮後期農學史硏究』, 一潮閣.

金容燮, 2000,『韓國中世農業史硏究』, 지식산업사.

金仁昊, 1999,『高麗後期士大夫의 經世論 硏究』, 혜안.

金在瑾, 1977,『朝鮮王朝軍船硏究』, 一潮閣.

金昌賢, 1998,『高麗後期 政房研究』, 高麗大民族文化研究院.

金泰永, 1983,『朝鮮前期土地制度史研究』, 知識産業社.

金鴻植, 1981,『朝鮮時代 封建社會의 基本構造』, 博英社.

都賢喆, 1999,『高麗末 士大夫의 政治思想研究』, 一潮閣.

閔賢九, 1983,『朝鮮初期의 軍事制度와 政治』, 韓國研究院.

朴京安, 1996,『高麗後期土地制度研究』, 혜안.

박용운, 1997,『高麗時代 官階·官職研究』, 고려대출판부.

朴洪甲, 1994,『朝鮮時代 門蔭制度 研究』, 探究堂.

方相鉉, 1991,『朝鮮初期水軍制度』, 民族文化社.

白南雲, 1937,『朝鮮封建社會經濟史(上)』, 改造社.

邊太燮, 1971,『高麗政治制度史研究』, 一潮閣.

오붕근·손영종, 1991,『조선수군사』, 사회과학출판사.

위은숙, 1998,『高麗後期 農業經濟研究』, 혜안.

劉承源, 1987,『朝鮮初期身分制研究』, 乙酉文化社.

尹龍赫, 1991,『高麗對蒙抗爭史研究』, 一志社.

尹漢宅, 1995,『高麗前期私田研究』, 高麗大民族文化研究所出版部.

李景植, 1986,『朝鮮前期土地制度研究』, 一潮閣.

李景植, 1998,『朝鮮前期土地制度研究(Ⅱ)』, 지식산업사.

李基白, 1968,『高麗兵制史研究』, 一潮閣.

李基白, 1990,『高麗貴族社會의 形成』, 一潮閣.

李成茂, 1980,『朝鮮初期兩班研究』, 一潮閣.

李載龔, 1984,『朝鮮初期社會構造研究』, 一潮閣.

李存熙, 1990,『朝鮮時代地方行政制度研究』, 一志社.

李泰鎭, 1986,『韓國社會史研究』, 知識産業社.

張學根, 1987,『朝鮮時代海洋防衛史研究』, 創業社.

鄭杜熙, 1983,『朝鮮初期政治支配勢力研究』, 一潮閣.

車文燮, 1973,『朝鮮時代軍制研究』, 檀國大出版部.

車文燮, 1996,『朝鮮時代 軍事關係研究』, 檀國大出版部.

蔡連錫, 1981,『朝鮮初期火器研究』, 一志社.

千寬宇, 1979,『近世朝鮮史研究』, 一潮閣.

河炫綱, 1988,『韓國中世史研究』, 一潮閣.

韓永愚, 1983,『(改正版) 鄭道傳思想의 研究』, 서울大出版部.

韓永愚, 1983, 『朝鮮前期社會經濟研究』, 乙酉文化社.
韓永愚, 1983, 『朝鮮前期社會思想研究』, 知識産業社.
韓忠熙, 1998, 『朝鮮初期 六曹와 統治體系』, 啓明大出版部.
許善道, 1994, 『朝鮮時代火藥兵器史研究』, 一潮閣.

內藤雋輔, 1961, 『朝鮮史研究』, 東洋史研究會.
末松保和, 1965, 『靑丘史草』, 笠井出版印刷社.
有井智德, 1985, 『高麗李朝史の研究』, 國書刊行會.
田川孝三, 1964, 『李朝貢納制の研究』, 東洋文庫.

3. 博士學位論文

姜恩景, 1997, 『高麗後期 戶長層의 變動 研究』, 연세대 박사학위논문.
權寧國, 1995, 『高麗後期 軍事制度 研究』, 서울대 박사학위논문.
金順子, 1999, 『麗末鮮初 對元·明關係 研究』, 연세대 박사학위논문.
金鍾洙, 1996, 『朝鮮後期 訓鍊都監의 設立과 運營』, 서울대 박사학위논
    문.
南智大, 1993, 『朝鮮初期 中央政治制度研究』, 서울대 박사학위논문.
宋寅州, 1997, 『高麗時代 禁軍研究』, 경북대 박사학위논문.
오일순, 1999, 『高麗時代 役制의 變動과 雜色役』, 연세대 박사학위논문.
吳宗祿, 1992, 『朝鮮初期 兩界의 軍事制度와 國防體制』, 고려대 박사학위
    논문.
柳昌圭, 1995, 『李成桂勢力과 朝鮮建國』, 서강대 박사학위논문.
李亨雨, 1999, 『高麗 禑王代의 政治的 推移와 政治勢力 研究』, 고려대 박
    사학위논문.
林容漢, 1998, 『朝鮮初期의 守令制 연구』, 경희대 박사학위논문.
鄭景鉉, 1992, 『高麗前期 二軍六衛制 研究』, 서울대 박사학위논문.
崔鍾鐸, 1998, 『麗末鮮初 鄕村支配勢力 研究』, 연세대 박사학위논문.
洪元基, 1998, 『高麗前期軍制研究』, 연세대 박사학위논문.

4. 論文

姜英哲, 1980,「朝鮮初期의 軍事道路」,『韓國史論 7 - 朝鮮前期 國防體制의 諸問題』.

姜制勳, 1995,「朝鮮初期 徭役制에 대한 재검토」,『歷史學報』145.

權寧國, 1992,「武臣執權期 地方軍制의 變化」,『國史館論叢』31.

權寧國, 1994,「고려말 中央軍制의 변화」,『史學研究』47.

權寧國, 1994,「고려말 지방군제의 변화」,『한국중세사연구』1.

권영국, 1994,「원 간섭기 고려 군제의 변화」,『14세기 고려의 정치와 사회』.

권영국, 1999,「고려 전기 軍役制의 성격과 운영」,『國史館論叢』87.

金光哲, 1979,「朝鮮前期 良人農民의 軍役」,『釜山史學』3.

金光哲, 1998,「高麗後期 都評議使司 研究」,『한국중세사연구』5.

金洛珍, 1995,「牽龍軍과 武臣亂」,『高麗武人政權研究』.

金洛珍, 2000,「高麗時代 牽龍軍의 設置와 任務」,『歷史學報』165.

金塘澤, 1996,「高麗 恭愍王初의 武將勢力」,『韓國史研究』93.

金大中, 1990,「高麗 恭愍王代 京軍의 再建試圖」,『軍史』21.

金錫亨, 1941,「李朝初期 國役編成의 基底」,『震檀學報』14.

김순자, 1987,「高麗末 東北面의 地方勢力 研究」, 연세대 석사학위논문.

金鎔坤, 1980,「朝鮮前期 軍需米의 確保와 運送」,『韓國史論 7 - 朝鮮前期 國防體制의 諸問題』.

金容燮, 1982,「朝鮮後期 軍役制의 動搖와 軍役田」,『東方學志』32(1984,『韓國近代農業史研究 上』에 재수록).

金容燮, 1982,「朝鮮後期 軍役制釐正의 推移와 戶布法」,『省谷論叢』13(1984,『韓國近代農業史研究(上)』에 재수록).

金一煥, 1999,「朝鮮初期 軍器監別軍考」,『實學思想研究』12.

金鍾國, 1959,「高麗の府兵について」,『立正史學』23.

金鍾洙, 1990,「17세기 軍役制의 推移와 改革論」,『韓國史論』22, 서울대 국사학과.

金鍾洙, 1992,「16세기 甲士의 消滅과 正兵入役의 變化」,『國史館論叢』29.

金鍾洙, 1994,「17세기 訓鍊都監 軍制와 都監軍의 活動」,『서울학연구』2.

金鍾洙, 1996,「朝鮮初期 甲士의 성립과 발전」,『典農史論』2.

金鍾洙, 1999,「高麗·朝鮮初期의 府兵」,『歷史教育』69.

金鍾哲, 1992,「朝鮮初期 徭役賦課方式의 推移와 役民式의 確立」,『歷史教育』51.

金宗鉉, 1985,「高麗社會의 軍戶에 대한 小考」,『慶大史學』1.

金駿錫, 1996,「조선후기 國防意識의 전환과 都城防衛策」,『典農史論』2.

金昌洙, 1966,「成衆愛馬考」,『東國史學』9·10.

金泰振, 1984,「鮮初 銃筒衛의 樣相」,『素軒南都泳博士華甲紀念史學論叢』.

金鎬逸, 1980,「梁誠之의 關防論」,『韓國史論 7 - 朝鮮前期 國防體制의 諸問題』.

南都泳, 1969,「朝鮮初期의 兼司僕에 대하여」,『金載元博士回甲紀念論叢』.

南相亘, 1977,「元朝의 千戶制와 宿衛 鎭戍軍制度」,『史學志』11.

盧永九, 1995,「朝鮮初期 水軍과 海領職의 변화」,『韓國史論』33, 서울대 국사학과.

노영구, 1998,「조선시대 병서의 분류와 간행추이」,『역사와 현실』30.

閔賢九, 1983,「朝鮮初期의 私兵」,『東洋學』13.

閔賢九, 1985,「高麗後期의 班主制」,『千寬宇還曆紀念韓國史學論叢』.

朴道植, 1987,「朝鮮初期 講武制에 關한 一考察」,『慶熙史學』13.

박진훈, 1998,「高麗末 改革派士大夫의 奴婢辨正策」,『學林』19.

朴漢男, 1997,「恭愍王代 倭寇侵入과 禹玄寶의 '上恭愍王疏'」,『軍史』34.

方相鉉, 1982,「朝鮮前期 城郭機能考」,『史學志』16.

方相鉉, 1990,「朝鮮 龜船의 接木性研究」,『慶熙史學』16·17.

백승철, 1990,「17·18세기 軍役制의 變動과 運營」,『李載龒博士還曆紀念 韓國史學論叢』.

邊東明, 1989,「高麗忠烈王代의 萬戶」,『歷史學報』121.

徐鍾泰, 1987,「高麗後期 軍須田에 대한 一考察」,『高麗末·朝鮮初 土地制度의 諸問題』.

宋炳基, 1964,「世宗代의 兩界行城 築造에 대하여」,『史學研究』18.

宋寅州, 1992,「元壓制下 고려王朝의 軍事組織과 그 性格」,『歷史教育論集』16.

宋寅州, 1998,「恭愍王代 軍制改革의 實態와 그 限界」,『한국중세사연구』5.

申安湜, 1989, 「高麗中期의 別抄軍」, 『建大史學』 7.

安啓賢, 1972, 「朝鮮前期의 僧軍」, 『東方學志』 13.

吳英善, 1992, 「고려 전기 군인층의 구성과 圍宿軍의 성격」, 『韓國史論』 28, 서울대 국사학과.

吳宗祿, 1985, 「朝鮮初期 兵馬節度史制의 成立과 運用」, 『震檀學報』 59, 60.

吳宗祿, 1986, 「高麗末의 都巡問使」, 『震檀學報』 62.

吳宗祿, 1989, 「朝鮮初期의 邊鎭防衛와 兵馬僉使·萬戶」, 『歷史學報』 123.

吳宗祿, 1991, 「高麗後期의 軍事 指揮體系」, 『國史館論叢』 24.

吳宗祿, 1992, 「朝鮮初期 兩界의 軍事制度와 國防」, 『水邨朴永錫敎授華甲紀念韓國史學論叢(上)』.

吳宗祿, 1992, 「朝鮮初期의 營鎭軍」, 『宋甲鎬敎授停年退任記念論文集』.

오종록, 1994, 「조선초기의 국방정책 - 양계의 국방을 중심으로」, 『역사와 현실』 13.

吳宗祿, 1996, 「조선초기 正兵의 軍役」, 『韓國史學報』 1.

柳承源, 2000, 「朝鮮建國期 前銜官의 軍役」, 『韓國史論』 41·42, 서울대 국사학과.

柳承宙, 1980, 「朝鮮前期의 軍需鐵鑛業硏究」, 『韓國史論 7 - 朝鮮前期 國防體制의 諸問題』.

柳在春, 1995, 「『世宗實錄』 地理志 城郭記錄에 대한 檢討」, 『史學硏究』 50.

柳在春, 1996, 「朝鮮前期 城郭硏究」, 『軍史』 33.

柳昌圭, 1984, 「李成桂의 軍事的 基盤」, 『震檀學報』 58.

柳昌圭, 1985, 「朝鮮初 親軍衛의 甲士」, 『歷史學報』 106.

柳昌圭, 1992, 「太宗代 軍指揮體系의 변화와 집권층의 갈등」, 『水邨朴永錫敎授華甲紀念韓國史學論叢(上)』.

柳昌圭, 1993, 「高麗末 趙浚과 鄭道傳의 改革 방안」, 『國史館論叢』 46.

尹用出, 1986, 「15·16세기의 徭役制」, 『釜大史學』 10.

尹用出, 1989, 「壬辰倭亂時期 軍役制의 動搖와 改編」, 『釜大史學』 13.

尹薰杓, 1993, 「高麗末 朝鮮初期 兵器의 製造 및 管理體系에 관한 硏究」, 『東方學志』 77·78·79合.

尹薰杓, 1993,「朝鮮初期 別侍衛 硏究 - 麗末鮮初 軍制改編과 關聯하여」,
    『國史館論叢』43.
尹薰杓, 1994,「朝鮮初期 京軍의 編成에 관한 硏究」,『서울학연구』2.
尹薰杓, 1997,「高麗末 偰長壽의 築城論」,『韓國思想史學』9.
尹薰杓, 1997,「朝鮮初期 武器點考體系의 改革과 그 運營」,『人文科學硏
    究論叢』16.
尹薰杓, 1999,「朝鮮初期 外方武班의 褒貶制」,『實學思想硏究』10·11.
尹薰杓, 1999,「高麗末 國防財源 調達體系의 改編」,『實學思想硏究』13.
尹薰杓, 2000,「朝鮮初期 '軍官'의 機能變化」,『韓國史의 構造와 展開』.
李基白, 1977,「韓國의 傳統社會와 兵制」,『韓國學報』6(1978,『韓國史學
    의 方向』에 재수록).
이대숙, 1993,「삼군부 설치와 변천에 관한 연구」,『學藝志』3.
李珢秀, 1991,「朝鮮前期의 兵役制度」,『學藝志』2.
李仁在, 2000,「高麗後期 鷹坊의 設置와 運營」,『韓國史의 構造와 展開』.
李仁在, 2000,「1291년 카단(哈丹)의 치악성 침입과 원충갑의 항전」,『韓
    國思想과 文化』7.
李章熙, 1980,「朝鮮初期 土班武職의 性格」,『韓國史論 7 - 朝鮮前期 國
    防體制의 諸問題』.
李章熙, 1984,「朝鮮前期 土兵에 대하여」,『藍史鄭在覺博士古稀記念東洋
    學論叢』.
李載龒, 1979,「朝鮮前期 良人農民의 軍役과 土地所有」,『東洋學』9.
이정훈, 2000,「高麗時代 都監의 構造와 機能」,『韓國史의 構造와 展開』.
李鍾河, 1976,「朝鮮王朝의 奉足制」,『嶺南大論文集(社會科學篇)』9.
李志雨, 1991,「朝鮮初期 保法의 推移와 實際」,『慶大史論』6.
李志雨, 1991,「朝鮮初期 奉足制의 推移와 實際」,『慶南史學』5.
李鉉淙, 1974,「倭寇」,『한국사 8』, 국사편찬위원회.
이혜옥, 1993,「고려 전기의 軍役制 - 保勝·精勇을 중심으로」,『國史館論
    叢』46.
李喜寬, 1987,「高麗末·朝鮮初 前衛官·添設官에 대한 土地分給과 軍役
    賦課」,『高麗末·朝鮮初 土地制度의 諸問題』.
李喜寬, 1988,「朝鮮初 太宗의 執權과 그 政權의 性格」,『歷史學報』120.
林英正, 1977,「鮮初 補充軍 散稿」,『南溪曺佐鎬博士華甲紀念論叢』.

林英正, 1980,「麗末鮮初의 私兵」,『韓國史論 7 - 朝鮮前期 國防體制의 諸問題』, 국사편찬위원회.

張東翼, 1986,「高麗前期의 選軍」,『高麗史의 諸問題』.

張炳仁, 1984,「朝鮮初期의 兵馬節度史」,『韓國學報』34.

張學根, 1987,「朝鮮前期水軍萬戶考」,『海士論文集』26.

鄭景鉉, 1990,「高麗前期 京軍의 軍營」,『韓國史論』23, 서울대 국사학과.

鄭景鉉, 1993,「高麗前期의 保勝軍과 精勇軍」,『韓國史研究』81.

鄭杜熙, 1980,「三峰集에 나타난 鄭道傳의 兵制改革案」,『震檀學報』50.

鄭杜熙, 1990,「高麗末 新興武人勢力의 成長과 添設職의 設置」,『李載襲博士還曆紀念韓國史學論叢』.

鄭龍範, 1993,「高麗前期 選軍制의 運營과 變質」,『釜大史學』17.

鄭淸柱, 1983,「朝鮮初期의 別侍衛」, 전남대 석사학위논문.

鄭泰憲, 1984,「訥齋 梁誠之의 國防觀」,『素軒南都泳博士華甲紀念史學論叢』.

鄭夏明, 1987,「朝鮮初期의 體探」,『陸士論文集』32.

池斗煥, 1988,「朝鮮前期 軍役의 納布體制 確立過程」,『韓國文化研究』1.

陳元英, 1994,「高麗前期 校尉·隊正에 관한 一考察」,『史學志』27.

車文燮, 1983,「朝鮮前期의 國防體制」,『東洋學』13.

車文燮, 1994,「군사조직」,『한국사 23 - 조선 초기의 정치구조』.

車勇杰, 1977,「朝鮮成宗代 海防築城 論議와 그 樣相」,『白山學報』23.

車勇杰, 1980,「朝鮮前期 關防施設의 整備過程」,『韓國史論 7 - 朝鮮前期 國防體制의 諸問題』.

車勇杰, 1984,「高麗末 倭寇防戍策으로서의 鎭戍와 築城」,『史學研究』38.

蔡連錫, 1980,「朝鮮初期 火器의 研究」,『韓國史論 7 - 朝鮮前期 國防體制의 諸問題』.

秋萬鎬, 1984,「高麗僧軍考」,『藍史鄭在覺博士古稀記念東洋學論叢』.

崔壹聖, 1985,「高麗의 萬戶」,『淸大史林』4·5.

崔根成, 1988,「高麗萬戶府制에 관한 研究」,『關東史學』3.

崔永昌, 1989,「朝鮮初期의 水軍과 水軍役」, 고려대 석사학위논문.

崔孝軾, 1981,「朝鮮時代 羽林衛의 成立과 그 編制」,『東國史學』15·16.

河且大, 1990,「朝鮮初期 軍事政策과 兵法書의 發展」,『軍史』21.

韓沽劤, 1961,「麗末鮮初 巡軍研究」,『震檀學報』22.

韓嬉淑, 1991, 「朝鮮初期의 雜色軍」,『韓國學研究』1.

韓嬉淑, 1995, 「朝鮮初期 軍役과 農民經營에 관한 研究」,『國史館論叢』
　　　　61.

許善道, 1974, 「'制勝方略'研究」,『震檀學報』36, 37.

許善道, 1983, 「朝鮮前期의 火藥兵器의 發達과 ユ 禁秘策」,『東洋學』13.

許善道, 1985, 「近世朝鮮前期의 烽燧」(上)(下),『韓國學論叢』7, 8.

洪榮義, 1991, 「恭愍王의 反元政策과 廉悌臣의 軍事活動」,『軍史』23.

洪榮義, 1996, 「高麗末 新興士大夫의 軍制認識」,『軍史』32.

洪元基, 1990, 「高麗二軍・六衛制의 性格」,『韓國史研究』68.

洪元基, 1993, 「高麗京軍內 上層軍人의 檢討」,『東方學志』77・78・79合.

宮原兎一, 1963, 「李朝の軍役制度'保'の成立」,『朝鮮學報』28.

麻生武龜, 1926, 「朝鮮軍制史」,『朝鮮史講座 - 分類史』.

北村明美, 1992, 「李朝初期 國役制度'保法'の成立について」,『朝鮮史研究
　　　　會論文集』30.

小見山春生, 1983, 「高麗前期兵馬使機構に關する一考察」,『朝鮮史研究
　　　　會論文集』20.

原田一郎, 1994, 「高麗翼軍の成立 - 部隊單位'軍翼'への照明」,『駿大史
　　　　學』92.

菊池英夫, 1970, 「府兵制度の展開」,『岩波講座 世界歷史 5』.

菊池英夫, 1971, 「中國軍制史研究の基本的視點」,『歷史評論』250.

大葉昇一, 1986, 「蒙古帝國=元祖の軍事組織」,『史學雜誌』95 - 7.

矢木毅, 1988, 「高麗における軍令權の構造とその變質」,『東方學報』70.

井戶一公, 1982, 「元朝侍衛親軍の成立」,『東洋史論集』10.

片山共夫, 1982, 「元朝の昔寶赤について」,『東洋史論集』10.

찾아보기

【ㅇ】

저자약력

연세대학교 사학과 졸업
연세대학교 대학원 문학석사
연세대학교 대학원 문학박사
현재 연세대학교 강사

주요논문
「朝鮮初期 外方武班의 褒貶制」,
「高麗末 國防財源 調達體系의 改編」,
「朝鮮初期 '軍官'의 機能變化」등

麗末鮮初 軍制改革研究

尹薰杓 著

초판 1쇄 인쇄 · 2000년 12월 11일
초판 1쇄 발행 · 2000년 12월 15일

발행처 · 도서출판 혜안
발행인 · 오일주
등록번호 · 제22 - 471호
등록일자 · 1993년 7월 30일
121 - 836 서울 마포구 서교동 326 - 26
전화 · 02) 3141 - 3711, 3712
팩시밀리 · 02) 3141 - 3710

값 18,000원

ISBN 89 - 8494 - 114 - X 93910